[法]西蒙娜·德·波伏瓦 著

孙凯 译

La cérémonie des adieux

suivi de Entretiens avec
Jean-Paul Sartre août-septembre 1974

告别的仪式

Simone
de Beauvoir

上海译文出版社

写给爱过、爱着和将要爱上萨特的人。

目　录

前　言 ·················· I

一九七〇年 ·················· 1
一九七一年 ·················· 12
一九七二年 ·················· 25
一九七三年 ·················· 43
一九七四年 ·················· 75
一九七五年 ·················· 90
一九七六年 ·················· 108
一九七七年 ·················· 114
一九七八年 ·················· 127
一九七九年 ·················· 132
一九八〇年 ·················· 138

与让-保罗·萨特的谈话 ·················· 149

前　言

这是我的第一本——也许是唯一一本——您不会在交付印刷前读到的书。整本书都是为您写的，却和您无关。

年轻时，每当我们辩得很凶，赢得漂亮的那个总会说："您在自己的小盒子里！[①]"您在自己的小盒子里；您再也出不来了，我也不会在那儿与您会合；就算他们把我埋在您旁边，您的骨灰、我的遗骸，它们之间也无法沟通。

我所谓的您，不过是一种托词，修辞上的小把戏。没人会听到，我也没有对谁说过。事实上，我的受述对象是萨特的朋友，他们希望多了解一点儿萨特的最后几年。这些年，我怎么活过来，就怎么讲出来。我也谈一点儿自己，因为证人就是证词的一部分，不过，我还是尽可能少谈自己。首先是因为，我不是本书主题；而且，正如有朋友问我怎样处理这些素材时我回答的那样："它们无以言传，不能诉诸文字，不能被思量；只能被经历，如此而已。"

这个回忆录的主要依据是我十年来坚持写的日记，还有我搜集的诸多材料。感谢所有以笔录、口述的形式帮我重新勾勒萨特最后时日的人。

① 法文:"Vous êtes dans votre petite boîte！"直译为"您在自己的小盒子里"，意指对方囿于己见，一叶障目而不见其他。——译注

一九七〇年

萨特的一生,在永无休止的自我拷问中度过;他不否认自己所谓"意识形态上的兴趣",却不希望被它异化。所以,他常常选择"在思想上推翻自己",努力"让自己的头脑脱胎换骨"。萨特卷入一九六八年的政治动荡,在这一事件的深刻影响下,他修正了自己的思想。作为知识分子,他觉得自己被质疑,便在接下来的两年中开始思考知识分子的角色问题,并修正从前的观念。

萨特经常解释这件事。一九六八年事件之前①,萨特把知识分子视为"实用知识的技师",却被知识的普世性和自己所属的统治阶级的本位主义之间的矛盾所撕裂。因此,知识分子象征的是苦恼意识,正如黑格尔定义的那样;知识分子用苦恼意识本身来满足自己的良知,便自以为可以站到无产阶级一边。现在,萨特认为应该超越这一阶段:和"传统知识分子"相对,萨特提出了"新知识分子"的概念,后者否定自己的文化瞬间,试图找到一种新的"大众化"地位。新知识分子努力让自己融入群众之中,期望让真正的普世性取得胜利。

甚至,在能够清晰勾勒这一行动路线之前,萨特就已经试着去追随它了。一九六八年秋,他开始领导《互斗公报》的编辑工作,这份报纸在各行动委员会之间流传，时而油印，时而铅印。萨特和热斯马尔见过几次面，对他在一九六九年初描述的想法深感兴趣：出版一份让群众向群众说话的报纸；或者最好是，让在一定程度上被斗争重塑了的人民向群众说话，把大家争取到斗争的进程中来。这个计划搞了不长时间便终止了。后来，热斯马尔参加"无产阶级左派"，和毛主义者出版了《人民事业报》，这事儿才算干成。这份报纸没有老板，由工人直接或间接写东西，卖得十分红火。报纸的目的是介绍一九七〇年以来法国工人的斗争情况。这份报纸对知识分子往往充满敌意，在谈到罗兰·卡斯特罗的审判时，也与萨特本人持对立态度[②]。

不过，通过热斯马尔，萨特认识了好几位"无产阶级左派"成员。《人民事业报》发表了一些激烈抨击现行政体的文章，勒当泰克（一把手）和勒布里斯（二把手）被捕，热斯马尔和另一些活动分子提名由萨特接任主编。他毫不犹豫地同意了，因为他认为自己名字的分量可能会让毛主义者派上用场。后来，他在布鲁塞尔的一次演讲中说："我厚着脸皮把自己的一世英名放在了天平上。"从那时起，毛主义者改变了对萨特的看法，也修正了对知识分子的策略。

我在《了断一切》中叙述过勒当泰克和勒布里斯审判的情况，五月二十七日庭审，萨特被传作证。那天，政府宣布解散"无产阶级左派"。此前不久，互助大厅里有过一次集会，热斯马尔号召民众五月二十七日上街游行反对审判——他只讲了八分钟，却逃不过

[①] 尤其是他在日本演讲之前。
[②] 罗兰·卡斯特罗是"革命万岁"组织中的战士。五名外来移民工人因瓦斯窒息而死，为了抗议，他同克拉威尔、莱里斯、热内等人一起占领了法国雇主组织的办公室。负责处理骚乱事件的安全部队粗暴地逮捕了他们，随后又将他们释放，却单单不放过在等红灯的时候企图跳出汽车夺路而逃的卡斯特罗。第二次被抓后，他以袭警罪被判了刑，因为法官拒绝在政治这唯一正当的考量范围内审理案件。萨特作了有利于卡斯特罗的证词，但《人民事业报》对他的评论充满恶意。

被逮捕的命运。

萨特主编的《人民事业报》第一期在一九七〇年五月一日出版。当局没有找他麻烦，但内务部长命令在印刷厂扣押所有报纸。幸运的是，印刷工人赶在查封以前把印好的大部分报纸发出去了。政府转而攻击卖报的人，在特别法庭上控告他们重建已被取缔的组织。我还讲了我、萨特和许多朋友在巴黎市中心卖报的事——我们并未受到严重的阻挠。有一大，当局厌倦了这场徒然无功的争夺战，《人民事业报》得以在报亭发售。由米歇尔·莱里斯和我领头，成立了一个"《人民事业报》之友"协会。开始，当局不肯为新成立的协会发放回执，后来我们上诉到行政法庭，才得到认可。

一九七〇年六月，萨特发起成立了"红色援助"组织，他和狄戎是其中的主要骨干，宗旨在于为反对压迫而战斗。该组织的全国指导委员会在一份由萨特主笔的宣言中声明如下：

> "红色援助"组织是一个民主、合法、公开的独立社团，根本目的在于为被镇压的受害者提供政治和法律的保护，并对他们及其亲属给予物质和精神上的支持，这种保护和支持是毫无保留的……
>
> ……人民如果不组织起来，不团结一致，捍卫正义和自由就无从谈起，"红色援助"组织在人民中产生，帮助人民进行斗争。

这个组织包括主要的左翼团体、"基督作证"和其他各色人士。它的政治平台宽泛得很，主要目标是对抗马赛兰在"无产阶级左派"组织被解散后发起的逮捕浪潮。一大批左翼活动分子入狱，需要搜集这些人的信息，发明新的行动模式。"红色援助"组织有几千人,在巴黎和外省都设立了基层委员会。里昂委员会是外省同类组织中最活跃的一个。在巴黎,这个组织特别关注移民的问题。尽管这些团体在政治上兼容并蓄,却多多少少被操纵在最为活跃的毛主义者手里。

在满怀热忱地完成左翼工作的同时,萨特仍然用头脑最清醒的时间从事文学创作。那时,关于福楼拜的巨著第三卷正在收尾。一九五四年,罗歇·加罗迪[①]对他说:"咱们试着诠释同一个人物吧,我用马克思主义方法,您用存在主义方法。"萨特选择了福楼拜。在《什么是文学》中,萨特对福楼拜不无微词,但自从读了他的通信集,便完全折服了:福楼拜最迷人的地方在于给想象性以超出一切的地位。到一九五五年,萨特已经写了满满十来本笔记和一千页的稿子,但后来都束之高阁了。这时,他又捡起原来的工作,在一九六八年到一九七〇年间把它们改得面目全非。他将这本书定名为《家庭白痴》,写得畅快淋漓,一气呵成。"它既展现了一种方法,又展现了一个人。"

萨特多次说明写这部书的意图。一九七一年五月萨特与孔塔、里巴尔卡谈话时明确指出,这不是一部科学著作,因为他运用的不是概念,而是观念。所谓观念,是一种将时间因素引入自身的思想,比如说被动性的观念。对福楼拜,萨特采取了一种"移情"的态度。"我的目的就在于此:证明只要方法得当并具备必要的文献,所有人都可以被充分了解。"他还说,"当我指出福楼拜不认识自己,同时又非常了解自己时,我说出了我所谓的'实际经历',也

[①] Roger Garaudy (1913—2012):法国政治家、哲学家、作家。20世纪50年代与萨特交往密切,1960年出版《向让-保罗·萨特的提问集》。加罗迪信仰共产主义,曾是法国共产党中的重要人物,后由于政见分歧,于1970年被开除出党,之后皈依天主教,1982年又皈依伊斯兰教。——译注

就是说，生命存在于自我理解之上，无需明确的知识，也无需正题性意识"。

信仰毛主义的朋友多少有点儿反对他干这件事儿。他们似乎更希望萨特写一些左翼论著，或者为大众写一部鸿篇巨制的小说。但事关创作，萨特不会在任何压力下让步。同志们的观点，他同情却不同意。提到《家庭白痴》时，他说："从内容上看，我觉得自己在逃避；相反，从方法上看，我感觉自己还是与时俱进的。"

后来，萨特在布鲁塞尔的一次演讲中又回到这个问题上来："十七年来，我一直在写一部关于福楼拜的著作，这本书工人不会感兴趣，因为它文风繁复，确实有股资产阶级的味道……我坚持不懈地写，也就是说，我今年六十七岁，五十岁起就开始写这本书，五十岁前我一直惦记着这事儿……在写福楼拜的过程中，我成了一个资产阶级的恐怖孩子，待人认领。"

萨特的想法高深极了：他认为无论在哪个历史时刻，也不管社会、政治背景如何，最根本的事情仍然是理解人类，而研究福楼拜能帮他实现这个目的。

我们在罗马度过了一段愉快的时光，一九七〇年九月回到巴黎时，萨特对自己介入的各种社会活动十分满意。他住在拉斯帕耶大道的楼房里，在十一层，房间小巧而朴素，对面是蒙巴纳斯公墓，离我的住处也很近。他活得开心，过着很有规律的生活。他经常去看望从前的女友：万妲·克、米歇莱·维安和她的养女阿莱特·艾尔坎姆——他每周有两个晚上在她家度过。其余的夜晚，他和我住，一起聊天儿、听音乐——我弄了个超大的音乐柜，每个月都填充新的内容。萨特对维也纳乐派（特别是贝尔格和韦伯恩）和当代作曲家（施托克豪森、泽纳基斯、贝利奥、彭德雷茨基等许多人）都很感兴趣。不过，他也愿意回过头来欣赏古典大家。他喜欢蒙特威尔地、杰苏阿尔多,以及莫扎特和威尔第的歌剧(尤其喜欢莫扎特的《女人心》)。我们在房间里听音乐,吃个煮蛋或者一片火腿,喝一点儿苏格兰威士忌。我的寓所被房产中介称为"带凉廊的艺术家工作室"。房间很大,天花板也很高,我在里面度过一日又一日;房里有一部楼梯通到卧室,卧室由一个类似阳台的空间和浴室连起来。萨特在楼上睡,早晨下来和我一起喝茶。丽丽亚娜·西热尔——他的女友之一——会来找他,领他去他住所附近的一家小酒馆儿喝咖啡。晚上,萨特常在我的住所和博斯特①见面。有时也和一见如故的朗茨曼碰面,尽管二人有时在以色列巴勒斯坦问题上意见相左。萨特特别喜欢有西尔薇②在的周末聚会,星期天,我们三人一起去圆顶酒店吃午饭。我们走得越来越远,看形形色色的朋友。

下午,我在萨特的住处工作。我等待《老年》的出版,构思《回忆录》的最后一卷;他重看和修订了《家庭白痴》中福楼拜博士的肖像。这是一个美好的秋天,蓝湛湛、黄灿灿:今年的兆头很好③。

九月,萨特参加了"红色援助"组织的一场大型集会,谴责约旦国王侯赛因对巴勒斯坦人的大屠杀。有六千人参加了大会,萨特还碰到了很久不见的让·热内。热内和黑豹党人有联系,在《新观察家》上发表过一篇关于他们的文章。他打算去约旦,在巴勒斯坦营地待一段时间。

我已经很久不担心萨特的健康状况了:虽然一天两盒博雅尔香

---

① 博斯特是萨特的学生,曾与波伏瓦建立过情人关系,后来三人一直是好朋友。——译注
② 西尔薇是波伏瓦的养女。——译注
③ 我们保持着用学年计时的习惯。

烟，他的动脉炎并未恶化。然而，九月底，我感到突如其来的恐惧。

一个周六的晚上，我们和西尔薇在多米尼克饭店吃饭，萨特喝了不少伏特加。一回到我的住所，他就开始打盹儿，然后一下睡着了，香烟也掉在地上。我们把他扶上了卧室。第二天早上，他看起来状态很好，回到了自己的住所。然而，两点钟我和西尔薇接他吃午饭时，他每走一步都会碰着家具。我们离开圆顶酒店，尽管没喝多少酒，他却走得摇摇晃晃。我们用出租车把他送到住在龙街的万妲家。下车时，他几乎栽倒。

在这以前，他犯过头晕病：一九六八年在罗马特拉斯特维尔的圣马利亚广场，萨特一下公共汽车身体就摇晃起来，我和西尔薇得扶着他才行。我没觉得这事儿有什么大不了的，只是有点儿奇怪，因为他什么都没喝！不过，他的病症过去没这么明显，我开始揣度它的严重性。我在日记中写道："回来以后，这个小房间是那样令人愉悦，现在却改变了色彩。那么漂亮的天鹅绒地毯，让我想起丧服。生命得继续，运气好的话，还会幸福，还会有快乐时光，只不过，威胁悄悄降临，生命中有了悬念。"

写下这些字时，我十分惊讶：不祥的预感来自何处？我想，尽管表面上故作镇定，实际上二十多年来我一直处于警惕状态。第一次警报是高血压的发作：那是一九五四年夏天，萨特刚从苏联旅行回来就进了医院。然后是一九五八年秋天，我领略到什么是焦虑[1]。萨特勉强逃过了一场大病侵袭，打那儿以后，威胁一直如影随形：医生对我说，萨特的大小动脉都太狭窄了。每天早晨我去叫醒他时，总先急着确认一下他是否仍在呼吸。不是真担心，确切

---

[1] 参见《时势的力量》。

说，我不过是在疑神疑鬼，但这足以说明一些问题。萨特新添的不适让我不得不悲哀地意识到脆弱的存在——这种脆弱，我并不陌生。

第二天，萨特基本恢复了平衡感，并去看了他的常任医生泽德曼大夫。泽德曼说要作检查，劝萨特在下周日去找专家诊断之前不要劳累。专家勒博教授看后也不能确诊：失衡症可能是内耳或脑子里的毛病引起的。他建议萨特拍一个脑电图，结果却没发现任何异常。

萨特很疲劳：他的嘴里生了个脓肿，还感冒了。不过，十月八日，当他把厚厚的《福楼拜》手稿交给伽利玛出版社时，心情是异常兴奋的。

毛主义者为萨特组织了一次去福苏梅尔和其他工业中心的旅行，好让他研究工人的生活和工作条件。十月十五日，医生禁止他外出。除了泽德曼，他还看了别的专家，他们为萨特检查眼睛、耳朵、颅骨和脑子，做了至少十一次会诊。医生发现他左半脑的循环系统功能严重失调（这个区域和语言功能有关），兼有血管狭窄。他不得不少抽烟，还要忍受大剂量的注射。两个月之内，他重拍了一次脑电图。也许，到时他就痊愈了。不过，他不能过于劳累，尤其是身体。事实上，《福楼拜》已经结束，萨特也没有什么理由让自己疲劳过度。在这期间，他读手稿和侦探小说，胡乱构思一个剧本，还在十月里帮勒贝罗尔自题为《共同存在》的画展写了个前言——我们非常喜欢他的画，他曾来罗马和我们一起过了两天，给我们留下了极好的印象。认识他的同时，我们也认识了他的妻子，一个活泼搞笑的亚美尼亚少妇。后来的几年，我们常去看他们。他们和弗朗基交情甚笃。弗朗基是一位新闻记者，一九六○年曾邀请我们访问古巴，后来由于反对卡斯特罗的亲苏政策而遭到流放。

尽管健康堪忧，萨特仍未中断政治活动。这期间，《人民事业报》印刷商西蒙·布吕芒塔尔的工厂里发生了搜捕事件，此事我在《了断一切》中讲过。通过热斯马尔，萨特结识了格鲁克斯曼：萨特接受了他的访谈，重申了他在《人民事业报》上对法国工人斗争所做的分析（这个讲话在十月二十二日赫西斯彻·伦德凡克主持的节日中播出）。

十月二十一日，热斯马尔被审判。在一次抗议逮捕勒当泰克和勒布里斯两位编辑的集会上，五千人高呼："二十七号，人人上街！"对公众演说的人有好几个，遭逮捕的却只有热斯马尔一个人，显然因为他是"无产阶级左派"成员。相反，二十七日的示威活动没有引起流血事件：安全部队使用了催泪瓦斯，示威者向警察扔掷螺丝钉，但没有人受伤。不过，大家仍然预料热斯马尔会受到严厉的判决。萨特被传作证。然而，与其在资产阶级法庭上搞这套循规蹈矩的玩意儿，他更愿意去找比昂古尔的工人谈话。领导层不准他进工厂。共产党也在早晨八点散发传单，号召雷诺的工人对他保持警惕。萨特站到一只桶上，拿着一个扬声器，在室外向数量有限的听众喊话。他说："应该由你们来判断热斯马尔的行为是否正确。我愿意上街作证，因为我是一个知识分子，而且我认为早在十九世纪，人民和知识分子就是联系在一起的——时间虽然不长，却产生了很好的结果——这种联系，今天应该得到复兴。人民和知识分子被隔离开来已经有五十年了，现在他们应该重新融为一个整体。"

萨特的反对者下了很大功夫对萨特的介入进行丑化。共产党人反驳说，人民和知识分子之间的联系能够得到保证，是因为有许多知识分子加入了共产党。然而，热斯马尔被判十八个月的监禁。

萨特参与了一份新报纸《我控诉》的组建工作，创刊号于十一月一日出版。这份报纸和它的领导团队息息相关：包括兰哈尔、格鲁克斯曼、米歇尔·芒索、弗罗芒热、戈达尔，等等。报纸的主笔不是左翼战士，而是知识分子，由他们撰写大型的通讯报道。萨特为它写过几篇文章。第一期后，一共只出了两期：一期在一九七一年一月十五日出版，另一期在三月十日。丽丽亚娜·西热尔是报纸的发行负责人，用的是森蒂克这个婚前娘家姓。《我控诉》同《人民事业报》合并为《人民事业报/我控诉》后，她仍然保留着这一职务，并和萨特共同担任主编。由于政府不打算逮捕萨特，两次出庭受审的人都是她，萨特出庭提供了对她有利的证词。

不过，他的健康状况仍然令我担心。萨特讨了不少的苦差，每到心烦意乱就猛喝一通。一到晚上——甚至有时在白天——他就睡眼惺忪。十一月五日，他去找勒博教授看病，医生说嗜睡是服用治头晕的药引起的，于是，他减少了剂量。十一月二十二日，萨特又拍了一个脑电图，结果令人非常满意，不久，勒博教授说萨特已经痊愈了：和普通人一样，再不用过于担心头晕。萨特高兴得很，却还有一件愁事：牙齿。他应该配一口假牙，但不能对公众发表演说的顾虑及显而易见的象征性原因让他忧心忡忡。而事实上，牙医的活儿干得很漂亮，萨特转忧为喜。

孔塔和里巴尔卡的书《让-保罗·萨特的著作》出版了。萨特非常满意。他还修改《家庭白痴》的校样。十二月，他主持了对煤矿事件的审判，那时，萨特的状态好得无以复加。

关于这次审判，我在《了断一切》中讲过。萨特十分重视这件事，我就在这里多说几句。一九七〇年二月，赫宁·利埃塔尔煤矿有十六名矿工因瓦斯爆炸而死，好几人受伤。这家国有煤矿负有无法推卸的责任，几个身份不明的青年为了报复，把燃烧弹扔进了矿井管理办公室，引起火灾。警察在没有任何蛛丝马迹的情况下逮捕了四名毛主义者和两名有前科的人。他们本应在十二月十四日（星期一）受审，而"红色援助"组织于十二日（星期六）在朗斯市组建了一个人民法庭。

为了准备这次开庭，十二月二日，萨特在丽丽亚娜·西热尔的陪同下去矿工那里了解情况。他到了布鲁伊，住在一位与毛主义者关系甚密的老矿工家里。矿工叫安德烈，他的妻子玛丽做了烧兔肉当晚餐——这是萨特很不喜欢的食物，但出于礼貌还是吃了下去，结果哮喘发作了两个小时。第二天，他会见了一位上了年纪、在当地颇有名气的左翼战士约瑟夫以及其他矿工。在杜埃市郊区，萨特和朱利进行了交谈，后者是老"无产阶级左派"的重要成员，萨特很喜欢他，但对他沾沾自喜的架势不大满意。他还见了一位叫欧也妮·康凡的半失明的老太太，她的儿子和老公都是矿工，参加过抵抗运动，后来被德国人枪杀。

十二月十二日，审判在朗斯市政厅举行，结果证据确凿，煤矿公司对这一事件负有毋庸置疑的责任。萨特在一篇强有力的公诉状中对申辩过程做了简要归纳，结尾是这样写的："所以，我提议作如下结论：国企老板在一九七〇年二月四日的事件中犯了谋杀罪。六号矿井的主管层和工程技术人员执行了这场谋杀。因此，他们同样犯有蓄意杀人罪。他们有意提高工作效率而置工人安全于不顾，也就是说，他们重视物质生产甚于重视人的生命。"周一，审判如期举行，六名莫须有的纵火犯被判无罪。

之前不久，萨特除担任《人民事业报》主编，还同意领导另外两份左派报纸：《一切报》（"革命万岁"组织的喉舌）和《人民之声报》。

一九七一年

一月初，有两件大案引起轰动，一件发生在苏联的列宁格勒，另一件在西班牙的布尔戈斯。一九七〇年十二月十六日，十一名苏联公民——包括一个乌克兰人、一个俄罗斯人和九个犹太人——在列宁格勒法院受审。他们策划劫持一架飞机逃离本国，不料消息败露，行动还没开始，就于六月十五日和十六日晚间在不同的城市被捕。他们之中有二人被判死刑，一个是劫机的策划者库兹涅佐夫，另一个是领航员蒂姆奇茨——如果机组人员被控制并带下飞机，他就负责指挥飞机飞行。有七名被告被判十到十四年苦役，另外两名分别被判四年和八年[1]。一九七一年一月十四日，巴黎举行一个盛大的集会声援他们，萨特出席了大会。参加集会的还有洛朗·施瓦茨、马多尔和我们的以色列朋友埃里·本·盖尔。他们一致谴责苏联的排犹主义。

布尔戈斯审判针对的是几个巴斯克人，他们是"自由巴斯克地区"[2]组织成员，佛朗哥指控他们密谋策反国家。吉塞勒·阿里米以观察员的身份出席审判。伽利玛出版社的一本书里收入了她撰写的报告——她请萨特写一篇序，萨特欣然接受了。他对巴斯克问题的性质作了定义，介绍了他们的斗争，特别描述了"自由巴斯克地区"组织的历史。他对佛朗哥政府的全方位镇压行径感到愤怒，布尔戈斯案的审判方式尤其让他不满。在序言中，萨特从一个具体的实例出发，阐述了他一向热衷的思想：抽象的普世性——这是政府所参照的——和特殊的、个别的普世性之间是对立的；后者体现在有血有肉的各族人民身上。他指出，被殖民者的反抗，是为了从内到外推进后一种普世性，有价值的也是这一种，因为它从人的处境、文化和语言出发理解人，而不是将人视为空洞的概念。

与中央集权的抽象社会主义相对立，萨特主张"'另一种'非集权的、具体的社会主义：这就是巴斯克人所独具的普世性，'自由巴斯克地区'组织恰如其分地用它来反对压迫者抽象的中央集权制"。他说，社会主义者的培养，应该"立足于他脚下的土地、他的语言乃至他的新习性。只有这样，人才会逐渐摆脱成为自己产品的产品，最终成为人的儿子"。

基于同样的观点，两年后，萨特在《现代》杂志上做了专刊（一九七三年八月至九月），发布布列塔尼人、奥克人和全国所有被中央集权制压迫的少数民族的正义要求。

热斯马尔被关在桑坦。尽管待遇相对优越，他还是和其他政治犯联合起来绝食，为普通囚犯、也为他们自己要求改善关押条件。一些左派也决定绝食以示支援。一位进步的神甫在蒙巴纳斯火车站的圣贝尔纳小教堂为他们提供了住处。米歇莱·维安也参加了绝食斗争，萨特经常去看她。二十一天后，他们停止了绝食斗争，打算去见普勒旺，萨特一起去了。由于身体太虚弱，大家先坐车到歌剧

---

① 蒂姆奇茨和库兹涅佐夫没有被处死。这或许要归功于爱丽舍宫施加的压力：1973年，库兹涅佐夫的手稿《一个死刑犯的日记》的法文版在巴黎出版，引起了巨大反响；1979年4月，库兹涅佐夫、蒂姆奇茨和另外三名谋反者与在美国被逮捕的两名苏维埃间谍作了交换。
② "自由巴斯克地区"（E.T.A.）是带有马克思主义色彩的巴斯克武装组织。——译注

院广场，然后步行到旺多姆广场。他们集结在司法部门口，但普勒旺拒绝接见。后来，普勒旺让步了，为参加绝食的囚犯提供了特殊待遇，并许诺改善普通囚犯的状况——这个许诺后来也没怎么兑现。

二月十三日，萨特被毛派同志说服，参加了一次相当愚蠢的武装出征：占领圣心教堂。在"红色援助"组织发动的一次示威活动中，一个名叫里查尔·德萨耶的"革命万岁"组织战士被一枚催泪弹毁了容。为了唤起公众舆论，"无产阶级左派"决定占领大教堂；他们本以为查理主教会同意他们这么干。在让-克洛德·韦尼埃、吉尔贝·卡斯特罗和丽丽亚娜·西热尔的陪同下，萨特前往教堂——教堂里还有一些礼拜者——要求见查理主教。萨特找到了一个神甫，神甫同意转达他的要求。一刻钟过去了，神甫没有出来，然后所有的门都关上了，只留了一扇门。此时，示威者的数量已经相当庞大，他们感到被愚弄了。安全部队的人从那个仍开着的门拥了进来，不问青红皂白见人就打，卡斯特罗和韦尼埃架着萨特和丽丽亚娜，把他们拽进角落里躲避。后来，二人又将萨特和丽丽亚娜带出教堂，用丽丽亚娜的车子送他们到一家咖啡馆。过了一阵子，他们返回来说冲突异常激烈，一个青年的大腿被一根炉条棍子刺穿。当晚我和西尔薇见到萨特，他觉得整个事情糟透了：左派战士在前几天的示威活动中已经被棒子打得很厉害，这次事件只能使他们更加泄气。二月十五日，萨特就此事和让-吕克·戈达尔一起开了个记者招待会，报纸以很大篇幅作了报道。二月十八日，萨特退出"红色援助"组织。在他眼里，毛主义者在里面的分量已经过重了[①]。

几天后，吉奥事件爆发。吉奥是个中学生，被诬告袭警，当场

[①] 他退出了指导委员会，但仍亲自参与了很多"红色援助"组织的活动。

遭到拘捕。中学生群起抗议，几千人坐在拉丁区的人行道上，大批警车严阵以待。结果，吉奥被宣判无罪，但巴黎城仍是山雨欲来的架势：墙上到处都有德萨耶被毁容的大照片。三月中旬，极左分子和新骑士团发生了非常激烈的暴力冲突，许多警察受伤。

萨特密切关注着动荡的局势。他的健康状况看来极好。他继续修改《家庭白痴》的校样，也参加《现代》的每一次会议，会议在我的房间进行。

四月初，我们去了圣保罗-德-旺斯。萨特同阿莱特乘火车，我和西尔薇驱车前往。我们住的旅馆在小城入口处，白天挤满了游客，早晚却十分肃静，和我们记忆中的美好印象极为相似。萨特和阿莱特睡在次卧，我和西尔薇住在花园尽头的一栋小房里，花园里栽满了橘树。卧室很大，外面是一个很小的露台和一间宽敞的起居室，白浆涂墙，房梁外露，考尔德色彩绚丽的画挂在四壁。房间里有一张长木桌、一个长沙发和一个餐具柜。房间面对着花园。我和萨特在这里度过了大部分夜晚。我们喝着苏格兰威士忌，聊着天儿。我们的晚饭只吃一点儿香肠或一板巧克力。午饭则不然，我带他到附近的几家好饭店去吃。有时，我们四个人聚在一起。

第一天晚上，圣保罗对面山腰上的巨大异彩让我们惊讶不已：那是玻璃暖房，一到晚上就被电灯照得通体透亮。

下午，我们经常各看各的书，或者一起去散步，重游共同爱过的旧地：比如卡涅的愉快之旅，还有那个迷人的旅馆——许多年前我们在那儿度过了一段甜蜜的时光。一天下午，我们去了梅特基金会——我们对那地方已经很熟了。那里正好在举办夏尔的展览，摆在他手稿和书周围的画真是美极了，其中有克利、维伊拉·达·席尔瓦、贾科梅蒂和米罗的作品。米罗越老，作品越丰富。

临回去的前一天，萨特在旅馆预定了橄榄油蒜泥酱，因为没出太阳，我们就在"暖屋"里吃。这是一间迷人的大房，里面有一个大壁炉和一个书架。当晚，萨特和阿莱特坐火车走了，我和西尔薇第二天一早驾车离去。这个假期萨特玩得很痛快。

回到巴黎，他又高兴起来，因为收到了伽利玛出版社寄来的大箱邮件，都是《家庭白痴》的样书——两千张印刷页。他说他开心得就像《恶心》出版时一样。热情洋溢的评论文章随之而来。

五月初，普庸告诉我们，我在《回忆录》中称作帕尼耶的朋友死了。他说，帕尼耶退休后心烦意乱，一任自己走向死亡：他有肝炎，后来发展为肝硬化。和他一样，勒梅尔夫人也在几年前去世。帕尼耶的死意味着我们过去的幸福时光整个地消失殆尽。不过，帕尼耶对我们来说已经陌生很久了，听到这个消息，我们的情绪没有起什么波澜。

同样在五月初，戈伊蒂索洛打来电话，声音激动得发抖，请萨特在一封措辞强硬的信上签字。信是写给菲德尔·卡斯特罗的，旨在抗议帕迪拉事件。这件事经历了几个阶段：一、帕迪拉被捕——他是古巴很有名的诗人，被指控有鸡奸行为；二、戈伊蒂索洛、弗朗基、萨特、我和其他一些人在一封有理有节的抗议信上签名；三、帕迪拉被释放，他写了一篇满口呓语的悔过书，控告杜蒙和卡罗尔是美国中央情报局的人，他的妻子也炮制了一份悔过书，说警察待她"很温存"。他们的声明激起了许多抗议。我们以前的古巴翻译阿尔科沙——他选择了流放——在《世界报》上说，为了得到这份悔过书，当局一定对帕迪拉和他的妻子实施了严刑拷打。整个事件后面隐隐显现出利桑德罗·奥特罗恣意肆虐的影子。一九六〇年我们访问古巴时，他几乎全程陪同，现在，他手中掌控了整个古巴文化。戈伊蒂索洛认为古巴完全处于一个警察帮的控制之下。我们知道，卡斯特罗已经把萨特看作敌人，他说萨特深受弗朗基思想的毒害。在当时的一次公开谈话中，卡斯特罗攻击了大多数法国知识分子。萨特不为所动，关于古巴，他早已不抱幻想。

开学以后，除了左派的亲朋好友，萨特和我还见到了几个朋友。提托·热拉西跟我们谈了美国地下组织的情况。洛萨娜·罗桑达描述了她的报纸《宣言》经历的困难和好运，说周报就快改为日报了。罗贝尔·伽利玛为我们解释了出版社的幕后情况。我们还和阿里一起吃午饭，他是埃及的新闻记者，一九六七年我们在埃及旅行时全程陪着我们。五月初，我们见到日本朋友富子，她向我们讲述了漫长的亚洲之旅。

五月十二日，萨特参加了在伊夫里市政厅前的集会：贝哈尔·贝哈拉——一个傻兮兮的移民——从一辆运货车上偷了一罐酸奶，被警察开枪打成重伤。经过一番调查，"红色援助"组织发动了一个反对警察暴行的示威活动。

这段时间，萨特经常住在我这儿，因为他的电梯出了毛病，十层的楼梯爬上去是非常累人的。

五月十八日是个周二。正如每个周二那样，萨特晚上来到我的住所。头天晚上和夜里他是在阿莱特那儿过的。

"还好吧？"我例行公事地问。

"哦，不太好。"

的确，他打着颤，说话不太清楚，嘴有点儿歪。前一天，我没有注意到他的疲态，因为我们听了唱片，没怎么说话。昨晚他去阿莱特家时情况就不好，早晨醒来便成了我现在看到的状况。显然，他的病在夜里有过小发作。我一直担心这事儿。我要求自己保持镇定，回想朋友中哪位有过同样的症状并完全复原的。想到萨特第二天应该去看医生，我多少平静了一点儿，但也就那么一丁点儿而已。我费了好大劲儿才没让恐慌表露出来。萨特固执地坚持喝和平时一样多的威士忌，尽管半夜里他的话都完全说不清楚了，而且连自己磨蹭到床边都非常困难。一整夜，我都在同极度的焦虑作斗争。

第二天早上，丽丽亚娜·西热尔陪他去泽德曼大夫那儿。泽德曼打电话对我说一切都还好：萨特的血压一百八十，这对于他来说还算正常，还有要马上对他进行认真的治疗。过了一会儿，丽丽亚娜又打来电话，说情况不那么乐观。据泽德曼说，这次发作比十月份严重，让人担心的是，病情也许很快复发。其中一个原因可能是，三月份以来萨特就不再服药。他还经常爬上十楼，这也是很糟糕的事。根本的问题是，他左脑某一区域的血液循环出现了很大障碍。

下午，我去看了萨特，他的病情既无好转也无恶化。泽德曼严禁他走动。幸好，他家的电梯修好了。晚上，西尔薇驾车把我们送回家，一起待了一会儿。萨特除了果汁什么都没喝。他这副样子让西尔薇十分震惊。我想，这次发作是一次难以忍受的打击，尽管萨特自己可能还没意识到这一点——他看起来虚弱不堪。烟老是从嘴上掉落，西尔薇给他捡起来，他接过，又从指间滑到地上：一夜阴森，这一幕不知重复了多少次。因为不可能聊天儿，我放了唱片，其中一张是威尔第的《安魂曲》，萨特非常喜欢，我们常听。"这倒真应景儿。"他嗫嚅地说，我和西尔薇不寒而栗。又过了一会儿，西尔薇走了，萨特不久也上床睡觉。醒来时，他发现自己的右臂又沉又麻，几乎无法移动。丽丽亚娜接他吃早饭时对我耳语道："我看他的情况还不如昨天。"他们刚走，我就打电话给在医院的勒博教授。他自己不能来，说会派另一位专家来。我马上去萨特的住所。十一点半，玛乌杜大夫来了，给萨特检查了一个小时，然后叫我放心，萨特深层次的感觉功能没有受损，头脑也没事儿，轻微的口吃是嘴歪导致的。萨特的右手十分虚弱，总是无法拿稳香烟。他的血压一百四十——这次不良的血压骤降是他正在服用的药引起的。玛乌杜开了个新处方，说未来四十八小时要精心照护。萨特应该长时间休息，绝不能一个人待着。都做到的话，他有望在十到二十天内完全复原。

萨特顺从地接受了所有检查，但拒绝宅在自己的房间里。正值耶稣升天节，西尔薇不用去学校了，便开车送我们去圆顶酒店，三人在那儿吃了午饭。萨特看起来健康清爽，嘴却仍然歪着。第二天，他和阿莱特在老地方吃午饭，弗朗索瓦·佩里埃看到他，便来到我的桌前说："他变成这副样子真难看，嘴那么歪，病得不轻啊。"幸好，我知道"这次发作"还不算非常严重。后来的几天风平浪静，周一上午，泽德曼说不久就可以停止治疗，但又补充说，身体恢复到正常状况还得很长一段时间；他甚至对阿莱特说，萨特可能不会痊愈了。

然而，五月二十六日，星期三，晚上我们和博斯特聚会时，萨特已经完全恢复了行走能力和语言能力，好心情也回来了。我当着他的面对博斯特说，为了限制他喝酒、茶、咖啡和服兴奋剂，我肯定会跟他吵架。萨特要去睡了，上楼时，从突悬在我工作室上方的阳台处传来他哼歌儿的声音：

"我不愿给我的海狸添一点儿负担，哪怕一点点……"

我被深深地打动了。还有一件事让我同样感动——在圆顶酒店吃午饭时，他指着一个蓝眼、黑发、脸有点儿圆的姑娘问我：

"您知道她使我想起谁吗？"

"不知道。"

"想起您，她这个年纪的您。"

唯一的问题是：他的右手仍然软弱。他弹钢琴时相当费劲——

他在阿莱特家很愿意弹,在纸上写字也很困难。但目前,这还不怎么要紧。重新开工前,他要修改《境况种种》第八、九卷的校样,这就够他忙的了。

六月,他和莫里斯·克拉威尔创立了解放通讯社。他们合写了一篇署名文章,说明这个通讯社的目的——如果有可能,还打算每日出版一份新闻公报:

> 为了捍卫真理,我们希望共同创造一种新工具……仅仅认识真理是不够的,我们也应该让别人听到真理。解放通讯社在对自己的言论进行严格审核的基础上定期发布它收到的消息……解放通讯社愿意成为一个新平台,将话语权交给言无不尽的记者和欲知一切的人。它给人民说话的权利。

六月底,他的舌头剧烈疼痛起来,不能吃也不能喝,否则就疼得厉害。

我对他说:"真的,今年糟透了,您总是在闹毛病。"

他答道:"没事儿。人一老,就都无所谓了。"

"怎么讲?"

"大家知道,不会持续很久的。"

"您的意思是,快要死了?"

"是的。身体一点点变糟,这是很自然的。年轻时就不同。"

他的语气让我动容,那声音仿佛来自冥界。而且,每个人都注意到他的超然物外。许多事情在他看来是无关紧要了,这也许是因为他对自己的命运不感兴趣。他的常见状态如果说不是悲哀,也至少是心不在焉。照我看,只有晚上在西尔薇家聚会时他才会开心起来——六月,我们在她家为他庆祝六十六岁生日,萨特容光焕发。

他回去看牙科医生，疼痛止住了。我们一下子意识到五月份以来他身体恢复得蛮好。泽德曼承认他已完全康复。有好几次萨特对我说，他对这一年很满意。

在这时候离开他我仍很担心。他将和阿莱特在一起待三周，和万妲待两周，而我和西尔薇一起旅行。我喜欢这次旅行，只不过，和萨特分离是一场突如其来的小打击。临行前我跟他在圆顶酒店吃午饭，西尔薇四点钟来接我。我提前三分钟站起来。他无以名状地微笑着，说：

"那么，这是告别的仪式了！"

我摸了摸他的肩膀，没有回答。这微笑、这句话在我心中萦绕了很久。我给"告别"这个词赋予它的终极意义已是在几年之后，但我到底是唯一说出这个词的人。

我和西尔薇去意大利，第二天晚上我们住在博洛尼亚，早上走高速路去东海岸。沿途的风景淹在一片暖雾之中，一生中，我从未像今年这样体会到荒谬和无依无靠。我在这儿干什么？我为什么到这儿来？很快，对意大利的爱让我沉浸其中，但每天晚上，入睡前我都要哭很久。

萨特却在瑞士漫游，他不时发来报平安的电报。但当我到达罗马时（萨特本应在那儿与我会合），却发现了阿莱特的一封信。七月十五日，萨特旧病复发，和第一次一样，她是早上醒来时发现状况的。他的嘴歪得比五月份更厉害，发音困难，手臂对冷和热都没有感觉。阿莱特带萨特去伯尔尼看病，萨特严禁她让我知道这件事。三天后，发作过去了，她打电话给泽德曼，教授说："痉挛得这么厉害，应该是动脉紊乱。"

我到泰尔米尼站去接他。没等我看见他，他先远远地喊我。他穿一身浅色衣服，头上戴了一顶帽子。牙齿长了个囊肿，这使他的脸看起来有点儿肿，但身体似乎不错。我们住进旅馆七楼属于我们的那间小室，里面的一个阳台视野开阔，可以看到奎里纳尔宫、罗马万神殿的屋顶、圣彼得大教堂和议会大厦——每到午夜，我们都远眺着万家灯火一点点熄去。这一年，阳台的一部分改成了客厅，用一块玻璃隔板把露天部分隔了出去，这样就可在任何时间待在那儿。萨特的脓肿消退后，就再没有什么烦心事了。他不再心不在焉，变得活泼开朗。他总是熬到子夜一点才睡觉，七点半左右起床。而我是快到九点才出房间，总是发现他已经坐在阳台上，读着书，欣赏着罗马的美景。下午他睡两个小时，醒时也不昏昏欲睡了。在那不勒斯，他和万姐一起长途旅行，重游了庞贝古城。在罗马，我们却不怎么想到处走：原地不动，我俩已然天马行空。

两点钟左右，我们在旅馆附近吃一个三明治。晚上我们步行到纳沃纳广场或附近的饭馆儿吃饭，有时西尔薇驾车送我们去特拉斯特维尔或维阿·阿皮亚·安提卡。走到日照强烈的地区，萨特就乖乖地戴上帽子。他定时服药，午饭时只喝一杯白葡萄酒，晚饭喝点儿啤酒，然后，在阳台上饮两杯威士忌。不用咖啡，茶也只是在早饭时用（前些年，他在五点钟痛饮一种极为浓烈的饮料）。他修改《家庭白痴》第三卷，读《黄色》杂志和意大利侦探小说作为消遣。我们不时去看看洛萨娜·罗桑达。一天下午，我们的南斯拉夫朋友德迪杰来看望我们。

看萨特在罗马度假的情形，人们估计萨特还能活二十年。而且，他自己也有这种指望。一天，我埋怨我们看到的《黄色》没什么变化。他说："没什么奇怪的。数量就这么多。二十年之内不用指望读到什么新东西。"

回到巴黎时，萨特的健康状况仍然极好。他的血压一百七十，反应能力也不错。他半夜十二点左右睡觉，八点半起床，白天不再睡觉。他的嘴还是有点儿麻，嚼东西很费劲儿，有时说话平翘舌不分。他还不能完全控制写字，但他不为这些事儿担心。他恢复了对人与事的关注。《家庭白痴》前两卷反响热烈，他非常感动。他把第三卷交给伽利玛出版社，还忙着写第四卷，打算研究《包法利夫人》。他认真阅读和评论我马上要出的一本书——《了断一切》的手稿，提了一些好建议。十一月中旬，我写道："萨特的身体是那么好，我心里的石头几乎落了地。"

十一月底，萨特和福柯．热内一起参加了古特多尔区的示威活动，对一个十五岁的阿尔及利亚人德杰拉里被害表示抗议。十月二十七日，德杰拉里那栋楼的看门人向他开了枪。看门人说这孩子太吵了，后来，也不怕自相矛盾，又说把这孩子当作小偷了。

在普瓦索尼埃大街上，萨特一马当先，跟在后面的福柯和克洛德·莫里亚克每人举着一面小旗，呼吁小区的劳动者站出来。警察认出了萨特，未加干涉。萨特手持大喇叭演说，宣布成立德杰拉里委员会的常务办公室，从次日起就在古特多尔教区的礼堂里开例会，直到找到另一个合适的地点为止。示威队伍一直行进到小教堂大道，福柯讲了几次话。萨特希望加入常务办公室。但是，在几天后的一次饭局中，热内劝他不要参加，因为他觉得萨特太劳累。

我不知道萨特是否意识到自己劳累。十二月一日晚上，他突然对我说：

"我的健康资本已经耗尽了。我活不过七十岁。"

我不同意他这话。他接着说："您自己就对我说过，病到了第三次发作，人就好不了了。"

我不记得自己说过这话。可能我告诫萨特要对自己的过度放纵保持警惕吧。我说：

"您的前几次发作都很轻。"

他继续说："我想我完不成《福楼拜》了。"

"您为这事儿苦恼？"

"是的，很苦恼。"

然后他谈到自己的丧葬问题。他希望仪式简单，要求火化。他特别不愿意葬在拉雪兹神父墓地的母亲和继父中间。他希望有许多毛主义者为他送葬。他对我说，他不是经常想这事儿，只不过有时候会想。

幸好，在这个问题上他是喜怒无常的。一九七二年一月十二日，他神态愉悦地对我说："也许我们还能活很久。"二月底他说："啊！我打算再活十年。"有时，他在谈笑间暗示自己受到过"微小打击"，但完全不认为有什么危险。

一九七二年

由于普勒旺没有兑现他关于调整监禁制度的诺言,萨特决定在司法部开一个记者招待会。一九七二年一月十八日,他和米歇莱·维安到大陆旅馆同"红色援助"组织成员和他们的一些朋友会面,包括德勒兹、福柯和克洛德·莫里亚克。卢森堡广播电台和欧洲一台来了两辆广播车。代表团来到旺多姆广场,闯进司法部。福柯发表演说并宣读了梅隆的犯人送来的报告。人们高呼:"普勒旺辞职,普勒旺进黑牢,普勒旺是杀人犯。"安全部队驱散了集会,逮捕了一个叫若贝尔的新闻记者——一个外来移民挨棍子时他想干涉,结果自己被毒打一顿,住进了医院①。萨特和福柯出面调停,要求释放若贝尔。接着,示威者从司法部去解放通讯社,那儿大约有三十名没去旺多姆广场的左翼分子和新闻记者,包括刚从监狱出来的阿兰·热斯马尔。萨特坐在让-皮埃尔·法耶旁边的一张桌子前,兴高采烈地讲发生的事情:"安全部队的人不特别凶残,也不特别斯文,他们就该是这副德行。"他讲完后就散会了,萨特回到了住所。

孔塔和阿斯特吕克拍摄了一部关于萨特的电影,他饶有兴致地参与其中。《现代》的同仁②坐在周围,他一边回答问题,一边讲自己的一生。拍摄地主要在他的住处，有时也在我这儿。当然，总和固定的一些人交谈可能会显得有点儿单调，但正因为熟悉，他才表现得自然率性、浑然忘我。他活泼、爱笑，状态好得无以复加。他没有把《词语》继续写下去，怕伤害芒西夫人的感情，也是因为有大量其他事情要做。在电影中，他谈母亲的再婚，谈他内心中与她决裂，谈和继父的关系，谈他在拉罗谢尔的生活——在那儿，同学把他归类为巴黎人，多少有点儿疏远他，他学会了孤独和暴力。十一岁时，他突然意识到自己不再相信上帝。十五岁左右，现世的不朽在他心中代替了永恒的来世。然后，他患上了他所谓的"写作神经病"，并在阅读的影响下开始梦想荣誉，他把荣誉和死的幻觉纠缠在一起。

接着，他讲他和尼赞的友谊和竞争，讲他如何发现普鲁斯特和瓦莱里。正是在这个时代，大概十八岁吧，他开始在一本笔记上按照字母顺序写下他的种种思考——那是他在地铁里捡到的笔记本，用米迪栓粘连成册——这时，萨特的写作已经以自由为主线了。然后，他简洁地讲述了在巴黎高师度过的愉快时光，讲述他如何和同学一起实施软暴力。通过对柏格森的阅读，他步入了哲学领域，从此，哲学成为他的根本："我所做的全部就是哲学。"

后来，他谈到在柏林的日子和胡塞尔对他的影响，谈到他的教师职业，他步入成年期的厌恶，以及由这种厌恶感和他为了研究想象力而给自己注射麦司卡林所引发的神经官能症。他还解释了《恶心》和新版的《墙》对他意味着什么。

后面的访谈内容包括他在斯塔拉格第十二集中营的日子、话剧《巴里奥纳》的创作、重归巴黎，以及剧本《苍蝇》的问世。后来

---

① 巴黎所有的新闻记者联合起来抗议，在内政部前组织了一场大的示威活动。
② 只有朗茨曼不在场，他当时在以色列。

是存在主义的流行,四十年代末对他的种种攻击,文学介入的意义以及他的政治立场——他参加了共和左翼联盟,以后又和它断绝关系,他在一九五二年决定接近共产党,因为反共产主义的恶浪席卷法国,还特别谈到了杜克洛事件和信鸽事件。他暗示戴高乐"是历史上一个不祥之人",他揭露现代社会的卑劣。

他谈到道德始终是他关注的问题,还说他的毛派朋友把道德和政治联系起来,以另一种形式同样关注这个问题,让他很高兴。他长篇大论地定义自己的道德观:"对我来说,问题的实质在于,究竟是要在政治和道德中二选一,还是说政治和道德不过是一回事。现在,我回到了最初的立场,不过,可以说立意要更丰满些——我把自己放在了群众的活动之中。目前,到处都有道德问题,道德问题无非是政治问题。在这方面,我发现自己和一些人——比如说毛主义者——完全一致……实际上,我阐述过两种伦理观,第一次是在一九四五年到一九四七年之间,那时的看法完全是被蒙蔽的……后来我在一九六五年前后的笔记中阐述了另外一种伦理观,也包括实在论和道德问题。"

在结尾部分,他回到他认为最重要的主题上来:传统知识分子和他现在选择成为的新知识分子之间的对立。

电影还没拍完,二月二十四日,一个比利时朋友拉莱曼特[①]律师通过布鲁塞尔的青年律师公会邀请萨特作一次关于镇压的演说。我们下午一点钟左右上了高速,西尔薇开车。这天,阳光明媚,我们在一块供休息的空地停车,吃她准备的羊角火腿面包。五点半,我们到了目的地,很快找到那家旅馆,房间已经订好。我们安顿

[①] 拉莱曼特参加了阿尔及利亚民族解放阵线的斗争,和一些朋友帮助阿尔及利亚人越境。他曾安排萨特在布鲁塞尔作了一个关于阿尔及利亚战争的重要演说。

好,就去酒吧喝酒了,在那里见到了拉莱曼特和韦斯特拉坦①。韦斯特拉坦蓝蓝的眼睛一如既往地漂亮,却瘦了很多,看起来像康拉德·维德。我们同他俩还有其他一些朋友在大广场上的天鹅酒店吃晚饭——这个广场再次赢得了大家的赞叹。后来,我们在附近的小街散了会儿步,就去了议会大厦。

一眼望去,听众全是些资产阶级:妇女衣冠楚楚,显然刚从美发店里出来。一九六八年以来,萨特就不穿传统的套装,也不再打领带了。这天晚上他穿的是一件黑色套头衫,却引来听众责备的目光。事实上,萨特和这些人毫无交集,我们不太明白拉莱曼特为什么要邀请萨特。

萨特不太起劲儿地读了关于《阶级的正义和人民的正义》的演说稿。他说,在法国"有两种正义:一种是官僚的正义,它把无产阶级绑架在其境遇之上,另一种是野性的,它意味着无产阶级和平民为了反对无产阶级化而彰显其自由的伟大时刻……一切正义都来源于人民……我选择人民的正义,把它当作最深刻和唯一正确的"。他接着说:"如果一个知识分子选择了人民,他就应该知道,在宣言上签名、举行平和的示威集会或者在改良主义报纸上发表文章的时代已经过去了。与其空谈,不如尝试,用他能运用的方法尝试让人民说话。"他阐述了《人民事业报》是什么,以及他本人在报纸中扮演的角色。

为了揭示资产阶级法律的偏颇,萨特列举了热斯马尔、罗兰·卡斯特罗的案例和"《人民事业报》之友"事件。他描述近十年中不断恶化的监狱制度,揭露了法官被迫屈从的巨大压力。

---

① 韦斯特拉坦是一位研究萨特哲学的教授。他写了一本关于萨特的书,还和萨特一起主编一套哲学丛书——这套丛书由萨特和梅洛-庞蒂发起,伽利玛出版社出版,定名为"哲学文库"。

这些话对这样的听众来说有点儿像耳边风。只有一些左翼分子提几个中肯的问题，大部分问题都很愚蠢，萨特随便应付了几句。这场演说唯一快乐的小插曲是，阿斯特吕克举着摄影机在地上趴着拍摄萨特正在谈话的场面，突然裤子掉下来，露出了屁股，弄得第一排观众忍俊不禁。

散会时，一位妇人一边盯着萨特一边抱怨："真不值得穿这么讲究的衣服。"另一位女士说："在公众面前讲话时，应该注点儿意，穿好点儿。"在伊拉斯谟那幢陈设考究的美宅里，青年律师公会举办了一场鸡尾酒会，另一位女听众旧话重提，向萨特发起了直接的攻击。她是从工人阶级"上升"到资产阶级地位的人。大凡如此高升的工人关心的第一件事就是系领带。

第二天，萨特和晚饭前不久赶到的阿莱特坐火车回家，我和西尔薇走高速……

在巴黎，我们得知了奥维内被杀的消息。这个结局悲惨的故事说来话长。在雷诺工厂粗暴地解雇工人——其实是出于政治原因——之后，两名被解雇的工人进行绝食斗争，一名是突尼斯人萨多克，另一名是葡萄牙人茗泽，法国人克利斯蒂安·利斯也参与其中。在布洛涅，他们在多姆大街找到一个教堂安身。二月十四日将近傍晚的时候，萨特去雷诺汽车公司的塞坎岛车间找工人谈话。与他同行的有女歌手高莱特·马涅和几名加塞姆·阿里委员会的成员①，还有几位新闻记者，他们是坐运货车秘密进入厂区的。他们散发传单，对解雇毛主义战士、特别是参加绝食斗争的人表示抗议，结果被守卫人员粗暴地赶了出来。萨特在一个记者招待会上评论了这一事件："我们去雷诺工厂和工人谈话。既然雷诺工厂是国有

---

① 加塞姆·阿里委员会成立于布洛涅，旨在谴责所有针对外来移民的种族歧视或镇压活动。

的，我们就可以在那里自由走动。我们没能和工人谈话。这说明雷诺工厂称得上法西斯主义。那些守卫人员发现不再有工人来保护我们时，就变得十分残暴。好几个人遭受了毒打，还有一位女性在楼梯上被拖行。"

一月底以来，每天都有毛主义战士在比昂古尔工厂的埃米尔·左拉大门口散发雷诺斗争委员会的传单。二月二十五日，他们号召当晚在沙罗纳组织一个反解雇、反失业、反种族主义的示威活动。皮埃尔·奥维内就在他们之中，他一年前被雷诺解雇，目前为一家洗衣店开车送货。八个身穿制服的门卫看护着工厂大门，神色紧张。这时，工人刚开始下班，栅栏门敞开着。毛主义者和门卫吵了一阵，后来发生了推搡。一个穿便服的人在岗哨处目睹了一切，毛主义者跨入工厂大门后走了几步，他喊道："滚开，不然我开枪了。"奥维内离他两米远，正往后退。这个叫特拉莫尼的人扣了扳机，不料子弹哑了。他又开第二枪，干倒了奥维内。然后，这人逃进了工厂。

命案发生后，工人们举行示威、殴斗，而厂方决策层又解雇了一批工人。萨特去雷诺各大工厂做调查。一个记者问他："您觉得有必要亲自搞一个调查吗？您不相信官方的正义吗？""不，完全不信。""您对共产党的态度怎么看？""他们很荒谬。他们跟您说：他们[①]是同谋，证据是他们自相残杀。我认为，这个论据站不住脚。倒不如说，共产主义者和政府勾结在一起，反对毛主义者。"

二月二十八日，米歇尔·芒索驾车送我和萨特去参加抗议奥维内被害的大型示威活动。人潮汹涌。我们没有待太久，因为萨特走

---

① 共产党所说的"他们"指的是左翼分子和资产阶级。

起路来很困难。由于我要参加"选择"①组织的会议,没能陪他去参加奥维内的葬礼。他是和米歇莱·维安一起去的。因为有腿病,萨特不能走完送葬的全程,但在他看来,这是一次异乎寻常的集会活动。一九六八年五月风暴以来,新的革命左派还从来没能召集这么多人走上巴黎街头。据报纸的说法,至少有二十万人。各大报纸都提到了左翼运动的复兴,并强调其重要意义。

萨特不赞同对诺格莱特的绑架行动,后者在业管处负责解雇事务,"新人民抵抗运动"(N.R.P.)在命案数天后绑架了他,以为报复。萨特感到十分忧虑,如果有人问绑架的诉求是什么,该说什么好呢?绑架者也骑虎难下。他们很快就释放了诺格莱特,没有附加任何要求。

"新人民抵抗运动"曾是"无产阶级左派"下属的战斗实体,后来"无产阶级左派"解散,它却秘密存活下来。诺格莱特绑架事件后,它面临着十字路口:要么义无反顾地投入恐怖活动,要么解散。由于反感恐怖主义,它选择了第二条道路。这在不久以后导致了"红色援助"组织的消失——"红色援助"组织实际上处于毛主义者的控制之下,他们一旦决定解散自己,对它也就完全失去了兴趣②。

在此期间,萨特为米歇尔·芒索的《法国的毛主义者》一书写了一篇序,这本书搜集了她同一些毛主义者领导人的访谈。萨特在序中解释了他如何看待毛主义者以及与他们意见相投的缘由。他指出:"简单讲,毛主义者的自发主义意味着革命的思想源于人民,只有人民才能通过实际行动承载革命并使之充分发展。在法国,人民

---

① "选择"是一个女权主义团体,我是领导者之一,那天的会我必须到场。
② 不过,它仍然继续存在了一段时间。

尚不存在，但无论在哪儿，只要群众走向实践，他们就已经是人民……"他特别强调毛主义者态度中的道德维度："革命暴力直接具有道德意义，因为劳动者成了他们自己历史的主体。"他说，按照毛主义者的看法，群众希望的是自由，正是自由将他们的行动——例如将雇主监禁在工厂里——变成了节日。工人试图建立一个"道德的社会"，也就是说，"在这个社会中，从异化中摆脱出来的人本身处于他与团体的真实关系中"。

暴力、自发主义和道德，这是毛主义者革命行为的三个直接特征。他们斗争中的象征性和偶然性越来越少，现实性越来越多。"毛主义者以其反强权的实践显示他们是唯一的革命力量，能够在组织严密的资本主义时代适应阶级斗争的新形式。"

不过，尽管萨特摒弃了传统知识分子的作用，当大家要求他在宣言声明中签字时，他并不拒绝。三月初，他和福柯、克拉威尔、克洛德·莫里亚克和德勒兹发布了一个支持刚果的呼吁。

春天，一个突如其来的绚烂春天。一日之间，太阳成了夏日的骄阳，新芽绽放，万木返青，小广场里鲜花盛开，小鸟儿唱着歌，大街上充斥着鲜草的气息。

总的来说，像前一年那样，我们的日常生活过得美满愉快。我们常去看望老朋友，有时也去会一会和我们有关但不太熟的人。我们和提托·热拉西一起吃午饭，他从美国回来，用了好长时间给我们讲两个黑豹党头目克利弗和休伊之间的争斗。尽管他对克利弗有好感，认为他更聪明、更活跃，但他更欣赏休伊的稳重。他希望萨特付出行动支持他。然而，由于缺乏确凿信息，萨特拒绝采取立场。

我们也和托德一起吃午饭。寻寻觅觅这么久，他终于找到了父亲：看来这对他是非常要紧的事。他离开妻子——她是尼赞的女儿,很招我们喜欢——以后,我们就不太能见到他了。萨特的宅心仁厚往往演变为力所能及的好意:由于托德一直在找父亲,萨特就把自己的一本书题献给托德:"给我的叛逆之子。"但事实上,萨特从未动过要儿子的念头。他在《七十岁自画像》中对孔塔说:"我从来没有想过要一个儿子,从来没有;我不会在比我年轻的人身上寻找父子关系的代用品[1]。"

后来,我们和西尔薇、阿莱特一起去圣保罗-德-旺斯,在那里,我们度过了几乎和去年一样的生活。我们看书,在碧空如洗的蓝天下散步,听半导体里播放的法兰西音乐台的节目。我们重游了卡涅的梅特画廊。萨特显得非常愉快。

回到巴黎后,萨特立即重新战斗起来。那时,巴黎地区有十六万五千所空置住宅。古特多尔区的居民——其中大部分是北非移民——占用了小教堂大街的一所住宅楼。刚住进去两天,警察就包围了这栋楼。占房者负隅顽抗,一直被逼到顶层。警察架起长梯,打碎了楼上的每一扇玻璃,逼迫所有占房者搬离此地。男人被带到一个陌生的地方,妇女和儿童被集中在一个收容中心。

在罗兰·卡斯特罗的领导下,"红色援助"组织召开了一个记者招待会抗议此事,出席会议的有克洛德·莫里亚克、法耶和若贝尔,萨特也参加了。萨特概括了德杰拉里事件以来的活动,归纳出它们的政治意义。他抨击"应该被称为敌人的力量",即这次行动所声讨的维系现存秩序的力量。他指出,首先这些被占寓所是不适于居住的,这些人如果不是实在上无片瓦,不会忍受这种居住条件。其次,驱逐这些不幸的占房者,正是典型的种族主义表现,例如德杰拉里一家,就找不到一间像样的住所,这也是无家可归的穷

---

[1] 萨特不把托德看成自己的儿子,也是因为不怎么喜欢他。他们之间的关系非常肤浅,这与托德在他的书中暗示的正好相反。

人不得不逃进这个肮脏茅棚的原因。这个破房子已经被一家集团买下,不久将被拆掉,兴建一幢交易大楼:这种不人道的行径受到当地居民本能的反抗。我们再一次进入阶级斗争的领域之中:我们所遭遇的,正是资本主义。他补充说:"请注意,警察把占房者赶走的同时,也损毁了一些依然能住的房子。"

萨特的兴趣十分广泛;在他眼里,万物之间是相互联系的。四月,他为海德堡病人联合会成员写的精神病学论著写了一个书信体的序。他祝贺他们将"反传统精神病学唯一可能的激进手段"付诸实施,这一手段的出发点是"病态是资本主义唯一可能的生存方式",因为在马克思主义的意义上,精神错乱和对错乱的打压性遏制正是异化的真实表现。

和往常一样,我们最喜欢的消遣就是会友。这年春天,我们和卡塔拉一家共进午餐[①]。他们对我们说,在苏联,知识分子的境况比任何时候都要糟糕。四年前,卡塔拉在《世界报》上就查科夫斯基(他是莫斯科最重要的文学周刊的社长)最新的小说发表过一篇评论文章。这部小说是卡塔拉本人翻译的,但他声称这书糟糕透顶。后来,莫斯科就没人找他翻译东西了。他为法国出版商翻译阿莱克西·托尔斯泰的一部作品,以此来维持生活。苏联当局拒绝给他的妻子露莎发放赴法签证,除非她与丈夫决裂。这就是他们四年来未能来巴黎的原因。后来,她丢了工作,目前仍然前途未卜。后来多亏法国大使馆的努力,她才拿到护照。他们打算一年之内回巴黎,再也不走了。索尔仁尼琴因他最近的一本小说比任何时候都不受待见,这本书未来的出版地是法国,并非苏联。

[①] 我们每次去莫斯科都会看到他们。"卡塔拉是萨特在巴黎高师的老同学,战争期间是戴高乐派,1945年变成了共产主义者。他的工作是把俄文著作翻译成法文——他的妻子是俄罗斯人……在一家杂志社工作。"(《了断一切》)

萨特的牙病又犯了。牙科医生说十月份得给他配一副假牙,这可能影响他当众演说。为了这件事,萨特有了很重的心事。如果他不能在聚会或人数更多的集会上讲话,那么,他将不得不结束政治生涯。他也抱怨自己的记性越来越差——在一些小事上,也的确如此。不过,怕死的感觉仍然离他很远。博斯特的哥哥皮埃尔快要死了,博斯特问萨特会不会偶尔怕死,萨特答道:"有时会。每到周六下午,如果晚上会见到海狸和西尔薇,我就对自己说,万一出什么意外,那就傻了。"所谓意外,指的就是疾病发作。第二天,我问他:"为什么是周六呢?"他回答说,他只发作过两次,那时候倒没想到死,只是想再也不能度过那么美好的夜晚了。

他接受了戈伊蒂索洛为《自由》所做的访谈,这是一家在巴黎出版的西班牙文杂志。在这篇谈话中,他分析了一九七二年暴露出来的政治问题,并回到他一直津津乐道的话题上:知识分子的角色。五月,他在《人民事业报》上阐发了自己在人民正义问题上的见解。

《人民事业报》遭遇了大挫折,甚至停刊。萨特每天上午都参加例会,和报纸的负责人讨论拯救方案。他很早就醒来,搞得很疲劳。晚上,他听着音乐睡去。有一次,他只喝了一杯威士忌,说话就结结巴巴了,起身要去睡觉时,已经步履蹒跚。第二天,他八点半钟自己起了床,看上去完全正常。不过,在开往格勒诺布尔的飞机上(我要为"选择"作一次演讲),我仍然十分焦虑。第二天返回巴黎时,我做好了听到坏消息的准备。果然,上午十一点半,阿莱特打来电话:周四晚上她也离开了巴黎,那天晚上萨特一个人在她家看电视(他自己家里没有电视)。普依格将近午夜时到了阿莱特的家,发现萨特躺在地上,醉醺醺的。普依格花了半小时才把他扶起来,陪他步行回去。萨特住得不远,但路上摔了一跤,鼻子出了血。早上，萨特打电话给阿莱特时听起来头脑还清醒。我两点钟左右去看他。他鼻子上有瘀血，嘴有点儿肿，但头脑是清醒的。经我再三坚持，他答应周一去看泽德曼。我们在圆顶酒店吃午饭，米歇莱也赶来一起喝咖啡。我回到他的住所，打电话给泽德曼，医生让萨特不要等到周一，立即去找他。我又回到旅馆。萨特不情愿地嘟囔了一会，终于同米歇莱去看医生了。六点左右，他回来了。他的反应能力是好的，除了血压达到二百十，什么毛病也没有。血压高是昨晚酗酒的后果。泽德曼开了和从前一样的药，约他周三再来。

周六晚上我们和西尔薇一起过得很愉快。萨特直到午夜才昏昏睡去，一觉睡到第二天九点半，醒来后神清气爽。六月的尾巴很美妙。《人民事业报》起死回生，新出的第一期非常成功。

七月初，萨特和阿莱特去奥地利作一次短期旅行。我和西尔薇去了比利时、荷兰和瑞士。萨特发电报给我，我们互通电话，他的身体看来很棒。八月十二日在罗马，我去火车站接他，却扑了个空。我回旅馆不久，他就坐出租车来了。他说话平翘舌不分，却抢着说道："很快就会过去的。"他趁只有一个人的机会跑到餐车里喝了两小瓶葡萄酒。他的酒很快就醒了，但我问他为什么抓到一个机会就猛喝一通。他说："这样很爽。"这个回答我并不满意。我猜想他这样自我逃避，是因为对自己的工作不满意。在《家庭白痴》第四卷中，他打算研究《包法利夫人》，他想有所创新，希望运用结构主义的方法。不过，他不喜欢结构主义。他解释道："语言学家从外部研究语言，师出于语言学的结构主义学者也从外部阐释一个整体。对他们来说，这意味着运用尽可能远的概念。但我不能这样做，因为我并非将自己放在科学的维度上，而是放在哲学的维度上，所以我不需要将浑然一体的东西外在化。"因此，从某种程度上说，他相当讨厌自己设想的计划。他大概也意识到《家庭白痴》前三卷已隐含着对《包法利夫人》的解读，而现在他又要试图从作品追溯到作者，这样一来，就有重复自己的危险。他思考、作笔记，却仍然对将要做的事缺乏整体感觉。他写得很少，也缺乏热情。一九七五年，萨特对米歇尔·孔塔说："对我来说，第四卷最难写，我又最没有兴趣。"

尽管如此，我们的假期仍然美妙至极，先是和西尔薇一起，后来是只有我们俩。六月间，有时萨特神思恍惚、心不在焉，一到罗马就完全不一样了。住的仍然是那套让我们意乱情迷的带阳台的房间。像往常那样，我们聊天儿、看书、听音乐。不知为什么，这一年我们玩起了跳棋，很快就迷上了。

九月底我们返回时，萨特神采奕奕。他很开心回到我的住处，对我说："真高兴又回来了。别的地方我看都一样，只有这儿，我愿意待在这儿。"我们在这儿度过幸福的夜晚，我几乎恢复了无忧无虑的状态。

然而好景不长。十月中旬，我又一次意识到衰老是一件不可逆的事。在罗马时我就注意到，午饭后我们去吉奥里缇家吃美味冰淇淋时，萨特常急匆匆奔向厕所。一天下午，我们和西尔薇一起沿着万神殿走回旅馆，他在前面走得很快，却突然停下来说："猫尿在我身上了。我走得离栏杆太近，结果发现湿乎乎一片。"西尔薇相信了，取笑了他一番。我知道这是怎么回事，却什么都没说。十月初，在巴黎我的住所里，萨特从座位上起身去洗澡，他的摇椅上湿了一块儿。第二天我对西尔薇说他把茶泼在了上面。她说："好像是个孩子尿裤子了。"第三天晚上，在同样的情况下，那儿又湿了一块。于是我对萨特说："您失禁了。应该去告诉医生。"使我非常惊讶的是，他非常坦然地答道："我和医生讲过了。这种情况已经很长一段时间了：因为我丧失了一些细胞。"萨特过去是个道学先生，从不提及自己的生理功能，总是神鬼不知地就把事儿办了。所以，第二天上午我问他失禁是否使他感到很难堪。他笑道："人老了，就得放低姿态。"我被他朴素以及新出现的谦和感动了。同时，他不那么咄咄逼人，这种认命态度又使我难过。

实际上，这一时期他的主要烦恼是牙病。他的牙常有脓肿，十分痛苦。他只能吃很软的食物，配一副假牙已经势在必行。在牙医拔光他全部上牙的前一天，他对我说："我度过了悲伤的一天，情绪消沉。天气糟透了，还有我的牙……"这天晚上我没有放唱片，怕他触景生情。我们查看了我的邮件，玩了会儿跳棋。第二天中午，他上面的牙齿全部消失了。回到我的住处时，生怕街上的人看到。事实上，他闭上嘴后，脸变形得没有脓肿的时候厉害。午饭时，我给他吃土豆泥、普罗旺斯奶油烙鳕鱼和糖煮苹果。次日中午，牙医给他配了假牙，告诉他一周内可能会有点儿不舒服，但以前折磨他的牙齿炎症不会再有了。萨特松了一口气，手术做完后，他显然不像头一天那样闷闷不乐了。

两天后，五点半左右他回到家里，意气风发。新牙一点儿也没让他难受，发音吐字十分顺畅，咀嚼功能也比以前好。快到午夜的时候，他来到我的住处，我问他这个本以为难熬的晚上过得怎样。他说："很闷。不过，我想的只是我的牙齿，所以还是挺高兴的！"

他一下子变了，比任何时候都生气勃勃、开朗乐观。十一月二十六日，我们观看了一部关于他的影片的试映。他出现在屏幕上，和生活中的形象一模一样：在我看来，他还不时洋溢着青春的光芒（萨特身上绝无仅有而让身边的人百思不解的一点是，即使陷在万劫不复的深渊底部，他也会浮起来，轻松愉快，毫发无损。我一整个夏天都在为他哭泣,而他又完全恢复了从前的那个他,好像从未被"痴呆之翼"擦伤过似的。一次次从地狱边缘复活,解释了后面我一页页要说的东西:"他病得厉害。他很健康。"他拥有身体和心灵的健康之源,帮他抵抗一切疾病的打击,直到最后一息)。

他一直在为《人民事业报》奔忙。十月,他和报社的朋友写了一篇《我们控诉共和国总统》,以招贴画的形式张贴出去,并在报纸第二十九期的增刊中刊出。十二月,他和一百三十六名知识分子一起在一篇反对"新种族歧视"的呼吁书上签名,后者刊登在《人民事业报》并被《新观察家》转载。同样是《人民事业报》,十二月二十二日发表了他和阿朗达的谈话。阿朗达是设备部部长的技术顾问,他在《捆鸭报》上爆料,证明当局某些要人有欺骗和非法得利的行为。他向法院提交了有关文件,结果成了唯一的被告人。萨特对阿朗达的人格十分感兴趣,想和他谈谈。阿朗达同意了。萨特试图让他明白,揭露行政部门的不当行为就等于抨击政权本身。为了避免贪污,应该建立一个"由有能力去拒绝这种不公行为的人民所支持和监督的政府"。蓬皮杜想把事情扑灭,这对阿朗达的打击很大,不过,他还是不想指责当局,而只是大谈人性中的缺陷。萨特强调指出:不管他愿不愿意,阿朗达用自己的方式充当了"一个直接民主的代表"。

十一月,他投入了一项非常吸引他的工作——和两位左翼朋友皮埃尔·维克多和菲利普·加维进行一系列谈话。在谈话中,他详细述说了自己的政治经历。几个人还试图定义一九六八年之后发展起来的左翼思想。这些谈话后来发表了,题名为《造反有理》。

他的两位对话者是热斯马尔两年前介绍给他的,皮埃尔·维克多——真名贝尼·莱维——是一个年轻的埃及犹太人,哲学专业,在巴黎高师读过书。他是马列主义运动的主要领导者之一,后来和热斯马尔一起领导"无产阶级左派"直到它解散。他已经和萨特有过多场对话。萨特被他的青春朝气和战斗精神所吸引，对他评价很高。一九七七年，他在与维克多的一次谈话中表明心迹，后来发表在《解放报》上：

萨特：一九七〇年春天，我和您一起吃过一次午饭。

维克多：当时，您认为自己即将见到的会是个什么样的人呢？

萨特：我猜想，您可能是个怪人，像放荡的外国土豪那样……见面那天上午，我对您挺好奇的，主要因为他们跟我说您是……一个神秘的人物。

维克多：您看我……

萨特：我一见您，就很快喜欢上您了，因为在我看来，您比我以前所遇到的大多数政治人物，特别是共产党人都聪明得多，也自由得多。我说的没错：您并不拒绝谈论较少政治色彩的话题。简而言之，您可以进行超越主题的谈话，我喜欢和女人进行这种谈话：就事论事的讨论，在男人之间是很少有的。

维克多：您一点儿没把我当成一个领导人，也一点儿不把我当成一个男人。

萨特：您毕竟还是一个男人，不过是个有些女性特质的男人。正因为这样，我才对您有好感。

维克多：我们之间会进行根本性的理论争辩，您什么时候开始对这件事感兴趣？

萨特：这种兴趣是逐渐产生的……我和您的关系也是逐渐变化的……我们之间有真正的自由：把自己的立场置于危险境地的自由。

加维是个年轻的记者，为《现代》写过一些很精彩的文章。他是"革命万岁"运动（这个运动比毛主义者较少教条主义而较多无政府主义）成员，萨特一度是这一运动的机关报《一切报》的领导人。萨特对他也很有好感。萨特很高兴通过一本书具体阐述了他和毛主义者的关系，通过他们，萨特得以更新自己的政治思想。一天晚上，他兴奋地跟我和博斯特说，和这两个青年的友谊使他自己也感到焕然一新。他只是遗憾自己太老，这份友谊无法带来丰硕的果实。一九七一年十二月，他在他们的第一次访谈中说：

"对我来说，一九六八年运动来得晚了一点儿。如果它发生在我五十岁的时候，就会好得多……一个有名的知识分子要想把自己的清规戒律执行到底，最好是在四十五岁……五十岁左右。比方说，示威游行我就不能坚持到底，因为一条腿有毛病。比方说，给奥维内送葬，我只能走一小段儿……

"我和你们在一起的客观原因，我从前说过，以后还要说。一个主观上的理由是，毛主义者以他们的苛刻让我感到自己又年轻了……只不过，从七十岁开始，如果您还想和行动着的人掺合在一起，那就得坐在一只折叠椅上让人用车带到现场。对任何人来说，您都是一个累赘，年龄把您变成一个花瓶……我说这话并不伤感；我已经让我的人生很充实了，我很满意……

"我很满意和你们的关系。当然，对你们来说，我存在，只是因为我对你们有益。我百分之百赞成。但是，一旦要共同活动，就产生了友谊，我的意思是，一种超越了我们所从事的活动的关系，一种相互的关系……这是我和你们关系的深层次意义。我想，如果你们对我提出质疑，我也怀疑自己和你们站在一起是否正确，那么，我便是在力所能及的范围帮助建造这样一个社会，那里仍然有哲学家，一种新型的人类，一种会动手劳动的知识分子，但他们会问自己：'人是什么？'"

这些谈话唯一的麻烦是，为了延续到下午两点，维克多和加维要吃点儿夹心面包，还要喝红酒。萨特吃午餐要晚一点儿，他也跟着喝酒，但不吃什么。这可能就是他一到晚上就疲惫不堪、昏昏欲睡的原因。一月份，丽丽亚娜·西热尔——她也是维克多和加维的朋友——请他们在不让萨特有所怀疑的情况下看着他少喝点儿。他们依言做了，到一月份，萨特就不再打瞌睡了。

维克多和加维醉心于一个计划，萨特牵扯其中，表现出极为浓烈的兴趣：创办一份名为《解放报》的报纸。十二月六日，萨特参加了《解放报》报社在布列塔尼大街十四号的新办公地举行的筹备会。加维概述了报纸的纲领，它将于二月份出版。萨特论述了他打算扮演的角色："需要我写文章，我一定写。"他还抨击了《人民事业报》最近一期的头版标题《断头台，却非为图维埃尔[①]而设》。显然，释放图维埃尔是不能接受的。但他被判入狱，没有判死刑——事实上，没有任何理由把他送上绞刑架。

[①] 图维埃尔从前是民兵，是抵抗者和犹太人暗杀事件的主谋或同谋。他在1945年至1947年间被判死刑，并于1949年因盗窃获刑两次，分别被判五年徒刑和十年流放，但刚刚被蓬皮杜赦免。他的战争罪超过了法律上的诉讼时效，却不能规避普通法庭一般罪行的审判。所以，不可能要求判他死刑，但可以判处徒刑和流放。

一九七三年

一月四日又开了一次筹备会。一九七三年二月七日，萨特在电视系列节目《透视》中同意接受雅克·尚塞尔的访谈，为的是介绍《解放报》。尚塞尔努力让他谈自己的生活和著作，这样比较适合节目框架。但萨特虚与委蛇，总能把谈话引回他唯一感兴趣的话题——《解放报》。不久，仍然是为了介绍《解放报》，他去里昂参加一个集会，回来后相当开心。我又陪他去参加在里尔的一个集会。这个集会在对着主广场的大厅中举行，有很多人参加，年轻人居多。萨特和另外两位演讲者阐述了《解放报》希望干的事情。听众热烈参加讨论，还告发了各种丑闻，让《解放报》予以揭露。

二月初，《解放报》在庞丹门旁边的社址创刊。萨特发了八十张请柬，摆下一席丰富的冷餐，但是——我们一直搞不清楚为什么——几乎没有人来。在场的都是《解放报》的工作人员。快到七点钟，居尼、布兰和穆卢迪露了个面。

萨特还有很多其他活动。一九七三年一月，他写了一篇关于监狱的通讯，发表在《世界报》上，题目是"这个制度把我们都维系在一个集中营的世界里"。他接受布鲁塞尔一家杂志《司法》的采访，谈及阿朗达事件、布鲁伊·昂·阿尔图瓦事件、米歇尔·福柯的立场和中国的司法。他为奥利维埃·托德①的书《穷汉》写了一篇序,这本书是朱利亚出版社一九五七年出版的《半个农村》的重印本。他对该书的历史背景,即一九五五至一九五六年的摩洛哥形势作了描述。

他接受了M·A·布尔尼耶的访谈,后来发表在一九七三年二月的《现状》上:《萨特谈毛主义者》。他分析了一九六八年五月以来的政治活动,特别是自己对《人民事业报》的介入:"'违法'是我的信仰。"他一直把很大一部分精力放在《现代》上。一月份,他发表文章《选举:一个欺骗傻瓜的圈套》。文中,他拒绝处心积虑地把民众引向无能的间接民主体系——把选民打成粉末,然后再分门别类。这一期所有文章的宗旨都是一样的,显示出《现代》的政治一贯性;这一期在读者中取得了巨大成功,萨特十分满意。二月,在接受《明镜》的访谈中,萨特再次表达了他对法国政治的分析。

同月,他和《解放报》记者一起前往加莱纳新村进行调查。他觉得这次考察成果甚微。六月,它引发了一场讨论,年轻人表达自己的观点,萨特参加了研讨会,但没发言。这场讨论发表在了六月的《解放报》上。

二月底,萨特得了支气管炎,很快康复了,但有些疲劳。三月四日,星期天,议会选举第一轮投票。《解放报》请萨特以此为题写一篇文章。晚上,我和米歇莱·维安陪他一起去报社。编辑部有很多人,大家在一片嘈杂声中追随着事情的进展,收音机的噪声和人们的争论声混成一片。萨特坐在桌子一角为创刊号写一篇重头文章。他很得意,因为写得速度快、效率高,没受喧闹环境的影响。

---

① 他就是这么善良,从不拒绝帮助别人,即使对来求他的人并无好感。

而我却十分担心。那天晚上对于他来讲是一个严峻的考验。第二天，他和米歇莱在圆顶酒店吃午饭，她仍然劝他喝了很多酒，后来又回到《解放报》做一个访谈。路上塞车：交通拥挤，去的时候坐出租车走了三刻钟，回来也是这样。晚上七点钟左右我见到他时，他说这事儿太累人了。八点钟左右，他去阿莱特家看了一部电视台播放的电影；她后来告诉我，到她家时他的状态很糟。第二天快到中午的时候，她打电话给我："萨特情况不太好。"前一天晚上大概十点钟，他的病突然发作：脸歪了，香烟从指间掉下来，明明坐在电视机前却问："电视机在哪儿呢？"他看起来像一个九十岁的老头儿，糊涂了。他的胳膊麻痹了三次。报告给泽德曼，医生下令马上给他打一针长春胺。萨特打了第一针，胳膊能动了，脸也不歪了，但头脑还是不怎么好。我给在萨尔佩特里尔医院的勒博教授打了电话，他答应我两天后来看萨特。

当晚，博斯特来看我们。萨特是在他之前到的。我跟萨特说他发病了，他却几乎什么都不记得。我们和博斯特谈论了选举的事情。萨特一定要喝两杯苏格兰威士忌，十一点左右，他就撑不住了。我把他送上床。博斯特零点左右离去，我在长沙发上躺了一夜，衣服也没脱。

早上九点，萨特出现在我住所上方的阳台上。我问他："您还好吗？"

他摸摸自己的嘴说："好多了。我的牙不疼了。"

"您的牙没疼过啊……"

"疼过，您知道得很清楚，昨天晚上我们和阿隆在一起。"

说着他突然冲进了浴室。当他下来喝果汁时，我对他说："昨晚来的不是阿隆，是博斯特。"

"啊，是的，我想说的就是他。"

"您记得吧,昨天晚上,一开始是很愉快的。后来您喝了一点儿苏格兰威士忌,感到很疲惫。"

"不是因为苏格兰威士忌,是因为我忘记取下耳塞了。"

我大惊失色。丽丽亚娜来接他去喝咖啡,十点钟左右来电话说情况糟得很。萨特对她说:"我和乔治·米歇尔①度过了一个愉快的夜晚。我们言归于好,很开心,和他闹掰太傻了。他们待我很好,十一点钟的时候还留我在那儿睡觉。"(萨特根本没和乔治·米歇尔闹过别扭。)就这样,他不断地胡言乱语。

我打电话给勒博教授,请他当天来看萨特。医生说这种病不是他的专长,他会帮我和神经学专家 B 医生安排一个约会。约会时间定在晚上六点。

五点半,我和西尔薇去阿莱特家接萨特。他看起来神色如常。我带他乘出租车去看 B 医生。到达后,我对 B 医生说明了病情。检查一番后,他开了个处方,还给了我们一位女医生的地址,让萨特马上去她那儿拍一个脑电图。西尔薇在一家咖啡馆等我们,也陪同我们一起过去。我们俩把萨特送到一幢现代大楼的正厅里,然后去一家咖啡馆小坐。这家咖啡馆打着红光,阴森森的,一只鸟不停鼓噪,嘴里喊着:"拿破仑,您好!"一个钟头后我们去女医生那儿,在一个安静舒适的客厅里等着。八点左右,萨特出来了。脑电图显示没有任何严重的异常情况。我们乘出租车回到我的住处,途中西尔薇下车。萨特说女医生非常和气,把他领到她家阳台上看风景,还给了他一杯威士忌。这显然在撒谎。B 医生开了一些药,嘱咐他少喝酒、不抽烟。但萨特决意不理他那一套。我们晚上玩了会儿跳棋,很早就去睡了。

---

① 乔治·米歇尔是作家、剧作家,萨特很喜欢他的戏。他也是丽丽亚娜的好友。

第二天，萨特看起来还不错。不过，十一点钟丽丽亚娜打来电话说，他们一起吃早饭时，萨特又说起胡话，不认识她了，一会儿把她当成阿莱特，一会儿又当成我。她说她是丽丽亚娜·西热尔。他回答说："丽丽亚娜·西热尔，我认识。她就住旁边的楼里。她是瑜伽老师。"

这话说得没错，但他无法将眼前的丽丽亚娜和教瑜伽的老师合并为一个人。他还问：

"昨天同我和海狸在一起的那个姑娘是谁？"

"可能是西尔薇。"

"不，不是西尔薇。是您。"

我和他一起吃午饭。他又说起那个女医生给他一杯威士忌的事。我跟他说，他肯定记错了。他接受了这一事实。一下午我都待在他家。他看书。我也看。

第二天早晨八点半，他在萨尔佩特里尔医院和B医生有一个预约。我八点到他门口时，跟我们一起去的阿莱特按门铃，却没人回应。我用我的钥匙打开了房门：萨特还在沉睡。他匆匆穿上衣服，大家坐出租车赶往医院，一位护士把萨特接管过去。我和阿莱特出去找出租车时，她让萨特跟她去朱纳斯住几天，好恢复得快一点儿，我建议他随后来阿维尼翁找我。然而，他会同意吗？她提醒我说，萨特现在说"不"，其实就意味着"是"，当别人强迫他时，他也不生气。中午，我在萨尔佩特里尔医院见到了B医生。他告诉我，萨特患了缺氧症，也就是大脑窒息。抽烟是部分原因，但大动脉和小动脉的情况是主要的诱发因素。他赞成让萨特到乡下住一段时间，萨特也同意了，没有争辩。B让萨特写自己的姓名和地址，他很轻易地写了出来。于是B信誓旦旦地说："我们会治好您的。"

下午我又见到了萨特，晚上他在万姐家度过，丽丽亚娜·西热尔的儿子开车去那儿把他接回我的住处。万姐后来告诉我，萨特又胡言乱语了，没完没了地谈起一个坐在他大腿上的黑人女子……

周六，我们和西尔薇一起度过了一个很不愉快的晚上。萨特非要抽烟喝酒，我们极为崩溃。第二天吃午饭时，我们批评他，他有点儿下不来台。电梯又坏了，他却坚持要爬上十楼回房间工作。当时，他所谓的工作是受约写一篇关于希腊抵抗运动的文章。他反复阅读一本很不错的书《游击战士》，但我想他恐怕什么都记不住。这天晚上，大家在我的住处玩跳棋。他明显地好了一些，但记忆仍然恍恍惚惚。

周一，他读了一整天的《游击战士》，晚上去了朱纳斯。阿莱特第二天打电话给我。天气很好，萨特很高兴又来到南方，一直在读侦探小说，但仍然有些症状。他问："为什么我在这儿？啊！因为我有些累了。我们在等赫尔克里·波洛。"阿莱特认为是侦探小说刺激他无中生有地编故事，便尽量多带他出去散步。周五，她对我说萨特的情绪很好，还去石灰采石场攀爬岩石，玩得很高兴。他的秘书普依格过去和他们一起过了两天，普依格走后，萨特小心翼翼地问阿莱特："德迪杰来过吗？"（德迪杰的容貌跟普依格一点儿也不像，但他也是阿莱特的一个亲友。）周六，她报告说，萨特的情况还不错，但奇怪的是，周四、周五他睡觉前忘了要每天必喝的威士忌。后来我听说他在周六也忘了这事。当我提醒萨特时，他气呼呼地说："因为我老糊涂了。"

周日早晨，在去阿维尼翁的火车上，我的心情十分焦虑。我不知道将看到哪个萨特。一过瓦朗斯，我又见到了鲜花盛开的树木，还有松柏，我觉得世界无可逆转地晃动起来——向着死亡晃动。

一辆出租车在欧罗巴旅馆前停下，萨特走下来，我在那儿等他。他胡子拉碴，头发很长，显得十分苍老。我把他带到房间，给了他一些书（雷蒙·胡塞尔的生平和乔伊斯通信集）。我和他说了会儿话，然后留下他一人休息。

黄昏，我们外出散步，走到附近的大钟广场时，他说："应该左转。"他说得没错。但他又指着一家旅馆说："早上我在这家旅馆前面等您时，您进了一家商店。"我回答说，这以前我们还没在阿维尼翁散过步呢。"要不然就是和阿莱特一起。"可是阿莱特没有离开过出租车。萨特控制不了自己错误的记忆，而且他还真相信它。我们的晚饭吃得很好，还喝了"教皇古堡"酒。我到萨特房间给他倒加了许多冰块的苏格兰威士忌。我们玩跳棋，他却很难集中注意力。

第二天，我们在他房间吃早饭时，他的精神很饱满。我们坐出租车去阿维尼翁附近的新村，在一家旅馆吃午饭。几年前我在这儿住了三周，年轻的老板娘认出了我。她对萨特说，她七岁的儿子很想见他，因为学校里正在学他的诗。我们惊讶不已。起身离开时，她递给萨特一本留言簿："请您签名，普雷维尔先生[①]。"

"可我不是普雷维尔先生啊。"

说着，萨特撇下目瞪口呆的老板娘，离开了。我们重游了圣安德烈要塞。那天刮着大风，吹得萨特的头发凌乱不堪：我感到他是那么的脆弱！我们在草地上坐了一会儿，然后坐在要塞大门边的一个长凳上，可以看到罗讷省和阿维尼翁的风景。这是个美丽的春天，万木葱茏，天气温暖。幸福就是这个样子。

我们坐出租车从新村广场回旅馆。看门人陪我们去修女那儿，她们每天给萨特打一针。那里离旅馆有二十来米，我就把他留在那儿。萨特是自己走回来的，没太费力。我们在大钟广场吃了晚饭，

[①] 普雷维尔是和萨特同时代的法国诗人、剧作家。——译注

然后玩跳棋。萨特的神志完全清醒了。

第二天早晨,我们租了一辆带司机的汽车重游波欧。抵达时,那里的景色十分奇伟:晴美的天气,巨石耸立的荒原。萨特高兴地微笑着,眉飞色舞地说:

"今年夏天,等我们俩去旅行的时候……"

我打断他说:"您的意思是,当我们到罗马的时候?"

"是的。"他说。

可是,他又重复了好几次:"等我们俩去旅行的时候……"我们在乌斯托·德·博马尼尔的阳光下喝了一杯,又在那儿吃了午饭,在渺无人烟的城里散步,然后由圣雷米回去,还经过了一个花团锦簇的小村落。萨特看了看手表。我开玩笑问他:

"您有约会吗?"

"是的,您知道,就是那个早上在啤酒馆遇到的那个女人。"

我说我们没去过啤酒馆。

"去过。就是我们出发的时候,公路旁,"他犹豫了一下,"也许是昨天的事吧。"

我让他确信我们没有任何约会。后来他对我说,他只有一个影影绰绰的印象,如果把他一个人留下,他会直接回旅馆。稍后,我们在他的房间里肩并肩地一起看书。他读得非常慢,花了两天时间才把一本《新观察家》搞定。不过,他已经完全回到现实世界中来了。这天晚上,他对我说:

"您应该接下去写您的东西。"

我说:"好,等您的病完全好了。"

第二天,三月二十一日,依旧是阳光璀璨。"春天到了!"萨特兴奋地说。我们坐大巴去了盖尔大桥。在老磨坊旅馆洒满阳光的露台上喝威士忌的时候,他问我:"这座桥是十九世纪的吗?"我纠正了他，心中隐隐作痛。饭后，我们沿着桥后的小路散了会儿步。每遇到一个长凳，萨特都要坐一会儿。他说，是吃的东西让他身子沉、走不动。在回阿维尼翁的路上，他又不停地看表，我说：

"我们没有约会。"

他答道："不对，我们有，和那个姑娘……"

不过，他没有坚持己见。前一天，萨特去打针时遇见了一对教师夫妇，他们是《解放报》委员会的成员。回来时，那个少妇在大街的拐角处等他，他和她谈了一会儿。约会的念头可能和这桩小插曲有关。这天晚上，我让萨特回顾一下他这一天的事情，他记得很清晰。我们玩了跳棋，又聊了会儿天。

第二天，他十点钟睡醒，恰好早饭送来了。我对他说：

"昨天晚上我们过得很好。"

他有点儿迟疑着说："是的。可是昨天晚上，我想我隐身了。"

"这事儿，您可没跟我说过。"

"从一到这儿起就是这样了。我觉得，相对于其他人，我处于'危险'之中。所以，我觉得自己是隐身的。"

我追问他，他说，他并不特别害怕任何人，但他觉得自己是一件物事，和别人毫无交集。

"但您和他们是有关系的。"

"如果我让他们存在的话。"

他又说，除了酒，总是我在点饭菜。事实并非如此。我的结论是，他的头脑混乱不堪，并不理解自己身上发生的事情，却把记忆中的盲点和破碎的胡言乱语小而化之。不过，他说他如果不是病了，就是"累了"。在此期间，他沮丧地说了两次："我就要满六十八岁了！"有一次在巴黎，他发病前不久对我说："我的两条腿最终会被切掉。"

我说不会。他又说："啊！两条腿！离了它们我也行。"

显然，日益炽长的焦虑情绪折磨着他。他想到了他的身体、他的年龄，想到了死。

这天，我们去了阿尔勒。在裘力斯·恺撒饭店用过午餐，我们重游了圣特罗菲姆、露天剧场和竞技场。萨特显得垂头丧气。竞技场上他问我："丢的东西找到了吗？"

"什么？"

"就是看竞技场必须用到的东西。早上咱们把它丢了。"

他稀里糊涂地重复着同样的话。在圣特罗菲姆我们买了一张只能进教堂的参观票，然后在剧场买了一张通用票：他胡思乱想，为的是这事吗？不管怎么说，他完全晕头转向了。我们由塔拉斯孔方向返回，重游了那里的城堡。到达阿维尼翁时，萨特对司机说："我们说好了的，明天付您车费。"

我说："不对，我们明天出发，以后就见不着他了。"

萨特付了钱，还给了一笔丰厚的小费。给萨特打针的修女曾说他的注射费可以在最后一天一次性支付，他有可能在心里把这两件事搞混了。

第二天早晨他对我说，在这里他过得很愉快，而回巴黎对他来说是"正常的"。他没有把地址留给米歇莱·维安。我问他她会不会生气，他说：

"不会。她很清楚您走前不会留地址给她，因为一个男人，一个折磨着您的男人。"

"我？"

"是的。因为他想记录下我的病情。"

我说绝对没有这回事。萨特露出惊讶的表情说："我还一直这样以为呢。"

他紊乱的记忆让人想起病情发作的最初几天，不过我并未过分担忧。

这天上午有记者打电话来，但萨特没有见。我们在大钟广场的阳光下喝酒，然后在饭店的二楼吃了顿午饭。萨特看着街上人来人往，悠然自得。我们在这座小城里转悠了一大圈，萨特毫无疲惫之色。六点，我们上了火车，在车上吃晚饭。丽丽亚娜·西热尔和她儿子十一点半在火车站接我们，又驱车把我们送到我的住所。

第二天，萨特理了发，看起来年轻多了。他和阿莱特一起吃午饭，后来对我说她对他不高兴了，但没有说是因为什么。阿莱特打电话告诉了我实情。萨特对她说，他的几盒香烟在排水沟里烧着了。她表情疑虑地看着他，他又说："您是不是认为我老糊涂了？可这是真的。"他还说刚刚接受了一个英国人的访谈。

下午，我把他的行李箱带来了。他拆阅里面的信件，拆看人家寄给他的书。晚上，我们和西尔薇一起在我的房间，他没有能力维持一次正常的谈话。大约十一点，萨特就去睡了。

醒来的时候，他能清晰地记起前一天的事情。他很高兴中午能去看一位年轻的希腊女子，她写了一篇关于他的论文，他很喜欢她。他看起来很敏捷，我却寻思着他什么时候才能恢复工作。

晚上，在我的住处，他没有注意到西尔薇把水灌入了威士忌的瓶子中。这个骗人的小伎俩让我不快，可也找不到别的办法减少他的饮酒量。晚上，他一个劲儿地说，"我就要满六十八岁了！"我问是什么让他如此动容。"因为我本以为我将要满六十七岁了。"

第二天，我们又去看B医生。我对B讲述萨特的紊乱状态，萨特也在场，满不在乎地听着。然后，B医生带萨特到检验室，没发现有什么问题。萨特的写字能力比上次还好。B对萨特说，他最大的敌人是酒和烟，如果一定要保留一项，他更希望他戒酒，因为酒精会伤害大脑。他只允许萨特在午饭后喝一杯葡萄酒,又开了一些药。我们出来时,萨特对戒酒这事感到十分难受:"这等于是向我六十年的生命告别。"过了一会,我趁萨特不在给 B 医生打了电话。他告诉我,如果这病再突然发作,就没有把握能治好萨特了。

我问他:"他很危险吗?"

"是的。"他答道。

这件事我早就知道,可医生的话还是让我如遭雷击。萨特隐隐约约知道病魔正威胁着他,这天晚上他说:"应该用了断的方式了断。毕竟,能做的都做了。该做的也都做了。"

早上醒来,他还是有点儿胡言乱语。他提到为希腊人写的一篇序,这件事是真的。但他又说有个年轻人想自杀,因为父母把他当囚徒一样关着。萨特想不起这人的名字了,只知道是豪斯特和朗茨曼的一个朋友。实际上根本不存在这样一个年轻人。这天晚上,萨特看起来平安无事,仿佛是心甘情愿地放弃了酒精。下跳棋时,他把我杀得一败涂地。

这只是一次短暂的间歇。两天以后的早晨,阿莱特打电话告诉我萨特头晕,向右侧歪,走着走着就倒下了。B 医生在电话问诊中建议减少用药量;如果症状持续,就去萨尔佩特里尔医院接受观察。傍晚时分,萨特在我家,走起路来跟跟跄跄。

第二天他的平衡状态好了一些。但上午和丽丽亚娜喝咖啡时,他讲话又颠三倒四起来,说和工人有一个约会……不过,晚上我们和西尔薇一起过得很愉快。他高兴地对我们宣布:"满七十岁时,我要再喝威士忌。"我很欣慰,因为这意味着两年内他会戒酒。

四月初,尽管腿还有点儿虚弱,头脑恍恍惚惚,他的健康状况却相当好。他读了一本评论《墙》的小书,很感兴趣。他开始遗憾自己不能工作。他写了一封信,为在越战中开小差的美国士兵要求大赦，这封信后来发表在《纽约书评》上。

他和阿莱特在朱纳斯住了几天，后来我同西尔薇坐大巴和他们会合，准备一起去圣保罗-德-旺斯。我们来到他的房前，萨特已经从平素晒太阳的阳台上下来了。每次小别再见，我都觉得他气色欠佳：脸肿了，举手投足间显得僵硬、笨拙。我们四人出发了，沿途经过朗格多克地区美丽的风景：南部的灌木树丛、葡萄园、鲜花盛开的果树林、苍苍黛黛的远山。我们穿越克拉乌，掠过卡马尔格地区，阿尔勒隐约可见，最后停在埃克斯城门口一家别致的饭馆儿吃午饭。西尔薇留在汽车里睡觉。然后我们重新上路去布里尼奥勒，沿途经过我非常喜欢的埃克斯乡村。有一刻，萨特问道："我们带过来的小伙子怎么样了？都把他忘了吗？"他没有纠缠下去。后来他对我说，午饭的时候西尔薇没来，把他给搅糊涂了。

在圣保罗期间，萨特没有表现出大脑紊乱的症状，但整个人都没有活力。和煦的太阳将乡村照得明亮璀璨。萨特愉快地在大巴上漫无目的地转悠，游览了尼斯、卡涅、戛纳和穆根斯。不过，回到房间之后，他没完没了地读那本《游击战士》，却进度极慢——他几乎连侦探小说也不能读了。"他不能再这样了！"阿莱特对我说道，语调惊惶不安。萨特也意识到了自己的状况。一天早上，他点起第一支烟，对我说："我不能工作了……我老糊涂了，嗯……"

但他依然保持着生活品位。我谈起活到九十一岁的毕加索，并说："这个年龄倒不错：那样的话，您还能活上二十四年。"

"二十四年，那也没多少啊。"他答道。

他和阿莱特一起回来，我是和西尔薇。我回来那天，萨特跟我一起吃午饭，生气勃勃，充满热情。我讲了从圣保罗到巴黎一路上的情况，他饶有兴味地听着。下午，他优哉游哉地在自己的房间拆阅信件、翻看寄来的书。但在另一些日子里，他又看起来精神颓萎、没精打采、昏昏欲睡。希望和忧虑的交替出现，弄得我疲惫不堪。

我们又去看 B 医生。他在诊室隔壁测试萨特的反应能力，我听到他说："好……非常好……"除了血压是二百和一百二，一切都很好。他们回到诊室，萨特抱怨他脑子发木的状况，并带着一种天真可爱的神情说："我不笨。只不过，脑子是空的。"B 开了一种补药，减少了用药的总量。他还建议萨特尝试写诗，因为他不能再写严肃的著作了。离开时，萨特开始恢复咄咄逼人的本性，喊道："他什么都没有为我做，这个笨瓜！"我说了他几句，他答道："他干的事，泽德曼也会做。"实际上，他以为病能自己好起来。这是不切实际的。

他的病情仍然猫一天狗一天。他在下午睡一会儿，醒来后常说些不知所云的话。一天，阿莱特对他说，她看了私人放映的朗茨曼电影《为什么是以色列？》。他对她说："您不是一个人。阿莱特也在那儿。""阿莱特？""是的，她对以色列感兴趣，因为她是一个阿尔及利亚犹太人。"然后阿莱特问他："那我呢？我是谁？"萨特一下子回过神儿来："哦，我的意思是，你带了个朋友，你们一起去的。"她对萨特说，电影刚刚放映的时候，有炸弹警告，场地被搜查。萨特却跟我说，放映推迟了，却忘记了是什么原因。所有事情在他周围稍纵即逝地发生着，朋友们都注意到，他显得失魂落魄，昏昏欲睡，几乎称得上死气沉沉，只是嘴角上总是挂着一个凝固的微笑（这是轻微面瘫的后果）。

不过，我仍然经常和他一起度过堪称美妙的夜晚。他高高兴兴地喝果汁。星期天我们和西尔薇一起吃饭时，气氛风生水起。提托·热拉西想写一部关于萨特政治生涯的传记，他和我们一起在圆顶酒店吃午饭，然后和萨特面对面交谈：他觉得萨特的身体很好。

五月二十一日，萨特恢复了同皮埃尔·维克多和加维的谈话，他们对丽丽亚娜·西热尔说："他聪明绝顶，风采不减当年。"五月底，他参加了《现代》的会议。豪斯特和朗茨曼两人也参加了——从南部回来后，萨特给他们留下很糟糕的印象，而这次，两人也觉得他还像从前那样生气勃勃、智力过人。面对专有名词，他仍会迟疑不定，对病情的进程——尤其是何时头晕——也记不清楚。有时，他暗示这不过是"一些小毛病"。一天，他对我说：

"在您眼里，这不会太滑稽了吧？"

我答道："不滑稽。在您眼里，就更不滑稽了。"

"哦！我！我完全没有意识。"

萨特非常高兴恢复了与维克多和加维的访谈。晚上，我们和西尔薇一起时，他十分快乐，甚至会逗人笑。六月十七日，他对弗朗西·让松畅谈自己的青少年时代，解释他与暴力的关系。

生活中唯一美中不足的是他的眼睛。像往年一样，他去看眼科医生，结果发现只剩下了四成视力——几乎一半。而且，他只有一只好眼睛。需要进行为期十五天的治疗，若无起色，就要考虑做一个小手术。

过了两周，医生仍不能确诊萨特的毛病。事实上，萨特也觉得凶多吉少，忧心忡忡。我还记得，他拿着一面我们的日本朋友送的放大镜，俯身阅读报纸上的文章，显得满腹心事。有些东西甚至用放大镜还是看不清，屡试屡败。

没过几天，阿莱特就打电话给我，说萨特的头晕病又犯了，刚下床就跌倒在地。这天下午，他去看了一位有名的专家。晚上，他向我讲述这次诊疗情况时，沮丧万分，说颞骨静脉上有一个血栓，眼颅处发现了三个出血点。不过，我又约了 B 医生，他却对萨特的情况比较乐观。萨特的头晕好了一些，又可以走路了。血压仍然很高,达到二百和一百二十,但从神经学的角度看,一切还都正常。B写了封信让我转交眼科医生,说萨特患的是"带有间歇性头晕的脑动脉疾病",兼有高血压和糖尿病前兆。这些我早就心知肚明,但白纸黑字地写下来,还是让我心神大乱。朗茨曼见我伤心,就打电话给他的朋友库尔诺医生,后者说彻底恢复至少要一年的时间;如果恢复,萨特能活到九十岁,但一旦再次发作,就是凶吉难测。

再去问诊时,眼科医生说三个出血点有两个已经止住,而且又恢复了两成视力,两三周后眼睛就完全正常了。萨特却仍然担心。在和几位要好的朋友——罗贝尔·伽利玛、珍妮娜,还有米歇尔的遗孀——一起吃午饭时,萨特一言不发。临走时,他有点儿担心地问我:"我是不是显得怪怪的?"不过,总体来说,他能耐心地对待自己的疾病。在同维克多和加维的谈话中,他说话不多,但能专注地跟进讨论,插话也大都十分切题。他参加了加莱纳新村青年工人的讨论,并接受他们的调研,这次讨论后来发表在六月中旬的《解放报》上。他在一个禁止"新秩序"组织集会的呼吁书上签字,不过,"新秩序"还是在六月二十一日举行了一次集会,萨特在《解放报》上抨击马塞兰的决定。在六月二十七日《现代》的会议上,萨特十分开心,快乐的心情保持了好几天。B医生对他的健康状况很满意,萨特觉得自己的视力好多了。

他照例和阿莱特出去度了三周的假。我和西尔薇到南方旅行。阿莱特不时向我报告他的消息。好消息不少,只是走起路来很快会累,阅读也较为艰难。七月二十九日,我们去朱纳斯接他,开车前往威尼斯与万姐会合。对我来说,重见萨特是件悲喜交集的事情。由于嘴唇歪歪斜斜,视力也不好,他的脸上露出凝固不变的表情,老态毕现,了无活力。

从朱纳斯到威尼斯的四天旅行是十分愉快的。萨特有点儿呆傻迟钝，心不在焉，但挺快活。尽管视力不佳，却能隐约看清沿途的风景，一路走来让他愉悦不已。我们穿过尼姆，沿杜朗斯河而行，因为交通堵塞，绕开了阿尔勒和埃克斯。我们到了梅拉尔格城堡，午饭吃得不错，萨特喝了一杯老的新堡酒。我已在突尔图尔的巴斯提德订了房间，穿过几段迷人的小路，适时抵达了那里。阳台上看得到动人的美景：松林郁郁，远山黛黛。

第二天早晨，我去萨特那儿会他。面对普罗旺斯的锦绣风景，他已在露台上坐了一个多小时。不厌倦吗？不。他喜欢看这个世界，什么也不做。在朱纳斯，他也是花大把的时间坐在阳台上注视村庄。我很高兴他不因空闲而气闷，同时也有点儿心疼：想自得其乐，就像他对医生说的那样，脑子真的是"空的"才行。

博斯特推荐我们去芒桐的弗朗西斯饭馆吃带蒜泥蛋黄酱的鱼汤，萨特十分心动。我们在小饭馆的露台上坐定，鱼汤刚端上来，萨特就把盘子打翻在脚面上。没有造成大麻烦，我们帮他擦鞋子，女服务生又端上一盘汤来。萨特一向手脚不灵活，视力问题又雪上加霜，整个人都晕头转向了。他以一种反常的冷漠对待这件小插曲，摆出一副事不关己、高高挂起的架势。

我们沿着一条挤满卡车的高速公路到达热诺，进城的路既长又难走，萨特兴致颇高，没有任何不耐。我们在火车站附近安顿下来，在广场上吃了顿清淡的晚餐。

早上九点左右，我又看到萨特倚靠在窗户上。七点半醒来后，他就饶有兴致地注视车站广场上的人来车往，他心花怒放，感到自己又到了意大利。我们在维罗纳饭店吃了美味的火腿烤馅饼，然后投宿到一家稍有巴罗克风格却十分漂亮的旅馆——十年前，我和萨特在这里住过。萨特午睡时，我和西尔薇出去散步。他醒来后，我们三人在圆形剧场旁诸多咖啡馆中的一间小酌。西尔薇累了，我一个人和萨特去旅馆附近的一家小饭店吃饭。萨特迈着小碎步,但走得并不艰难,神情愉快。

在威尼斯,西尔薇把车泊在罗马广场的大停车场里。大家上了一条贡多拉,先把萨特在大运河上的一家旅馆安顿好,我和西尔薇在圣马可广场后面的卡瓦莱托旅馆办理了入住,然后再回头去找萨特。我们给了他一台收音机,这样,他早上就可以在万妲在隔壁房间酣睡时听听音乐了。他带我们到费尼斯吃午饭,都没怎么迷路。阳光对萨特不好,为了挡太阳,萨特戴了一顶他并不喜欢的草帽,后来在罗马对我说:"这帽子让我难为情。"我们在圣马可广场喝了鸡尾酒,然后回到萨特的旅馆,一艘汽船送他去飞机场和万妲会面。萨特站在船上向我们挥手致意,脸上微笑着,笑得那么和蔼,甚至和蔼得过了分——这种笑意很少离开他的嘴角。我感到莫名的害怕:他看起来那样脆弱!

两天后,八月三日上午九点,我在圣马可广场的一家咖啡馆和他会面。后来三天,我们以同样的方式见面。有时他比我到得早。有两次由于没有看表,凌晨四点他就起床穿衣,后来发现天色还黑才又重新躺下睡觉。万妲细心地给他按时服药。他和她经常散步,有时长达将近一小时。他喜欢在威尼斯待着。

后来,一天早晨,我离开了萨特。西尔薇对威尼斯的每个角落都已烂熟于心,我不想勉为其难让她久留。尽管早上的会面让萨特很高兴(他对我说:"我会想念您。"),但是这毕竟对他有些不便。我给万妲留下了地址,便动身去佛罗伦萨。

八月十五日我抵达罗马。十六日下午,我和西尔薇在佛米奇诺接萨特。凭借帽子、身材和举止,我们马上透过玻璃窗认出了萨特。他一只手提着个小旅行袋,另一只手拿着半导体收音机。到了旅馆,又看到我们那个大露台,他非常高兴。他的健康状况很好,只是有点儿不适应。西尔薇把收音机放在桌上。他问:"您不想把它留下自己听吗?""不,这是给您听的。""啊,我不需要它。"不过,后来他一连几个小时听收音机里的音乐,坦承如果没有它会很难过。

接下来的几天,我早晨八点半左右起床时,萨特已在大露台上了,一边吃早饭一边目光迷离地看着这个世界。他的眼睛比八月初的情况更糟,不能读不能写。我请米歇莱打电话给萨特的眼科医生,医生说萨特的眼睛可能有了新的出血点,建议请当地的专家看看。旅馆为我推荐了一位据说是罗马最好的眼科医生——他曾治愈过卡罗·列维的视网膜剥离。医生让我们第二天下午去找他。他住在台伯河另一侧的普拉蒂区,那里热热闹闹的,空气也很清新。这是个和善的年轻人,他发现萨特的眼睛中央有一个出血点,但除了等待,别无他法。萨特有青光眼的前兆,眼内压也太高。医生开了匹鲁卡品和迪亚莫克斯滴剂。第二次问诊时,萨特的眼压降低了,但正好那天早晨我给他用了迪亚莫克斯。回来后他没有坚持点眼药,眼压一直很高,但没高得离谱。眼科医生希望单独使用匹鲁卡品可以化解青光眼。最后一次问诊时,他没有接受萨特支付的诊金,只要求得到一本萨特签名的书。萨特给他带来三本书,在上面摸索着写了一些字。这位医生态度友好,给病人以信心,萨特很喜欢他。

我们很高兴地过着按部就班的生活。上午,我给萨特读书(这一年,我给萨特读了一些研究福楼拜的著作、一期关于智利问题的《现代》、豪斯特[1]和勒鲁瓦·拉杜里的新书,两厚本关于日本的精彩书籍,还有马蒂耶的《恐怖中来之不易的生活》)。简单地用过

---

[1] 豪斯特写文章用的是化名高兹,在《现代》编委会里用的也是这个名字。不过本书一律用他的真名。

一些点心之后，萨特要睡两个钟头。我和西尔薇一起散步，或者在阳台的阴凉处肩并肩地看书。尽管有空调，天气仍很热，但我喜欢炎热，喜欢阴影，喜欢人造革的气息。萨特睡醒了，我就给他读法文和意大利文的报纸。晚上，我们和西尔薇一起吃饭。

萨特吃饭是让我最担心的事。他不再小便失禁，喝酒、喝咖啡、喝茶都不超过医生允许的量。但看到他大口吞下那么多的面条，特别还有那么多冰淇淋，我感到很懊恼，因为他有糖尿病的先兆。他的牙是假的，嘴唇半瘫，视力几近失明，饭吃得拖泥带水——他的嘴周一圈儿沾满食物，我想让他擦掉，又怕他生气。他和意大利面条较劲斗力，大口塞进去又掉出来。我帮着切肉，他别别扭扭地不愿意。

智力上，他却经常处于全盛时期的状态。他的记忆力完好，有时却心不在焉，让我很恼火。有时我又怜惜得几乎流泪，比如他对我说："这帽子让我难为情。"再比如有一次走出饭店时，他低声对我说："有人在看我！"那语气仿佛在说："他们看不起我。"让我赞叹不已的，是他的好脾气、他的忍耐，还有，他尽量不使自己看起来是个累赘：他的眼睛再也看不清了，却从不抱怨。

《或、或》杂志出了一期萨特专刊，上面是萨特一九六一年在葛朗西学院的演讲《主体性和马克思主义》，还有一些关于他的文章。我把这期文章翻译给他听。我们陆续和莱利欧·巴索或洛萨娜·罗桑达见面。九月五日，西尔薇离开我们，把汽车开回巴黎。第二天，一个德国女记者艾丽丝·施瓦尔泽来看我们。我是在"妇女解放运动"的会议上认识她的，我很喜欢她，萨特也是。她为德国电视台拍了一部关于我的短片，并拍摄了傍晚我们俩在露台上的情景。我们和她一起愉快地共进晚餐。我们的朋友博斯特一家也来罗马住了几天。

离开罗马时，我忧心忡忡："我们还会回来吗？"心里这样想着，我最后看了一眼这座城市。回到巴黎，我如是写道："就这样结束了，罗马假日，还有它忧郁的温柔。"巴黎的秋天极美，但我担心这座城市会让萨特劳累起来。

他换了住所，拉斯帕耶大道的房间太小了。阿莱特和丽丽亚娜给他找了一套房子，大了不少，也是在十一楼，但有两部电梯。这套房间里有一个大书房，窗外是启程大街，抬眼便是蒙巴纳斯新建的塔楼，远处耸立着埃菲尔铁塔。萨特住在两间卧室中的一间，窗外有一个院内的花园，另一间可供别人睡，这样，他就不用一个人单独过夜了。新寓所还没有家具，萨特去看了，很喜欢。

他的心情极好，说视力好了一点点。当然，阅读是不可能的，但他可以玩跳棋。他多少有点儿沾沾自喜地说着"我的病"。他对我说："我太胖了，因为生病。"在街上，我们去吃午饭时，他说：

"别走得那么快，我在生病，跟不上您。"

我说："可您的病好了啊。"

他说："那我现在是怎么回事？虚弱了？"

这个词让我心疼了。我答道："当然不是。您就是腿有点儿软。"

我不太知道他对自己的健康状况怎么想。

不过，没过几天，他就觉得累了。"我见了太多的人了。在罗马，我们可是谁也不见的。"他怎么能经得住十月八日审判带来的压力呢？这个故事由来已久了。一九七一年五月，《备忘录》要求把萨特送进监狱。六月，司法部长和内务部长根据从《人民事业报》和《一切报》上选出的萨特文章告他诽谤。作为自由的嫌疑人，他去意大利度假。预审十月份开始，很快就结束了。到一九七二年二月，仍不知道什么时候宣判。而现在，日期定了下来。

十月八日，萨特将在巴黎法院轻罪法庭出庭——他是应八位《备忘录》编辑人员的控诉而被传唤的，后者要求八十万法郎作为诽谤、侮辱和以死亡威胁的赔偿金。应该说，《人民事业报》的确对他们毫不客气，称他们是"被《解放报》清理出去的乌合之众、在'秘密军队组织'领半饷的雇佣者、随叫随到的职业杀手"。《人民事业报》的负责人把传票丢进废纸篓，萨特因逾期而丧失了诉讼权利。为了反击，他必须去请一些证人，证明他有权诚实认真地考虑他的报纸所发表的内容。九月底，萨特开始研究律师吉塞勒·阿里米寄来的有关《备忘录》的文件。萨特将向法庭提交一份声明，我们草拟出它的大致纲要。

但他的状况不大好。电梯又出了毛病，他徒步登楼回家，脖子疼了起来。他去看B医生，医生无法判断好坏，希望他作一个全面检查。第二天醒来时，他显得有点儿糊涂，这是好久都没有发生的情况了。我对他说：

"今天，您要去看眼科医生。"

"不，不是眼科医生。"

"没错，就是眼科医生。"

"不是。我要去看的是在B医生之后给我看病的那位。"

"那就是眼科医生。"

"啊，真的吗？"

他又问是不是B医生开的匹鲁卡品。他非常抵触去医生那儿看眼睛，甚至连想都不愿想。阿莱特和丽丽亚娜陪同萨特去眼科医生那里，回来时他对我说，他的视力永远不可能完全恢复了，有很长的时间不能阅读。他因沮丧而冷漠，就这样接受了这个想法。我从泽德曼那里得知，他有一个血栓，会不可避免地造成出血。

搬家期间，他经常与我在一起，搬家事宜则由阿莱特和丽丽亚娜操办。九月二十六日他在一份作家联盟的呼吁书上签名，反对智利的镇压，还有一份呼吁书反对官方新闻机构对这个国家保持沉默，他也签了名。我们将他关于《备忘录》的声明修订好，让他背下来，不过除了开头还可以，他总是记住这儿忘了那儿，我担心他如何应付这个场面。晚上，我们过得很愉快，但他下午睡得很沉。

十月八日，吉塞勒·阿里米和她的一位年轻助手开车来接我们，把我们带到太妃广场吃午饭。他们说自己有点儿怯场，萨特完全不。他显得心不在焉——现在他经常是这副样子。我们来到十七法庭，旁听了几桩轻罪案件的速判，大约有一个小时。两点钟，萨特的案件开庭审理。《备忘录》的当事人一个都不在——他们聘请了比亚吉为常务律师。首先是程序性的辩论，然后证人出庭。萨特向法庭供述，按照我们的既定方案对《备忘录》问题进行申辩，讲得铿锵有力。不过，他犯了个错误，不该暗示诺格里特被绑一事，让自己在主审法官面前陷入困境。然后听取证词。达尼埃尔·梅耶和比亚吉的争辩是十分搞笑的。比亚吉竟敢说，他之所以抨击萨特，是由于萨特的剧本《苍蝇》。德比-布里戴尔回答说，包括保朗在内的许多抵抗战士认为，在占领时期，只要能得到普遍回响，大家可以公开表达观点，《苍蝇》就是这样。克洛德·莫里亚克有点儿不知所措：他来这儿是出于和萨特的友谊，却也不无抵触之心。然后，又进行了一番程序性辩论。《备忘录》放弃了在侮辱和诽谤问题上对萨特的追究，仅保留对威胁行为的指控。他们的那位年轻律师向我们抛出一篇激烈而空洞的辩护词：主审法官冷淡地要求他不要老是拍桌子，弄得音响系统里的声音都听不清。接着是比亚吉，他破口大骂——此公子显然没有认真研究案卷，否则可以在《人民事业报》上找到许多失误之处，而不是只限于谩骂和摘引文学名言。吉塞勒·阿里米讲了一个多小时，对《备忘录》进行毫不留情的指控——她谈到它和"秘密军队组织"的关系、对暗杀的鼓动以及种族主义。法官不时地提醒她这些并不是问题所在，却仍允许她继续讲下去。休庭前，法官暗示为了不再对《备忘录》进行二次审判，应撤销本案诉讼，因为将侮辱和诽谤掺和在一起的诉求是不予受理的[①]。离开时，我们非常庆幸这件事结束了。

晚上，吉塞勒·阿里米打电话来，说她被几个《法兰西晚报》的记者缠住，他们如狼似虎地问她："萨特怎么了？他看来很不好。"她回答说："他正处于康复期。"他们无耻地追问："如果发生了什么事，您能通知我们吗？"事实上，萨特拖沓的双腿、肥胖和茫然迷离的眼光给人造成了行动不便的印象。西蒙娜·西诺莱在太子妃广场遇到我们，她看到萨特的状况后惊呆了。萨特有所察觉，一天，我们沿着德朗布尔街迈着小步去圆顶酒店吃饭，他说："我看起来还不太像残疾人吧？"我编了些欺人之谈来安慰他。

审判的那天下午，他和阿莱特去眼科医生那儿，医生直截了当地说萨特的视网膜受损——有一部分还在向中心侵蚀——因此，治愈是没有希望了。眼镜商应为他提供一台特制仪器，运用单侧视力使他有可能每天阅读一个小时左右。第二天早上，萨特看起来失魂落魄。我说：

"审判把您累垮了。"

"不，不是审判。是因为看病。"

事实上，看病不累，只不过眼科医生的话给了他一个可怕的打击。晚上，博斯特来了，我跟他讲了诉讼的过程。萨特一声不吭，到午夜正点，就去睡了。

十月十二日，他在萨尔佩特里尔医院接受了一次全面检查。阿

[①] 结果是，萨特被判支付一法郎的损失与利益赔偿金和四百法郎的罚款。

莱特开车送他过去，我中午去接他。B医生对我说萨特几个月内不能工作。这是显而易见的。他每天大约有三个小时的健康状况比较好，其余时间不是昏昏睡去就是神志恍惚。一系列检查之后，他心力交瘁。

十月十六日，星期二，我陪他去找眼镜商。眼镜商没给他什么希望。也许在我们为他定制的特殊仪器的帮助下，萨特大概一天可以阅读一个小时，而且用起来并不方便。晚上，我们第一次谈了一点儿他近乎失明的事儿，他说他并不那么痛苦，说得很诚恳。（不过，除了牙痛，他从来没承认过痛苦，甚至在患肾结石疼得死去活来时也没叫过疼。）第二天，我收到萨尔佩特里尔的检查结果。结果并不好：萨特有糖尿病，脑电图显示受损。后来，B医生打电话告诉我，脑部损伤可能是糖尿病引起的。我充满希望地想，脑损伤大概是可逆的吧。医生在他的大脑里检测到慢波，这就是他总昏昏欲睡的原因。（不过，我至今依然确信，萨特因为眼疾而焦虑，昏睡状态是他的一种自我保护。）

眼镜商借来一台他推荐过的仪器，却对萨特完全没有用处。字走得太慢，萨特宁可别人高声读给他听，而且他也无法校对或修订自己的文章。他没有失望，因为本来就没抱幻想。我们退回了仪器。

萨特恢复了同维克多和加维的谈话。他听他们说，偶尔评论几句，但总的来说不怎么插话。一个星期天的上午，他在家里接待《现代》的一个团队，就一篇社论进行讨论。社论的主题对他来说十分重要，我们之间也经常谈论，即以色列和阿拉伯之间的冲突。然而这次，他一句话也没说。第二天，他对阿莱特说，他觉得他当时睡着了。朗茨曼和普庸感到懊恼和沮丧。我给萨特读书时，他经常睡过去，甚至读他最感兴趣的《解放报》也不例外。他并没有意识到自己的状况。他对一个老朋友克洛德·达依说:"眼睛不行了,不过脑子一点儿问题都没有。"

晚上我们和西尔薇在一起时,他很愉快,有时甚至会笑——笑,如今已是很少见的事。然而,一个星期天,我们和西尔薇以及我们的朋友蕾娜——她从莫斯科来,萨特很高兴能再见到她——一起吃午饭时,他一言不发,毫无生气。蕾娜伤心沮丧,我也累得很,只有西尔薇不无困难地制造了一点儿活跃气氛。幸亏后来我们和蕾娜又过了一个晚上,气氛比较愉快松弛。

十月底,萨特的病情开始有了起色,开始对我们的谈话产生兴趣了。一天上午,一位新的女房客搬到我楼上的房间,吵得要命,萨特离开时对我说:"这是我第一次高高兴兴地从您的住所离开!"

赎罪日战争①是我们讨论的主要话题之一,这一回,我俩的看法完全一致。在同维克多和加维的一次谈话中,他解释了自己的态度:"我不赞成目前体制下的以色列。但是我也无法接受将以色列灭掉的想法……我们应该奋斗,保证这三百万人不被放弃或沦为奴隶……一个亲阿拉伯人的人,不可能一点儿也不亲犹太人,例如维克多。一个亲犹太人的人,也不可能不亲阿拉伯人,例如我。这样一来,就形成了一种古怪的立场……"

十月二十六日,他接受埃里·本·盖尔的电话采访②。在赎罪日战争接近尾声时,萨特做过一些声明,其中包括:"我的愿望是,以色列人能够意识到,巴勒斯坦问题是催动阿拉伯战争的精神动力。"他为《解放报》对我口述了一个声明,十月二十九日的《解放报》刊登了这份声明,尽管这家报纸完全不赞同他的观点。他

---

① 即第四次中东战争,发生于1973年10月6日至1973年10月26日。——译注
② 这次采访发表在10月26日的《明镜》上;法文版刊登于11月5日玛帕姆的《公报》上。《世界报》和《贝尔纳·拉扎尔手记》上有节选。

说:"这场战争只会阻碍中东迈向社会主义的发展进程",他分析了两大阵营的责任。十一月七日,萨特、克拉威尔和德比-布里戴尔正式提交公开投诉,指责《解放报》通讯社的电话被人监听、信件被人拆阅。(当然,投诉最后无疾而终。)

萨特身体好了一些,反而开始讳疾忌医起来。他忍不了一早一晚的打针,气恼地问我:"他们打算就这样给我治一辈子吗?"我陪他去看糖尿病医生,医生说他血糖略高。医生开了药片,还规定了一套无糖的饮食制度。他禁止萨特晚上喝水果汁。B医生认为萨特的健康状况有所改善,减了药量。离开时,萨特不高兴地说:"他对我不上心了!"没错,医生兢兢业业地治他的病,却很少考虑治疗作家萨特这个人——他建议萨特写诗,便是明证。

后来几天,萨特同阿莱特、我、西尔薇和蕾娜在一起,不再神志恍惚,表现得很活跃。他已经很久不去剧院了。不过,一天晚上,我们同米歇莱·维安一起去穆芙塔尔街小剧院看了根据泰韦南事件改编的一出好戏:《我相信我国的正义》[①],萨特为它热烈鼓掌。第二天,《现代》杂志在他家开会,萨特认真听人家给他读普庸执笔的关于以色列和阿拉伯冲突的社论。他给予评说,并参加讨论。晚上,博斯特来了,萨特仍然很活跃。

但是第二天上午,他和《解放报》社长朱利讨论一个越南裔女生被她的同学——一个黑人移民——强奸的事件,搞得很疲劳。我五点钟来看他,帮他入睡。第二天下午,我应他的要求读《包法利夫人》一章的两种版本,他听着听着又昏睡过去。晚上,和西尔薇在一起时,萨特完全醒过来了,他很喜欢我们送他的一件上好的毛皮大衣。西尔薇准备了冷香茶代替被禁用的果汁,萨特觉得味道

[①] 一个叫做泰韦南的年轻囚犯死了,官方断定为自杀,但他明显是"被自杀"的。亲属们想弄清他的真正死因,却未能成功。

棒极了。次日早晨,他又见到他的希腊女朋友,很高兴。这姑娘要在巴黎住一段时间,会去索邦大学听哲学课。下午,他又昏昏睡去。

第二天上午,他准备校对一下和朱利关于强奸事件的谈话。九点半,我去萨特和丽丽亚娜通常吃早饭的咖啡馆,丽丽亚娜在,朱利也在,但萨特没来。我看了一下朱利带来的文章,稿子没头没尾。萨特迟迟不露面。丽丽亚娜十点钟打电话给他——他刚醒。他终于来了,喝了杯咖啡,吃了点儿东西,我带他回我家。我们花了两个半小时撰写出一篇像样的文章,后来发表在十一月十五日的《解放报》上。文中,他思考了越南姑娘强奸事件中包含的道德意义和政治意义。晚上,我给他读了奥雷斯特·普西亚里写的一篇关于萨特美学思想的精彩文章,萨特很感兴趣[1]。后来我们试着玩跳棋,但他看不清楚,只得作罢。那段日子,最让我忧心忡忡的是,他相信——他愿意相信:自己的眼睛三个月内就会痊愈。

新房子已准备就绪,电话装好了。迁入新居使他高兴。从此,我每周在这儿待五个晚上,睡在他隔壁的卧室里。另外两天,阿莱特在这儿过夜。

每到下午,萨特仍然睡得很死,哪怕夜里已经睡足睡饱,上午我读东西给他听时,他也常昏睡过去。他显然对许多事情都漠不关心起来。一天早上起床时,我帮他擦去衬衣上的一点儿口水,他说:"啊,我流口水了。两周来我一直这样。"我不置一词,怕他为之羞恼,不料他也没把这当回事。让他心烦的是嗜睡的症状:"这么睡下去真像是死猪了。"有时还伤心地对我说:"我没有任何进步。"一个周六晚上,他、西尔薇和我被邀请去吉塞勒·阿里米家

---

[1] 奥雷斯特·普西亚里是莉丝介绍我认识的一位美国朋友。如今他是加利福尼亚大学教授,研究萨特的专家。

吃古斯米①，他一言不发。我们和蕾娜在餐馆吃午饭时他也不怎么说话。

我决定去约一下库尔诺医生大力推荐的拉普雷斯勒教授。十一月二十三日，我们去比塞特找他。医生十分惊讶，因为萨特的脉管病史和这次十分正常的检测结果形成了极大反差。他认为从脑电图上看没有任何病理上的异常。嗜睡症他也无法解释。他要求做一个叫做伽马脑电图的检查，强调严禁萨特吸烟。他对萨特说："您的视力和智力都受吸烟的影响。"

离开时，萨特对我说他还要接着抽烟。不过，第二天他到底还是抽得少些了。我们和西尔薇过了一个愉快的夜晚——这是令人吃惊的，因为我们很久都没这么快乐过了。萨特谈到福楼拜，谈到受动性问题，他跟我们宣布："两个星期以后，我彻底戒烟。"后来他允许自己每天抽三支，过后几天，先是每天抽八支，然后是七支、六支，最后每天三支。就这样，他开始珍视生命，愿意为了活着而奋斗②。

的确，他看起来又恢复了生趣。他常去看那位年轻的希腊女朋友，她给他的生活注入了欢乐。一天晚上，他同富子、西尔薇和我在金钟饭店吃了一顿愉快的晚餐。大家面对面享受着幸福的时光。我给他读一部关于他的论文集，他认为写得不错。

他向我宣称，要请皮埃尔·维克多作秘书；普依格仍是他的日常事务秘书，维克多将帮他读书并和他一起工作。丽丽亚娜打电话对我说，这个决定让她很高兴，阿莱特却气坏了——她联想到施坎

---

① couscous，又叫蒸粗麦粉，用粗面粉加工而成，是突尼斯、阿尔及利亚、摩洛哥和利比亚地区居民的主食，流传到法国后大受欢迎。——译注
② 没过多久，他又开始大量吸烟。

曼和罗素的关系，担心维克多会变成对萨特而言的施坎曼[①]。不过，萨特非常高兴和维克多一起工作。我乐意，因为不必每天上午给他读书了，可以有一点儿自由支配的时间。

十二月初，他的健康状况没有变得更糟，也没有变得更好：他总是睡着。甚至在上午维克多给他读书的时候，也昏昏睡去。我确信，这是一种逃避的方式：他无法接受自己近乎失明的现实。还有许多其他迹象表明，他是在逃避。我问他：

"上午您干了什么？"

"阅读和工作。"

我追问道："为什么您说您是在'阅读'？"

"哦，我又想到了包法利夫人和查理。我记得很多事情……"

一个星期四，我和萨特去肖莱克医生那儿，他是位年轻的眼科医生，很和蔼。他没给我们任何希望：出血点结痂了，但视网膜的中部有一些无法根除的阴影，已经发生了坏死。离开时，萨特对我说："就是说，我再也不能读书了吧？"回程的出租车上，他蜷缩着打瞌睡。后来几天，他并不显得比以前更悲伤。这个判决，他早已心知肚明。他逃避真相，同时也接受它。现在，他接受了真相，却仍然继续逃避。例如，他对我说：

"不要把《解放报》拿走。明天早晨我要看。"

一天，我把灯从他的椅子旁挪开，他让我把灯放得离他近一些。

"您不是说灯碍您的事吗……"

"是的，但我要用它看书。"他又补充道，"好吧，我是说，我

[①] 请参见《了断一切》罗素庭审的部分。施坎曼是罗素基金会的主任秘书之一。在法庭上，他是秘书长，自称代表罗素，处处发号施令。当他想把自己的意愿强加于人时，就说："罗素勋爵坚持认为……"

随便翻翻时需要灯。"

事实上他已不随便翻翻,正如他已不能阅读。他总是想把我带来的一些新书在手里握那么一会儿。他麻木的心智减轻了病魔带来的痛苦。这种平衡状态能持久吗?应该指望它持久吗?

伽马脑电图显示他的大脑没有任何异常。不过,他有时会说一些很奇怪的话。一天上午,我把药递给他,他说:"您是一个好'配偶'。"十二月十二日,星期三,他在《现代》的会议上打起了瞌睡。不过,当晚我给他读《世界报》上一篇针对萨特研究著作的评论,他听得很专注。

十二月十五日,星期六,我到了他家,发现萨特坐在写字台前。他用一种伤心的语调说:"我没有思路!"他要为《解放报》起草一个呼吁书,但写得极不顺利。我劝他去睡一会儿,然后两人一起工作。他很难集中注意力,但仍然为我提供了一些必要的线索。加维来取文章,对他的思路表示赞成。过了一会儿,我给萨特读热纳维埃夫·伊迪评论《词语》的一本精彩小书的末尾,他对这本书很满意。只有一次他让我心碎。他看着自己的书房,说:

"想到这套房子是我的,就觉得很搞笑。"

"这房子不错啊,您知道的。"

"我不喜欢它了。"

"怎么?过去您可是很喜欢的。"

"人是会厌倦的。"

"您这么快就厌倦了。我在我那套房子里住了十八年,一直都很喜欢它。"

"没错,但这套房子,是一个我已经无法工作的地方。"

几天后,我给他读波德莱尔书信中的一段,对他说,应该读一本关于路易丝·柯莱的作品。他答道:"我一回到巴黎就去读。"

接着又更正说:"等我适应了这种生活方式,就去读。"

新房、新的生活方式,都让他浑身不自在。

一向要求自己清醒睿智的他,却继续对关于视力的明显事实视而不见。为了给他打预防针,我在回答他一个问题的时候顺便说他不可能完全恢复视力了。他说:"我不愿意那样想。而且,我感觉自己的视力好一些了。"有一次吃午饭,孔塔问他怎样应付目前的状况,他答道:"只要把它想象成是暂时的,就一定能忍过来。"

大多数时间,他设法不让自己的焦虑表露出来。他、西尔薇和我在我的住处过了一个愉快的新年夜。十二月底,他的健康状况有了改善,不像以前那样打瞌睡了。有时,我甚至能看到从前那个萨特,例如在一九七四年一月二日《现代》的例会上,萨特就是一如既往的样子。但别的时候,他又变得没精打采。一月八日七点半,回到家时,他脸色晦暗、呆滞,朗茨曼过来待了一会儿,被他吓了一跳。临走时,他吻了萨特,萨特说:"我不知道您吻的是一块坟墓还是一个活人。"这话听得我们通体皆凉。他睡了一会,然后去听电台的法兰西音乐节目。夜深时,我问他那话是什么意思。

"没什么意思。只是开个玩笑。"

我仍然追问。他说他觉得心里空荡荡的,不想工作。他带着焦虑、几乎是羞愧的表情看着我说:"我的眼睛再也好不了了吗?"我答道,恐怕是这样的。这话太伤人,我哭了整整一夜。

一九七四年

几天后，拉普雷斯勒教授打电话重申，萨特的情况非常好，三个月内不需要复诊，而用睡觉的方法逃避不愿意面对的残酷事实也是病之常情。我对萨特报告说，照拉普雷斯勒的说法，他的健康状况很好。"那我的眼睛呢？我的眼睛，他是怎么说的？"问话中夹杂着焦虑和希望，令人伤心。

我说："眼科不是他的专业，"

萨特说："但一切都是相互关联的呀。"

后来，他去睡了。我心如刀绞。眼睁睁看着一个人的希望破灭，是如此残酷。

以后几天，他依旧大睡，我则给他读波德莱尔的书信和斯特林伯格的《女仆之子》。一次，我们和西尔薇吃午饭，他沉默不语。

我问："您在想什么？"

"什么都没想。我的人不在这儿。"

"那么您在哪儿呢？"

"哪儿也不在。我是空的。"

神游物外的状况经常出现。一月底的一个上午，我和萨特一起修改同维克多与加维的一个谈话，他干着干着就睡了。他对自己的视力越来越悲观。他对我说，眼前的雾越来越浓。我们在圆顶酒店吃午饭时，他又说："我觉得我的眼睛好不了了。"接着又说："其他的，倒都挺好。"有时，他带着腼腆的神情说："我还像以前一样聪明吗？"我说是的，当然是。我对他说："我的可怜人，您不高兴了！""没有什么值得高兴的事呀。"

他几乎完全不抽烟了。有一天我问他：

"这让您难受了吧？"

"我挺伤心。"

另一次他对我说：

"博斯特和他的朋友库尔诺说过。他说从发病算起，需要十八个月才能完全恢复。"

"哦？他对我说是十二个月。"

这时，萨特干巴巴地说道：

"您不认为我的视力两个月就可以恢复了吗？①"

他把视力和身体的一般状况混为一谈了。

我约了肖莱克医生问诊，他说萨特不会变成瞎子，但敏锐的视觉已经永远不可指望。我求他不要直截了当地把真相告诉萨特。一月底，我们又去问诊，他对萨特说，他的视力状况没有恶化。但萨特问他以后还能不能读书，肖莱克便乱加他语。在走廊上，萨特说："看样子，他认为我再也不能读书和写作了。"他住了口，好像被自己的话吓到，忙补充说："至少很长时间内都不可以。"

第二天，我们谈到他用怎样的方式才能试着干点儿工作。入睡前，他突然冷冰冰地说："我的眼睛完蛋了……所有的人都是这个意思。"翌日，他拾起一套被抛在一边的侦探小说捧到大灯下："我希

---

① 他发病是在十个月前。

望能看清标题。"他正确地辨认出来了,而往常他连报纸上的大字标题都看不清。可惜的是,这说明不了什么。他还保有一点点剩余的视觉,但已经非常有限。第二天我问他愿不愿意试着工作一会儿。他说:"不,还不行,不能马上工作。"他是一个平时不爱生气的人,但一说到眼睛,就摆出剑拔弩张的架势。有一次,我们在他楼内绿草覆盖的小路上散步,我从一个远处的玻璃门上看到我们的影像,便冒失地叫道:

"啊,这是我们!"

他愤懑地说:"啊!拜托,别显摆您的好眼睛了!"

医生给的药使他小便失禁、肠胃紊乱。一天下午回家时,他弄脏了裤子,我帮他清理干净,担心病情会加重,让他痛苦不堪。泽德曼说,这是某些药物的正常反应,萨特的血压正常,反应能力也非常好。

有件事让我吃惊。以前从不看医生的他,现在开始责备肖莱克和拉普雷斯勒对他关心不够。他想回罗马去看那位去年给他治病的眼科医生。萨特喜欢他,因为他让萨特抱有一丝希望。

二月份,萨特的智力有了回升的势头。由于几乎看不见人,在人多的场合,他缩着头不言不语。但《现代》编辑部在二月份开例会时,他的出场、他的智慧,让每个人都大吃一惊。写什么文章、做什么调查,他都提出了很好的意见。

会议当中,维达尔·纳盖打电话对《解放报》于二月二十日和二十一日发表的题为《以色列的叙利亚俘虏之刍议》的两篇文章提出抗议。他们抨击萨特和我,因为我们在一个呼吁书《为了叙利亚的以色列俘虏的解放》上签名,这个呼吁书发表在《世界报》上,签名的还有费雷德里克·杜邦、马克斯·勒热纳和塞卡尔迪-雷诺。我们马上澄清,否认同其他签名者有过任何互通声气的行为。《解放报》并未因此而减少对我们的攻击。萨特立即在《解放报》上发文回应这些文章的作者,谴责他们自欺欺人。

这一时期他同意参加勒当泰克和勒布里斯(他们俩跟萨特一样,曾是《人民事业报》的主要领导)主编的《野性法兰西》丛书,这套丛书先由伽利玛出版社出版,后来又发表在当下的杂志上。他们联合草拟了一篇丛书介绍:

> 野性法兰西。从某种程度上说,这是一个"真实的"国家,与之相对的,是"合法的"国家。或者说,所谓野性,就像人们所谓的野性罢工。野性,既不意味着仿古,也不一定意味着暴力:从根本上说,这是在社会表面的某个点上的发酵过程,它使社会中的某一团体奋而自强,从乱象中显示自己作为自由共同体的存在,并把任何可能束缚它的制度性框架排斥在外……
> 我们选择希望。我们敢把赌注押在可能发生的决裂之上,押在全人类集体走向自由的运动之中——只有庶民的野性形成合力,自由才可指望……
> 也就是说,这套丛书的目标既朴素、又张扬。朴素,是因为我们希望从事实出发并不断回到事实上来;张扬,是因为在我们看来,这条道路也许能够通向自由的思想。

这套丛书的第一卷是勒布里斯关于奥克西坦地区的作品,我把它读给萨特听,我们俩都很喜欢。萨特同维克多和加维的全部谈话会收入——事实上也的确收入了——《野性法兰西》丛书中,包括三月份的最后几次访谈。他们对大家争论的问题做了一个总结。萨特从中获益的是,他"重学"了自由的理论。他发现,"构想一种以自由为基础的斗争是可能的"。萨特认为:"对话由始至终都是对自由思想越来越清晰、越来越成熟的阐发。"

然而,萨特的精神仍然喜怒无定。他时时想尝试着工作,结果只是在纸上画出一些难以辨认的符号。二月底,我们和勒贝罗尔一家吃午饭。他们在对着法尔盖尔街的一条死胡同里有一座很大的画室,其中一部分被装修成十分惬意的居所,勒贝罗尔则在另一间工作。饭前,他给我们看了几幅最新的画。萨特伤心地说:"我看不到了。"又说:"我希望几个月后能看清这些画。"当时,他已经知道这是不可能的;但他"愿意"相信时间产生良效。

三月十七日,我们和西尔薇在蕾斯图庸的普瓦西饭馆吃午饭,我们年轻时很喜欢这里,喜欢俯瞰塞纳河的封闭露台,喜欢露台上的那棵参天大树。萨特很高兴来这儿。难得的是,他觉得饭菜很香,不过,他仍然像往常那样神志恍惚。晚上,他和阿莱特动身去朱纳斯,几天后阿莱特打电话给我,说他身体不错,睡得较多。

几天后,我们在阿维尼翁会面,他对我说:"我真正的假期要开始了。"我们和西尔薇一起去威尼斯。一列火车把我们带到米兰,我们像往常那样在斯卡拉旅馆下榻——一九四六年,我们就住在这儿。当时,我们那么幸福地重新发现了意大利。另一列火车把我们带到威尼斯,然后坐轻舟到了"摩纳哥"旅馆,它在大运河边,离圣马可广场码头不远。我们的房间正好对着运河。早上,我和萨特在他的房间吃早饭,然后读书给他听。大约一点钟,根据天气情况,我们或在布满阳光的码头上,或在弗洛里安饭店里面吃一块夹心面包。气候无定,时阴时晴。到了夜里,大雾常将圣马可广场淹没。萨特午睡时,我和西尔薇去散一会儿步,五点钟左右再三人一起外出。我带萨特看了从前的犹太人居住区,看了里阿尔托区,又去了丽都海滨浴场。所有的旅馆都关了门,我们费了好大劲儿才在海滩上找到一家小饭店,它包裹在一层温暖的薄雾中。我们吃了一顿朴素的午饭。晚上,我们三个人挑了一个大家喜欢的地方吃了晚饭,还在旅馆的酒吧喝了一杯威士忌。

在威尼斯,萨特的感觉一直很好,但有时也陷入忧虑。一天上午,我在他的房间里给他念书。天气是那么晴朗,我们决定到水边的露台上去。我想把书带上。他问:"为什么?"又说:"以前,我比现在聪明时,我们不念书,只是谈话。"我反对说,读书给他听,只是因为他的眼睛。我们走上露台,在阳光下聊天。实际上,他一如既往地聪明,会评论我们读过的书,跟我讨论。然而,他总是很快丢下正在讨论的话题,不提问,也不抛出观点。他对什么都不怎么感兴趣了。但作为补偿,他恪守着日常规范和原则性习惯,固执的忠诚取代了真正的趣味。

有家报纸刊登了一张我们俩的照片,注明了我们所住旅馆的名字,招得几个讨厌鬼跑来想见我们,不过,让我们高兴的是接到了蒙达多利[①]的电话,他来旅馆的酒吧和我们喝酒。他留了一脸胡子,变老了,说话结结巴巴。他已和他的漂亮妻子维吉尼娅分手了。一起来的还有一位音乐家朋友,费尼斯剧院在演出多尼采蒂的最后一部歌剧《罗安的玛利亚》,他任首席指挥。最后一场演出在第二天即星期天下午举行。票都预订完了,但他们还是帮我们在豪华包厢里找到了三个座位。我们为这美丽圆润的嗓音和精彩的演绎所倾倒。不过,对萨特来说,舞台就像是一方黑洞,他很伤心。总的来说,他比任何时候都为自己的眼睛而感到忧虑,也许是因为他想看见的愿望更加强烈。分手时,我问他在这里待得高不高兴,他热情地回答:"啊!很好!"却又补充道,"就是我的眼睛不太好。"

[①] 他是我们出版商的儿子,1946年同我们一起在意大利旅行,后来经常见面(参看《时势的力量》)。

四月二日，星期二，我们晚上安顿在两间相邻的卧铺车厢里，吃了镶有黑葡萄的火腿羊角面包。意大利铁路职工正在闹罢工，发车晚了一小时。早晨，乘务员送来早餐，告诉我们蓬皮杜去世了。一些法国旅游者有些慌乱，仿佛看到即将蔓延开来的无政府状态。一个女子情绪激动，哀叹道："证券交易所要暴跌啦！"

为了不马上回到巴黎的生活习惯中，萨特在我家住了几天。周六上午，我陪他去看肖莱克医生。眼压很好，也不再有出血点。在黑咕隆咚的剧院里，他在舞台强光的刺激下看到了一些东西，是正常的。离开时，萨特十分愉快，对我说："总而言之，我的状况还好。一切都在控制之中。"接着又说，"他的意思好像是，我的视力不会完全恢复了。"他语气中并没有平日里的沮丧情绪。我说："是的，您不会完全恢复。"至于哪些能恢复、哪些不能恢复，我含糊其辞。不管怎么说，这是第一次萨特说起肖莱克时没有带着厌恶的情绪。我想，在威尼斯时，他担心眼睛会全瞎，而现在，他知道病情稳定下来，很欣慰。不过，即便糖尿病专家和拉普雷斯勒教授都很满意他的健康状况并减少了用药量，萨特仍然悲哀地对我说："我的眼睛呢？没法恢复了吧！"

尽管是春天，甚至有了夏天的迹象，萨特却有点儿抑郁："我觉得生活日复一日，毫无变化。我见您、见阿莱特、看各种医生……周而复始！"又说，"哪怕是选举的事……别人也来找我，让我讲话，但这与阿尔及利亚战争时的情况完全不一样。"我跟他说，在和女权主义者的交往中，我也有同样的感受。"老了！"他下了结论，却没有那么悲伤。

四月十三、十四日，萨特在《解放报》就选举问题接受了访谈。他希望查理·皮亚杰参加候选（皮亚杰是利普工人斗争的发起人，萨特密切关注过事态的曲折进展）。他宣称自己不愿投票给密特朗。他说："我认为，'左翼联盟'就是一个笑话。"在与加维和维克多的谈话中，他采取了反对传统左派的立场："我不认为左翼政府可以容忍我们的思想方式。我不明白为什么要把选票投给那些一心想着和我们作对的人。"他说，他愿意投票给皮亚杰，因为他确定皮亚杰绝不会当选。他笑着下结论说："如果皮亚杰当选，我就不知道会不会把票投给他了。"

四月二十八日，应布律埃的一个正义与自由委员会邀请，萨特同加维和维克多去那里宣传《造反有理》——这本书刚刚写完。在布律埃，萨特见到了以前的左翼活动分子，但这次会面并没有什么成效。五月上旬，《造反有理》作为《野性法兰西》丛书中的一部分出版，《世界报》很快发表了两篇评价甚高的文章。萨特同维克多、加维和第一次见面的马尔库塞一起讨论了这本书。谈话时萨特的希腊女朋友在场，她为《解放报》写了一篇关于这次讨论的报道。五月二十四日，萨特给《解放报》发函辞去社长职务。出于健康原因，他放弃了过去在左派报纸承担的一切职责。

一九七四年初以来，萨特在好几份抗议书上签名。其中一份是庇护所调查团起草的关于热罗姆·杜朗事件的文章，一月份发表在《解放报》上。热罗姆·杜朗是安的列斯人，是亚眠肆意拘留事件的受害者。还有一份是三月二十七日在同一家报纸发表的新闻公报，一月九日亚历山大·桑吉内蒂在《解放报》上对阿兰·莫罗的访谈提出控告，这份公报是它的续篇。

六月初，萨特的健康状况极好。我甚至觉得他"脱胎换骨"了。他不再打瞌睡，还打算写一本自传性质的书。我们像从前那样聊天儿，与西尔薇一起度过热闹的夜晚，有一次还和艾丽丝·施瓦尔泽吃了一顿非常愉快的晚餐。一天，我提议利用假期用磁带录下我们关于文学、哲学、个人生活的谈话。他同意了。"这是对它的一种补救。"他边说边指了指自己的眼睛，令人心碎。

一天晚上，西尔薇带我们去歌剧院听《西西里的晚祷》。萨特穿上一件白衬衣，系了一条特意买来的领带——对萨特来说，这是一种很好玩的乔装改扮。他喜欢这个演出。这部歌剧在结构上有些不足之处，但曲子好，合唱妙，导演、布景、服装都是一流的。遗憾的是，这些美好的东西萨特多少有点儿领略不到，虽然他的视力比在威尼斯时好了一些。不过，我们看完演出后在"金钟"吃晚饭，萨特表现得十分愉快。

选举当晚，萨特先到我家，给西尔薇送了一盒威尔第歌剧的磁带作为礼物。然后我们去朗茨曼家看电视里的选举。选举结果没让我们有多感动。蓬皮杜留下的烂摊子落到吉斯卡尔手里，也不算坏事。

六月底，萨特的情况仍然不错。他似乎已经接受了自己的半失明状态。我们和西尔薇一起庆贺他的六十九岁生日，他对西尔薇烹调的那一桌美味可口的晚餐表示敬意。我们满怀激情地推杯换盏。

只有一件事让他烦恼。他的那位希腊女友看起来不只是亢奇，而是名符其实地疯了。她在奥图尔街上当众大闹了一场，被带到圣安娜医院，后来又转院到大学城医院。精神病医生对我们说，这可能是小小的谵妄病，但七月五日上午我和萨特去儒当大道探望她时，她看上去病得很厉害。萨特去她房间看她，我在一个小厅里等，一个小时后，他们出来和我会了面。她穿了一件很长的白衬衫，发髻凌乱，脸庞消瘦，看上去和电影里演的疯女人一模一样。她带着惯常那种温文尔雅的态度跟我打招呼。萨特和我叫了一辆出租车去巴尔扎尔饭店吃午饭。和梅丽娜的谈话使他动容。她对萨特怀有敌意，指责萨特把她关进了精神病院，一定要他放她出来。萨特辩解，她就骂："把阿尔都塞关起来也是您干的好事。"（她在索邦大学听过阿尔都塞的课，而阿尔都塞刚因精神抑郁住进了医院。）她父亲接到通知来到巴黎，准备在几天内带她回希腊。萨特沉痛地说："我想我再也见不到她了，"在这种情况下离开萨特，我很伤心。西尔薇来接我们，把萨特送到阿莱特住的那栋楼门口。他和阿莱特晚上动身去朱纳斯。萨特的手里拿着一个塑料袋，里面是我为他整理的洗漱用具。透过雨幕和眼睛里的薄雾，他看着我们。

我和西尔薇在西班牙畅游，从朱纳斯、巴黎和佛罗伦萨发来的电报使我对萨特的健康放了心。萨特和万妲在巴黎小住了一阵。这次旅行有一个不愉快的尾声：在从西班牙到意大利的途中，西尔薇在蒙彼利埃接到父亲因心脏病发作而去世的消息。她把我留在阿维尼翁，自己动身去布列塔尼，我坐火车去了佛罗伦萨。

一天早晨，当我在萨特住的旅馆大厅见到他时，几乎认不出他了：他戴了鸭舌帽，浓密的白胡子遮住了下巴，他无法自己刮脸，又怎么也不愿意去找理发师。在去罗马的火车上，萨特打着瞌睡。但第二天早上，我们回到那个带露台的房间时，我高兴地看到他的健康状况很好。旅馆的理发师成功地赢得他的信任，他允许这人给自己刮脸，一番打理之后显得年轻多了。后来，他又自己刮脸，刮得很不错，重要原因是用了电动刮胡刀，那是西尔薇几天后和我们会面时买了送给他的。

西尔薇教我使用一款磁带录音机，我开始和萨特进行一组我们在巴黎就规划好了的对话。他兴致勃勃地投入工作，只是有几天太累了，进度停滞不前。

除了这个新事物，我们的生活保持着和前些年同样的节奏：短途散步、听音乐、读报、看书。我给萨特读了一些书，包括索尔仁尼琴的《古拉格群岛》和费斯特的《希特勒》。晚上，我们在两人中意的饭店露台上吃晚饭。

一天晚上,我们步行回家,走的是漆黑的小路,一只手从一辆驶来的汽车里伸出将我的手提包一把夺去。我想把包抓住,却仍被抢走,整个人也摔倒在地。西尔薇和萨特送我回到附近的旅馆。他们迅速请来一位医生,医生说我的左臂脱臼了。他用绷带给我包扎,第二天又上了石膏。这一年经常发生诸如此类的袭击事件,从那以后,我们晚上再也不步行外出了。

西尔薇把汽车开回巴黎。博斯特一家来看我们,很快就告辞了。只剩两人时,我们录下了许多谈话。九月中旬风雨频仍,我们很少外出。

九月二十二日,我们回到巴黎。回到那个"已经无法工作的"家,萨特闷闷不乐。晚上,西尔薇来了,萨特问她:"您来看死人的家吗?"过了一会儿,我问他怎么了,他答道:"唉!对,我就是一具活死人。"这是他恢复活力之前的事情。后来,萨特竟有了起死回生之势。我们继续两人的对话,他说他很"幸福"。甚至,他终于识时务地正视了自己的半失明状态,并为能很快适应感到得意。他首先做的事情之一,是给吉斯卡尔·德斯坦写信要求使贝尼·莱维(皮埃尔·维克多)尽快获得国籍。九月三十日,古斯卡尔回了一封亲笔信——信中他避免称萨特为"导师",承诺尽快解决盼望已久的国籍问题,最后说:"就您的文字判断,一切都让我们疏远。对此,我并不像您那样有把握。我从不认为人与人之间只是由于他们得出的结论而存在差异。每个人的探索过程也是重要因素,这点您也心知肚明。"入籍的事很快如愿以偿,萨特写了一封短信表示感谢[1]。为了庆祝,维克多希望搞一个聚会,把所有好朋友都请来;因为萨特和我打算参加,方便起见,丽丽亚娜·西热尔把她的

---

[1] 萨特和吉斯卡尔之间的通信仅限于此,有些报纸在萨特死后曾予以报道。

寓所借给了我们。

萨特开始重新参加《现代》的会议。十月二日所有与会之士——埃切雷里、普庸和豪斯特——都认为他脱胎换骨了。他再次见到《解放报》的同事。十月十五日,《世界报》刊登了由朱利执笔、萨特和他共同签名的呼吁书《拯救解放报》。报纸债务缠身,被迫停止出版。萨特和朱利向公众发起呼吁,募集了七千七百万旧法郎,使它存活下去。他继续和维克多讨论,而且约会不断。每天下午和某些晚上,我给他读一些他感兴趣的书(葛朗西政治文集、关于智利的报道、最近的几期《现代》,关于《超现实主义和梦》的论文集和康坦·贝尔的《维吉尼娅·吴尔夫的一生》)。他不再打瞌睡,吃饭、抽烟和散步都能应付自如。他和蔼地对我说:"好了,我向您保证,一切都很好。您读给我听,我们工作,我的视力足够生存处世了。挺好。"我为他重新变得神清气爽而高兴。(然而,这是怎样的神清气爽?这是哲学家骄傲的妥协吗?这是老人的漠然无谓吗?这是不想给人添累赘的表达吗?究竟是哪种情况呢?从经验出发,我知道这样的精神状态不可能诉诸言语。他有自尊、有智慧,他愿意为周围人考虑,在这种情况下,萨特从不对人抱怨——甚至面对自己,他也不抱怨。然而,心灵深处,他感受到了什么?没有人能回答,包括他本人。)

十一月十六日,萨特在一个与联合国教科文组织断绝关系的声明上签名,后者拒绝将以色列纳为世界的固定板块。恰好在此时,克拉威尔出面撮合,建议萨特在电视上接受访谈说说自己。一开始他拒绝了,在这之前,除了一两次例外,他向来拒绝以个人身份参与电视台的节目录制,以免造成支持国家喉舌的印象[1]。但当他同

---

[1] 他是在电视台和广播电台罢工的时候作出这个决定的。

维克多和加维谈到这事时，萌生了做一组节目的想法，谈谈自他诞生以来经历或接触过的本世纪历史。我同意了。他希望彻底更新我们对当代的看法，以此来影响公众。电视二台的总裁马塞尔·朱利昂似乎非常看好这个计划，亲吉斯卡尔的电视台也同意大开绿灯。十一月十九日，萨特就这个问题在《解放报》上接受访谈。他不抱什么幻想。他说："我们看看能走多远吧。"

这时，他有了别的兴奋点。在十一月二十一日的《解放报》上，他发表了一封信，抗议德国政府拒绝他去看安德拉斯·巴戴。这件事，他有很强的自我介入感。一九七三年二月，他在《明镜》接受访谈，一定程度上为"红色军团"作了辩护。一九七四年三月，《现代》发表了一篇史耶夫·坦斯的文章《剥夺感官之酷刑》，巴戴和他的同志遭受的就是这种。同期还有一篇未署名的文章《酷刑的科学方法》和巴戴的律师克劳斯·克洛瓦桑的文章《隔离之酷刑》。此后，克劳斯·克洛瓦桑请萨特亲自去看看巴戴关押的状况，萨特决定接受委托。十一月四日，他要求去狱中看望巴戴，达尼埃尔·科恩-邦迪作为译员同他一起去。豪格尔·明斯因绝食于十一月九日在关押中死去，这更坚定了萨特的决心。萨特在发表于《解放报》的信中说，德国人的拒绝"纯粹是在拖延时间"。此信发表后不久，艾丽丝·施瓦尔泽以《明镜》的名义请他就这个题目接受访谈，该访谈于十二月二日发表。萨特终于被允许和巴戴会面，他解释了自己介入此事的原因：他不赞同"红色军团"在当前状况下的暴力行为，但他愿意声援一个被关押的革命战士，并对他遭受的虐待表示抗议。

十二月四日，萨特去了斯图加特，同行的还有皮埃尔·维克多、克劳斯·克洛瓦桑和科恩-邦迪。他和巴戴谈了大约半个小时。去斯坦海姆监狱的车是由博米·博曼驾驶的，后者是一个浪子回头的恐怖主义者,在《野性法兰西》丛书里讲述过自己的经历①。同一天,萨特举行了一个记者招待会,会上的一部分内容发表在《解放报》和《世界报》上。他和海因里希·波尔一起在电视里呼吁成立一个保护政治犯的国际委员会。这番举动在联邦德国激起了一场强烈反对萨特的运动。十二月十日,他又一次在巴黎举行记者招待会,克劳斯·克洛瓦桑和阿兰·热斯马尔也参加了。后来,在一九七五年五月二十二日的《卫星》电视节目中,萨特就巴戴事件接受了访谈。他对斯坦海姆监狱之行并不抱什么期望。他说:"我认为这次访问失败了。德国的舆论没有改变。这次访问反而会为我所支持的事业树敌。我早就说过,巴戴的行为如何为人诟病并不是我考虑的事情,我关心的仅仅是他的关押条件——但这话说了等于白说,记者们认定我在支持巴戴的政治行为。我认为,访问失败了。尽管如此,如果事情可以重来,我还会这样做。"② 在另一个场合他说:"我感兴趣的是这个团体的行为动机、它的希望、它的活动、它在一般意义上的政治观念。"

十二月二日,出发去德国之前,萨特、维克多和加维在圣迹区的一个辩论会上介绍《造反有理》,聚会场所是乔治·米歇尔的一个朋友筹措资金提供的,他还委任萨特为艺术指导。乔治·米歇尔找到这地方并在几个室内设计师朋友的帮助下改造了一番。这里既有电影院、戏院,又有艺术店铺,还有一个非常便宜的自助餐馆。这次——后来还有好几次,乔治·米歇尔把这戏院大厅供给萨特使用。

这段时间,萨特的日程非常紧张。十二月十七日,他在日本之

---

① 几年后,他用克里恩的笔名重写了这段经历,并添加了一些情节。新书更名为《人为财死》。两个版本都有科斯-邦迪写的序。
② 出自和米歇尔·孔塔的谈话,参见《七十岁自画像》。

家和大学生交谈，后者希望了解萨特哲学和政治之间的关系。米歇尔·孔塔整理了这次谈话，一九七五年发表在一家日本期刊上。他在一个呼吁书上签名，要求释放因在军队内部主张民主权利而被囚禁的士兵。十二月二十八日，利埃维矿发生事故，四十三人死亡，萨特在《解放报》重申了他在朗斯发表的反对煤炭部的指控，并增加了一篇短文，借此将文件转达至负责预审的法官帕斯卡尔。他和福柯一起，就这一事件召开了一个记者招待会。

他的首要工作，是每周三次同维克多、加维和我就为电视台创作节目的事情进行讨论。我们停止了对话工作，转而由一个打字员进行记录，他干得很艰难，因为我们的语速很快，响亮的罗马钟声也不时对我们的谈话造成干扰。我们的精力完全用在了对电视节目的构思上。萨特和我还经常在集体工作时间以外讨论这件事；他用他那几乎无法辨认的字迹记下自己的思考和建议。维克多利用讨论的间歇把想法落实在纸上，并找人联系事宜。我们打算做十集节目来讲述本世纪的历史，每次七十五分钟，随后再用十五分钟时间就本次主题谈谈当下的现实问题。不到两个月，我们就草拟了六次节目纲要，具体落实还需要历史学家的合作。我们求助了一些年轻的学者，他们中的许多人是维克多和加维的朋友。

一九七五年

首要的问题是，谁来当制片人。萨特本希望特吕弗和他一起工作。丽丽亚娜·西热尔和特吕弗很熟，十二月三十一日，她带着他登门拜访萨特。特吕弗没有档期，他建议萨特去找罗歇·路易，说他有很大的能量。罗歇·路易是出色的记者、导演，一九六八年辞职，后来写了一本非常生动的小书《法国广播电视局，我的战斗》说明其中原委。他创立了斯科普科洛，一个在贝勒维尔有着庞大社址的独立制片合作社。他答应帮忙，这样我们就避开了官方监督。我们和艾德里纳①谈判，不用他的技术班底，这样就获得了自主权。下一步是选择导演。我想到伦茨，我很喜欢他导的《绿色的心》。他为我们放映了他的最新影片，描述的是《绿色的心》的一位主人公卢卢五年囚禁期满后出狱的一天。萨特要贴近银幕才能模模糊糊看到一点儿，同时需借助文本——他非常喜欢这部影片，我也是。加维和维克多认为伦茨的政治性不强，但也没提出反对意见。罗歇·路易又推荐克洛德·德·吉弗莱，我们看了他制作的一些电视节目，同意了。两人都愿意通力合作，尽管就我们这方面来说，事情尚无任何保障。

十二月底，朱利昂派人在萨特的书房里摄制了一部六分钟的短片，萨特、维克多、加维和我在影片中宣布了我们的计划。拍摄花了一上午时间。几天后，成片拿来试放，我们十分高兴。一月六日，朱利昂在电视里雄心勃勃地展望这一年的制作计划，这部片子本该在这个节目中放映，却未如愿。原因是，加维在一个月前干了一件蠢事，萨特和我都百思不得其解——他在《解放报》上说，萨特同意为电视台工作，是想让电视台出丑。朱利昂对萨特说，有这篇文章在先，加维不能在电视里露面。我们表明要和加维同进同退，朱利昂不得不放弃把有加维的镜头剪掉的念头。最后，我们的节目在一月二十日播放了，不过，是经过了审查的。

一月五日，开了一个历史学家会议，参会的很多人从外省来。萨特没有出席，维克多主持了会议。一月七日，我们同朱利昂和他的得力助手沃尔弗罗姆在丽丽亚娜的家里会面，落实一些要点。主要问题之一便是经费。维克多和安娜·谢尼埃是制片秘书，到目前为止还没拿到一分钱；萨特只好自掏腰包付给他们。一月二十日，我们把六个节目的大纲递给朱利昂，他在二十二日支付了一万三千五百法郎的通包价。整个合同的转让价格还有待商榷，这笔钱算是其中的部分款项。我们打了十五次电话才得到预支款。

除了"四人组"（萨特、维克多、加维和我）每周三次在萨特家碰头，还有许多别的聚会。一月二十八日，萨特同伦茨和德·吉弗莱谈话，二月十八日又见了他们。二月一日，历史学家开会，以后每月一次在斯科普科洛社址集会，他们按照我们设定的不同主题分成了好几个小组，各自独立工作。会上，他们陈述了已经取得的成果。有一个小组都是女性，她们特别阐明，女性七十五年来扮演的角色极其重要，但多少被屏蔽掉了。我们预料，历史学家带来的材

---

① 艾德里纳是法国广播电视部部长。——译注

料过于丰富，不可能全部用在影片中，便计划将它们搜集在与每集节目配套的书里。我们与帕泰约好，他们免费提供我们需要的全部文献。

为了处理各种行政及经济事宜，我们需要找一位律师。我们选择了一位熟人：莫·凯杰曼。二月二十日，萨特和维克多向他说明了我们的问题。他提出一些建议，包括要求尽快签合同。三月六日，萨特在丽丽亚娜家同朱利昂和沃尔弗罗姆会面，但未能签成合同，只是得到了第二张支票，这笔钱分给了历史学家。在凯杰曼的帮助下，历史学家组成了一个"民事社团"，作为这套节目的第五作者。

我说过，萨特看不到跟他谈话的人，很不自在，因此人多的时候不大显露自己。日常会议上说话的主要是维克多，他那副权威的架势让一些人害怕，也让一些人恼火。不过，四月十三日，萨特发表了长时间的发言。会议进行得十分激烈。大家取得一致意见：节目以萨特为中心，如果发生争执，他有最终的仲裁权。然而，历史学家对他们和"四人组"的关系提出了质疑。他们不想局限在文献资料的搜集上，而让别人据此得出结论。萨特试图说服他们：节目的目标是推出一个"美学/意识形态"的作品，这件事需要进行综述工作，非一个很小的写作班子完成不可。历史学家能够部分理解，但总的来说，他们感到灰心丧气。幸好，那天中午斯科普科洛准备了丰盛的自助午餐，紧张的气氛得到缓和。与会者或面对面或三三两两地交谈。下午，会议的气氛友好多了。

然而，五月十日的大会开得死气沉沉。第二天，我们在斯科普科洛吃午饭，大家分成不同的小饭桌，未再讨论什么。大家都不那么斗志昂扬了，因为合同依然没签，我们怀疑这件事是否能够进行到底。不过，一天上午，女历史学家那个小组来到萨特家和"四人组"见面;她们看起来极愿合作,对做节目兴趣颇浓。

钱的问题迫在眉睫。五月十二日,星期一,我们四个人在萨特的住处和朱利昂会面,轮番向他痛陈利弊。他显然缺乏诚意。表面上,事情的核心是节目的归类问题。如果把它做成一个剧情片,我们就可以得到所需的全部资金;如果做成纪录片,则只能得到总额的三分之一。朱利昂劝说电视作者和作曲者协会的会长阿兰·德考把它归为剧情片。我们约他下一周三会面,萨特在给朱利昂的一封信中明确了自己的立场。

让-保罗·萨特

> 巴黎,一九七五年五月十五日
> 信呈电视台二台台长马塞尔·朱利昂先生
> 巴黎第七区学院路一五八号

我们一致同意,由我来创作一部电视作品。在一个综述性思想的指导下,这个节目由图像、对话和评论构成。评论者包括"参演"过这七十年历史大戏的人(我是其中之一),也包括扮演了某个历史角色的演员。

显而易见,我们无意将这段历史中的所有事实一网打尽,也不追求纪录片式的客观性。我们对历史材料进行选择加工,目的是服务于一个特殊主体的历史——我的历史。

确切地说,我们要做的是叙述。我们希望电视观众从自身历史出发,来甄别其中的真相和谎言。我们打算赋予作品史诗般的个性,使它成为一段世纪传奇。

为了实现这一点,我们要动用各种美学手段:

——象征手法(例如,第三集中引出《恶心》的主题);

——抒情风格（例如，在第三集展现西班牙）；

——史事重建（例如，第一集中有一九一七年战争的顾问）；

——戏剧场面（萨特演自己，其他角色由演员表演）；

——材料的改用（例如，第二集改用关于克隆斯塔德的俄文文献，其功用与它们的使用初衷并不一致）；

这些手法只是一些例子，真实的节目不限于此。

因此，对我来说，这一作品只能被看作剧情片，完全不是纪录片。

五月二十二日，德考来见萨特，显得和蔼可亲，善解人意。他把这个节目归为剧情片，这样一来，节目的制作便指日可待。维克多写信给历史学家，报告了这个好消息。

然而，电视二台的谈话节目仍在继续进行。六月十一日，在沃尔弗罗姆的家举行了一个至少有十四人参加的会议，包括朱利昂、艾德里纳、帕泰的代表、罗歇·路易和视听协会会长皮埃尔·埃马纽埃尔。会谈在一个棘手的问题上纠缠不清：如果孔塔和阿斯特吕克的电影《萨特自述》在电影院公映或在电视上播出，就会与电视二台形成唱对台戏的局面。这个问题后来解决了，因为电影的制片人塞利玛纳给朱利昂写了一封信，保证在萨特在电视二台制作的十个节目播完之前，电影不上映。六月十八日，我们的律师凯杰曼和电视二台的律师布雷丁会面，他们起草了一个由萨特和朱利昂签字的议定书。六月底，历史学家和摄制人员召开了最后一次全体会议，大家的态度十分乐观。然而，七月五日萨特离开巴黎时，却没那么乐观：他在六月三十日写信给朱利昂要求会面，却没得到答复。

尽管忙于这个计划，萨特这一年仍然从事了许多其他活动。我继续读书给他听，一般来讲，多是关于七十五年来历史的书。他听我读书，还做了录音。他的智力没有衰退，在一切感兴趣的事情上都有很好的记性。不过，他常在时间和空间上晕头转向。在日常规范方面，他变得率性随意，尽管过去他和我一样，对这些习惯是很讲究的。

《弓》的一期刊登了《西蒙娜·德·波伏瓦与妇女斗争》一文，我问他怎样看待他同女权主义的关系。他高高兴兴地回答，但讲得比较肤浅。

三月二十三日到四月十六日，我们在葡萄牙。一年前（一九七四年四月二十五日），这里爆发了所谓的"石竹化革命"。在经历了安哥拉战争等令人作呕的事件之后，被法西斯主义统治了五十年之久的军官愤而起义。然而，这不仅是一场军事政变，更是全体人民的觉醒，他们对"武装力量运动"给予了支持。萨特希望亲临其境地关注这个不寻常事件的进展。开始他很担心："我会见到里斯本吗？"但他很快就忘记了这个顾虑。我们在市中心的一家旅馆住下，旁边是个很大的露天市场，非常嘈杂。天气晴好，但风吹得很猛，我们不能在房间的阳台上久留。我们在大街上闲逛，周围是快乐的人群。有时，坐在罗西奥的平台上。对萨特来说，这次旅行的目的是获得信息。陪同萨特的是皮埃尔·维克多，有时是塞尔日·朱利，他们和"武装力量运动"的成员进行了多次交谈。他在"红色兵营"吃午饭，不久前，叛乱的军官还试图向这里发起进攻。萨特对大学生作了一次讲座，却有些失望，因为大学生们对他提出的问题缺乏反应。在他看来，他们是在忍革命，不是在闹革命。另一方面，他和波尔图附近某家自治管理工厂的工人经常接触，还参加了一次作家会议，作家们探讨了自己今后将扮演的角色，却有点儿无所适从。

回到巴黎，萨特在广播电台作了一个关于葡萄牙的精彩节目；从四月二十二日到二十六日，萨特、我、维克多和加维之间进行了一组谈话，后来由朱利编辑，发表在《解放报》上。内容包括：一、革命与军人；二、妇女与大学生；三、人民与自治；四、矛盾；五、三种权力。萨特在结论中表达了他对"武装力量运动"有保留的支持。

五月，捷克哲学家卡莱尔·科西克寄给萨特一封公开信，揭露捷克政府对知识分子的镇压，并讲述了他个人遭受的迫害，包括没收手稿。萨特也写了一封公开信明确表示支持卡莱尔·科西克："你们政府维护的那些主题，我称之为'伪思想'。这些主题不是自由人的思想产品，也未经自由人的思想检验，而只不过是用苏维埃政权捡来的词语拼凑起来的东西，一股脑地用来描述一些行为，目的不是为了揭示其意义，而是为了掩饰。"五月十日，萨特在《世界报》上发表了一个关于罗素庭审往事的声明——他受该报之邀谈论了越南战争结束的问题。他还接受了提托·热拉西的访谈，后来发表在芝加哥的一份杂志上，其中谈道："我的每一样选择都扩大了我的世界。因此我不再把这些选择的内涵局限在法国之内。我倾力参与的斗争是世界性的。"这一年，他在好几个文件上签了名：一份是号召遵守越南问题巴黎协定的呼吁书（一月二十六日、二十七日《世界报》）、一个是对让-埃登·阿利耶的警告——后者被控挪用了原打算用于为智利囚犯辩护的钱款（是否属实有待确认），还有一份是支持巴斯克民族主义者的呼吁书（一九七五年六月十七日的《世界报》）。

我们仍常和西尔薇一起度过愉快的夜晚。一天，我们在马厄家吃饭。几年来，我们同他恢复了关系，隔三岔五地见一见，虽不是经常会面，但十分令人愉快。我们喜欢他的女伴那蒂娜和他们的儿子弗朗索瓦。她把这些晚餐办成了名符其实的盛宴。不过，那时马厄的白血病已经很严重，他知道死神在等着他。有一次，他突发急病，被送到诊所，我们去看他。他穿着一件奢华的长袍，瘦得皮包骨头。那个晚上，他漂亮的房间里布满了旅行带回来的珍贵纪念品，我们觉得他是那样瘦，那样显老。与他相比，萨特的年轻甚至令我动容——他恢复了从前的消瘦和敏捷。事实上，这是我们最后一次见到马厄，不久他就去世了。

整个六月份，萨特感到精力充沛。学生来看他，有的汇报自己获得的学位，有的谈到他们的研究生论文，有的将自己写的书题献给他。媒体经常提到萨特。他高兴地对我说："看来我又开始出名了！"三月，孔塔和他在朱纳斯待了三天，两人进行了一番动人的长谈，其中的一部分在萨特七十岁生日之际发表在《新观察家》上，这篇对话为他赢得了诸多祝贺，电话、电报和信件纷纭而至。在这个题为《七十岁自画像》的谈话[①]中，萨特回顾了自己的一生，方方面面几乎都有涉及，还描述了对自己和自己与世界的关系上的模糊感受。孔塔问他："感觉怎么样？"萨特答道："很难说好，但我也不愿意说它正在变坏……我的作家职业已经彻底断送了……某种意义上说，这剥夺了我全部的存在理由，可以说，我过去存在，现在却已不存在了。我本该十分沮丧，但出于莫名其妙的原因，我的自我感觉良好：想到已经失去的东西，我既不忧伤，也不消沉……事已至此，既然无能为力，我就没有理由难过。我有过艰难时期……现在能做的，无非是适应我的现状。我已无法奢求的是……风格，也就是说，我已无法用文学的方式展现思想或现实了。"

---

① 《境况种种》第十集中收录了这次谈话的全文。

稍后，萨特谈到他和死亡的关系："不是我要想它，我从不想到死亡，但我知道，死亡要来了。"他认为十年内死神不会来。一天，他根据祖辈的寿命状况作了一个令人费解的推算，然后说自己能活到八十一岁。他对孔塔重申，对自己这一辈子很满意："很好啊，该做的，我都做了……我写过，我活过，没什么遗憾。"他还对孔塔说："我没有变老的感觉。"他说，他并非对周围事物无动于衷，但他承认："没有太多的东西让我兴奋。我摆出的是超然物外的姿态。"这个谈话给人总体上的印象是，他对自己的过去足够满意，因此可以开朗地面对现实。

六月二十一日，丽丽亚娜·西热尔为萨特开了一个庆祝宴会，参加的人有维克多、加维、热斯马尔、乔治·米歇尔和我。我们都很快乐，萨特更是开怀大笑。六月二十五日上午，我们同许多朋友一起看了私人放映的《萨特自述》。再一次，尽管萨特已几乎完全失明，旁边坐着的他却仿佛仍是银幕上的那个人。

我们准备去度假。今年，我们想换换口味，不去意大利而去希腊，这使萨特十分高兴。和朱利昂的议定书没能签字，我们伤透脑筋，但还是抱有希望；我们对一年来由合作者推荐以及我们自找的工作十分满意。萨特计划和维克多写一本书，名字叫做《权力与自由》，整个夏天都在构思这件事。

萨特先是住在阿莱特那里，后来又和万姐在罗马小住。八月，我和西尔薇在希腊旅行，然后去雅典机场接他。他的状态看起来好极了。走路还不怎么行，但后来几天仍然可以徒步走下缪斯山，还能沿着他们称为"跳蚤市场"的小街散步。他又去探望他的希腊女友。她的病已经全好了，现在在雅典大学当助教。在药物的作用下，她的体重增加了十多公斤。不过，她发病前很爱讲话，现在却变得沉默寡言。她依然美丽，萨特喜欢和她在一起。他们两人出双入对时，我就和西尔薇在雅典城散步。

没过几天，我们就乘渡轮去克里特岛，汽车也搭船一起去。我定了舒适的舱位，走得顺风顺水。早晨七时，太阳初升，我们在一条不知名的小路上行走，诗意盎然。在我看来，埃伦达海滩旅馆简直成了人间天堂：粉饰一新的度假小屋或沿着水边或在群芳吐艳的植物和锦簇花团中星星落落、随处可见。我和西尔薇同住的房间面朝大海，萨特的那间在后面，相隔大约二十多米。房间舒适宜人，带有冷气。西尔薇经常在早上游泳，我和萨特听音乐——我们带了一台录音机和一些磁带——或读书。其中我记得有一本关于多列士的厚书和薛伯庭长的《一个神经官能症患者的回忆录》。我们在阴凉的露天餐馆吃午饭，大家随意在放满冷热菜肴的餐柜上取喜欢吃的东西。我们还开车作了几次远足：一次是去这个岛的最东端转了一圈，美极了；另一次是去伊拉克利翁和克诺索斯；还有一次，有点儿远也有点儿累，一直杀到了卡尼。下午通常待在家里看书或听录音机。当地没有好酒吧，但我们有冰箱，西尔薇每天晚上给我们制作可口的酸味威士忌①。在家时，我们晚饭吃得很少；或者，偶尔去旅馆附近那家充满乡村气息的精致小饭馆儿。一切都让萨特感到愉快，他的状态出奇地好，开开心心，愁云一扫而光。

大约十二天后，我们回到了雅典；一路上很不顺利。我们定了两个舱位，但他们拒绝给钥匙。在鼎沸的人声和地狱般的热浪中，我和西尔薇去接待处讨说法，据理力争却无结果。后来，他们把我们三个硬塞到一个有四张床铺的舱里，很不舒服。大半夜，我们正睡着，一个工作人员开门说道："您是萨特先生吧，我们原来不知道。您的舱位已经准备好了。"我们拒绝搬过去。

---

① 拉普雷斯勒医生允许萨特喝一点点酒。

我们又一次愉快地沉浸在雅典旅馆的宁静之中。每天两点钟左右，我们在一个带空调的清凉小酒吧里喝鸡尾酒、吃烤三明治。然后，我们常出门，或步行或坐车，去希尔顿七楼再喝一杯鸡尾酒。放眼望去是城市的全貌和远方的大海。晚饭的地点不一，较常去的是卫城脚下的一家露天饭馆儿。

八月二十八日，我把西尔薇送上船。她先去马赛，再从马赛回巴黎。

两天后，萨特和我去爱琴海的罗得岛，一转眼就飞到了。降落时，我几乎不相信自己的眼睛。海景酒店离城约两公里，我们住在第七层紧挨着的两间，外面有宽阔的阳台。酒吧和饭店坐落在一个面朝大海的平台上，我们每天过去吃午饭。夕阳西下，我们乘出租车去古罗得岛的各大城门，沿老街散步，美而生动。伙同萨特探索新的景点，是被我遗忘已久的乐趣。希腊乡村的巨大树木遮天蔽日，我们有时在露天咖啡馆前驻足，有时在城墙脚下找家迷人的饭店吃一口饭菜。出租车将我们载回酒店，我在自己房间的阳台上给萨特读一两个小时的书。天气极佳，海景熠熠生辉，脚下是辽阔的海湾，让我想到巴西的科帕卡瓦纳海滩。

我们坐出租车作了两次远足。一次到兰多斯，一个美丽的小村庄，街上布满了白色的房子，威风凛凛地空悬在大海上方。这里是卫城最有名的地方，但要骑驴才能上去，我们没敢试。另一次是去卡米罗斯，一座保存完好的古代大城。路上，我们看见一座修在半山腰上的美丽修道院。

回到雅典，我们又待了十天。天气转凉，散起步来十分舒服。萨特走路还行，有一次甚至登上了卫城。有时，他和梅丽娜一起吃晚饭（她白天忙得很），随她去一家雅典知识分子常去的咖啡馆。他大约在十一点钟回来，和我在他的房间里喝一杯威士忌。

他接受过两次采访，一次是左派日报，另一次是无政府主义小报。

朱利昂在夏天里给萨特写了一封信，建议他先搞一期"试水性节目"。这是一种侮辱，荒谬至极，因为我们的节目是一个整体，无法凭借单个片断来体现价值。回巴黎后过了几天，九月二十三日，萨特、我和维克多（加维在美国）在丽丽亚娜·西热尔的家同朱利昂会面。萨特激动地指责朱利昂。他说，他早已过了接受考试的年龄；建议搞什么试水性节目，无异于让他考试，然后被人打分：不及格、及格或良好。唯一合理的鉴定人是"人民大众"，但看试水性节目的并不是"人民大众"，而是"专家"。也就是说，这实际上涉及了一个审查尺度问题。朱利昂强调的资金完全不是真正的问题，因为对于一个半小时的剧情性节目来说，一百万法郎的预算是正常的——这样的例子数不胜数。事情的真相是，节目的提纲被送到了希拉克总理的办公桌上，干这件事的是一个名叫安德烈·维维安的多事议员，他和法国广播电视局的关系密切，朱利昂给他看了这些提纲。一月份以来，维维安和希拉克就强烈反对我们的计划，朱利昂慑于权势，对他们言听计从，一直在说谎骗我们。大家各自散去时，决裂已不可逆转。

九月二十五日，萨特在我和维克多的陪同下在圣迹区举行了一个记者招待会。九月二十四日，朱利昂刚得知消息就打电话给萨特，同意支付四亿旧法郎。如果在六个月前，还有足够的时间修改剧本以缩减预算①，现在却是太迟了。这一点，朱利昂心知肚明。他答应付钱的唯一目的是避免把事情闹大，搞得举世皆知。结果还是真相大白了。许多人参加了圣迹区的记者招待会。萨特精神抖

---

① 应当明确的是，每集的制作预算是一亿旧法郎，十集一个单元，共需十亿旧法郎。朱利昂提供的钱不到一半。

撒，原原本本地叙述了这件事的来龙去脉，讲得十分令人信服。他给记者招待会加了个副题目，叫"一个有关电视审查的问题"。他评论："有人说：萨特放弃了。不对，是有人逼我放弃的。这是一次间接审查，证据确凿。"他还指出，朱利昂答应给萨特绝对的表达自由。我们把首次预算交给朱利昂时，他说："即使费用超过八亿（旧）法郎，我们也干。"后来，萨特和政府就这个问题发生分歧，我们的提要莫明其妙地落到了希拉克手里，后来被他否决。接着，朱利昂便想用慢慢磨的方式来拖延，最后托词要搞一个我们无法接受的试水性节目。记者全神贯注地听了萨特的演说，有人问："您为什么不把剧本给外国电视台去拍？"萨特答道："这是法国人的历史，我的受述对象也是法国人。"另一个问题是："为什么不采取电影模式？"他反驳道："十个小时，时间太长。而且，这套节目意味着首次用一种富有生气的眼光来做电视。我本来担心不可能同这个电视台一起工作，是马塞尔·朱利昂打动了我。不过，现在，一切都过去了。我决不再在电视里露面，无论在法国，还是其他什么地方。"最后，他说："以前，米歇尔·德罗在弄一九四六——一九七〇编年史的时候，可是享有绝对自由的。"

总体来说，报界如实报道了这次记者招待会，朱利昂则发起了一个针对萨特的诽谤运动。开始，他大方承认："萨特先生不是个爱钱的人，但他希望最大限度地整合一切资源，以实现自己的梦想。"话虽如此，他却暗示萨特想得到一笔丰厚的作者版税。事实并非如此，这笔钱主要是准备分给那些数量众多的历史学家的。他还抱怨萨特把事情抛给年轻的同事去干。这同样是撒谎，萨特在"四人组"内部极其活跃，也积极参加所有的全体会议。最后，电视台的人放出一个谣言，甚至在斯德哥尔摩也引起反响，发了电文寄到法新社。谣言说，萨特要求获得他在一九六四年拒绝了的诺贝尔文学奖奖金。他给报界发了一个措辞强烈的声明，坚决否认此事。

卢森堡广播电视台邀请萨特、维克多和我在一九七五年十月五日的《每日奇闻》节目中接受采访。萨特同意了，我们也做好了准备。但刚刚发生的事让萨特气恼不已。采访的那个星期，阿莱特打电话对我说，她发现萨特非常疲惫，一天晚上在我的住处，他话说得十分费力，嘴角和舌头尖儿几乎麻木了。一刻钟后，症状消失，但他告诉我，现在常有这种情况，我很担忧。

去卢森堡广播电视台的演播室时，萨特还是没精打采的样子，上楼梯时不断绊在台阶上。接待我们的记者显然怀有敌意，我备感紧张。萨特显得精神疲惫，他说得很慢，语调几乎没有顿挫。我非常担心他在节目期间神情恍惚。于是我不时抢话，大谈对朱利昂的看法。科恩-邦迪在瑞士电视台同时制作这个节目，搞得风生水起。总的来说，这个《每日奇闻》是一次成功。

从电视台回来，我们去了丽丽亚娜·西热尔的家，她准备了一个小小的午宴。席间有几位历史学家，他们因为和电视二台决裂而显得十分失望。快到五点时，我把萨特带回他自己的住处，他睡了一会儿，醒来后承认自己是筋疲力尽了，有气无力地对我说："我们工作了五个小时。"晚上，他在万姐家度过，第二天上午，即十月五日星期天，阿莱特给我打电话说："这不很严重，可是，仍然……"在万姐家，他多少有点儿站立不稳。她把他扶进一辆出租车；米歇莱在圆顶酒店外等着，准备接萨特去她那儿。路上，他又好几次失去平衡。早上，米歇莱驾车送他到阿莱特家，他脚下还是跌跌绊绊。泽德曼赶来给萨特打了几针，叮嘱他要长时间卧床休息。在电话里，我听到了萨特的声音，很清晰，也很微弱。他在阿莱特那儿吃午饭，之后，阿莱特借了一位朋友的汽车送他回家。他们几乎是把萨特抬回房间的，扶他上了床。一整个下午，我都陪着他,泽德曼晚上来了。萨特的血压从一百四十上升到二百。从房间到厕所的短短几步路,萨特也需要人搀扶。我睡在他隔壁的卧室里,所有的门都大敞着。

周一和周二,萨特一直躺在床上。周二晚上,拉普雷斯勒医生和泽德曼一起来了。萨特的血压是二百十五。他们商量了许久,除了常规用药,他们又开了速效降压药和安定片帮助他减少吸烟量。他们建议萨特下床,坐在安乐椅上,下午睡一觉。

生活又走上了正轨。萨特在自己家用餐。星期天,西尔薇给他带午饭来,星期四是丽丽亚娜,星期一和星期五是米歇莱,其余的日子是阿莱特。至于晚餐,如果我去他家,就买点儿小吃带过去。

十五日(星期三)上午,泽德曼又来了。萨特的血压降到一百六十。他减少了药量,并建议萨特出去走动,萨特照做了。他看起来几乎和发病前一样好。不过,在药物的作用下,他又有了小便失禁的症状,夜里甚至会弄脏睡衣。他坦然接受了这些事故,我对他的坦然感到难过。

尽管如此,他带着一种固执的神情说要抽烟。我坚决反对:如果他变成老糊涂,自己不会有意识,承受痛苦的会是我。是我说服了他?或者说,他被米歇莱读的一篇文章打动了?——那篇文章说,在动脉炎的病例中,抽烟可能导致大腿截肢。他几乎不抽了,每天吸烟不超过四根,有时还会忘吸第四根。

有时,他好像为自己的境况而感到痛苦。一个周日晚上,我们说到人活到一百岁不是什么好事。他说:"说到底,我不过是个跑龙套的角色。"第二天,我提醒他这句话,他解释说,加维强迫他就西班牙问题接受《解放报》的访谈。

这个访谈发表于一九七五年十月二十八日,当时佛朗哥快要死了。萨特说,佛朗哥长了一副"拉丁无赖的可恶嘴脸"。这个说法使许多读者气愤。萨特说:"这是一个错误——在火药味浓烈的交谈中说出的话语一旦如实写成文字,就获得了另外的意义——但这个错误完全是我的责任。佛朗哥的脸长得名符其实,他是个地地道道的坏蛋,也没有人会否认他是拉丁人。"

事实上,萨特的健康没有恢复,他也知道这一点。有一天,他和丽丽亚娜在附近的自由咖啡馆吃早饭时说:"从身体角度讲,我的状况不好。"早上,他抱怨自己的嘴特别是喉咙处于半麻木状态,这是他吞咽困难的原因。他至少要一个小时才能搞定一杯茶或橙汁。血糖还正常,但走路越来越困难。十一月十九日(星期四),萨特从住处到自由咖啡馆,一百多米的路走得异常困难。大约两点,他去蒙巴纳斯楼脚下的巴西饭店时(我们常在那儿吃午饭)也是步履维艰。第二天,泽德曼来看他,发现萨特健康状况退步,有些担心。傍晚,拉普雷斯勒来了,认为萨特比上次见面时好,甚至总的来说相当健康。不过,就萨特的运动神经(走路、吞咽)而言,他对我说:"萨特已经下了一个台阶,而且不可能再上来了。"想起两个月前萨特还登上了卫城,我担心是否有一天他会完全不能动弹。由于反应能力很差,他又添了肠功能紊乱的毛病。当一个人被健康遗弃,而头脑依然灵光,是件可怕的事。

以智力而言,萨特完全恢复了。他说:"工作是最重要的事。所幸我的头脑还不错。"他还对我说:"过去很长时间以来,我都没有像现在这么聪明过。"他说得没错。他勤勉地和维克多一起投入《权力与自由》的写作计划之中。他对我读给他的书和这个世界上发生的一切都表现出浓厚的兴趣,特别是戈德曼事件,更是了如指掌。十一月中旬,我们认为最高法院会驳回戈德曼的上诉,在维克多的帮助下,萨特还写了一篇文章打算交给《世界报》。后来,高等法院真的撤销了对戈德曼的判决,文章没有发表。戈德曼的朋友都为这个审判结果而感到高兴。

社会活动让萨特的生活重新幸福起来。一天上午,丽丽亚娜问他:"依赖别人生活,您会觉得为难吗?"他微笑起来:"不。这甚至让我感觉愉快。""因为被人宠爱?""是的。""因为您觉得我们爱您?""哦,这一点我早就知道。不过,还是感到很愉快。"十一月十日,《新闻周报》欧洲版发表了由简·弗里德曼主持的萨特访谈。她问他:"在您目前的生活中,什么是最重要的?"他答道:"我不知道。一切都重要吧。活着。抽烟。"他感受得到这个蓝汪汪、黄灿灿的美丽秋天,并为之心驰神往。

常有人要求萨特在一些声明和呼吁上签名,他一般都不拒绝。萨特同马尔罗、孟戴斯·弗朗斯、阿拉贡和弗朗索瓦·雅各布签署了一份呼吁书,制止对西班牙的十一个死刑犯进行处决[①]。他们被处死后,萨特在一封抗议信和一份呼吁书上签名,号召向西班牙进军。他同密特朗、孟戴斯·弗朗斯和马尔罗共同抗议联合国把犹太复国运动视为种族主义的决议(见十一月十七日的《新观察家》)。他在一份要求改善被俘士兵状况的呼吁书上签名,该文件于十二月十五日在巴黎互助大厅上被宣读。

他有一个新的娱乐项目。阿莱特为他租了一台电视机,有好的西部片或随便什么娱乐电影时,我们就看看。萨特坐得离电视非常近,大致看得清荧屏。一个周一的上午,我陪他去看了一部很不错的希腊电影《演员游记》。影院的大堂经理专门为我们放这部片子:观众只有几个朋友,这样我可以给萨特读字幕而不妨碍别人。

十二月一日,萨特收到一封署名 G.I.N.的恐吓信。吉塞勒·阿里米认为应该慎重对待,G.I.N.是一个极右翼团体,自称制造了《解

---

① 这个呼吁书发表在 9 月 29 日的《新观察家》上,由福柯、雷吉斯·德布雷、克洛德·莫里亚克、伊夫·蒙唐等人直接送到了马德里。

放报》图片社的爆炸事件。她向附近的警察局报了警,我让人安了一扇防弹门。我真是担心,萨特却没怎么当回事,一如既往地宁静祥和。十二月底,他容光焕发地对我说:"三分之一个学期过去了,我活得极好。"一九七六年初有人问他希望人们怎样祝愿他,他热切地说:"就祝我长寿吧!"

我们和西尔薇一起去日内瓦作了一个短途旅行,尽管下着雪,天也很冷,萨特却非常高兴。我们在古城里散步,参观了科佩城堡,游览了洛桑。回到巴黎,萨特重新投入同维克多共事的工作中,甚至开始写东西:他的笔迹潦草,难以识别,维克多却多少能够辨认出来。他在接近自身价值极限的范围内写作,对我说:"我不'认为'我写了什么。"不过,他意识到自己正在以《存在与虚无》和《辩证理性批判》为出发点进行自我批判,这说明,他还是相信自己在写的。

一九七六年

三月初，我记录下萨特口述的一篇关于帕索里尼的文章。萨特在罗马见过他，很喜欢他的某些电影，尤其是《美狄亚》的第一部分，萨特从中看到了对"圣书"的精彩暗示。在文中，萨特对帕索里尼死时的周遭环境做了一番思考。他先写了一遍，由于字迹无法辨认，又背给我听。这是篇好文，发表在一九七六年三月十四日的《晚邮报》上。他搞定这篇文章总共花了不到三个小时，心里很得意。

和我一样，维克多也认为萨特的智力状态很久以来就没这么好过。没错，有时他会显得很"蔫儿"，但那是因为在场的人太多或者说这些人让他讨厌。他也有精神抖擞、活在当下的时候，比如我们和艾丽丝·施瓦尔泽共度的那个晚上。不过，有一点是真的：他仍然可以倾听、回答或讨论，却不那么有原创性了。他身上出现了一个"空洞"，喝水吃饭对他来说比以前重要得多。他很难适应新事物，容不得别人反驳，而我也就几乎从不反驳他的话，即使他对过去发生的事产生了离谱的错觉。

三月二十日，我们和西尔薇去威尼斯——我们三个人永远走不烦的地方。萨特迈着小碎步和我走了很长时间，有一次问我："身边有个走得这么慢的小朋友,您不烦吗?"我说不烦。这是真心话,他能散步,我就够高兴的了。有时,他仍然忧伤地对我说:"我的眼睛再也不能恢复了。"公交艇停靠的时候,一个游客在上岸时扶了他一把,萨特的脸顿时阴暗下来,问我:"我看起来真的像一个不能自理的人吗?"我说:"您看上去眼神儿不太好,这没什么难为情的!"但这些愁云惨雾很快就消散了。我右臂神经疼,很难受,就对他说:"看,怎样?这叫做老之将至。不是这儿捣乱,就是那儿捣乱。"他自信地说:"我不这样。我就什么毛病都没有。"我被逗笑了,他想了一会儿,也笑了。不过,他本能地感到自己身体无损。他比去年更能适应目前的健康状况。

回到巴黎后,他和维克多继续工作。这是一个美丽的春天,阳光灿烂,草木葱翠,花园里繁花似锦,鸟儿欢鸣。阅读、音乐和电影填满我们午后和晚上的时光。《境况种种》第十集在年初出版,包括四篇政治随笔,一篇关于《家庭白痴》的谈话,一篇和我关于女权主义的谈话,还有和孔塔的那篇题为《七十岁自画像》的长篇谈话。伽利玛出版社在《如此》丛书中再版了《存在与虚无》、在《思想》丛书中再版了《境况种种》第一集。《辩证理性批判》的英译本在伦敦出版(德文版于一九六七年出版)。萨特在澳大利亚广播电台的谈话——内容是关于马克思主义、莱恩和知识分子的作用——被收成 卷在纽约出版。五月一日他就电影《萨特自述》的剧本接受了·个访谈,提到他和法国电视台的争论。六月,他在《解放报》发表了关于拉扎克的一封信:他很遗憾没能在降灵节参加关于拉扎克的会议。同月,《新观察家》发表了萨特的短文,主题是企业中的劳动安全。

萨特在一份声援"边缘团"的声明上签名,后者于一月二十日占领了苏联大使馆的一座侧楼。他还在一月二十八日的《解放报》

上为一份呼吁书签名,希望共和国总统为让·帕潘斯基伸张正义——帕潘斯基是一名小学教员,临时派去教中学,一九六六年,帕潘斯基上英语课的时候有人来视察,视察员不懂英语,却写了一份差评报告说帕潘斯基教得不好,打发他回了小学。帕潘斯基要求对方改正错误,却未得到答复。一九七四年,他发表了一本题为《蹩脚咖啡馆》的小册子,抨击视察制度、陪审团以及破格提升的现象。帕潘斯基被终生取消了教师资格,因而开始了绝食(应该持续了九十天)。

二月十七日的《解放报》和二月十八日的《世界报》刊登了萨特、我和五十名诺贝尔奖获得者共同签名的一份呼吁书,要求释放米克哈尔·斯特恩博士。我们发起了一个支援他的运动,最后胜诉。五月十二日,萨特和另外一些知识分子签署了一份公报,对乌尔里克·米恩霍夫在德国监狱的死表示震惊。

这年夏天,我和萨特分开了一个月:其间,萨特先和阿莱特在朱纳斯,然后和万妲在威尼斯度假,我则跟西尔薇又去了西班牙旅行。然后,我们三个人,萨特、西尔薇和我前往卡普里岛。我们住在奎斯桑那旅馆,待了非常愉快的三个星期——卡普里岛是萨特最喜欢的地方。每天午时一过,我们就去萨洛托喝一杯。萨特甚至两次长途跋涉,步行到岛上禁止汽车通行的地方:他越走越远,虽然得不时在长椅上休息,腿却不那么难受了。他喜欢在露天饭馆儿晒着太阳吃午饭。凭窗远眺,他感觉到如画的美景温吞地消失于蓝色的海面。

我们乘坐留在那不勒斯停车场的汽车返回了罗马,找到常住的那个露台房间。第二天,西尔薇走了,我可以独自和萨特一起待两个星期。日常生活十分惬意,一如往年。万神殿广场的一部分和邻近的街道变成了步行区,我们常去那儿散步。我们在纳沃纳广场和巴索夫妇吃午饭。乔斯·代昂和马尔卡·里包斯卡——我们在威尼斯偶然和她们结识,后来经常见面——也来和我讨论为电视台改编《独白》一事。萨特对她们很有好感,一起吃了晚饭。快离开时,博斯特一家来访,他们送我们去飞机场,我们飞到了希腊。

萨特答应过梅丽娜去雅典看她,我们就去那儿住了一个星期。他白天和我在一起,晚上去找她。我们没有在那所中意的旅馆订到房,最后落脚在旅馆旁边的房间里,阴冷暗淡。尽管户外阳光灿烂,房内却不得不从早到晚点着灯。幸好我有工作可做:润色改编的脚本、为《独白》写对话。

回到巴黎时正是九月中旬。除了少数日程的改变,一年前的生活又回来了。直到十月中旬,天气晴朗,我们也趋向乐观。另外,萨特的身体极好,事事顺心。他不再参加《现代》的会议,却饶有兴致地和维克多工作,四面八方的人都在鼓励他。十月,他参加了一个支持苏维埃政治犯的集会,要求释放库兹涅佐夫。他和勒布里斯和勒当泰克一起为博米·博曼[①]的书《西柏林的图帕马罗运动》作了署名前言,收在《野性法兰西》丛书里。作者从前是德国的恐怖分子,本书是他的自传,一九七五年十一月被德国警察查封。萨特和海因里希·波尔一起要求再版这本书。这时,它的法语版问世了。萨特写道:"博米·博曼的见解我们不见得同意,但这些观点是向野性法兰西发出的直接呼唤。"

九月,《肮脏的手》再次在马图兰剧院上演。这部戏一共演了一百五十场,后来又在各省巡回演出。除了马卡布鲁,评论界的反响极佳。电影《萨特自述》十月底问世;评论家对萨特又一次竭尽赞美之能事,观众竞相观影。《文学杂志》发表了一篇萨特和米歇

[①] 我曾说过,萨特拜访巴戴时,博米·博曼给萨特开车。

尔·西卡尔①关于《家庭白痴》的长篇谈话,非常有趣。《政治周刊》出了两期萨特专号,内有夏特莱、豪斯特和维克多的文章。

"好华丽的回归啊!"我对他说道。

"葬礼前的回归。"他答道,脸上笑着。

事实上,他心里乐开了花。萨特非常自负,从来不会陷入虚荣之中。跟所有的作家一样,他很在意作品是否成功、影响如何。但是对他来说,"过去的"很快就会"过去",他的目标是"未来"——下一本书、下一个剧本。目前,他对未来已没有过多指望。当然,他对自己的过去非常坦然。好几次说:要做的事,他都做了,已经心满意足。然而,他不愿意感觉自己被抛弃、被遗忘,哪怕是暂时的。他不能像从前那样满怀激情地投入新的计划,便只得和已完成的事业合为一体。他把作品看成是已经了结的东西,他希望自己名以书传。

十一月七日,星期天,萨特在以色列大使馆接受了耶路撒冷大学的荣誉博士学位。在精心准备、了然于心的致辞中,他声明自己接受这个学位是为了促进以色列和巴勒斯坦之间的对话:"我一向是以色列的朋友,也关注苦难深重的巴勒斯坦人民。"讲话的文本在《贝尔纳·拉扎尔手记》上发表。不久以后,萨特接受艾迪特·索雷尔②的访谈,他们的对话发表在十一月底的《犹太人论坛》上。他说,自己现在不会完全以《对犹太人问题的思考》的方式写东西了。他谈到一九六七年的埃及和以色列之行,说如果开罗大学有意授予学位,他也会接受的。

十一月,《新左派评论》开始发表《辩证理性批判》第二卷中很

---

① 他是一位年轻的哲学教授,对萨特的作品如数家珍。
② 艾迪特是勒内·德佩斯特里的前妻,我们是在古巴认识她的。

长的一个片段。其中，萨特思考了苏维埃社会和"仅此一国中的社会主义"的问题。这些文字的哲学色彩比历史学色彩浓厚，因此可以说是第一卷的延续，而第二卷则试图接近具体的历史土壤。

十一月十二日的《解放报》上，他发表了一封信声援拘留在里昂的五个科西嘉人。十一月十三日，他在《政治周刊》的访谈中揭示德美霸权将给欧洲带来的危险。他参加了"反对日耳曼/美利坚笼罩之欧洲"的委员会，其中的一个积极推动者是 J·P·维吉埃。

梅丽娜来巴黎待了一个星期，萨特常去看她。和她在一起时，他远没有在雅典时么高兴，觉得她有些"空洞"，但仍然对她有感情。

《现代》的编委会人员大为缩减。博斯特耳背不来了，朗茨曼的全部时间都花在他正在拍摄的大屠杀电影上。看来我们应该遴选一些新成员。我们选择了皮埃尔·维克多，多亏了他萨特才重新参加会议；还有弗朗索瓦·乔治，他常为杂志出力；以及里古洛，一个年轻的哲学教师，在《现代》杂志上发表过东西，他写的一封信深深地感动了我们；还有皮埃尔·戈德曼，我们都对他评价很高。一天晚上，他和朗茨曼来看萨特，我在刹那间对他产生强烈的好感。萨特也同样，但就像往常有陌生人在的场合一样，那天他一句话也没说。后来只剩我俩时，萨特很是不安。我尽可能地安慰他。相反，另一天晚上，豪斯特夫妇来家里喝酒，萨特表现得很活跃，因为和他们熟。

一九七七年

总体来说，萨特的身体明显转好，没出任何健康事故。他走路有困难，烟抽得很凶，让人没法指望这方面会有什么起色，吞咽也很费劲。然而，他的心情很好。他对我说："目前，我很开心。"尽管他大谈什么"葬礼前的回归"，读到写他的文章时还是兴高采烈的。他的智力完好无损：假如眼睛可以阅读或校对自己的作品，我相信他又能生出奇思妙想来。这段时间，他在和维克多搞一个对话，谈论他们合作的意义和原因。谈话发表在一九七七年一月六日的《解放报》上。

他解释道，即将出版的《权力与自由》采取新的形式是因为他已不能握笔写作，同时因为他深切地希望在书中展现出一个"我们"。在他看来，这本书是"我希望能在生命即将终结之时完成的伦理学和政治学"。想到这是一种"共同的"思考，他又有些犹疑不定，因为他依然相信思考只可能"独自"进行。但他又希望得出一种"我们"的思想："应该有一种真正被您我二人同时生发出来的思想；在思想的运作中，任何一人的改变都是由另一位的思想促成的，这样就会产生一种'我们的'思想，也就是说，在这个思想中您能认出您，也能认出我，而我也能在认出您的同时认出自己……

"不管怎么说，我的境况是很奇怪的；总的来说，我的文学生涯结束了，我们现在做的这本书超越了已经写出来的东西。这完全不是一个活人、一个比从前更老的活人在跟您说话。我有点儿从自己的作品中抽离出来了……我想和您……做出一部超出我自己作品的作品。

"……事实上我没有死，能吃能喝。然而作品已经写完，在这个意义上，我死了……我与所写文字的关系已经发生极大的变化：我和您一起工作，您的一些思想和我的大相径庭，却把我带到一个前所未至的领域，因此，我正在做一件新鲜事。我把它当成最后一部作品，同时它又独辟蹊径，与以前的作品在整体上迥然相异。当然，共性还是会有的，比如对自由的理解。"

显然，左右为难的处境使萨特缚手缚脚，但他努力去适应它。换言之，他勉力说服自己相信目前的状况自有其积极的一面。

不过，他已几乎没法走路了。他的左腿疼痛，包括小腿、大腿和踝部，走起路来蹒跚不已。拉普雷斯勒医生要我们放心，说萨特的脉管病没有恶化，这只是坐骨神经痛。萨特在自己的房间里待了两周，还是没有好转。晚上腿疼，白天脚疼。十二月以前，他一直可以不大费力地走到附近的"巴西饭店"，一月份以后，每走一回都停下来歇三次，到达时上气不接下气，疼痛不已。

晚上和萨特在一起时，阿莱特就和我一样睡在他家了。不过，每周六萨特要见万妲，她会一直待到十一点，而我们俩谁都不能那么晚去找他。米歇莱自告奋勇，愿意等万妲走后过来，在萨特的隔壁房间过夜。如此一来，大家都各得其所，这个时间表执行了很久。

然而，一个星期天，萨特、我和西尔薇在棒槌饭店吃午饭时，萨特举止异常——好像完全昏睡着。到了晚上，九点左右，他开始难受,我不得不打电话叫来了急救中心的医生,结果萨特的血压是二百五十。医生打了一针,降到了一百四十。由于血压骤然下降,他第二天疲惫不堪。库尔诺医生来了,他把当时在场的丽丽亚娜拉到一旁问道:"他没喝酒吧?"她说喝了:她没敢让我知道,但萨特跟她说,周六晚上米歇莱来时,他喝了半瓶威士忌。萨特对我也承认了这事。我打电话给米歇莱,告诉她周六不要来找萨特了。过了几天,她对萨特说:"我想帮助您快乐地死去。我以为您是希望这样的!"但他完全不想死。这事发生后,每周六晚上离开他时,我都给他倒出一定分量的威士忌,然后把酒瓶藏起来。这样在万妲走后,他就可以喝点儿酒,抽一会儿烟,然后安安静静地睡觉了。

一月初,我们在西尔薇家愉快地聚了一次餐。电影《萨特自述》的剧本在伽利玛出版,获得了巨大的成功。萨特接受卡特琳娜·夏娜的访谈,讲他和女性的关系,发表在一月三十一日的《新观察家》上。现在,《现代》杂志每月有两个周三上午在他家开例会,萨特会参加讨论。他一般不拒绝别人,这次又同意在一九七七年二月十日《世界报》上的一篇文章署名——实际上是维吉埃跟他谈话以后写的。萨特注意到"德国的社会民主自一九四五年重建以来一直是美帝国主义在欧洲的得力工具之一",号召社会主义战士反对某种建设欧洲的构想,和"德美霸权主义进行斗争"。这篇文章的风格一点儿也不像萨特的,而且萨特向社会主义者发起呼吁,也着实令人吃惊。在这件事上,朗茨曼、普庸、维克多等人并未掩饰对萨特的不满。

萨特答应梅丽娜二月中旬去她工作的雅典大学作一次讲座。二月十六日,星期三,他和皮埃尔·维克多坐飞机出发了。他在那儿待了一个星期,午饭和维克多吃,晚饭和梅丽娜吃,同时打着腹稿准备演讲。二十二日,星期二,演讲正式举行,题目是"什么是哲学"。原则上只能容纳八百人的会堂里坐了一千五百人。萨特讲了大约一个小时，不时被掌声打断。维克多认为这个演讲内容"简单"了一些，但由于大多数学生都听不太懂法语，他也承认提高难度是毫无意义的。第二天，我去奥利机场接他们。大批旅客鱼贯而出，其中一个把握十足地对我说："他们很快就出来。"果然，萨特和维克多出来了，是最后两个。萨特下飞机后走了这么长的路，有点儿累了，这次旅行让他愉快。

三月九日，梅丽娜来到巴黎。第二天早上不到九点，她就惊惶地给我打电话。萨特带她去巴西饭店吃晚饭，回来时两腿发软，有两次几乎倒在地上，后来可以说是被周围的人送上电梯的。他脸色苍白，大汗淋漓，气喘吁吁。我马上打电话给泽德曼[①]，然后跑去萨特的住处。他的血压是二百二十。梅丽娜向我保证，萨特酒喝得不多。既然这么说，我断定她一直在密切注意着萨特。萨特的头脑完全清醒。我整个下午都和他在一起。晚上库尔诺医生来了，说萨特的一条腿有痉挛。第二天，阿莱特打电话说萨特又跌倒了好几次，特别是上床时。

库尔诺医生又来了。萨特的血压下降了很多，但医生仍建议他去布鲁塞医院检查一次。和每个周二一样，我睡在他家，第二天早上八点半，丽丽亚娜来接我们。我们帮助萨特穿过花园，乘电梯下楼，坐进小汽车，他走得非常费劲儿。在布鲁塞医院，一个男护士用轮椅把他推走。医生决定留他到第二天下午。他去接受种类繁多的检查，我留在他房间里忙着办理入院手续。医院送来午饭，他几乎都吃了。他的右侧血压正常，左边要差一些；两边明显不对称。我在医院一直守到三点半，他睡觉，我就在旁边看书。后来阿莱特

[①] 后文不会出现泽德曼医生了，他在德朗布尔街突然跌倒，死于心脏病发。

来了。

第二天上午我回到医院。头一天萨特吃了晚饭，看了会儿电视，睡得很好。医生正帮他做一个耗时的 X 光检查，包括胸部、大腿、手，等等。他们把萨特送回床上，然后乌塞医生来了。他侃侃而谈，说萨特只有戒烟才能保住大腿。如果不再吸烟，病情就能缓和，可望安度晚年直到正常死去。否则，他的脚趾要被切掉，然后是两只脚、两条腿。萨特看起来很受震动。我和丽丽亚娜没太费力就把他送回了家。戒烟的事，他说愿意考虑一下。他见到了梅丽娜和阿莱特，第二天见到皮埃尔和米歇莱。快到黄昏时我再来，他走路好了一些。但第二天晚上，他对我说有一条腿每天夜里都要疼一个小时左右。

星期天，他、我和西尔薇来到我们的朋友富子在凡尔赛的漂亮房子里做客。我们吃了填鸭，又喝了些美味的葡萄酒。驾车返回时，西尔薇借着酒劲儿对萨特说了些热情表白的话，听得萨特十分心醉。（在萨特面前，她有时不那么可爱。她拒绝承认萨特是个病人，对他的一些举动表现出恼火。萨特对她也不无微词，说她"臭脾气"。不过，这并不妨碍两人之间的关系。）

晚上，我们读书、说话。他下定决心第二天（星期一）戒烟。

我说："想到自己正在抽最后一根烟，您不觉得伤心吗？"

"不伤心。说真的，现在我有点儿讨厌香烟。"

他可能是把香烟和自己会被小块儿肢解的事联系在一起了。第二天，他上交了香烟和打火机，要我送给西尔薇。晚上他说因为不抽烟了，心情好得出奇。这次他的确彻底戒烟了，看起来毫无压力。甚至有朋友在他面前抽烟，他也丝毫不受影响，甚至还劝他们安心抽。

下一个周四，丽丽亚娜和我带萨特去乌塞医生那儿进行一次私人会诊。乌塞查阅了萨特厚厚的医疗档案。医生祝贺他放弃抽烟，开了一些静脉注射的药。他说，如果萨特有一丁点儿的痉挛性疼痛，就应该立即停止行走，否则有心脏病发或中风的危险。他明确反对萨特去朱纳斯短途旅行的计划。他交给我一个很厚的信封，要我转交给库尔诺医生。我们带萨特回去。一到我家，我和丽丽亚娜就用蒸汽化开了乌塞的信封。这是一个很详细的病情概要，我们看不太懂。丽丽亚娜把它留下，准备给她一个当医生的女性朋友看。

丽丽亚娜第二天打电话给我。她朋友认为这份概要极不乐观：萨特腿上的血液循环只剩下百分之三十。她的结论是："多加小心，他还能活上几年。""几"年——对我来说，这个词充满了悲剧色彩。我早知道萨特命不久矣，然而大限之前所剩时日如此模糊，以致让我幻觉遥远。现在，死神突然逼近：五年？七年？总之，无论怎样，这是一个有限的、被界定了的时段。死亡无可以避，它已现身，占据了萨特。过去虚无缥缈的焦虑变成了彻底的绝望。

我努力让自己坚强面对。我把信封重新封好，拿回萨特家。后来，这封信被库尔诺医生展开放在桌子上。他劝告萨特在两个星期内尽量少走动。我们准备去威尼斯，我说服萨特在飞机场预定了一个轮椅。

在威尼斯，我们仍然住在历年常住的房间，萨特很高兴能回来。但他很少离开旅馆。每次去他喜欢的饭店，对他来说都是一场艰难的长征，就连去圣马可广场都很费力，天气潮湿，时有阵雨，他也没法坐在咖啡馆的露台上。不过，天气好的时候，我们在旅馆的露台上吃午饭，可以远眺对面的大运河；或者，走过一条街到哈里酒吧坐一坐。晚上，我们在旅馆的酒吧吃一个三明治。大部分时间他都待在自己的房里，我读东西给他听。下午他睡觉或者听半导体里的音乐时，我就和西尔薇出去走走。尽管如此，离开时他仍对我说在威尼斯过得很开心。

回到巴黎后的几天里，萨特常去见梅丽娜。他又喜欢起她来，对我说："和她在一起的时候，我好像只有三十五岁。"丽丽亚娜好几次看到他们在一起，说在梅丽娜的陪伴下，萨特的确年轻了。这样最好，生命中能让他高兴的事已经太少了！他的腿又疼了起来。一天早上起床时，他的右脚疼得厉害，对我说道："我觉得有人在割我的脚。"吃过阿司匹林他的疼痛轻了点儿，后来打几针，就完全不疼了。但他走路一直很困难。独自和我在一起时，他开朗而充满活力，但一旦有外人在，就往往心不在焉，把自己封闭起来。有天晚上，和博斯特在一起时，他甚至一句话也没说。博斯特吓坏了，对我说："怎么能够想象这事会发生在他身上，他是萨特啊！"

我想，这事恰恰应该落在萨特身上。就个人而言，他一直在执行"不教一刻闲过"的生活策略，不让任何时间冷场：累了、摇摆了、想睡觉了，他就大吞"科利德兰"①。虽说先天性的动脉狭窄让他很容易得病，但我们至少可以批评他没采取过任何防病措施。他在透支"健康资本"，自己也心知肚明，因为他一针见血地说过："如果能完成《辩证理性批判》，我宁可早点儿死去。"我甚至会想，在格罗德克的书的影响下他是否多多少少有意地选择了自己的处境。《福楼拜》的最后一卷，他不是真的"愿意"写，但手头没有别的计划，便也不想放弃。怎么办呢？比如我，我可以全心全意地度假，生命不会因此失去意义，萨特却不是这样。他爱生活，甚至可以说是热爱，但前提是要工作：透过我的叙述，大家不难发现工作之于萨特，便如影之于形。当他觉得自己没有办法把手头工作做得完美无憾，真的会大量地吃兴奋剂。他变本加厉地给自己安排

---

① corydrane，一种苯丙胺类药，据说吃了可以使脑筋转得更快，但会上瘾。在萨特时代的法国，科利德兰属于非处方药。——译注

活动，耗费的精力超过极限，发病是早晚的事。近乎失明是他没能预见却震惊不已的事情之一。他希望让自己休息一下，对他来说，疾病是休息唯一正当的理由。

今天，我已不完全相信这个假设了——一定程度上，它假定萨特是自己的命运的主人，过于乐观。可以肯定的是，萨特晚年的悲剧是他一辈子种下的恶果。里尔克的话用在萨特身上正合适："每个人都承载着自己的死因，正如果子带着自己的核。"生命呼唤他垂垂老去、行将就木。也许正因如此，他才能安详地接受自己的衰老和死亡。

我没有自欺欺人：他安详的心灵常常被啮蚀。他越来越需要喝一杯酒。放假前我问维克多觉得萨特的状况怎样，维克多答道："他每况愈下。"两人每次谈话后，萨特都生气地非要喝杯威士忌不可。

不过，一九七七年六月二十一日七十二岁生日时，萨特显得笑态可掬。他和许多知识分子在雷卡米耶剧院接待了来自东方的不同政见者；与此同时，吉斯卡尔在爱丽舍宫会见了勃列日涅夫。萨特坐在米克哈尔·斯特恩博士旁边。我和萨特曾为他的获释出过一份力，他也深表感谢。萨特和在场的其他人作了简短的交谈。

像往年一样，萨特这年在许多文章上签名，都发表在《世界报》上：一月九日是支持《政治周刊》的呼吁书——这份杂志处于困境之中，一月二十三日是反对摩洛哥镇压的呼吁书；三月二十二日是一封致拉瓦尔法庭庭长的信，支持因退回自己的军籍簿而被控告的伊万·皮诺；三月二十六日是一封反对某歌唱家在尼日利亚被逮捕的抗议书；三月二十七日是为阿根廷争取自由的呼吁书，六月二十九日是寄给贝尔格莱德会议的请愿书，反对在意大利的镇压；七月一日是反对巴西政治局势恶化的抗议信。

此外，七月二十八日，发表了萨特和一个音乐理论家吕西安·马尔森的谈话。萨特谈到自己的音乐品位，对法国音乐台的新动向感到痛惜。该台负责人在八月七日至八日的节目上对他的批评作了回应。

七月初，萨特同阿莱特、普依格和普依格的一个女朋友——萨特非常喜欢她——开车去朱纳斯。经过一番习惯性交接①，他和万妲去了威尼斯，在那儿待了两个星期。我常给他打电话，看来他的情况很好。然而，丽丽亚娜朋友的判决仍让我心惊肉跳："只有几年好活了。"我和西尔薇在奥地利旅行，一路上有她，还有我喜欢的风景、城镇和博物馆，这稍微减轻了我心中的不安。不过，一到晚上，每当我试图显出愉快的表情，就会十分崩溃。临行前，我从萨特的房间拿了一管安定。现在我吞下药片，徒劳地希望靠它驱散心中雾霾，我喝着过量的威士忌。结果，我双腿发软，走路蹒跚；有一次，我差一点儿跌进湖里；另一天晚上，我走进旅馆大厅，一下子跌倒在扶手椅上，女老板用古怪的眼神看着我。幸好第二天早上恢复了，我们度过了一些很愉快的日子。

我们南下威尼斯，西尔薇在罗马广场坐在小汽车里等我，我乘汽船去萨特的旅馆。跟往常一样，在大厅里见到他，我又一次动容：他戴着黑眼镜，举止笨拙。华丽的天空下，我们和西尔薇驾车离去，一直开到佛罗伦萨，在爱克赛西奥旅馆的房间里落脚——房间是我定的，侧面有阳台，上面可以鸟瞰整个城市。我们去酒吧喝鸡尾酒，萨特兴高采烈，神采奕奕，如他以前常见的模样。

第二天大约两点，我们到了罗马，那里冷冷清清的。可惜，我们那套带阳台的房间没有了，它被租给了一个美国人，为期一年。

---

① 自从他失明，飞机到达尼姆时总是丽丽亚娜去接他；第二天，博斯特驾车去她家捎上萨特，送他和万妲去飞机场，从那里出发去意大利。

不过，新住所我也非常喜欢：两间卧室，被一间迷你的客厅分开，客厅里有个冰箱嗡嗡作响。这套房间也是在六层，可以清楚地看到圣彼得教堂，还有壮观的日落景象。

我们一起度过了三十五天，先是同西尔薇，后来是我们俩单独在一起。萨特的状态很好（腿是唯一的问题，他几乎没法走路）。我为他读书，他给出中肯的意见（特别是苏维埃不同政见者写的书）。博斯特对萨特的状况一向悲观，但和奥尔嘉①来看我们时也为萨特的活力所惊讶。西尔薇走后的第二天，离我们住的旅馆十米远新开了一家小咖啡馆——原先是一个修车行。我们每天都在小店的露台上吃午饭，一块三明治，或者一份摊鸡蛋。晚上，我们坐出租车去饭店吃饭，回来时偶尔在那儿喝一点儿威士忌，然后再回房间。我们约人见面，大多在那里。

在罗马，人们正在度过一个激情燃烧的夏天：一个学生在博洛尼亚被杀，这个城市的市长是共产主义者。可以预见，九月二十三日至二十五日会有一次声势浩大的左派示威活动。我已经说过，萨特曾在一份请愿书上签名，反对在意大利的镇压。此举在意大利新闻界立时引起了轩然大波，特别是在共产主义报纸。家和《现代》关系很好的极左翼报纸《斗争继续》请萨特就这个问题接受访谈。M·A·马乔基执意要萨特支持博洛尼亚集会，洛萨娜·罗桑达却请他不要那样做，以免引发灾难。九月十九日，萨特在我刚刚谈到的小咖啡馆里会见了《斗争继续》的好几个领导人。九月十五日，他们以"自由与权力不可能结合"为题在《斗争继续》上用四页的篇幅发表了这个谈话②。萨特说明了他对一些问题的看法，包

---

① 奥尔嘉是博斯特的夫人、万妲的姐姐、波伏瓦年轻时代的学生，萨特曾经追求过她，但她一直钟情于自己的老师波伏瓦。——译注
② 时间有误，但原文如此。——译注

括意大利共产党、历史的妥协、赤色军团、东方持不同政见者、知识分子对政府和党的作用、新哲学家、马克思主义等。萨特宣称："每次政府警察向年轻战士开枪，我总是站在战士那一边。"他强调自己和年轻人同进同退，但希望博洛尼亚不要出现暴力。他的表态让所有人满意，包括洛萨娜·罗桑达。

萨特说得的确好。我也在我俩的对话中完全找回了那个会说话的萨特。我们讨论我们的人生、我们的时代，大小话题，无所不谈。当然，他老了，但他真的就是萨特自己。

他的心有些任性。他不再希望梅丽娜来罗马看他，也不希望像原来那样，我们去雅典看她。他说将给她这一年在巴黎的生活费，因为他答应过她，但不会再见她："她太追求自己的利益，不好玩。她对我不再意味着什么。"

我们回到巴黎不久，她就来到巴黎。萨特对她说："我仍然对您有感情，但不爱您了。"她哭了一会儿。他每隔一段时间去看她。

他朋友圈里有很多女子，包括以前的女性朋友，也有新认识的人。他愉快地对我说："我从来没有被这么多女人包围过！"表面上，不幸与他无缘。我问他时他答道："当今世界的确存在着一个不幸的维度，但我不是不幸的。"他感到遗憾，因为看不清，尤其因为看不清她们的脸，但他感到自己是活着的。他对同维克多一起读的东西很感兴趣，也用看电视来打发时间。《现代》开会时，他参加的讨论比往年都多。

他也对政治事件极为关注，特别是巴戴的律师克劳斯·克洛瓦桑。七月一日，他在一份反对引渡克洛瓦桑的呼吁书上签名。十月十一日，他和"反对日耳曼/美利坚笼罩之欧洲"委员会一起在一份新的抗议书上签名。十一月十八日，这个委员会发布了一个关于施莱尔事件的公报。十月二十八日，萨特、P·哈尔贝瓦兹、达尼埃尔·盖兰和我在一份反对在对待波里萨里奥阵线的问题上使用暴力的警告书上签名。十月三十日，他打电报支持伊朗反对现行政体的知识分子。十二月十日，他在一份反对驱逐画家安东尼奥·索拉的呼吁书上签名。

十一月底，他对我口述了一篇适时而至的美国版萨特戏剧的序言，一个小时就完成了。

巴黎东剧院打算重演《涅克拉索夫》——这部戏自一九五五年问世以来从未在巴黎排演过。十月，萨特就这部戏剧同乔治·韦尔莱、安德烈·阿卡尔和莫里斯·德拉昌座谈，并在十二月份发布了一个声明。他强调，他的真正目的是谴责新闻界制造轰动效应的手法。他说："换做今天，我也许选择另一种托词，但我会一如既往地向某类新闻业界发起进攻——它恬不知耻地滥用读者的信任，彻头彻尾地捏造虚假丑闻。"有些人指责他同意重演《涅克拉索夫》，他回应说自己所有的戏剧——包括《肮脏的手》——从此都是保留剧目的一部分，看不出有什么拒绝上演的理由。

谈到这个问题，我想指出一种极大的误解，即认为"不要让比昂古尔绝望"这个口号是萨特提出来的[①]。在萨特反对者的心目中，这意味着出于对法国共产党的忠诚（萨特并不是共产党员），他会选择对某些令人为难的真相保持沉默，而萨特从来没有这样做过。是他和梅洛-庞蒂最先在《现代》杂志上揭露苏维埃集中营的存在。他的这种诚实态度后来一直没有变过。重读一下这部戏吧。瓦雷拉，一个被右翼新闻界收买的骗子，冒充"选择了自由"的苏维埃部长涅克拉索夫，揭露他事实上一无所知的苏联。一位年轻的左

---

① 让·杜图尔和很多记者都持这种观点。

翼战士维罗尼克对他说,虽然他自以为欺骗了富人,事实上反而帮了富人的忙,却"使穷人绝望",特别是比昂古尔的穷人。瓦雷拉不问政治,卑鄙无耻,爱财如命,用一种嘲弄的口气喊道:"让我们让比昂古尔绝望吧!"这两个人谁也不代表萨特。

一九七八年二月,《涅克拉索夫》迎来了首演。杜兰的学生、奥尔嘉的好同学莫里斯·德拉吕把萨特接到自己的家,聚在一起的还有奥尔嘉、博斯特夫妇和我。他驾车送我们去剧院。萨特很喜欢这个戏的导演和表演方式。闭幕后,我们去休息室,萨特热情地祝贺韦尔莱和演员们演出成功。

自从一九六七年在埃及和以色列旅行以来,萨特对中东问题特别感兴趣。萨达特对以色列的访问深深地感动着他。十二月四日至五日,他在《世界报》上发表了一篇振奋人心的短文,鼓励埃及和以色列谈判。

他、我和西尔薇在多米尼克饭店吃着火鸡,愉快地送走了一九七七年。萨特对自己的工作和生活都十分满意,对我说:"总的来说,回来以后,我们的日子过得很好。"

一九七八年

他仍和许多年轻女子来往，包括梅丽娜和其他好几位。一天，他抱怨和维克多一起工作的时间太少，我说：

"那是因为年轻人太多了！"

他答道："但这对我是有好处的。"

我想他是对的，世间有女子，萨特才愿意活下去。他宣称："我从没有像现在这样讨女人喜欢。"像孩童般沾沾自喜。

还有其他一些因素滋养他的乐观心境。丽丽亚娜·西热尔搜集了很多萨特的照片，在伽利玛出版社结集出版，我写了简短的说明。米歇尔·西卡尔要为《斜线》杂志筹划一期关于萨特的重量级专刊，两人常在一起讨论。让内特·科隆贝尔和许多年轻人来向他报告自己所做的萨特思想研究。伽利玛出版社将把他的全部小说作品列入"七星丛书"出版，米歇尔·孔塔写序。所谓的"回归"仍在继续，他自己也深深感受到这一点。

不过，如今的他有了一个切实的烦恼："钱"。自我认识他以来，他就挥金如土，从无间断，一辈子赚来的钱不是给这个花就是给那个花。目前，他仍每月定时拿出一大笔钱给不同的人，伽利玛出版社发的年金很快就被散尽，自己却所剩寥寥，几乎无以为继。

如果我要他为自己买双鞋,他会答道:"我没钱。"别人送他,他又不要。他还欠出版商一笔数目不小的钱。这样的境况真的让他心生焦虑,不是为他自己,而是为所有靠他生活的人。

由于希望就近了解萨达特访问的结果,萨特在二月份去了耶路撒冷,同行的还有维克多和阿莱特——这两人当时已是朋友。尽管旅途不长,我仍担心把他累着,结果是我多虑了。在奥利机场,他被一辆轮椅推上飞机。飞机着陆时,埃里·本·盖尔开车来接他。他们四人住在耶路撒冷老城对面舒适的客房,后来又在死海海滨一家美丽的旅馆中过了一夜。一连五天,萨特和维克多同以色列人和巴勒斯坦人谈话。气温二十五摄氏度,天空蓝得惊艳,萨特心醉神迷。他爱动,爱打听,在眼睛允许的情况下爱看当地的风光。如果像有些人说的那样,衰老就是好奇心的丧失,那么他一点儿都没老。

这次调查行程太短,萨特本来不会草率地写什么报道,维克多却没那么多顾忌。萨特在最初的访谈中对他说过:"你们这些毛主义者总是走得太快。"话虽如此,萨特还是受其摆布,他们给《新观察家》寄去了有两人签名的文章。博斯特惊惶不安地打电话给我:"写得太差劲了。我们看完报纸都难过得要命。您得说服萨特收回它!"我读了文章,发现的确写得不好,便转达了博斯特的要求。萨特满不在乎地说:"那好吧。"但当我对维克多说起此事时,他却生气了,他从未受过如此冒犯。他责怪我事先没有跟他说这事。我本以为萨特会告诉他,但没有——也许萨特觉得无所谓。我向维克多作了解释,在一段时间里,我们的关系至少在表面上还是挺好的。但不久,《现代》在我的房间里开了一次的会,萨特没去,维克多、普庸和豪斯特三人就这篇文章大吵起来——普庸和豪斯特认为它糟透了。维克多骂了他们,说我们都是行尸走肉,后来再也不出席例会了。

他的反应使我震惊。萨特和我年轻的时候屡屡遭拒，却从不会认为那是什么冒犯。维克多领导过"无产阶级左派"，有一种"小头领"的思维模式：什么都得听他的。他一会儿坚信这样，一会儿又无缝转换地坚信那样，自始至终冥顽不化。他放任自己的热情炽长，毫无节制，认准了什么事就推到极限，不容别人质疑。因此，他的演说带着一种煽动性力量。然而，写文章必备的批判态度却是他不熟悉的，如果有谁批评他的文章，他就觉得自己被冒犯。从那时起，他和我就不说话了。在萨特的住处，我避免遇到他。这是一个令人不悦的境况。在这之前，萨特的朋友也都是我的朋友，维克多是唯一的例外。我不怀疑他对萨特的感情，也不怀疑萨特对他的感情。有一次，萨特在和孔塔的谈话中说："我所有的希望，无非是自己的工作有人接手。比如说，我希望皮埃尔·维克多去完成我作为知识分子和战士的工作，他也乐意接受……在我认识的人里，他是唯一能让我全方位满意的人。"萨特欣赏维克多的勃勃野心，欣赏他和自己一样无所不欲的个性。"当然，我们做不到无所不能，但应该无所不欲。"也许萨特认错了人，但认错了又怎样？他就是这样看维克多的。为了去维克多称为"社团"的地方吃晚饭，他会走得越来越远——那是维克多夫妇和另一对夫妇朋友在郊外共有的一套房子。这样的晚上，萨特过得很愉快。我本来不想参加，但如果因此错失萨特的一部分生活，就太遗憾了。

我们对威尼斯有点儿厌倦了。复活节，我选择了卫湖上一个四面砌墙小城"希尔米奥纳"度假；汽车不让进，除非像我们这样要在城里过夜。我们住进一家湖滨旅馆。像往常那样，我在他的房间读书给他听；因为他喜欢沿着狭窄而空旷的小街（星期天除外）散步，我们常去靠近广场的一家咖啡馆，在露台上坐坐。我们在附近的小饭馆儿吃饭。西尔薇安排我们坐大巴在城里转悠，沿着湖散步。我们重游了维罗纳,另一天重游了布雷西亚。回巴黎的路上,我们在塔卢瓦尔的比兹老爹小旅馆稍作停留。平日里,萨特的饭吃得朴素而单调,那次也大快朵颐了一把。

从那时起到暑假的几个月,他没什么政治活动。年初,西西里岛出版了一份假的"萨特政治遗嘱"。作者老调重弹,宣扬无政府主义精神,并把这些观点归于萨特。萨特发表声明否认此事。六月,他在《世界报》上发表文章,认为在一九六八年事件十年后的今天,应该为科恩-邦迪解禁,允许他回国。同月,他在一份关于海德·肯普·博尔特切事件的声明上签名——她是一个德国姑娘,五月二十一日在巴黎接受警察审讯时被严重烧伤。

不过,他真正感兴趣的事是和维克多写《权力与自由》:二人的对话都用录音机保存下来。在一篇发表在《斜线》的文章里,萨特向米歇尔·西卡尔说明自己是怎样构思这个工作的:"如果能坚持到底,这本书将具有一种新的形式……这是两个存在于当下的人所进行的真实辩论——他们在文字中施展自己的思想。当我们的观点相互对峙时,那不是做戏,而是真实的情况……在这本书中,有短兵相接,也有一拍即合,这两方面都很重要,……对我来说,两个作者合写一本书,这至关重要,因为矛盾啊,人生啊,就存在于书'中'。不同的人读到它……得出的结论也不一样。这正是让我兴奋的地方。"

夏天来了。像往年一样,我和西尔薇在瑞典旅行之后,同萨特在罗马相会,我们在那儿度过了愉快的六个星期。

回来后,他的健康状况似乎已然稳定。他和维克多讨论,我读书给他听。他仍然乐此不疲地和众多女性保持友谊。梅丽娜回雅典了,但后继者不乏。弗朗索瓦丝·萨冈在报刊上发表了《给让-保罗·萨特的情书》后,萨特和她常在一起吃午饭,他十分喜欢她。

乔斯·代昂和马尔卡·里包斯卡为我拍电影，萨特参与其中。《斜线》的萨特专号也已出版。

十月二十八日，他会见了从拉扎克来的农民代表团。《现代》上有几篇文章讨论他们的斗争。有几个原因使萨特对他们兴趣颇浓：他们与国家之间的冲突、他们反对扩张军队、他们发明新的反抗技术、他们扰乱现行秩序的非暴力活动。一九七六年的万灵节会议期间，萨特本想去和他们探讨这些问题，可惜因健康问题未能如愿。

一九七八年十月，他们中有好几位在圣塞弗兰绝食抗议。一些人来请萨特参加第二天的记者招待会。他太疲惫没有接受，却写了一份在招待会上向记者宣读的声明："你们相信必须保卫法国，但如果军队远离边境，在国家本土占地万亩，目的是打造一个由新武器造成的灭绝性地带，你们就会认为不妥；如果政府把住有居民的土地租给外国军队演习，你们也会认为不妥。你们是对的：在和平时期，莫名其妙地把拉扎克变成一个防止世界大战的基地，足见决策者的愚蠢和无耻。"

与此同时，萨特还跟一位里昂演员吉约马在一起讨论，后者提出一项计划，将让内特·科隆贝尔根据萨特的一些历史和政治文章编写的《导演》搬上舞台。这部戏首先在里昂两个最重要的剧院上演，然后在法国各地巡演两年，获得了巨大的成功。

一九七九年

一九七九年三月，萨特对《现代》杂志组织的"以色列巴勒斯坦研讨会"给予了极大关注。和埃里·本·盖尔一起旅行回来，维克多一直在酝酿这件事，两人常互通电话。我们的以色列老朋友弗拉旁为《现代》提供了他主持过的一个以巴问题研讨会的记录。他要一大笔钱才肯转让给我们，但这个文本中没有多少新东西。维克多的意思是，最好在巴黎搞一次类似的研讨会，会议记录将在《现代》上发表。当然，费用会很高，但伽利玛出版社愿意出钱。维克多和埃里通过电话拟好一份与会人员的理想名单，寄出了邀请函，他们当中大多数人住在以色列。

许多实际的问题摆在眼前，首先是研讨会场地，《现代》办公室巴掌大的地方用无可用。米歇尔·福柯好心，将自己宽敞明亮、布置得朴素而优雅的房间让给我们。维克多在塞纳河左岸的一家小旅馆定了一些房间，为期几日；又在附近一家饭店专门开了一间厅房。福柯的起居室里有桌有椅，还有一台录音机。尽管还有些技术性的问题，第一次座谈仍然在三月十四日举行了。作为开场，萨特作了和维克多事先商量好的简短发言。除了萨特、克莱尔·埃切雷里和我——我第二天没有再来，《现代》编委会无人参加。他们——也包括我——都对维克多的动议不以为然。

与会者先作了自我介绍。一位住在耶路撒冷的巴勒斯坦人易卜拉欣·达卡克说这次对话毫无意义。萨特难道不知道在以色列,巴勒斯坦人和以色列人朝夕相见、日日对谈吗?既然没有邀请埃及人、摩洛哥人、阿尔及利亚人和突尼斯人,在耶路撒冷召开这样的研讨会,岂不是更简单、更省钱吗?埃里·本·盖尔和维克多辩解说,有些与会的巴勒斯坦人不能进入以色列。达卡克回答说,还有些在以色列的巴勒斯坦人没法到巴黎来呢。说完,他就退出了会谈。事实上,其他代表大多来自以色列,只有在美国哥伦比亚任教的爱德华·萨义德和在奥地利任教的沙林·沙拉夫是巴勒斯坦人。大家几乎都说英文,有一两位说德文,在场有志愿者作翻译。如果有以色列人想说希伯来语,埃里·本·盖尔就帮着翻译。谈话录了音,阿莱特把录音整理出来。会谈进行时,克莱尔·埃切雷里和凯瑟琳·冯·布劳不冷不热地送上咖啡和果汁。在正式的会谈之外,巴勒斯坦人和以色列人一起在维克多选定的饭店吃午饭,这样一来,交谈就会比较放松。旅馆房间太简陋,他们有点儿惊讶。更让他们吃惊的是,萨特近乎沉默,而名不见经传的维克多却俨然要人。一位矮个子金头发的犹太教教士要求按犹太教教规给他开饭,《现代》的一位朋友施穆尔·特里加诺带他去美第奇街的犹太饭店。

会议发言多少还是有些意思、有些动人的,但总的来说是老调重弹:巴勒斯坦人希望归还领土,以色列人——被选与会的都是左派人士——同意这一点,但希望安全能得到保证。不管怎么说,到场的都是知识分子,毫无权力可言。维克多却相当得意,对萨特说:"这会成为一条重要的国际新闻。"他一定失望了。由于种种原因,"现在要和平"——这本是一个在政治上影响不大的以色列和平主义运动的名称——专刊到十月份才问世,反响平平。一九八〇年夏天，爱德华·萨义德——维克多认为他是研讨会上最负声望的人——对他的一些朋友说，他搞不清楚为什么把他从美国弄到巴黎来，他当时就觉得这个研讨会不伦不类，读到会议报告时，感觉更差劲。不过，一九七九年三月，萨特也在维克多的影响下对这个会谈表示满意，我没告诉他我的怀疑态度。

复活节伊始，我们和西尔薇坐汽车去了南方。我们在维也纳小镇过了一夜，对普瓦安饭店大为失望。不过，到了埃克斯，我们的情绪又高涨起来。我们住在离城区一公里的旅馆，那里有个大花园，空气中飘散着阳光和松树的香气。远处圣维克托瓦尔的山脊凌空而出，显现在湛蓝的天空之上。天气太凉，没法坐在门外。我们在萨特的房间里读书，也经常三人一起驾车外出，去附近一些美丽的地方吃午饭。

回巴黎不久，萨特被一个半疯的人热拉尔·德·克莱韦弄成轻伤。这是一位比利时诗人，我们的朋友拉勒曼和韦斯特雷坦是他的保护人。在精神病院期间，他时不时来到巴黎，日复一日地向萨特要钱。近来，他又获准出院，萨特常给他一点儿小钱花，给了好几次，最后终于说以后恕不接待。结果克莱韦又来了，萨特和阿莱特在家，不给他开门，但他把门拉成半开（有锁链撑着）。两人争吵了几句，克莱韦从口袋里掏出一把小刀，越过链条朝萨特刺去。然后他使劲撞门，虽然装了钢板，门还是被撞得猛晃。阿莱特打电话叫来警察，警察在楼房的走廊里追了很久才把克莱韦抓了起来。萨特血流如注，大拇指被刺伤，好在没有伤到筋骨。以后好几个星期，他的手都处于包扎状态。

六月二十日，萨特出席了"开向越南的船"委员会举行的记者招待会。这个委员会已经成功地迈出了第一步：一艘叫做"光明岛"的船在比东岛靠岸，接收了一大批越南难民。现在的希望是在马来西亚、泰国难民营和西方国家过渡难民营之间建立一个空中桥梁，为此需要动员新闻界。记者招待会在吕特西亚旅馆的大厅举行。格鲁克斯曼陪同萨特参加，在会上，萨特和雷蒙·阿隆长时间来第一次握了手。福柯讲了话，接着是库克尼尔博士（他在"光明岛"船上工作），然后是萨特——他在阿隆讲话前不久就离开了。六月二十六日，他们一起去爱丽舍宫请吉斯卡尔增加对"船民"的援助，得到了一些空中楼阁式的承诺。萨特并不认为他和阿隆的会见有多么重要，有些记者却就此大做文章①。

那年的暑假又是一段美妙的时光。埃克斯的春天太迷人，迫我们八月里重游旧地。这次我们的房间在二楼，露台相通，居高临下，一直看到花园。我们常在露台上读书、聊天。有时，我陪几乎无法走路的萨特乘出租车去他喜欢的"米拉波"吃午饭。或者，在旅馆的花园里吃午饭；或者，西尔薇驾车带我们去一个喜欢的地方。时不时地，我们看到远处浓烟滚滚，那是森林中的大火。萨特住在这儿非常满意。西尔薇即将返回巴黎，她驾车送我们去马尔替格机场，我们在那儿乘飞机去罗马。这也让萨特很高兴。我们又住进了老房间，对面的圣彼得教堂通体灿白，宛如幽灵。我们恢复了往日宁静的生活习惯。萨特刚认识了一位在罗马落户的美国姑娘，常去看她。我和萨特一起去看艾丽丝·施瓦尔泽，还有克洛德·库奇——他和一个朋友卡特琳·里霍伊特住在这个城市。萨特神清气爽，心情愉悦，让库奇感到惊讶。他不很了解萨特，在他的想象里，萨特多少会因病情和失明而郁郁寡欢。然而，他面前是一个生气盎然的人。出现在公众场合时，萨特常给人一种难受的印象。雷蒙·阿隆在吕特西亚旅馆看见萨特之后，给克洛德·莫里亚克写信

---

① 记者们宣称这是一个政治上的和解，意味着萨特在立场上正开始接近右翼。这是大错特错的。

说:"我好像看到了一个死人。① "然而,萨特私下里旺盛的生命力让所有与之交谈的人惊讶。

他接受 M·A·马乔基的采访——后者在《欧洲》上发表了访谈记录,但萨特不很喜欢。

离开前不久,丽丽亚娜·西热尔从巴黎打电话给我们,告诉我们戈德曼被害的消息。我惊呆了。戈德曼向来勤勉地参加《现代》的例会,我对他最初的好感已经转变为深厚的情谊。我喜欢他冷嘲热讽式的智慧、他的快乐、他的热情。他充满活力,语出惊人,常逗人发笑;无论对友对敌,永远爱憎分明。毫无征兆地被袭击,这使他的死愈加耸人听闻。萨特也为之动容,不过,如今的他对一切事情都能泰然接受了。

回到巴黎后,萨特希望参加戈德曼的葬礼。克莱尔·埃切雷里用她的小汽车把我们送到太平间。我们没有进去,只是跟随柩车到了墓地的门口。那里人潮涌动,虽然大家认出了萨特,有礼貌地让路,开过去还是很费劲儿。有些地方汽车又过不去。埃切雷里留在车里,萨特和我艰难地在拥挤的人群中开出一条道来。萨特不多久就累了。我想让他坐在旁边一座墓上歇一下,这时有人拿来一把椅子。萨特坐了上去,我们歇了一会儿,一些不认识的人围着我们看了又看。幸好勒内·索雷尔看见了我们,她的汽车就停在旁边。我们请人转告克莱尔·埃切雷里我们走了,便上了勒内的车。

萨特恢复了他与维克多的工作。我有点儿担心这事。连续三天我都在问他:"你们的工作还顺利吧?"第一天,他说:"不好。我们一上午都在争论(这个或那个问题)……"第二天,他答道:"不好。我们的看法不一致。"第三天,他说:"我们开始相互理解

---

① 参见《不变的时代》第六卷,克洛德·莫里亚克著。

了。"我担心他作出太多的让步。我很想及时了解谈话，但负责录音后整理和打印的阿莱特工作干得很慢。萨特对我说，一切还毫无头绪。

十一月，他接受《晨报》卡特琳娜·克莱芒的采访，并和报社的编辑吃了一次午饭。十二月，他对贝尔纳·多尔谈到他对戏剧的看法，谈话发表在《戏剧作品》杂志上。他谈到他喜欢的剧作家，包括皮兰德娄、布莱希特和贝克特，还讲述了自己写剧本的历史。一九八〇年一月，他发表声明，抗议对安德烈·萨哈罗夫实行软禁，支持联合抵制莫斯科奥林匹克运动会。二月二十八日，他接受一家同性恋月刊《快乐的脚》的访问，他同卡特琳娜·克莱芒和贝尔纳·平高为即将出版的一期《弓》进行了一次谈话。

一九八〇年

二月四日，萨特在布鲁塞医院作了一个新的检查，结果显示他的健康状况没变好也没变糟。各色活动他乐而不疲，与年轻女子交往也让他忘却烦恼。尽管有种种不如意，活着对他来说仍是一件快乐的事。我记得一天上午，冬日的光辉侵入书房，浸在萨特的脸上，他狂喜地喊道："啊，太阳！"他、我和西尔薇，我们仨计划去"美丽岛"度复活节假，他经常一脸幸福地谈到这件事。他对自己的健康十分在意，仍然禁烟。就我所知，他酒也喝得很少。一起吃午饭时，他点了半瓶"夏布利干白"葡萄酒，喝得很慢，最后剩下了一半。

然而，三月初一个星期天的早上，阿莱特发现他躺在卧室的地毯上，醉得不省人事。后来我们得知，与他交往的女朋友不知深浅，给他带来一瓶瓶威士忌和伏特加。他把这些酒藏在柜子里或书后面。周六晚上——万姐离开后他唯一的一次独自一人过了一夜，他喝得烂醉。我和阿莱特拿走了藏匿于四处的酒瓶。我给他的女朋友打电话，请她们不要再拿酒来，又狠狠地批评了萨特。事实上，这次放纵没有引起直接的后果，表面上并未危及健康。但我担心将来会有隐患。更重要的是，我不理解他为什么对酒旧情复燃了，这跟他近来一向表现稳定的精神状况不相符。他避开我的问题,笑道:"您不是也爱喝酒,"他说。也许他不像以前那样能够忍受目前的境况了,所谓"日久成自然"①,不见得就是对的。时间不仅不会治愈创伤,相反,还可能使疼痛变本加厉。后来我想,尽管不怎么愿意承认,实际上萨特对和维克多的谈话不太满意,而这个谈话很快就要在《新观察家》上发表了。

这个谈话由萨特和贝尼·莱维(维克多的真名)联合署名,发表前一个星期我才知道这件事。我惊讶极了——这完全不是萨特在《斜线》中说的"复数的思想"。维克多不直接表达自己的任何见解,而是把所有观点都推到萨特身上,他本人则以披露事实的名义扮演代理人的角色。他的口气以及对萨特居高临下的姿态,让所有在发表前读过这段谈话的朋友愤愤不平。他们跟我一样震惊于这个让萨特"屈打成招"的谈话。事实上,相对于萨特最初认识的那个人,维克多早已今非昔比。他和其他许多以前的毛主义者一样转向了上帝——以色列的上帝,因为他是一个犹太人。他的世界观成了唯灵论的甚至是宗教性的东西。对他的转变,萨特十分不满。我记得有一天晚上,萨特和我、西尔薇一起说话时吐了苦水:"维克多希望所有的道德都起源于犹太教的《托拉》!我可完全不同意!"我已经说过,他和维克多争辩了好几天,人乏意倦,才作出让步。维克多非但没有帮助萨特丰富自己的思想,反而对他施压使之背弃初衷。他怎敢说焦虑对于萨特来说只是一种时尚(萨特可是一辈子都对时尚不以为然的)?他怎能大肆诋毁博爱的观念(这种观念在《辩证理性批判》中可是鲜明而坚实的)?我未向萨特掩饰我的失望程度。萨特有些惊讶:他本指望我能批评维克多几句,不料听到

---

① 《禁闭》:"我觉得日久成自然。"(盖尔辛)

的是势不两立的反对。我告诉他,《现代》全体成员的看法跟我都是一样的。但这话只是让他更加执着地尽快发表这个谈话。

奥利维埃·托德所谓的"拐骗老年人"的做法(托德本人甚至连拐骗死人也不曾退缩),应如何解释呢?

萨特一向选择在思想上不断地反对自己,但他这样做从不是为了避重就轻;维克多归于萨特的那种含含糊糊、软弱无力的哲学全然不是萨特风格[①]。萨特为什么会认可?从不接受任何影响的他竟能如此忍受维克多——萨特解释过原因。不过,这个原因还有待深究。萨特一向以着眼于未来的方式活着,要不然就活不下去。而现在,他不得不活在当下,便认为自己和死人也差不多了[②]。老迈年高、健康受到威胁、半失明的状态,这些都让他觉得前途未卜。于是,他求助于一个替身,那就是维克多,一个斗士、一个哲学家、一个萨特梦想实现、并竭力帮助其存在的"新知识分子"。怀疑维克多,就意味着放弃自己生命活灵活现的延续,而这种延续要比后人的盛赞更为重要。因此,尽管不无抵触,他还是选择了相信维克多。萨特还有思想,还在思考,但速度很慢。维克多却巧舌如簧,把萨特说得晕头转向,不容他静下心来下结论。最后,我认为最重要的是,萨特已经不能读书。一篇文章,如果未经眼睛解码,我是无法判断其价值的。萨特跟我一样。现在,他只能通过耳朵来处理文本。在一次谈话中他对孔塔说[③]:"问题在于,用眼看书的时候,会持续生成一种反思性的批评要素;而如果是别人高声读给您听,这种要素就若有若无了。"此外,维克多得到阿莱特的支持,而她对于萨特的哲学著作一窍不通,却对维克多新的思想倾向颇为青

---

① 这是雷蒙·阿隆在萨特死后与维克多在电视答辩中说的话。他说得很好。
② 如前所见,意气消沉的时候,他称自己是个"活死人"。
③ 《七十岁自画像》。

睐——他们一起学习希伯来文。在这样一个联盟前,萨特苦无退路,不能通过孤独而审慎的阅读拉开与他们的距离。在这种情况下,他顺从了。谈话发表后,当他得知所有的萨特支持者——或者广义上讲是他所有的朋友——都跟我一样震惊,感到十分意外和伤心。

三月十九日,星期三,我们和博斯特一起度过了一个愉快的夜晚,谁都没有提这件事。只是在上床睡觉前萨特问我:"上午有人在《现代》说到这个谈话吗?"我说没有——这是实情。他看来有点儿失望。他本希望能找到一些同盟呢!第二天上午九点,我去喊他起床——一般在这个时候进房间都会见他在睡觉,那天却坐在床边,气喘吁吁,几乎不能说话。早些时候阿莱特在这儿时,他发作过一次所谓的"吞气症",但为时极短。这一次却是从早晨五点一直持续下来,他连挪蹭到我的门口敲门的力气也没有了。我吓坏了,想打电话,不料电话已被切断——普依格没有支付电话费。我匆匆穿上衣服,到门房给住在附近的一位医生打了电话。医生很快赶来,他看了一下萨特就马上到隔壁房间打电话给急救服务站。五分钟后他们来了,为萨特放血、打针,治疗了将近一个小时。然后,他被放置在一个带轮子的担架上,推过长长的走廊。一个医生在他上方举着氧气袋供氧。他们把他推进电梯,一直送到一辆等候在门口的救护车上。大家还不知道应把他往哪家医院送,只好再去门房打电话,我趁机回他的房间梳洗一番。我想,既然已有人接手,他的病症应该很快就可以终止。我并未取消与迪恩和让·普庸一起吃午饭的约会。我动身去见他们,在关上房门的一刻,我绝未想到这扇门从此再也不会为我而开。

饭后,我还是坐出租车去了布鲁塞医院——当时我知道萨特住在那儿——我请普庸和我一起去,并在那儿等着我。我对他说:

"我有点儿怕。"萨特在重症监护室,呼吸正常,对我说他感觉很好。我没有待太久,因为萨特昏昏欲睡,我也不想让普庸久等。

第二天下午,医生告诉我说,萨特是肺水肿引起的高烧,很快就能退去。他住的病房宽敞明亮,萨特以为自己住在郊区。他发烧时说起胡话来。那天上午,他对阿莱特说:"小东西,您也死了。被火化时您的感觉怎么样?现在我们俩终于死了。[①]"他跟我说刚刚在巴黎附近的秘书(哪个秘书?)家吃了午饭。事实上,他以前从未称维克多或普依格为"秘书",而总是叫他们的名字。看到我惊讶的样子,他解释说,医生人很好,为他提供了一辆车以便接送。他经过的郊区妙不可言、令人愉快。我问:是不是在梦中看到的?他说不是,神情中带着愤怒,我没再坚持问下去。

后来的几天,他的烧退了,也不再说胡话。医生对我说,肺部供血不足导致动脉运行不畅,所以才有这次发作。现在,肺循环已经恢复。我们打算马上去"美丽岛",萨特十分开心,说:"是的,在那儿真好,可以忘掉所有眼前的事。"(他指的是跟维克多的谈话和后来的持续发酵。)医院规定萨特一次只能见一个人,上午阿莱特去,下午我去。我常在十点钟打电话问他昨晚睡得怎样,得到的回答总是"非常好"。他晚上睡眠极好,午饭后也会睡一会儿。我们谈些无关紧要的小事。我去看他时,他一般是坐在扶手椅上吃饭,其他时间都是躺着。他瘦了,看起来很虚弱,但情绪还好。他心里盼望出院,但身体异常疲倦,也就心甘情愿地忍受目前的境况。阿莱特大约六点钟回来,看着他吃晚饭。有时,她会离开一会儿,好让维克多进来。

[①] 阿莱特是犹太人。朗茨曼经常跟我们讲他关于纳粹灭绝犹太人的电影,由此谈到焚尸炉。我们也谈到福里逊的观点,他否认种族灭绝的存在。另外,萨特是希望死后被火化的。

不久，我去问乌塞医生，萨特什么时候可以出院。他嚅嚅嗫嗫地答道："我也说不准……他很虚弱，非常虚弱。"过了两三天，他说萨特必须要回到重症监护室去：病人只有在那儿才能二十四小时不间断地得到检查护理，避免任何意外的危险。萨特很不乐意。西尔薇来看他时，他好像在谈论一个度假旅馆似的对她说："这儿不好。幸好我们很快就要离开了。一想到要去那个小岛，我就高兴。"

去"美丽岛"的事，实际上已经没有任何可能，我退掉了已经预定好的房间。医生希望把萨特留在眼前以免病情复发。不过，萨特换了一间房，比第一间更加明亮宽敞。萨特对我说："这不错，现在我离家很近了。"他仍然糊里糊涂地以为自己在巴黎周边住院。他看起来越来越疲乏，开始长褥疮，膀胱功能也很糟糕。医生给他上了导尿管，下床时——其实已经很少下床了，后面要拖着一个装满尿的小塑料袋。我时不时离开他的房间，好让别的客人进来——博斯特或朗茨曼。这时，我便去候诊室坐着。在那儿，我无意中听到乌塞和另一个医生交谈时说到了"尿毒症"这个词。我明白了——萨特已经没有希望。我知道尿毒症常带来可怕的疼痛。我抽泣起来，扎到乌塞的怀里："请您答应我，别让他知道自己要死了，别让他焦虑，别让他有痛苦！"医生沉重地说："夫人，我答应您。"过了一会，我回到萨特的房间，他又把我喊了回去。在走廊里，他对我说："我希望您知道，我答应的事不是随便说说，我说到做到。"

后来医生对我说，他的肾因为没有供血，已经不能运作了。萨特仍能排尿，但无法排除毒素。要挽救肾，本来可以动一次手术，但萨特已无力承受，而且那样的话大脑里的血液循环也会受影响，导致大小便失禁。没有别的办法了，只能让他平静地死去。

以后的几天，他没有遭受很大的痛苦。他对我说："早上护士处理褥疮时，我有点儿不舒服。别的都好。""褥疮"看起来真可怕：一片片大红大紫的创面（幸好他看不见）。实际上，由于缺乏血液循环，坏疽已经侵蚀了他的肉体。

他睡得很多，但跟我说起话来仍然神志清晰。有时，人们会觉得他仍然希望痊愈。在最后的时日里，普庸来看他；萨特跟他要了一杯水，愉快地说："下次咱们一块儿喝酒，在我家，喝威士忌！①"但第二天他问我："葬礼的费用怎么办呢？"我当然竭力反对，把话岔到住院的花销上，向他保证社会保险机构会出这笔钱。然而，我明白他知道自己大限已到，并不为此而慌乱。他唯一的担忧就是最后这些年让他烦恼的事情：没有钱。他没再坚持，也没问我关于他健康的问题。第二天，他闭着眼握住我的手腕说："我非常爱您，我亲爱的海狸。"四月十四日，我来时他还睡着。醒来后，他没有睁眼，却对我说了几句话。然后，他把自己的嘴唇给我。我吻了他的嘴、他的脸颊。他又睡了。这样的话语和举动在他身上是极为少见的——显然，他已预见到死亡的来临。

几个月后，我日夜盼望的乌塞医生告诉我，萨特会问他一些问题："最后会怎么样？我身上会发生什么？"然而，让他担心的不是死亡，而是他的脑子。他当然已经预感到死之将至，但并不如何焦虑。乌塞说，他"忍了"；或者，就像乌塞自己纠正的那样，他"认了"。医生给的欣快药也许起了镇静作用，但更重要的是，除了半睡状态刚开始的时候，他总是隐忍以行，从容承受着发生的一切。他不愿意用自己的烦恼去烦别人。命运面前无计可施，任何抗争看起来都毫无意义。他对孔塔说过："就这样吧，我已无能为力。

---

① 乔治·米歇尔的话大体准确，但他认为这是萨特最后的话，却弄错了。

所以，也没什么好难过的。①"他仍然热爱生活，但死亡他也不陌生，即使活到八十岁也是这样。他平静地迎接死亡，一点儿也不大惊小怪；他对周围的友谊和感情心怀感激，对自己的过去感到满意："该做的，我都做了。"

乌塞跟我明确道：萨特经受的苦难不可能影响病况，但强烈的情感刺激却会随时造成灾难性的影响；不过，思虑和不快，如果能及时稀释，不会使万恶之源的脉管系统产生什么问题。他又说，脉管在不久的将来必定会越来越糟，最多两年，大脑就会受到严重侵蚀，到时候萨特将不再是萨特。

四月十五日（星期二）早晨，我像往常那样问萨特睡得好不好，护士答道："是的。但是……"我立刻赶了过去。他好像睡着了，但呼吸得很用力，显然已经处于昏迷状态。从前一天晚上到现在，他一直是这样。我守了几个小时，看着他。六点左右，我让位给阿莱特，要她一旦情况有变就打电话给我。九点钟，电话铃响了。她说："完了。"我和西尔薇来了。他看上去还是那个样子，但已不再呼吸。

西尔薇通知了朗茨曼、博斯特、普庸和豪斯特。他们立即赶来。医院允许我们在房间里待到第二天早晨五点。我让西尔薇去拿些威士忌，一边喝一边谈着萨特最后的时日、从前的往事，以及有待处理的后事。萨特常对我说，他不想葬在拉雪兹神父公墓他母亲和继父之间，他希望火化。

我们决定暂时将他葬在蒙巴纳斯公墓，再送到拉雪兹神父公墓火化。他的骨灰将放置在蒙巴纳斯公墓的一个永久性的坟墓中。我们守在他身边时，记者们已将医院小楼包围起来。博斯特和朗茨曼

---

① 《七十岁自画像》。

出去要求他们离开。记者藏了起来。不过,他们没能走进来。萨特住院期间,他们也尝试过拍他的照片。有两个记者还伪装成护士想混进房间,但被赶了出去。护士很有心地拉上窗帘、放下门帘,以保护我们的隐私。然而,还是有一张萨特睡觉时的照片被拍了下来,可能是从邻近的屋顶上偷拍的;这张照片发表在《竞赛》上。

有一刻,我要求留下来和萨特单独待一会儿;我想钻进被单,挨着他躺下。一位护士阻止了我:"不行。小心……有坏疽。"这时,我才明白所谓褥疮的真正性质。我在被单上躺下,小睡了一会儿。五点,护士们进来了。他们在萨特的遗体上又铺了一条被单和一块罩布,带他走了。

后半夜我是在朗茨曼家过的,周三也在他家。后来的几天,我在西尔薇家住,这使我免于电话和记者的骚扰。这天,我见到了从阿尔萨斯赶来的妹妹,还有一些朋友。我翻看报纸,还有纷至沓来的电报。朗茨曼、博斯特和西尔薇操办了一切事宜。葬礼先是定在周五,后来改为周六,以便更多的人参加。吉斯卡尔·德斯坦派人告知,他了解萨特不希望为自己举行国葬,但他愿意提供安葬费。我们拒绝了。他坚持要向萨特的遗体告别。

周五,我和博斯特一起吃午饭,想在安葬之前再看一眼萨特。我们来到医院的大厅。萨特已被放进了棺材,身上穿的是西尔薇买给他看歌剧的衣服,这是我住所里他唯一的一套衣服。西尔薇不愿意上他家找别的衣服。他神态安详,和所有死人一样;他面无表情,和大部分死人一样。

周六上午,我们重聚在医院大厅。萨特全身袒露在那儿,脸上没有遮盖,衣冠楚楚,面部僵硬而冰冷。在我的要求下,平高给他拍了几张照片。过了很长时间,有人用布单盖住萨特的脸,关上灵柩,带走了它。

我同西尔薇、妹妹和阿莱特进了柩车。一辆满载着各色花束和花圈的小汽车走在前面，还有一种迷你巴士，里面坐着上了年纪和不能走远路的朋友。一股巨大的人流跟在后面，大约五万，以年轻人为主。有人敲柩车的窗户——他们大多是一些拍照的人，把家伙事儿顶在窗玻璃上，希望抓拍到我。《现代》的朋友在灵车周围形成一面屏障，一些陌生人自发地手拉手筑起一道围墙。总的来说，一路上人们井然有序，群情激昂。朗茨曼说："这是一九六八年运动的最后一次游行。"而我什么也看不见。我吃了安定，多少有点儿麻木僵硬，一心想着千万别瘫倒。我对自己说，这正是萨特一心向往的葬礼，但他已经无从知晓了。我从柩车里出来时，灵柩已经安放在墓底。我要了把椅子，在坟坑边呆呆地坐着，脑中一片空白。我看到有人栖在墙上，有人栖在墓上，影影绰绰的一片。我站起来要回到车里去，只有十米远，但过于密集的人群让我觉得自己要闷死了。我与从墓地三三两两返回的朋友一起再次来到朗茨曼的家。我休息了一会。后来，因为不想彼此分开，我们一起去泽耶尔家独立的厅房吃了晚饭。当时的情况我都不记得了。我好像喝了很多酒，下楼梯几乎要人抬着。乔治·米歇尔把我送回住处。

以后的三天，我住在西尔薇家。周三上午，萨特在拉雪兹神父公墓火化，我心力交瘁，已然没法前往。我睡着了，而且——我说不清楚是怎么回事——从床上掉下来，在地毯上坐了很久。西尔薇和朗茨曼从火化场回来，发现我已满嘴胡话。他们把我送进医院。我得了肺炎，两周后痊愈。

萨特的骨灰移送到蒙巴纳斯公墓。每天都有一些不知名的手将几束鲜花放在他的墓上。

有一个问题，事实上我从未问过自己，但读者也许会问：死亡迫近时，是否应该向萨特预告一下？住院期间，他极其虚弱，没精打采，我当时一心考虑的就是对他隐瞒病情的严重性。但在那之前呢？过去，他总对我说，如果得了癌症或是其他什么不治之症，他都希望"知情"。不过，他的情况是模棱两可的。他"处于危险之中"，但他会像自己希望的那样挺到十年之后，或者，一切都将在一两年内完结？没有人知道。任何预设都无从谈起，他也没有可能更好地照顾自己。他热爱生活。承受失明和极度虚弱的状态，已经让他不堪负荷。确切地意识到威胁已经迫在眉睫，这只会给他最后的岁月罩上一层无谓的阴影。毕竟，我也和他一样，在害怕和希望之间摇摆。我的沉默没有把我们分开。

他的死却把我们分开了。我死了，我们也不会重聚。事情就是这样。我们曾经在一起融洽地生活了很久，这已经很美好了。

与让-保罗·萨特的谈话
一九七四年八月至九月

谈话前言

一九七四年,夏天在罗马,初秋在巴黎,我们进行了这些谈话。有时萨特太累了,回答得不好,有时我缺乏灵感,问题没有提到点子上——因此,我删除了那些看起来毫无意义的对话。剩下的部分,我按照主题整理出来,同时也大致保留了时间上的次序。我想为这些会话赋予一种可读的形式。众所周知,录音机记下来的话语和一板一眼写出来的文本之间是相去甚远的。然而,我并不企图将它们按照文学模式书写出来,而希望保留原始的自发性。在对话中,会有缺乏条理、拖泥带水、老调重弹和自相矛盾的地方——那是因为我怕歪曲萨特的原意,或让意义微妙之处消失殆尽。关于萨特,这些对话中没有任何让人始料不及的爆料,但大家可以从中找到萨特百转千回的思想历程,听到他活灵活现的声音。

西蒙娜·德·波伏瓦：您同热拉西和另外一些人谈过很多政治。咱们从文学和哲学角度谈谈您的著作吧。

让-保罗·萨特：好，那就谈吧。

波伏瓦：这个问题，您觉得有什么可说的吗？您感兴趣吗？

萨特：是的。准确地说不感兴趣，现在没有什么能让我感兴趣了。不过，这个问题曾经让我感兴趣好多年，所以愿意谈谈。

波伏瓦：为什么现在对任何事情都不感兴趣了？

萨特：不知道。事情过去了。我试着寻找一些可说的事情。现在再也找不到了，但我以后会找到的。

波伏瓦：有一个问题想问，很多人也在疑惑，因为您还没有回答过：您在《词语》中很好地解释了阅读和写作对您意味着什么，还有您在十一岁时是如何具有我们可以称之为"作家天职"的意识的。您命中注定是为文学而生。这能解释您为什么想写作，但完全不能解释您为什么写了"那些"您已写下的东西。我想请您就此说点儿什么：在您已经定型了的十一岁至二十岁之间发生了什么？您怎样看待您的文学作品和哲学著作之间的关系？我刚认识您时，您说您想同时成为斯宾诺莎和司汤达。这是个美丽的设想。就从我们刚认识时您正写的那些东西谈起吧。为什么要写它们？是怎么发生的？

萨特：我在十一二岁的时候写了一些歌颂英雄的书，其中有一本叫《格茨·冯·伯利欣根》，结果它成了《魔鬼与上帝》的前身。格茨是个出色的英雄。他打起仗来令人闻风丧胆，同时又一心向善。后来，我在《全民读本》中看到了一个结局。里面有一个中世纪的德国人，我不知道是不是格茨。总之，大家想处死他，就把他放到塔楼的大钟上。人们在钟盘十二点的位置上由里及表挖了一个洞，把他的头塞进洞里，表针从十一点半走到一点半，就把他的头割掉了……

波伏瓦：有点儿像埃德加·爱伦·坡的风格。

萨特：这是一个定时砍头的刑罚。事实上，它让我很震惊。您看，我还在做我已经做了很久的事：复制。

波伏瓦：您的复制持续了多久？您是什么时候开始把文学当成自我表达方式的？

萨特：很晚。直到十四五岁，我都在复制——就算不是复制，至少是在挪移小报上的旧闻和探险故事。到了巴黎，我才改变了立场。我想我是在拉罗谢尔读四年级[①]时写的最后一部长篇小说，也是关于这个格茨的。后来读三年级、二年级时，就写得不多了。到了一年级，我来到巴黎，便开始写一些较为严肃的东西了。

波伏瓦：您或多或少复制的那些故事，还是包含了一个选择标准的。就像帕尔达扬，您一直喜欢探险故事和英雄故事，直到十四岁……

萨特：是的。一个比别人都壮的人，大块头儿，与我自己有点

[①] 指初中第三年。下文的三年级为初中第四年，二年级为高中第一年，一年级为高中第二年。——译注

儿相反的那种，挥剑就能杀贼、救国、救少女。就是这样的英雄主义。

波伏瓦：可以说，您在《词语》中描述的过程一直持续到十四岁：写着玩儿，并不是真正的写作。为什么到巴黎后您与写作的关系就改变了呢？

萨特：嗯，这个嘛，和其他人的文学作品有关系。在拉罗谢尔，我看的仍然是游侠小说——著名的有《罗康博尔》和《方托马斯》、探险小说，以及所有小资产阶级看的那种文学作品，比如克洛德·法雷尔。作家写旅行，写轮船，有情感，有爱情，有暴力——就是那种他们也会加以指责的小暴力。另外，他们还会表现殖民地的没落。

波伏瓦：来巴黎后读的东西变了吗？

萨特：是的。

波伏瓦：为什么？受了哪些影响呢？

萨特：受周围一些男生的影响，有几位是和我一班的，包括画家格吕贝尔的兄弟尼赞。我也不知道尼赞后来怎么样了，那是个很聪明的男孩，读很多有价值的书。

波伏瓦：那时，您开始读些什么东西？

萨特：那时，大家开始读严肃的作品。比如格吕贝尔，他读普鲁斯特，我在一年级时知道了普鲁斯特，十分欢喜。

波伏瓦：啊！您就马上开始啃读了。

萨特：是的，马上。还有一个转变，就是我同时对古典文学产生了兴趣。这门课是乔金先生教的，他人好、和善，非常聪明。他常对我们说：这个问题、这个难点，你们自己搞定。于是我们开始读书。我总去圣热纳维埃夫图书馆，拼全力读古典文学。我非常自豪。那时，我就想进入文学圈，不是以作家的身份，而是作为一个文化人。

波伏瓦：就是说，您是通过老师和同学进入文化领域的。那时除了普鲁斯特，您还对哪些作家感兴趣？

萨特：嗯，比如说康拉德，在一年级和哲学班时，尤其是哲学班时代。

波伏瓦：您读纪德吗？

萨特：读了一点儿，但兴趣不大。我们读了《地粮》，我觉得有点儿沉闷。

波伏瓦：您读季罗杜吗？

萨特：是的，读了很多。尼赞非常崇拜他，甚至写了一篇完全是季罗杜风格的小说，我自己也有一篇小说受到季罗杜启发。

波伏瓦：《无题杂志》上的那篇？

萨特：不是那篇。《无题杂志》上的那篇叫做《猫头鹰耶稣》。

波伏瓦：对，还有一篇《病态天使》，不过是您后来写的。

萨特：是的，在高师的文科预备班二年级时写的，也就是说，十七岁左右。

波伏瓦：读一年级和哲学班时，您写过什么呢？

萨特：没留下什么太清晰的文字。比如，我记得一个奇怪的东西：一个男人住在六楼。我的外公外婆不住六楼，他们住四楼，但因为六楼是顶层，我就对它很着迷。他们住四楼，但他们以前是住六楼的。总之这是对时间的回忆，那时我住在勒高夫大街六楼，邻居家有个小女孩儿我蛮喜欢。

波伏瓦：您在《词语》中说过，您一直喜欢"居高临下"……这个男人怎样了？

萨特：哦，他发现自己是一个法老。为什么呢？我也很难解释。

波伏瓦：是转世吗？

萨特：他是个法老，他就在那儿，和一个年轻的女子说有关哲学的事，其实都是我的想法。那是上一年级或者是哲学班初期的事。

波伏瓦：就是说，您那时想方设法干的事情里已经包含哲学内容了？

萨特：是的，我不知道为什么。好吧，这个以后再说。您看，这有点儿像十九世纪末的事：到处都能放点儿哲学，即使布尔热笔下的叙事中也有哲学，为的是证明这个或那个。有点儿类似。

波伏瓦：这是主题文学。

萨特：这个主题是即兴创作的。

波伏瓦：不过，说到底，您竭力表达的东西与其说是对这个世界的体验和感觉，不如说是您的想法，对吗？

萨特：是我的想法，但一定也包含了某种对世界的体验——不是我的体验，而是一种仿造的、虚构的体验。不久以后，我写了一个年轻英雄和他妹妹的故事，简单讲，他们带着小资产阶级的体验飞升到诸神所在之处。这种体验对我的个人体验来说是有价值的，却跟我的体验毫无关系，因为他们是两个希腊小孩儿。

波伏瓦：《亚美尼亚人艾尔》里不是有一位姑娘吗？

萨特：是的，但大家不怎么谈论她。她是给年轻的英雄递话头的。

波伏瓦：确切讲，这个故事讲的是什么？不是一个关于审判灵魂的故事吗？那个亚美尼亚人不是一位灵魂的判官吗？

萨特：不是。亚美尼亚人是被审判的。有一场和巨人的大战，奥塔与巨人泰坦的大战。

波伏瓦：但它是在《猫头鹰耶稣》和《病态天使》之后写的。

萨特：啊，是的。《猫头鹰耶稣》比《病态天使》写得早，应该是在一年级或哲学班时写的。

波伏瓦：可以谈谈为什么写它吗？它对您意味着什么？《猫头鹰耶稣》写的是一个外省小教师的生活，对吧？

萨特：对。但那是一个学生看到的生活。小说的主人公确有其人，是拉罗谢尔中学的一位老师，我去他家做过客。我想象他葬礼的场面。其实那年他真的死了。学生没有参加他的葬礼，但在我的故事里他们参加了。我想象他的葬礼，大概是因为我参加了，不过没有任何特别的事情发生。在我的故事里，学生在葬礼进行中不间断地起哄。

波伏瓦：是什么促使您写这个故事的？是不是因为，尽管起这位老师的哄，但您在他身上预见了自己的宿命？或者仅仅是别的什么原因，您对他感兴趣？

萨特：需要特别研究的是，我怎样从游侠小说过渡到写实小说的：主人公是个平庸的小人物。但我仍然保留了正面英雄的传统，将它赋予那个男孩儿——他没有什么惊世骇俗的作为，却被处理成一个具有批判性的、聪明而积极的历史见证人。

波伏瓦：这是一个有趣的话题。从模仿英雄故事到创造写实的故事，您经历了怎样的过渡呢？

萨特：那不是创造，因为，历史本来就是那样发生的。我创造的是细节。

波伏瓦：但您并没有把历史复制在书里。您是怎样完成过渡的？

萨特：我想，尽管在探险文学中投入了大量精力，但我知道那只是初级阶段，还有另一种文学。我知道这一点，是因为在外公家我读过另外一些书。《悲惨世界》里有英雄的一面，但那毕竟不是英雄小说。我读了法朗士的小说，读了《包法利夫人》，于是我知道文学并不总是包含探险的因素，我应该进入现实主义。从游侠故事过渡到现实主义，也就是讲那些我能见到的人的故事。不过，故事里还是得有扣人心弦的东西。我本不该构思某些讲述一个实际上什么都没有发生的时代的书。总得有英雄分量足的大事件。在这个故事中，让我动容的是他的死亡。别忘了，事情就是这么发生的。他在这一年中死去，一个新老师被指派过来，一个完全不同的人。他是个刚从战争中返回的小伙子，挺不错的。四年级以后……

波伏瓦：《猫头鹰耶稣》，您在四年级时就知道了，但后来才把小说写出来。写这篇小说时，您读过普鲁斯特吗？

萨特：开始读了。

波伏瓦：我的意思是，是不是普鲁斯特启发您写这种日常故事的？

萨特：不是普鲁斯特。我想真正的原因在于我有一个特别棒的老师，而且还有各种各样写日常生活的小说，这让我觉得那是很自然的。我知道有这样的小说。

波伏瓦：就是这样。您读到了一种更写实、更有价值的文学，这是您以前不了解的，而这促使您写作，您自己也……

萨特：我以前也了解这种文学。比如说，我知道《包法利夫人》，在我看来，它只能算是现实主义的。我很年轻时就读过《包法利夫人》，我看到它确实不是游侠小说，我知道有人在写与我梦想书写的东西不同的书，于是我就照这样子写。就这样，一年级的时候，我开始写《猫头鹰耶稣》，我认为它是现实主义的，因为说到底，我讲的是我的一个老师的故事，只是改变了细节。

波伏瓦：大概您有点儿厌倦了游侠小说。游侠小说是有点儿孩子气的东西。

萨特：啊，我一直很喜欢它。

波伏瓦：还有《病态天使》，它是后来写的?

萨特：《病态天使》是后来写的。是的，因为那时候尼赞和我遇到了一个奇怪的小伙子，他的名字叫弗拉瓦尔。在读文科预备班二年级的时候，他想成为作家，但着眼的都是物质的东西。他尤其希望办一种杂志。

波伏瓦：他就是创办《无题杂志》的那个人吧?

萨特：是的。后来我们就在《无题杂志》上发表文章。

波伏瓦：您的《猫头鹰耶稣》就是在《无题杂志》上发表的。

萨特：是的，《猫头鹰耶稣》。不光这个，《病态天使》也是。

波伏瓦：这对您来说意味着什么呢?

萨特：意味着现实主义。故事发生在阿尔萨斯的一个我认识的地方。不远处有一座山中疗养院，我常从那儿经过。有一个布满松树的山坡，对面的远处可以看到一些房子。疗养院就在那儿。我把一个小说人物放进这个疗养院，我想他是一个年轻教师，生了病。关于他的描述完全是荒诞不经的，都是编的。我往故事里加了点儿嘲讽，无意之中也放进了我自己的某些东西。

波伏瓦：比如说，是什么呢? 这个故事讲的是他吻了一个有结核病的女孩儿，对吧? 他的目的是自己也染上这种病，对吧?

萨特：我想他跟她上过床。他有病。但她的病处于发作期，情况远比他的严重。故事发生在疗养院，她与他度过了一个不愉快的夜晚，后来回到自己的房间。他们没有发生关系，因为她咳嗽得太厉害了。这个结局，我觉得不太好……

波伏瓦：您为什么会有关于"病态"的想法? 我不知道他是不是吞了她的痰液，反正挺过分的。他就是想让自己生病。

萨特：他是有病。

波伏瓦：对。可为什么是"病态"？当时是什么促使您讲一些关于病态的故事？

萨特：病态，是因为这是两个睡在一起的肺结核病人。我可是健康得很。所以，肺结核方面的事儿，我不了解，性方面的事儿，我也不了解。其实就是玩弄概念。我想我本该随心所欲地写一些恐怖故事。那时候，我写的不是恐怖故事，但小说人物却被恐怖笼罩着，我已经不太知道是为什么了：是他夜里会做噩梦吗？

波伏瓦：得重读一下那篇小说。

萨特：要知道，在某种程度上，我描写的仍然是我自己所处的环境。那不是什么古里古怪的环境。

波伏瓦：发表在《无题杂志》上的另外一些故事也属于现实主义吗？

萨特：是的。我的第一篇小说《失败》没有出版，它也是现实主义的。不过，那是一种有点儿古怪的现实主义。这是个尼采和瓦格纳的故事，我的角色是尼采，一个平淡无味的人物代表瓦格纳。还有科西玛·瓦格纳。

波伏瓦：不能说这就是现实主义啊！

萨特：的确不能，不过也可以说是。因为瓦格纳在巴黎当老师，也是出色的作家。而我在高师。所以说算是现实主义。

波伏瓦：对，您拟了一个浪漫的提纲，却用现实主义的方式处理它。不过，您写弗里德里希，是在《亚美尼亚人艾尔》之前还是之后？

萨特：之前。我其实没写完。尼赞把那篇东西给了伽利玛，结果被拒稿了。

波伏瓦：是不是您认识卡米耶的时候？科西玛·瓦格纳的灵感就来自卡米耶吧？

萨特：是的，我是上高师第一年认识卡米耶的。那年，我姨妈的女儿死了，我去参加葬礼，在葬礼上认识了卡米耶。

波伏瓦：就是说，有您，然后有一个灵感来自瓦格纳的作家，还有科西玛，她的灵感来自给您读过的有关科西玛·瓦格纳的著作，而且因为您本人认识卡米耶。

萨特：对。当时我在读安德勒关于尼采的著作。

波伏瓦：也就是说，您在努力将现实主义和某种探险故事糅合在一起……

萨特：是的，某种探险故事。主人公爱上了科西玛，科西玛爱的是瓦格纳，而且和瓦格纳关系甚密……这是从游侠小说向现实主义小说转变过程中残留的遗迹。

波伏瓦：后来有了《亚美尼亚人艾尔》，甚至《真理的传说》都有点儿朝着这个方向走。这是向希腊神话的过渡，风格相当浮夸。这种过渡是怎么发生的呢？您浸淫已久的希腊和拉丁文化对您的影响显著吗？

萨特：肯定是。我深受影响。我想，我将古代看作一个神话宝库。

波伏瓦：您曾经对希腊人和拉丁人非常着迷吧？

萨特：对，从六年级以来一直是这样。埃及、希腊和罗马。我记得，六年级和五年级就已经学古代史了。我读了一些书，尤其是杜吕伊的罗马历史，里面多的是轶闻趣事。

波伏瓦：这里有英雄的一面……和游侠小说也有一定的联系。然而，尼赞已经有了一种风格，甚至，他在《无题杂志》上已经由于季罗杜的影响而表现出一种非常现代的风格；您却相反，在《恶心》问世之前，您一直保持着古典、甚至是有点儿浮夸的风格，怎么会这样呢？您说您喜欢普鲁斯特和季罗杜，而您当时写下的文字却没有他们的味道。

萨特：是这样的。因为我是从外省来的，我在外省了解到十九世纪所有的资产阶级文学，比如克洛德·法雷尔。这些作家风格浮夸，一板一眼，迂腐得很。当时尼赞在巴黎。巴黎的中学比拉罗谢尔的中学先进得多。我们并非生活在同一个圈子里。我活在十九世纪，而尼赞活在二十世纪，尽管他不完全能认识到这一点。

波伏瓦：但您到巴黎后也读了同样的书，而且您又和尼赞是好朋友——这些大家都看在眼里，对您没有影响吗？

萨特：的确有影响。甚至可以说产生了一个危机。一个内心的危机。嗯，不算严重，但毕竟……

波伏瓦：那还是有影响的了。

萨特：是的。对于一个读克洛德·法雷尔的人来说，读普鲁斯特是有点儿复杂的。我不得不改变我的视野，改变我和别人的关系。

波伏瓦：和别人的关系还是和词语的关系？

萨特：既跟词语也跟别人。我认识到，你多少要和别人拉开距离，要在与别人的关系上不时地保持主动，有时又要被动。这是很重要的。我试着把握什么是真实的圈子——人与人的关系要真实，也就是说，既要回应、又要忍受的关系，这是我当时不了解的。

波伏瓦：请更清楚地解释一下，什么是人与人之间既要行动、又要忍受的真实关系……

萨特：人就是这样，他们行动，他们忍受。但是，有些人忍受，也有些人行动。

波伏瓦：向您揭示这一切的，为什么会是巴黎？

萨特：因为当时我是个寄宿生，这很重要。尼赞也是个寄宿生。所以，我们就得和别人发生关系，就得和学生发生关系，也就是寄宿生和寄宿生之间的关系。寄宿生之间总是特别难处的。

波伏瓦：确切讲是为什么呢？

萨特：因为有宿舍，宿舍就是一个完整的世界。您还记得吗？福楼拜住宿舍的时候，一心想的是浪漫派文学。他在宿舍里读浪漫派文学。宿舍，是一个世界。

波伏瓦：我不明白的是，您在拉罗谢尔就已经知道人是在行动、在忍受的，不是吗？您与同学的关系不就是这样？请进一步解释一下，从拉罗谢尔到巴黎，这种转变是怎么发生的。

萨特：好吧！我并不了解做寄宿生是怎么回事。人家告诉我寄宿生活有种种不好，连外公和父母都说：不，你不会当寄宿生的，离家太远，你会被老师、被校长虐待。但我不能每天晚上都睡在外公家。每周我在外公家睡一天，就是周日，其他时间我得找个地儿待着，就这样成了寄宿生，再自然不过了。我在亨利四世中学寄宿，外公想办法让他们录取了我。在那里，我和别人的关系发生了改变。想想看，星期日我还要去教堂唱弥撒歌。

波伏瓦：真的吗？我过去都不知道。您为什么去教堂唱弥撒歌？

萨特：因为我喜欢唱歌。他们在召集一些人组成一个弥撒唱诗班。亨利四世中学的小教堂还有管风琴演奏。

波伏瓦：真好玩。不过，您唱弥撒歌、住宿舍，这怎么能解释您在文学上的转变呢？

萨特：我没说这能解释我的转变。我的意思是，我的生活进了另一个圈子。一连六天我都睡在学校，待在学校不出门，晚上也是一样，寄宿生时代的关系就是这么古怪。然后是周日，我去外公家，那里是一个和我父母家完全不同的世界，因为我外公是老师。我又见到了他的书房。我活在另一个世界中。应该说，是一个与大学有关的世界,因为我在准备教师资格考试,想进高师。

波伏瓦:当时,哪些同学对您而言最重要呢?当然,首先肯定是尼赞,还有您跟我说过的那个格吕贝尔……

萨特:格吕贝尔不重要,我们只有礼貌性的交情。有夏德尔,尼赞的朋友,他也成了我的朋友。我们都看不起他,但他谈到我们三个人的关系,谈到三个火枪手——这是我们平时不用只留给他的神话。还有一个人,他后来当了产科大夫,一个很好很和善的人。

波伏瓦:当时您的成绩好吗?

萨特:我一年级时得了奖学金,在哲学班也许也得了,记不清楚了。

波伏瓦:您为什么最终选择了哲学?因为您也非常喜爱文学。

萨特:因为我听哲学屁屁的哲学课时——他是我的老师,名字叫夏布里埃,但我们给他起外号叫哲学屁屁——哲学对我来说就是对世界的认识。所有的科学都属于哲学。通过方法论,我们了解怎样建设一门科学。在我看来,一旦一个人懂得怎样建设数学或者别的自然科学,这就意味着他理解了全部的自然科学和数学。所以,我认为如果我专门研究哲学,就将会学到我应在文学中谈到的整个世界。可以说,哲学给了我内容。

波伏瓦:要归因于您当时怎样看待文学的,对吧?您说:"我应在文学中谈到整个世界"——您认为作家应该呈现这个世界吗?

萨特:我想这个想法是在和男生的交谈中萌生的。也许第一个想到的是尼赞,我不知道。不管怎么说,我当时认为小说应该实事求是地呈现这个世界,不光是人们居住的世界,也包括文学和批评的世界。我不太喜欢阿尔丰斯·都德,但他让我惊讶,因为他写了一篇关于院士的小说,也就是说,他选取了一个行业——如果能称之为行业的话,为之写了一整篇小说,还给出了院士们的名字。

波伏瓦：您不认为文学应该谈论您自己吗？

萨特：啊！完全不。完全不。因为，我跟您说，我是从游侠小说出道的。后来我不再想游侠小说，但某种东西还在。《自由之路》里就仍有游侠小说的味道。

波伏瓦：是的。但《恶心》里就完全没有。

萨特：《恶心》里完全没有。

波伏瓦：《墙》里也没有。就是说，您搞哲学，是因为这门学科能让您什么都知道，能让您以为自己什么都知道，一切学科尽在掌握之中。

萨特：对。一个作家必须是一个哲学家。自从我认识到哲学是什么，作家必懂哲学这件事就显得理所当然了。

波伏瓦：是的。那为什么一定要写作呢？

萨特：在我所处的那个时代，展现个人的文学是不受器重的，至少资产阶级和小资产阶级读者——包括我外公和我周围的人——是这样看的。所以，人们就不写私人的事情。

波伏瓦：但是当您开始喜欢普鲁斯特时，他写的正是那种私人的事情，讲他怎样睡觉、怎样睡不着。当然，书中也有世界，但总之……

萨特：是的，我最初喜欢普鲁斯特主要是因为他创造的世界。事情是一点儿一点儿来的。后来，我也认为文学是为了写私人的事情。但不应忘记，自从开始研究哲学、开始写作，我就认为文学的目标是写一本书，以便向读者展示他从前没想过的事情。这在很长一段时间里都是我的理念：我要展现一个世界，不是那些人人可见之物，而是那些我见而未识、却能揭示这个世界的东西。

波伏瓦：为什么您觉得自己能够向别人展示世界呢？您内心深处感受到的自己是怎样的呢？极聪明？极有天赋？命中注定？

萨特：极聪明，当然是。虽然我遇到过一些难题，比如说数学成绩就挺糟糕的，我想，自然科学都不行吧。但我相信自己非常聪明。我认为自己并没有特殊才能。我想，风格、有待言说的话，会自动落在一个喜欢观察世界的聪明人头上。换句话说，有一整套理论栖居在我身上——我们还要回到这上面来——这样说来，我是一个精灵[1]，然而这套理论和我的写作方式及思考写作的方式完全背道而驰。我想，在某种意义上，我是一个写书的人；如果这个人能写得再好一点儿，就会抓住一些东西，成为一个好作家，最重要的是，揭示世间的真理。

波伏瓦：揭示世间真理的想法是很有意思的。但它产生于您身上所谓"理念"、"理论"的东西。即使在很年轻的时候，您看待事物已经有了自己独特的视角了。

萨特：是这样的，我看待事物有属于自己的、尽其所值的独特视角。我十六岁时就有了这些视角。那是一年级和哲学班时代，那些年我发明了一大堆观念。

波伏瓦：对，这些观念需要以一种文学形式来传递。必须创造一个美丽的载体，一本书，但它同时又揭示了您心中的那些观念——总之，就是世间的真理。

萨特：这个真理，我当时尚未得窥全豹，还差得远。我完全不知道它。但我渐渐地学习它。而比起看这个世界，遣词造句更能让我习得真理。通过遣词造句，我掌握了物之本尊。

波伏瓦：怎么会这样呢？这太重要了。

萨特：嗯！我不知道怎么会这样。但我知道，遣词造句是会产生结果的。您将词与词组装起来，就会产生一个提供真理的词语集

---

[1] 从词源上讲，"理论"（théorie）的本义为"神明（théo）可寄之地（rie）"；神明附身者，可称为"精灵"（génie），故有此说。——译注

合体。

波伏瓦：我还不怎么明白。

萨特：文学的意义在于把词语组合起来，我还没在意语法之类的东西。通过想象完成组装，是想象创造了词语，比如说……"逆日"（à rebrousse-soleil）。在这些词语集合体中，有些东西是真实的。

波伏瓦：这几乎是超现实主义了。我们组装词语，然后这些词语通过某种无以名之的魔法一下子揭示了世界？

萨特：是的，就是这样的。的确有一种无以名之的魔法，因为我不知道是什么魔法。这是一种对语言的信任。

波伏瓦：但您毕竟没有盲目写作，没有把一个字一个字随意抛出来？

萨特：当然没有。

波伏瓦：相反，您的行文是很考究、很下功夫的。那么，应该认识到这种文学和哲学之间的关系。

萨特：尤其当文学中含有哲学的时候。比如说，在读一年级、文科预备班二年级，或者在哲学班时，我发现了超现实主义者。

波伏瓦：您感兴趣吗？

萨特：是的，有一点。很奇怪，我受的是非常古典的教育，却碰上了超现实主义。当时，我愿意对超现实主义产生兴趣，因为尼赞对它感兴趣，慢慢地我也越来越感兴趣了。在巴黎高师，它已经成为主流。不过，超现实主义的倡导者比我也大不了多少。我读巴黎高师时是十八岁。他们二十五岁左右。年龄上差得不多。我们读《无玷始胎》，读艾吕雅和布勒东。我记得这对我来说很重要，因为我做了一些超现实主义风格的练习。而且，我试图模仿《无玷始胎》里的诗作。当时，我甚至开始思考疯人，可以说，和超现实主义者没什么两样。

波伏瓦：我还是想更透彻地理解哲学和文学是如何衔接的。《亚美尼亚人艾尔》里有哲学内容，有某种您想表达的信息。

萨特：是的，但我并没有把它想象成一种信息。我向读者揭示世间的真理。作为一部作品的内在品质，美是我完全不在乎的事情之一。我毫不关心美丽与否。我的书能带来最大数量的新知识，这才是特别重要的事情。

波伏瓦：您能掌握可传递给他人的真理，这种自信是从哪里来的呢？

萨特：不是掌握真理，是找到真理。我必须在这个世界上找到真理，但我确定能够找到它们。

波伏瓦："偶然性"——您的第一个重要理念，总是以这种或那种形式呈现出来；它是从何而来的呢？

萨特：这个理念的最初灵感，应该是在"米迪栓"笔记本里。

波伏瓦：说说这本笔记吧。

萨特：我是在地铁里发现它的。当时我在读文科预备班，这是我的第一本哲学笔记，上面写下了我的所思所想。

波伏瓦：您发现这本笔记时，上面没有字吗？

萨特：没有，当时我在地铁上。我看见座位上有一个东西，就凑过去，发现是一个笔记本，完全是空白的。这个笔记本是由米迪实验室发给医生使用的，一个小册子。这样，如果我有一个思想由A开头，就把它记下来。奇怪的是，最初的思想是关于"偶然性"的。我开始想到它是由于一部电影。我看的电影里找不到偶然性，而一走出电影院，便发现了偶然性。因此，是电影的必然性使我在走出影院后感到大街上没有必然性。人们走来走去，他们都是张三李四……

169

波伏瓦：这个对比对您而言的重要分量是怎样获得的呢？为什么关于偶然性的事实如此打动您，以至于您真的想把它处理成……我记得我们初见面时，您对我说，您想把它写成类似于天命之于希腊人的东西。您希望它成为世界的核心维度之一。

萨特：是这样的，因为我认为它被忽视了。而我却看到它无处不在。比如说，如果我们将马克思主义思想推到极致，就会发现一个必然世界。没有偶然因素，只有决定论、辩证法；没有偶然性事实。

波伏瓦：偶然性使您非常激动吗？

萨特：是的。我想，我之所以能在电影院和出电影院上街之间发现了偶然性，是因为我生来就是为了发现它的。

波伏瓦：您在"米迪栓"笔记本里关于偶然性写了些什么？

萨特：偶然性是存在的，就像人们在相映成趣的两种状态——先在没有偶然性的电影院，后来离开电影院走上了只有偶然性的街道——之间看到的那样。

波伏瓦：您写了一首关于偶然性的歌。

萨特：是的，我写了一首关于偶然性的歌。

波伏瓦：那是在几岁？

萨特：在高师三年级时，头几句是："我带来遗忘，我带来烦恼。"

波伏瓦：是的。这是存在的乏味无聊的一面，就像您后来在《恶心》里说的那样。您有没有跟您的朋友——比如说尼赞——谈到您关于偶然性的理论呢？

萨特：他们不感兴趣。

波伏瓦：不感兴趣，为什么？

萨特：这引不起他们的兴趣。

波伏瓦：是因为您还没有给它一个足以吸引人的形式吗？

萨特：可能吧。我不知道。您知道，巴黎高师的人都不怎么在乎别人的意见，他们都在寻找自己的意见，都在努力地自己搞定一切。尼赞很快从法西斯主义者变成了共产主义者。那个时候，他没有时间思考偶然性的问题。

波伏瓦：是的，当然。您什么时候认识盖耶①的呢？我是希望了解在知识上的影响。

萨特：是上高师一年级的时候。不过在那之前我们就认识。他和我一起上文科预备班，在路易大帝中学。

波伏瓦：您和盖耶、和尼赞之间的友谊有什么区别吗？当时盖耶是否对您有影响？您怎么会成为他的朋友的？

萨特：为什么我、马厄和盖耶组成一个小圈子？这个小圈子跟尼赞和我组成的小圈子大相径庭；我也不知道怎么跟您解释这个。

波伏瓦：马厄是好理解的，他也是个哲学家。盖耶呢？他可不是哲学家。当时，比起哲学，您更喜欢文学吧？

萨特：他不怎么谈论文学。

波伏瓦：你们谈论普鲁斯特吗？

萨特：我们当然谈普鲁斯特，但也会谈论生活中的事情。早上发生了什么事儿啦，他爸爸跟他说什么啦。就像是娘们儿之间的私房话一样，不过充满了营养。

波伏瓦：这么早？

萨特：别忘了，那时我们经常出入"皮埃尔"。

波伏瓦：你们在高师的时候就经常出入"皮埃尔"了？您有那么多钱吗？

---

① 在我的《回忆录》中，我给盖耶起了个外号叫帕尼耶，经常会写到他。

萨特：我在读四年级时已经继承了一小笔钱。

波伏瓦：啊，对！没错。您有没有给盖耶看过您写的一些东西？

萨特：是的，尤其是认识莫莱尔夫人①以后，大家就经常把作品给他看。我记得在他家引发过一次哄堂大笑，还有莫莱尔夫人……是关于"逆日"的。

波伏瓦：这个是后来的事，因为那时您已经认识我了。您还写了一首诗："感化于堇菜的牺牲/巨大的钢镜给眼睛留下/一股淡紫色的回味。"这句话是写淡紫色天空的，他们却没少嘲笑您。不过，他们对《恶心》也不怎么热衷……

萨特：啊！他们是一帮严厉的批评家：我干什么都平庸无趣，这是不言自明的事。他们希望我以后再从事写作……

波伏瓦：不管怎么说，我记得《失败》让这位夫人笑得眼泪都流出来了。

萨特：啊！没错，她笑得眼泪都流下来了。

波伏瓦：她总是在谈论可怜的弗里德里希。好吧，咱们回到"偶然性"这个话题上来。偶然性是曾经存在的。《亚美尼亚人艾尔》里有哲学的内容；后来您又写了什么呢？立刻就写了《真理的传说》吗？

萨特：《真理的传说》是我认识您的时候写的。

波伏瓦：再好好谈谈哲学和文学之间的关系吧。我知道这个问题特别打动我。您对我说过："我想成为斯宾诺莎和司汤达。"但您怎样看待他们之间的关系呢？您不觉得他们各自的作品，一个是哲学的，而另一个……

---

① 在我的《回忆录》中，我叫她"勒梅尔夫人"。

萨特：那时我不想写哲学书，不想写类似《辩证理性批判》或《存在与虚无》那样的东西。不，我想要的是我信仰的哲学，我获取的真理会在我的小说里得到表达。

波伏瓦：也就是说，内心深处，您想写的是《恶心》。

萨特：对，内心深处，我就是想写《恶心》。

波伏瓦：您成功了。不过，您的成功并非一蹴而就，一开始，您仍然披着神话的外衣，比如《真理的传说》里有一个独行男子的神话。

萨特：是的，独行男子的神话存在了很久。《恶心》里也有他。

波伏瓦：对，但那不算披着神话的外衣。《恶心》的语言浮夸，而《真理的传说》的风格很庄重，很少现代的味道。

萨特：那是一种教师风格。一个文学或哲学教师就是这个样子的。当我从教师作品里走出来，就脱离了那个阶段。

波伏瓦：您对很多事情都有自己的理念，这些理念十分确切，而且得到了很好的表达：比如说，您是哪年回答关于青年的调查的？

萨特：那时我已上了高师。最后一年，或者应该是倒数第二年。因为最后一年我工作得太多。只要看一下日期就行了。

波伏瓦：您已经有一整套人生观了。在您和卡米耶的通信中，有一封是您十九岁时写的，那时的您令人刮目相看，因为在信里已经可以看到您后来关于幸福、写作、对某种幸福的拒绝，还有您作为作家对自身价值的断言所构成的一套宏大理论的雏形。您作为作家的价值当时尚未被证明，那么您是怎样确切感受到这一价值的？

萨特：我的价值是绝对的。我相信自己，就像基督徒相信圣母马利亚，但我没有任何证据。不过我的感觉是，我写的东西，那些烂纸片上的文字，包括游侠故事和最初的现实主义小说，都能证明我是天才。我无法通过它们的内容来证明这一点，因为我很清楚还没到那个份儿上，但仅仅是写作行为本身就能证明我是天才。说到底，写作，就意味着写完美的东西。只有以完美为目的才会让人产生写作的愿望。不过，这些东西不会真的百分百完美，但它会超越完美的底线而走得更远一点儿。不过，"写作就意味着写完美的东西"，这种理念是古典的。我没有任何证据，但我对自己说，既然想写作，也就是写完美的东西，那么就必须假定我会把它写出来，因此，我就是那个写完美东西的人。我是一个天才。这些都不难理解。

波伏瓦：为什么您觉得自己非常聪明呢？

萨特：是别人告诉我的。

波伏瓦：您并不是总是班里的第一名。在拉罗谢尔的学校里并没有多么骄人的成绩。

萨特：当时我有这种声誉，我不太知道为什么会这样，肯定不是继父造成的。

波伏瓦：这是对继父的一种反抗吗？

萨特：也许是吧。我认为我的想法是真实的，而他的想法仅限于科学。

波伏瓦：您完全没有谈过这事，而它十分重要。您从十一岁到……我们说十九岁吧，这个年龄段里您跟继父之间的关系造成了什么影响吗？您有一个当科学家的继父，而您自然不喜欢他——除去诸多情感上的原因外，主要是由于他抢走了您的母亲。不过，您不是因为这个转而反对科学的。不管怎么说，您的童年时代倾向于文学。可以解释一下这方面的原因吗？

萨特：要说清楚我和继父的关系，这需要很长的时间。

波伏瓦：这是一种童年和少年时代的关系。

萨特：是的。我们现在不谈这个。况且就写作而言，这事儿一点儿也不重要。十四岁以前，我会把写的东西给妈妈看，她说："很美，编得非常好。"她不给继父看这些东西，他也不在乎。他知道我在写，但他完全不在乎。事实上，这些文字也的确不值得别人在乎。我知道继父对此毫不关心。结果，继父不断成为我写作的靶子。我整个一生都是这样，写作，就是为了反对他。他不骂我，因为我太年轻——我做这事获得的自由比玩皮球还多。而事实上，他是反对我的。

波伏瓦：那么，深层次的原因是什么呢？他认为文学是无意义的吗？

萨特：他认为一个人不该在十四岁的时候打定主意去搞文学。在他看来那是无意义的。对他来说，作家应该是一个三十或四十岁的人，着实写过一定数量的书了。但一个人在十四岁时是不可能搞出什么名堂来的。

波伏瓦：回到刚才那个问题吧：为什么您觉得自己很聪明？在拉罗谢尔，您可总是挨欺负的。所以，让您在智力上非常自信的不会是同学。而且，您跟我说过，您在拉罗谢尔的学习成绩不是那么出色。

萨特：我不觉得自己很聪明。

波伏瓦：个，您刚刚还说您确定自己很聪明。

萨特：那主要是后来的事，就是说一年级以后。

波伏瓦：哦，原来这样。那在拉罗谢尔呢？

萨特：我在拉罗谢尔的时候不聪明。我在拉罗谢尔上了四年级、三年级和二年级。我不认为自己聪明，因为聪明这个词对我来说不存在；或者说它存在，但我不使用这个词。不是因为我认为自己很蠢。我对自己的评价应该是"深刻"——如果说可以用这个词形容一个儿童的话。这么说吧,我认为自己可以把一些事物重新洗牌,而我的同学,他们,他们之间,不会这样做。

波伏瓦:也是因为这个,相对于您的继父,您——我们就说在十四岁的时候——认为自己比他懂得多吧?

萨特:我想他比我聪明。

波伏瓦:啊,您认为他比您聪明?

萨特:是的,因为他懂数学。在我看来,这个就相当于有智商。我是说懂数学。

波伏瓦:但您认为自己具有他不具备的东西吧?

萨特:对。能写作。能写作,这件事让我比他强。

波伏瓦:能思考也是一样。您十四五岁的时候,他跟您谈话时,您会不会认为他总是胡说八道?

萨特:不。要判断他说的东西是很费劲的。他的想法不是我的想法,总是误入歧途,但我看不清他是在什么时候走岔了的。他的出发点总是数学、物理、技术知识以及工厂里发生的七七八八。他有一个完全组织化的世界,而且他读书。他读的是一些没什么意思、却名噪一时的书。

波伏瓦:这么说他不是一个完全自我封闭的工程师了?

萨特:不是,不是。有一些我喜欢、欣赏的书他也读。要知道,他那个时代的工程师都是这样。但就我来说,会让我置身于一个很不舒服的境地。

波伏瓦:回到那个您谈得很少的时期吧,十一岁到十九岁。当时您有什么政治立场吗?我说的不是成形的想法或理论。我的意思是,您在十四岁时是否已经有了具备某种模式的倾向?

萨特:我和我的同学,我们在一九一七年对苏联革命有些兴趣……

波伏瓦：那时多大？您很小，只有十二岁吧？

萨特：是的，我十二岁，这件事也没让我们多兴奋。我们主要关心的是，能不能在苏联已经单独媾和的情况下打败德国，如此而已。

波伏瓦：您觉得这个世界是怎样的呢？

萨特：我是个民主人士。您知道，我的外公是一个共和主义者，他把我打造成了共和主义者——我在《词语》里说过这件事。

波伏瓦：这会不会使您和继父发生冲突？您是民主人士、共和主义者，这会体现在一些事情上吗？

萨特：不，我的继父也是一个共和主义者。当然，您可以说我们相信的不是同一种共和主义，但这种区别是渐渐显现出来的。我的共和主义首先表现在词语上。要向着一种人人权利平等的社会飞跃。

波伏瓦：好吧。就是说，那时您和他之间在这些问题上并没有特别的冲突？

萨特：没有。但后来我去巴黎上中学的时候就有了。

波伏瓦：自我肯定、光荣绽放——实际上，一切在拉罗谢尔蓄势待发的东西都是在巴黎始见分晓的。您真正认为自己很聪明、有天分，也是在巴黎吧？

萨特：不，以前已经这样想了。

波伏瓦：以前已经这样想了？

萨特：对，没错。天分不等于聪明。天分意味着创作出完美文学作品的可能性。还有，我忘了一个细节——这是我被送到巴黎的部分原因：三年级时我偷了继父的钱，而这笔钱是他给我妈妈的。

波伏瓦：再跟我们谈谈这事吧。您在一部电影里讲过这件事，但那部电影也不知道会不会公映。故事很有趣。

萨特：好的。我那时需要钱。

波伏瓦：对，我知道。您希望和别的孩子平起平坐，能拿钱带他们去看戏或者给他们买点儿什么东西……

萨特：给他们买点心。我还记得，大家去拉罗谢尔的大蛋糕店用我妈妈的钱吃罗姆酒水果蛋糕。

波伏瓦：所以，您就很缺钱花。

萨特：我的确需要钱。妈妈的包放在一个柜子里，里面总有她整月的零用钱和买来的东西，比如吃的。有一大摞钞票，于是我就取走了。开始是以法郎计的零钱——可比今天的法郎值钱多了，然后小心翼翼地拿钞票，这儿拿五法郎，那儿拿两法郎，直到五月里的一天，我发现已经有七十法郎了。一九一八年的七十法郎是一笔巨款。后来有一天，我太累了，很早就上床睡觉。第二天，妈妈想知道我是不是好一些，便过来叫我起床。而我本来把装有全部家当——包括纸币和零钱——的上衣盖在腿上取暖，她无意中拿起来一晃，不料衣袋里哐啷作响：叮当、叮当、叮当。她把手伸进口袋，发现了满把的纸币和零钱；她把钱掏出来问道："这些钱是哪儿来的？"

波伏瓦：您偷钱的时候她从来都没发现过，真奇怪！换做我妈妈，这简直是不可能的。您的妈妈不数钱，不知道口袋里有多少钱吗？

萨特：不知道。

波伏瓦：接着说。她发现了纸币和零钱。

萨特：我说："这是我开玩笑从卡尔迪诺那儿拿来的。是他妈妈给他的钱，我本想今天去还给他。"妈妈说："好吧，我去还给他。你今天晚上把他给我带到家里来，我问问到底是怎么回事。"坏了，这个卡尔迪诺是我的死对头，我都不知道为什么选择了他。

上午我去学校找卡尔迪诺——真见鬼，他差点儿胖揍我一顿。大家出面说和，他才答应晚上来我家拿钱，但只能还给我五分之三，另外五分之二他自己要留下零花。结果他来了，我妈对他长篇大论地谆谆教导一番，他觉得十分搞笑：做人不能像这样丢东西、这个年龄必须多加小心云云。他拿钱走了，转头就给自己买了个大手电筒。两天后，这件事被卡尔迪诺的妈妈发现了。不过，他把答应给我的五分之三的钱给了一些同学，他们没马上还给我。妈妈和继父大吵了一架，还骂了我一顿，事情就是这样的。

波伏瓦：是这样的。但是，这孩子的母亲卡尔迪诺夫人有没有来您家问这笔钱是怎么回事？

萨特：来问了。结果，妈妈一下子全明白了，大骂我一顿。有一段时间，他们都不理我。记得读三年级时，外公和外婆从巴黎来，外公知道这件事后大发雷霆。一天我跟他去药房，进门时，一枚十生丁的硬币咣当一下掉在地板上。我慌忙去捡，他制止了我，自己弯下腰，也不管那可怜的膝盖吱嘎作响——他认为我不配在地上捡钱。

波伏瓦：您一定有点儿受伤吧。这种事儿最容易伤害儿童的心灵了。

萨特：是的，这事儿刺伤了我。而且，我和同学的关系不好了。

波伏瓦：在义学方面，它对您有多大程度的影响呢？有几次您说它让您学会了暴力。

萨特：是的，让我学会了暴力。在平常的情况下，我所知道的暴力无非就是在别人鼻子上打一拳或被别人在鼻子上打一拳。但是在拉罗谢尔的学校，他们真的是正经八百地战斗，敌人总是一个德国佬。他们是很暴力的。

波伏瓦：啊，对！这件事发生在战争期间，这很重要。

萨特：没错，发生在战争期间。那时，我认识了什么叫暴力。开始，他们对我实施暴力，因为我就像是个出气筒。后来，他们互相实施暴力。大家谈论战争，说会不会被人杀死，诸如此类的事。啊，是的，暴力，我是在那时候学到的。这是一件重要的事。

波伏瓦：继续昨天的谈话。您说过今天要讲两个主题，其实甚至可以说是三个主题。一个是暴力：您是如何感受到暴力的？暴力在哪些方面影响了您的作品？另一个是从外省到巴黎的过渡问题：您昨天好像说过，这件事很重要。最后一个是您关于天分的观念，您是如何界定天分和聪明的区别的。您希望从哪个问题开始呢？

萨特：先说暴力吧，这是一个常见的现实。有战争的暴力，还有没有父亲的孩子的小暴力。或远或近，我都能遭遇暴力。尤其是，我经常成为暴力的目标。所谓目标，比方说在中学挨打，您就会成为别人的目标。别人打您，不是把您当成敌人，而是把您当成同学，为了不让您犯错，为了帮您和某人和解，或者就是为了跟您开个玩笑，管他呢，反正打您是为您好。而且，重要的是，我们都是这个学校的一分子，而学校有两个主要公敌：一方面，这是一所神甫办学的宗教学校；另一方面，那些所谓的流氓，又叫小流氓，并不一定是学校的人——他们可能是学徒，可能是和我们一样的男孩，十二到十六岁不等，遇见了就得跟他们干，其实也不认识，就是因为他们的衣服不如我们的光鲜。他们走过来，眼睛直瞪着我们，于是大家相互挥以老拳。我记得很清楚，有一天放学后我跟妈妈去买东西。拉罗谢尔中心有一条大街，对面是一扇挂着大钟的门，我和一个小流氓脸对脸地相遇了。我们在地上扭打在一起，你一拳我一脚，直到妈妈走出商店，惊讶地看到我躺在那儿正在和敌人死磕。我感觉到妈妈伸出手把我从死缠烂打中拉了出来。我们真是打得不亦乐乎。

波伏瓦：您和流氓打架、和修道院里的孩子打架，但您和平时欺负您的同学是站在同一阵线上的？

萨特：是的，如果有同学经过，就会和我一起打流氓。中学生之间是有联盟关系的。我不完全属于这个中学，因为我是巴黎人，说话和生活方式与别的同学不一样。不过，我仍然有一些朋友，我常跟他们吹牛，可他们不相信我。比如，刚到拉罗谢尔中学时，我说我在巴黎有一个女朋友，每到周六和周日我们就去旅馆做爱。由于当时我十二岁，个头也比同年龄孩子的平均水准矮，我的话听起来十分搞笑。我成了自己的受害者，因为我本以为能骗到他们，能让他们艳羡不已。

波伏瓦：这种敌对行动，您是怎么应付的？对您影响很深，还是说那不过是闹着玩儿？这教会了您什么人生道理呢？

萨特：对他们来讲，好像就是闹着玩儿。对我来说可不是。我有一种厄运当头的感觉，我真是太悲惨了。我经常是别人嘲笑和打击的对象，总感到低人一等。巴黎的亨利四世中学却完全不是这样：我也会遇到困难，但那都算是成长中的烦恼。我有一些朋友，也和另外一些人相处不来。然而，在亨利四世中学我是有一个铁杆儿联盟的。而在拉罗谢尔，我有一些朋友，但只是我单方面对他们好。我再说一次，他们既不想害我也没想嘲笑我。大家就是一帮朋友，平时会几个联合起来打一个。这件事让我很不适应。何况跟继父的关系也很差，所以我认为那是我人生中最悲惨的几年。

波伏瓦：这对您的未来发展有影响吗？

萨特：我想是有影响的。首先，我想我是在那里了解到暴力的，我永远不会忘。我就是这样看到人与人之间的关系的。其次，我跟我的朋友之间从来没有过温情，暴力思想永远在从中作祟，不是他们对我施暴，就是我对他们施暴。这不等于没有友谊，它证明了暴力在人与人之间的关系中本就是一种强横的存在。

波伏瓦：在亨利四世中学或在巴黎高师的时候，您和马厄、盖耶、尼赞的关系中是不是也有暴力的因素？

萨特：跟尼赞肯定没有。盖耶和马厄，我没想过什么时候打他们一顿，从来没有。但我感觉和他们之间有距离，我们之间存在着暴力的可能性。

波伏瓦：这对您在高师的角色有什么影响吗？当时有一大帮人，喜欢扔……

萨特：有的，那是一种延续。我觉得是理所当然的事。向穿着晚礼服的晚归男生扔水弹，在我看来十分正常。在拉罗谢尔就不一样了。我们一起打流氓，结果是，通过战斗我们将自己塑造成了小资。我当时没多想，但我觉得周围的人都是这么理解的。打流氓，自己就变成小资。

波伏瓦：您后来也从未成为暴力男，是吧？

萨特：我在巴黎高师时常被人狠狠地打。

波伏瓦：您有怒火。我认识您时，您是很易怒的，特别是在上午。但无论如何，易怒从来没有升级为暴力。

萨特：从来没有。

波伏瓦：我们刚认识时，您所用的词汇是不是与暴力有一定的关系？您以粗暴的方式为一些事物命名，然而这并不是您独有的风格，尼赞和马厄也这么干。这有关联吗？

萨特：这是一种不动声色的、抽象的暴力形式，我们都梦想着一种简单而不无暴力的哲学，而它将成为二十世纪的哲学。尼赞构想了整整一个暴力世界——那个时候他在读笛卡儿。

波伏瓦：您和小流氓打架，这种暴力有接近法西斯主义的右翼成分吧？

萨特：法西斯主义肯定不是。右翼是有的。我对您说过，我们是小资。

波伏瓦：您是怎样摆脱它的？

萨特：我并不觉得自己真的身在其中。后来我来到巴黎……

波伏瓦：从外省到巴黎，这对您来说非常重要吗？

萨特：我没有马上感受到这一点。我首先觉得自己是一个从业已习惯了的小世界里流放出来的人。当时是二年级，还不存在打不打架的问题。我跟同学的关系尽管乏善可陈，却也算正常。但说到底，我很喜欢这个圈子，我融入了拉罗谢尔的生活。我后来去了巴黎，因为外公是个德语老师，他有同事在当中学校长，能看在他的份儿上帮我在好学校争取到一个名额。他想把我从头一年令人发指的罪行中转变过来，就是所谓偷卡尔迪诺钱的那次。

波伏瓦：您刚才说那些年您是很悲惨的，现在又说自己很适应拉罗谢尔的生活？

萨特：是的，悲惨年代指的是四年级和三年级。到二年级我就适应了。

波伏瓦：到巴黎后您有什么感受？您昨天说到，有一件事很重要，即您是一位寄宿生，而在那之前您都生活在家里。成为寄宿生，有了新朋友，您当时的感觉怎么样？

萨特：我记不太清楚了。我知道我遇见了两个在六年级和五年级认识的男孩子。一个是尼赞，是寄宿生；另一个是贝尔柯，一个很有魅力的好学生，是走读生。

波伏瓦：您好像在《词语》中说过他们。

萨特：最早是碰见他们，后来又遇到了很多人。

波伏瓦：寄宿生的生活，您适应起来容易吗？

萨特：我挺怕的，因为读过不少十九世纪小说，里面都写男孩子如何因为寄宿而生活悲惨起来。一寄宿、就悲惨，这在我看来是天经地义的。

波伏瓦：事实上呢？

萨特：事实上我并没有变得悲惨。我又见到尼赞，恢复了关系，交情比以前深厚多了。我们开始相互接近。萨特和尼赞形影不离，这在亨利四世中学哲学班里是尽人皆知的事。我们一起去听高年级的课、结识其他学生、从他们那儿借书看。我就是在那里认识康拉德和其他人的。

波伏瓦：那时候尼赞也想写作吗？

萨特：我认识尼赞时他就想写作了，甚至读六年级时他已经有了写作的愿望。对我来说，最刺激的事情是找到一个人，跟我的水平相当，想写作，而且一直想写作——这个人就是尼赞。贝尔柯的情况有点儿不同，他也想写作，但他说得少。他比我们谨慎。至关重要的是，我和尼赞都想写作，写作把我们联结在一起。别的同学知道我们想写作，所以都对我们充满敬意。当然，我是在一年级A班，也就是说，我上拉丁文课和希腊文课，老师是我已经提到过的乔金。我的成绩很好，最后拿到了奖学金，这在拉罗谢尔是无法想象的事情。

波伏瓦：尼赞的成绩也不错吧？

萨特：他的成绩也可以，但跟我比有点儿"忽好忽坏"。他喜欢游玩、光顾各色场所、见三教九流、见家族的朋友、开会、泡姑娘等诸如此类的事。不过，他非常喜爱脑力劳动，喜爱作家的工作。

波伏瓦：他也有自己会成为一个伟大作家的想法吗？或者，某种意义上所谓的"天分"？

萨特：我们之间没谈过这个。不过……

波伏瓦：你们说你们是超人。你们说你们是超人的时候，心里还挺乐呵。

萨特：是的，说过一些类似的话。我们还给对方起布列塔尼的名字，Ra 和 Bako。

波伏瓦：为什么是布列塔尼？

萨特：尼赞是布列塔尼人。

波伏瓦：啊！没错。照您的说法，天分这个理念是希望写作这个意愿本身的应有之义，这话怎么讲？

萨特：其实，为了写出好东西而写，这才是应有之义。也就是说，让有价值的、能代表你的东西发乎于心，宣之于外。我们是通过一个人写的书来认识这个人的。普鲁斯特，我认识他，唯有通过他写的书。您也是一样，无论我们对他有无好感，都来源于对他的书的判断。所以，人在他自己的书里是在场的，人的价值来自他的书。

波伏瓦：总的来说，这有点儿像康德的理念：你应该，所以你能够。您应该写一本好书，这是您的承诺、您的选择；您应该写出一部伟大的作品，因此您身上便具备了写出伟大作品所必需的东西。你应该，所以你能够。

萨特：显然是这样的。你应该，所以你能够。我选择创作一部作品；我选择做我生来该做的事情。这的确是很康德的。不过，康德强调理型、包举宇内的伦理学忽略了偶然性条件。应该视处境而行动，充分考虑到人所处之地的偶然性特征，而非单纯的抽象性存在。

波伏瓦：确切讲，您当时正处于抽象的层面上，关于未来，您仍然有一套完全抽象的看法。这在您身上是否表现为一种傲慢、一种自满、一种对别人的鄙视、一种狂热？您对此有什么体验？

萨特：肯定有过狂热的时候。我只有在电光石火的直觉中才能感受到自己的天分。在其余时间里，天分只是一种没有内容的形式。有一种奇怪的矛盾是，我从未把自己的作品看成是天才的，尽管它们是遵循着一些在我看来是天分之前提的规则写出来的。

波伏瓦：总而言之，天才永远属于未来？

萨特：对，它永远属于未来。

波伏瓦：您特别清楚，当时的作品——包括我们昨天提到的《猫头鹰耶稣》《病态天使》《亚美尼亚人艾尔》——都不是很好。这一点您心知肚明。

萨特：不是很好。我没有说出来，但心里知道。

波伏瓦：那《失败》呢？

萨特：《失败》，我开始从中看到了一种能够表达我的感受和世界观的小说雏形。它没写完，所以和别的作品无从对比。写这部小说时我也没有觉得自己是天才，但这部小说对我而言更重要一些。

波伏瓦：好吧。《真理的传说》呢？

萨特：当时我认为《真理的传说》比《失败》还重要，因为它展示了一些我个人的哲学理念。我认为，这些理念一旦用一种美丽的语言表达出来，就会打动人心，将人是怎么回事呈现出来。您还记得，有些人的思考是包举宇内的，他们是学者；还有些人具备普遍性的思想，也就是哲学家和资产阶级。除此之外，还有独行者的思想，这正是我所希望的——做一个仅用自己的头脑思考的人，用他的思想和感受照亮全城的人。

波伏瓦：《真理的传说》有一个片段发表过。那是您第一次发表作品吧？

萨特：是的。

波伏瓦：当时您有一些热诚的读者。我认识一个在法国国家图书馆的匈牙利人，他认为这篇文章是振聋发聩的。

萨特：不过这篇文章的体裁有点儿无聊，即用一种华丽的随笔性语言谈论哲学。挺荒谬的。还是应该有专门术语的。

波伏瓦：后来您进行整合，写出了《恶心》。

萨特：是的。

波伏瓦：也就是说，您搞起了真正的文学，同时又在表达自己对世界、对偶然性等的哲学观点。我们还是回到天分这个问题上来，您是如何在生命进程中发生转变的？请试着回顾一下您从始至今的思考轨迹，还有您今天仍然在思考的事情。

萨特：现在我认为，风格，不是为自己写下美丽的句子，而是为别人写出这些句子，而这会带来一个大问题。一个十六岁的孩子想搞清楚什么是写作，但他还没有关于别人的概念。

波伏瓦：一个人怎样才能刚好知道哪些词语组合起来会对读者产生影响呢？他应该相信虚无吗？他要全身心投入吗？

萨特：是的，要冒点儿风险。有人写"逆日"，引得盖耶大笑，这是错的。但是，比方说夏多布里昂有一些句子，他那么敢写是对的。

波伏瓦：是的。

萨特：要冒风险。毕竟，我们有冒险的理由。

波伏瓦：您认为您的天分会被人承认。但是，您也经常对我说，您同时也做着"失即得"的梦：一个真正有天分的人应该完全不为人知。您脑子里打的究竟是什么坏主意？

萨特：这个问题我在《词语》中说过了。

波伏瓦：您过去有某种"救赎"的思想：作品包含了一个超越当下的现实，一种绝对的东西。这并不是说您直接联想到后世，但毕竟想到了不朽。您所谓的救赎对您意味着什么？

萨特：一开始创作"贵族一家寻找一只蝴蝶"的时候，我写的是一种绝对的东西；我造出了某种绝对的东西——简单讲，就是我自己。我想象自己置身于永恒的生命之中。艺术品能超越世纪而长存；如果我创造了一件艺术品，它长存于世，那么我这个道生于斯的作者也将长存于世。这后面隐含着基督教的不朽思想——我从必死的生命过渡到不朽的永生。

波伏瓦：您的这种思考一直持续到什么时候？直到二战？

萨特：是的。我的思考中不无嘲讽，但在写《恶心》的时候，我是这样想的。

波伏瓦：这种想法在介入文学时期完全终结了吧？

萨特：完全终结了。

波伏瓦：再也没有救赎的思想了吗？没有死灰复燃过吗？我想是救赎这个理念本身完全消失了吧？这并不妨碍您向后世看上转瞬即逝的一眼，哪怕只是斜着看。

萨特：关于天分，我的想法发生了变化：直到写完《恶心》之后，我还对天分梦寐以求，但在战后的一九四五年，我有了资本，当时《禁闭》和《恶心》已经问世。一九四四年同盟国撤离巴黎时，我已有了天才之誉。我去美国，就好像是一个有天分的作家去外国转了一圈儿。那时，我已经不朽了，我确定自己会不朽。结果，我终于可以不再想天分的事了。

波伏瓦：是的，把事情揉碎了说，您不是那种说"我写了一部不朽的作品，我是不朽的"那种人。您完全不是这样。

萨特：而且，复杂之处在于，一旦你不朽了，写出了不朽的作品，就仿佛尘埃落定了一样；而你还是应该感觉在创造一种不曾存在的东西，因而要将自己置身在世俗的时间里。在这种情况下，最好不要想不朽的事——除非是转瞬即逝的念头，而要把宝押在现世生活中。我活着，我为活人写作；同时也想到，如果成功了，我死后人们仍然会读我的东西；尽管我的信息不是为那些人写的，我的话不是向那些人说的，他们仍会对我表示赞同。

波伏瓦：毕竟，您会想到长存于世，那么您指望通过什么来长存于世呢？文学还是哲学？您觉得文学和哲学的关系是怎样的？您更希望别人喜欢您的哲学还是文学？或者说您希望大家两个都喜欢？

萨特：我的回答当然是希望大家两个都喜欢。但是有等级之分：哲学第二位，文学第一位。我要实现文学上的不朽，哲学是必由之路。在我眼里，哲学本身没有绝对的价值，因为时过境迁，哲学会相应变化。一种哲学对于当下是没有价值的，它不是为同时代的人写出来的东西——哲学思考的是超越时间的现实，因为谈论永恒，所以一定会被别的哲学超越，它所议之物远远超过我们今天的个人视角。文学则相反，它盘点的是当下的世界，即我们通过阅读、讨论、情感和旅行所了解到的世界。哲学走得更远，比如说，它认为今日的情感是在古代并不存在的新情感。爱情……

波伏瓦：您的意思是不是说，在您看来，文学更有绝对性，而哲学更多依附于历史进程，更需要被不断修正。

萨特：哲学必然呼唤修正，因为它总是对现时的超越。

波伏瓦：好吧。不过，难道在笛卡儿和康德身上——即使他们不得不以某种方式被超越——也不存在某种绝对的东西吗？他们被超越，但别人须以他们所做贡献为出发点继续前行。他们是一种具有绝对性的参照对象。

萨特：我不否认。但文学领域就没有这种情况。真心喜爱拉伯雷的人读拉伯雷，就像读他昨天才写的东西一样。

波伏瓦：以一种完全直接的方式阅读。

萨特：塞万提斯，莎士比亚，我们读他们的东西，好像他们就在现场。《罗密欧与朱丽叶》或《哈姆莱特》，都好像是昨天才写出来的。

波伏瓦：那么，您是把文学放在作品的首要地位了？但从您的阅读范围、所受的教育的总体来看，哲学扮演角色的分量极重。

萨特：是的，因为我把哲学视为最好的写作工具。哲学给我提供了一个编故事的必要维度。

波伏瓦：但总不能说，哲学对您来说仅仅是一种工具。

萨特：起初它就是这样的。

波伏瓦：起初是的，但后来，当您写了《存在与虚无》，又写了《辩证理性批判》，在此期间，就不能说哲学仅仅是一种创作文学作品的工具了——也是因为您打心眼儿里喜欢哲学。

萨特：不错，我喜欢，这是肯定的。我希望表达世界观的同时，通过文学作品或随笔里的人物将它激活。我向同时代的人描述自己的世界观。

波伏瓦：总而言之，如果有人对您说："您是一位伟大的作家，但作为哲学家，您没有说服我。"又有人说："您的哲学太棒了，但当作家，您就免了吧。"您更喜欢前者吧？

萨特：是的，我更喜欢第一种假设。

波伏瓦：您也许认为，您的哲学并不是排他性地属于您，别人也会提出惰性实践或循环往复的观点，就像那些早期的学者，即使再特立独行，他们首先发现的东西迟早也会被别人发现。我们不能说文学就具有绝对性，但文学是闭合的，是终止性的。哲学却可以被不断超越，又被不断重拾。比如说，笛卡儿在您身上延续，这个和莎士比亚、塔西佗在您身上延续不是一回事。您带着极大的愉悦心情去读的作家可能在某种程度上影响着您，但会以共鸣或反射的方式，笛卡儿却与您的思想融为一体。您为什么更喜欢独立于一切的、闭合的绝对性呢？

萨特：我从小就对绝对性感同身受，我想写一部像《巴黎圣母院》或者《悲惨世界》那样的小说，这种作品千秋万代都会被人认可，是一种无可更改的绝对之物。您知道，在某种程度上，哲学是拐弯抹角地进入我的生活的。

波伏瓦：哲学为什么会进入您这样一位创作者的生活呢？

萨特：小时候我想象自己是一个小说的创造者，开始接触哲学时，我并不了解它是什么。我有一个表兄在上初等数学班，他和所有上初等数学班的孩子一样在搞哲学，但他不愿跟我谈哲学。我知道他正在学一种我不了解的东西，很好奇。但那时我已经有了关于小说和随笔——不是哲学随笔——的既定观念。它们根深蒂固，初来乍到的哲学根本无法动摇。

波伏瓦：那您怎么变成了一个哲学创作者的呢？

萨特：这件事是有点儿奇怪的，因为在哲学方面我不想成为什么创作者，我不想当哲学家，认为那是浪费时间。我喜欢学哲学，但说到搞哲学，我觉得那是件荒唐事。这很难理解，因为我在写作的同时也在虚构，我本该愉快地认为写点儿哲学作品也没什么问题，但哲学和真理、科学是有关系的，而真理和科学让我感到厌烦；再说那时搞哲学还是早了一点儿。在高师文科预备班的时候，我写了第一篇文章《什么是时间？》。那时候我接触到了柏格森。

波伏瓦：您在本科时代和通过教师资格会考的那几年对哲学有兴趣吗？

萨特：有兴趣。我写了一些受益于——或者不如说是"受害于"哲学知识的作品，比如说《亚美尼亚人艾尔》，那里面的观念是文学的：有人物，有古意盎然的叙述方式，有流向，有动感，有泰坦式的巨人，然而，它表达的却是哲学理念。我甚至记得《亚美尼亚人艾尔》里还描写了柏拉图的山洞，我认为自己有义务将它重建、描述出来。

波伏瓦：这么说您对哲学也是感兴趣的，您还千辛万苦地拿了一个非常正规的学位，论文主题是关于想象性的。您的思考包罗万象，像您说的，您有理论，所以，您命中注定是要搞哲学的。

萨特：是德拉克鲁瓦跟我说的："写一本关于想象性的书吧，收在丛书里。"

波伏瓦：您为什么会同意呢？当时您正在全力以赴地写《恶心》，还有别的文学创作计划。

萨特：不搞哲学并不绝对；它对我还是有用的。想象性和文学息息相关，因为艺术作品必须和想象性发生关系；而且我曾经有一些关于"象"（image）的想法，应该把它们厘清。

波伏瓦：您还有一些关于偶然性的想法，也是哲学性的。我们刚认识时您对我说："我想成为斯宾诺莎和司汤达。"就是说，您也有当哲学家的使命感了？

萨特：是的。但是您看到，我选择的是一些感性的、能为二十世纪的心态理解的人。对我来说，斯宾诺莎是哲学家，更是一个人。我喜欢他的哲学，更喜欢他这个人；而现在，我更感兴趣的是作品，区别就在于此。

波伏瓦：所以说，《想象性》是命题作文；有两本书：《想象》和《想象性》，哪本是命题作文？

萨特：是《想象》。

波伏瓦：那您为什么要写《想象性》呢？

萨特：因为它是从《想象》中脱胎而来的。

波伏瓦：作品中包含着某种辩证关系吗？

萨特：我记得自己在写《想象》时就构思好了《想象性》。它们不是两卷书，而是一部完整的作品：第一部分是《想象》，第二部分是《想象性》。因为要为德拉克鲁瓦的丛书贡献点儿东西，我就给了他《想象》。

波伏瓦：您是把《想象》切割出来了？为什么后来又写了《存在与虚无》？

萨特：那是二战期间的事。在这场奇怪的战争中，还有俘虏营里，我构思了这本书，而且写了出来：要么就什么都不写，要么就写精髓性的东西。

波伏瓦：《想象性》里已经有了关于虚无的思想，但您还是忍不住要把它往深里挖。

萨特：我在里面已经表达了我的思想精髓。自从哲学时代以来，我就选择了实在论。别人教我唯心论时，我就极不喜欢。我的哲学生涯中有两年至关重要，即一年级和文科预备班那年。不过，文科预备班快结束时，有个教授我完全没法理解。我踏踏实实地搞了两年哲学，后来进入高师，在高师只有一个想法：任何一种不认为意识如实观照外界客体的理论都注定会失败；因此，我最终去了德国，有人跟我说胡塞尔和海德格尔有一种如实领悟实在的方式。

波伏瓦：也就是说，您对哲学产生了巨大的兴趣，因为您在德国待了一年，就是为了吃透胡塞尔的哲学，并去了解海德格尔。

萨特：我在德国的时间是这样安排的：从早上一直到下午两点搞哲学，然后去吃东西，五点回来写《恶心》，也就是搞文学创作。

波伏瓦：但哲学仍然是很有分量的。我记得您读到列维纳斯论胡塞尔的书后着实惊慌了一段时间，因为您认为："呀，他已经发现了我的全部思想。"由此看来，这些思想对您是至关重要的。

萨特：是的，但我说他已经发现了我的思想，却是我弄错了。

波伏瓦：您有某种直觉，同时不希望别人在您之前也有这种直觉。因此您也有心从事哲学创作。到巴黎以后，您变得成熟一些了。当您和尼赞谈起哲学或者独自思考时，您怎样看待自己成功的概率呢？

萨特：在那篇受尼采和瓦格纳的关系启发写成的小说中，我把自己看成是这样一个人，他的一生有声有色，生命中的每幕大戏都会写本书来出版，我想象的是一个小说性的人生和一个死时无人知晓身后名声大噪的天才。这都是很久以前的回忆了。我在眼前设置一个人物，想象所有可能发生在他身上的事。但从深层次上讲，我已经在设想一个形式更加理性的写作模式了；我写一些书，它们很出色，有人帮我出版——我就是这样看待写作的。一个明证是，尼赞出了一两本书后，我在《真理的传说》中抽取了几段给他，后来《分歧》杂志发表了其中一个片段。

波伏瓦：当能够理性地希望被发表、被阅读之后，您认为什么是成功呢？当年您想到过荣誉和声望吗？我指的是您在十八岁、二十岁的时候。

萨特：我认为，能理解我的读者是一群数量有限的精英人士……

波伏瓦：这就是您喜欢的司汤达传统："幸运的少数人"。

萨特：这些读者应该认可我、喜欢我。我的东西会被一万五千人读到，所谓荣誉，就是感动另外一万五千人，然后再感动一万五千人。

波伏瓦：就是说，您希望能万世流芳。成为斯宾诺莎和司汤达，这意味着成为给自己的时代打下烙印、并为后世竞相阅读的人。这就是您二十岁时的想法吧？

萨特：是的，刚认识您时，我就是这样想的。

波伏瓦：从某种方面说，您是非常狂妄的。您用希庇亚斯的话来说自己："我未见过与我价值相若之人。"

萨特：我把这句话写在了笔记本上。

波伏瓦：您对荣誉、声望的看法是怎样发展的呢？关于未来的职业生涯，您发自内心的感受是什么？

萨特：从根本上说，这是非常简单的事情：写作，然后出名。但这种想法被当时的一些观念搞乱了。

波伏瓦：后来您受到了沉重的打击，因为最初的时候您以为《恶心》被拒稿了。这让您发生动摇了吗？

萨特：这证明我当时多么把出版者当回事。一个我想象中的真正天才，应该会付之一笑，说："看，不出我的书。真行！……"

波伏瓦：对，尽管很狂妄，但您同时也……谦虚这个词不适合您，但您很有理性，也很有耐心。您没有把自己的书看成是天才的作品。虽然在《恶心》上下了很大功夫，您也没把它看成是代表作。我希望您能把这一点解释得更清楚一些。

萨特：情况是会变化的。开始时，作品蓄势待发，还没成形，我坐在桌子旁写作，但作品尚未存在，还没被写出来。因此，我同作品之间的关系是抽象的，不过，我在写作，这是一个真实的行动。

波伏瓦：每当写出一部作品，比如说《恶心》，您真的会把它当成一部作品。《真理的传说》也是这样，有人批评它，您欣然接受，您也能意识到它的不足。但就《恶心》而言，您有我的支持，而我是很喜欢它的，所以您非常下功夫。当它被拒绝时，您是很失态的。

萨特：这也是生命的常态，但并不妨碍我把自己看成一个天才——尽管我敢说自己还算谦虚。我同朋友谈话就好像是一个天才对他的朋友谈话。不是装模作样，而是发自内心的，就是一个天才在讲话。

波伏瓦：还是回到《恶心》让您第一次受挫这件事上来吧。您是不是认为自己是一个天才，但还没有找到被别人承认的方式？

萨特：我认为《恶心》是一本好书，它被拒绝就像文学史上别的好书被拒绝一样。您写了一本书，把它公之于世，它后来成为杰作……

波伏瓦：普鲁斯特就是这样。

萨特：我就是这样看问题的。我一向以天才自居，但这件事只有在将来才会大白于天下。我将成为天才。我已经是天才了。但更重要的是我将是一个天才。我在《恶心》上倾注了很大心血。

波伏瓦：《恶心》被拒稿，您和我去了沙莫尼。您非常伤心，我觉得您甚至掉了眼泪——这在您是很少有的事情。这是一次结结实实的巨大打击。

萨特：是的。但我想作品被拒绝正是因为它出色。

波伏瓦：我是强力支持您的。我觉得这书非常好。

萨特：我也是这么想的。但还是有孤独、伤感的时刻，我对自己说："这是一部败笔，得重新开始。"但天才的想法并未烟消云散。

波伏瓦：后来《恶心》被接受，您的一些小说也在隔了不久之后迅速出版了，功成名就，您的感觉如何？

萨特：啊，那都是过去的事了。

波伏瓦：我可知道，当时您给我写了一些信，兴奋之情溢于言表。您跟我讲,《恶心》是怎样被接受的,他们怎样要求您作一些小小的修改,您也同意了——因为觉得有道理。布里斯·帕兰要求您删掉一点儿民众主义色彩。您完全没有摆出那种不接受任何建议的天才架子。

萨特:对。

波伏瓦:您时刻准备接受建议,这简直是超验性和经验性的结合。

萨特:没错。

波伏瓦:以超验的观点看,您是一个天才,但您的天才却表现在经验性的生活中。您并没有十足的把握将才华立即彰显出来。

萨特:是的,因为如果将我和我的导师进行参照——他们都是有名的前辈,就会发现三十岁之前他们不会成为大人物。维克多·雨果、左拉和夏多布里昂的人生都是十分值得借鉴的——尽管我对夏多布里昂不是太着迷。将他们的人生综合在一起,就是我的人生。我处世立身,真的以他们为榜样,我认为自己在五十岁的时候会搞一点儿政治。

波伏瓦:因为这些大人物都从事过政治活动。

萨特:我不认为政治就等于生活,但是在我未来的生平里应该有一段政治时期。

波伏瓦:我希望您就这个主题谈一谈。

萨特:天才的主题?

波伏瓦:您感受和思考的方式。您认为《恶心》是一部杰作吗?

萨特:不。我认为:我说了我想说的,这就很好了。我修改了莫莱尔夫人和盖耶指出的不足之处。我做了我能做到的最好,这是有价值的。但我没有走得更远。我并不认为:这是一部杰作,因为我是天才。不过也有天才的成分作祟。不是"这是一部杰作",而是"它是一个天才写的东西";它就在某个地方,我不太知道究竟在哪里。我不会拿作品开玩笑。作品代表了极为重要的东西,然而,作为天才,我是有权利对作品冷嘲热讽、拿它取笑的。一方面,作品至关重要,另一方面,当一个人的天才被无视,他不会感到灰心丧气。

波伏瓦:但同时,如果一部作品取得成功,他也不会心满意足吧?

萨特:不会。他会继续。他还有别的东西要说。

波伏瓦:那后来呢,事情会怎样发展呢?

萨特:嗯……天才论的一个为难之处是,我相信不同类型的聪明之间是平等的。结果是,我们断定一部作品优秀,是因为它和创造它的作者暗相契合,因为作者掌握了某种技术,但不是因为他有其他人没有的素质。

波伏瓦:您曾对我说过,应该将天分和聪明加以区分,您认为自己并不特别聪明,而和拉罗谢尔其他同学相比,让您异乎其类的是思想的深度和使命感:您是向别人揭示真理的。这样说来,您毕竟有一个独一无二的命运。

萨特:对,但这也站不住脚,应该摒弃关于使命的想法。事实上,是的,我曾经认为:"我有一种使命。"

波伏瓦:是的,您在《词语》中关于米歇尔·斯特洛戈夫那一部分已经谈到了这一点。但即使这样,直到战争爆发前,您不是一直认为自己比周围的人更聪明吗?

萨特:是的,当然。

波伏瓦:我觉得您有一次对我说的话特别对:"说到底,聪明是一种必然要求。"它不要求脑子转得多快,或者像大家说的,能发现一大堆事物之间的联系，而是一种必然要求，要求永不停歇，走得更远，越来越远。我认为您身上就有这种必然要求。您觉得这种必然要求在您身上要比别人更强烈吗？

萨特：是的，但我现在不会这样说了。我不会说，因为写了书，我就比盖房子的或者四处旅行的人高出一头。

波伏瓦：和尼赞在一起时，你们常开玩笑说自己是超人，而在《词语》的结尾，您又说自己是个无名小卒。这句话的含义是非常模糊的：您既这么想，又不这么想。首先，您是怎么从超人的思想过渡到无名小卒的思想的？说实在的，这个当无名小卒的想法对您意味着什么？

萨特：我想，我可能比另一个人更有天分一点儿，聪明程度更深一点儿，但这些都是表面现象，说到慧根和感受力，我和我的邻居是相同的。我不认为自己有什么优越性。我的优越性就是我的书，如果它们还算写得不错的话，但别人也有别人的优越性，可能表现为冬天在咖啡馆门口卖一包热栗子。人各有其优越性，我选择了我的罢了。

波伏瓦：您不完全是这么想吧，因为您还认为有些人是傻瓜或混蛋……

萨特：是的，当然。但我不认为他们一开始就是傻瓜或混蛋：他们是被变蠢的。

波伏瓦：您不认为聪明是一个遗传性、即时性和生理性的数据吗？

萨特：我在笔记本中写下了什么是愚蠢，大家怎样把愚蠢灌输给一些人。本质源于外部，这是外部强加给聪明的一种压力。愚蠢是一种压力形式。

波伏瓦：战前和战后，您的天才观发生变化了吗？

萨特：是的。我觉得战争对我所有的思想都有用。

波伏瓦：作为俘虏，在某种程度上，您对自己很满意，因为您一开始默默无闻，后来被认为某人。换句话说，您真的当了一把普通人。让您满意的是，您没有迷失在芸芸众生里，也没有因您的知识、书籍和智力而与大众格格不入——相反，您和大家平起平坐。和别人平起平坐、成为普通人，这让您将普通人赋予了一种价值。

萨特：也许您说得对。

波伏瓦：这是一件让您特别得意的事：您到了那儿；在成天打交道的人面前，您两手空空，默默无闻，没有名字，没有优越感，因为他们感觉不到智力上的优越，而您却和他们建立了良好的关系。您写出了《巴里奥纳》，那不是普通人能写出来的，您和知识分子、神甫打成一片。您在那里开了一个缺口，像朴素的二等兵一样应付自如。

战后，当荣誉纷至沓来，您说这是一种奇怪的经验，因为荣誉，同时也是恨意。您获得了连自己都始料未及的国际声誉，这对您有什么影响呢？您觉得心想事成，自己的天才终于被承认？或者说这不过是一种经验性事件，对您孜孜以求的超验性真理毕竟没有什么重大影响？

萨特：应该是第二种情况。当然，这事对我不会全无影响：我有了一定名气，有人从很远的地方来对我说："您是萨特先生吧？您写了这个和那个。"但我没太把这个当真。看到他们说："啊，您写了这个，您写了那个"，我都无动于衷。相反，我认为荣誉时刻还没有到。荣誉时刻只会在生命终结之时到来。生命终结时，人已写完了所有作品，这时荣誉才会到来。说到底，这些事情我看不太清楚，比我想的更复杂。生命终结后有一个转换期，在您死后持续若干年，然后才能谈得上荣誉与否。可以肯定的是，我把它当成一个小游戏，就当是荣誉的幽灵现身指点荣誉为何物，它却并不是荣誉本身。一九四五年，人们前呼后拥地来听我演讲，我却对他们完全没有好感。他们拥挤不堪，女人都给挤昏过去了。我觉得这一切都很荒谬。

波伏瓦：您知道，这里有点儿附庸风雅，有点儿误解，还有点儿政治境况造成的后果，原因是当时法国文化处于输出状态——因为没有更好的东西。

萨特：这种动向我不是太在意。大家都相信，因为报纸说："他做这个做那个，就为了让别人谈论他。"

波伏瓦：是的，他们说您自我炒作，而事实上正好相反……

萨特：我根本不在乎。我写作。如果写了一个剧本，我当然需要一个观众群，但我没做过招徕观众的事情。我写了一出戏，把它排演出来，就这么简单。

波伏瓦：战后，您和自己作品的关系有什么发展吗？您是不是常常问自己："归根到底，我写的所有这些东西有什么价值？我处于哪个级别？我能不能成为本世纪的代表人物？"

萨特：会这样想，但想得很少。

波伏瓦：是的，最关键的是写书，让自己满意，也得到一部分的认可。努力工作，娱乐自己也娱乐一部分读者，这是生命中最美好的事情。至于荣誉，可以在活着的时候获得，但荣誉不能让夏多布里昂免于可怕的苦难折磨。当然，这些苦难都是和政治事件相关联的。

萨特：不过荣誉从来都不是纯粹的。它牵扯到艺术，也牵扯到政治和一大堆事情。战后的声名鹊起使我不再追求别的什么，但我从未把声名和荣誉混为一谈——荣誉是身后事，也许有，也许没有。

波伏瓦：换句话说，您所谓的荣誉，是指后人的盖棺论定吧？

萨特：如果这个世界没有改头换面，我会在二十世纪获得一席之地。在文学教科书里，我将作为一个曾经成功过的作家被提及——他们或将成功归咎于公众的错判，或者相反，说我是个重量级的人物，等等。此外，荣誉和某种优越性——即超出其他作家的优越性——是密不可分的。必须承认这可不太好，因为我相信两件相互矛盾的事情：我相信，好作家比别的作家优越，一个极好的作家比所有作家优越。是的，所有作家，极少见的同等级别的作家除外——我是把自己归类其中的。然而，我也相信，那些操作家行业的人、那些文学工作者能够获得读者的青睐，凭借的仅仅是时势。这个人被认为比那个人好，也许不是永远，但在一个时期里会是这样。的确，他就算死了，也能通过他的书更加有益于人，因为他的书由于种种原因跟时代是暗相契合的。我想，一个写过有价值书籍的作家死后会在不同时间和不同时代而撞上不同的际遇：也许会被彻底遗忘。我还认为，一个用自己的作品实现了文学真谛的作家比起他的邻居，既不更强，也不更弱。另一位也实现了文学真谛。您可以更喜欢这个，没那么喜欢那个，仅仅是根据他在多大程度上贴近您的想法和感受，但归根结底，他们是一样的。

波伏瓦：您的意思是，在您看来，作家的优越性既是某种绝对的东西又与历史相关联？

萨特：正是这样。或者说，您想成为作家，想写某些东西，如果写得好，事情就成了，您是一个好作家。然而我也认为：作家，意味着深入到写作这门艺术的精髓。写作艺术的精髓，当您深入进去，您所触及的不会比您的邻居更少也不会更多。当然，您可以处于初窥门径的状态，但我说的不是这个，我说的是那些真正的作家，比如说夏多布里昂或普鲁斯特。我怎么会说出诸如"在把握什么是文学这个问题上,夏多布里昂比普鲁斯特略逊一筹"之类的话呢?

波伏瓦:我同意。写作没有如考试过后般的成绩排行榜。每个时代,喜欢这个或那个作家,都是见仁见智的事。但是您今天会在意后人的评议吗?对您来说,后人的评议是否存在?或者说它就像《阿尔托纳的死囚》中的螃蟹一样,跟您完全没有关系了?

萨特:我不知道。我有时觉得,大家生活在一个大动荡的时代,文学观念被彻底改变了。其他原则会问世,我们的作品对于后人不再有什么意义。我以前想过这个问题,现在有时候也这么想,但不是经常想。俄国人继承了他们以前的全部文学,中国人却没有这样做。这样,我们不仅会想,未来会记住过去时代的作家,还是仅仅保留几个?

波伏瓦:就您能想到的,您认为最有可能长存于世的,是您纯粹意义上的文学作品还是您的哲学著作?或者说两者都有可能?

萨特:我想是《境况种种》,里面的文章与我的哲学有关,但风格朴素,讨论的是人所共知的事情。

波伏瓦:总而言之,是对这个时代的方方面面的一种批判性反思?包括政治、文学和艺术,等等?

萨特:我希望看到伽利玛出版社能汇总成一卷出版的就是这个。

波伏瓦:主观上讲,您如何看待自己与作品的关系?

萨特:我不是很满意。小说写得不成功。

波伏瓦:不。它只是没写完,并不是不成功。

萨特:总的来说,大家对小说的评价没那么高,我认为他们是有道理的。至于哲学著作……

波伏瓦:它们可是好得出奇!

萨特：是的，但它们会带来什么呢？

波伏瓦：我认为《辩证理性批判》大大推进了思想！

萨特：它未免有点儿理想化吧？

波伏瓦：我认为完全没有，我相信这本书有助于我们理解世界、理解人类，而且《福楼拜》——尽管用的是另外一种方式——也有类似的作用……

萨特：《福楼拜》我没写完，以后也不会再写了。

波伏瓦：您没有写完，但《包法利夫人》的风格您不怎么感兴趣。

萨特：但关于它我仍然有话要说。

波伏瓦：是的，但是关于福楼拜您已经说了很多，那是针对一个人进行思考的模式、方法，加在一起可以说蔚为大观！有一点不应忽视，那就是这本书纯粹的文学性；《福楼拜》和《词语》一样，是很引人入胜的。

萨特：我可从来没有特别上心地写过《福楼拜》。

波伏瓦：但有些地方实在是出奇地好，就像《词语》一样，是真正的文学。

萨特：《词语》我是想把它写好的。

波伏瓦：但是，不谦虚地说，当您将成形的作品和曾经想做的事情进行对比的时候，毕竟还是不无得意的。我知道，少年时代影影绰绰的梦想和最终实现的情况不会完全吻合，然而，这就是您曾经想干的事吗？

萨特：我不是太满意，也没有不满意。而且，这里面有一个大问号：我干的事情以后会怎样？

波伏瓦：这正是我们刚才说过的，后人将怎样看待它？

萨特：没错，如果我们的后代像中国人那样，这些事情也没什么了不起的。

波伏瓦：完全时过境迁。

萨特：这真是一个充满变数的时代。我们不知道现今这个世界将往何处去，但它肯定是长不了的。

波伏瓦：不过，我们不在十八世纪，却仍然在读十八世纪的书。我们不在十六世纪，却仍然读十六世纪的书。

萨特：但十八世纪没有这种革命。一七八九年革命是完全与之无关的。

波伏瓦：尽管时过境迁，我们还是读希腊和罗马的作品。

萨特：我们把它们当作非现时的东西来读，这是另一回事了。

波伏瓦：在您看来，文学是否总会保有恒定的价值？或者说，既然您已在搞政治，文学就有点儿失去价值了？

萨特：不，政治不会使文学丧失价值。

波伏瓦：您怎样看待两者的关系呢？

萨特：我过去以为，政治活动应该努力构建一个文学可以无碍地自我表达的世界，这和苏联人的想法刚好相反。不过，我从来没有从政治的角度探讨过文学，我一向把文学看作自由的形式之一。

波伏瓦：有没有过这样的时期，在政治问题面前，文学如果不是无足轻重，那么至少也退居其次了？

萨特：没有，我从来没这样想过。不是说文学就应该放在首位，我只是说我注定是搞文学的人。我搞政治跟大家一样，搞文学用的却是自己的方式。

波伏瓦：对，就是因为这个，您最近同维克多和加维谈话时，他们想让您放弃写《福楼拜》，您表示反对。一九五二年，有一段时间差不多停止了写作，目的是想让出时间大量读书。当时您正在接近共产党，想让自己的头脑——按您自己的说法——脱胎换骨，您弃写就读，也和这两件事相关。不过，当时，文学仍然保持着它的……

萨特：这事我没有太深思熟虑。如果想清楚了，会跟您说我早已专心于文学。

波伏瓦：那一时期您最重要的工作不是写作了。

萨特：是阅读。

波伏瓦：并且在思考。

萨特：那时我写了《共产党人与和平》。

波伏瓦：这些文字属于政治范畴了，政治性远大于文学性。

萨特：是的。和加缪关系的破裂从根本上说也是政治性的。

波伏瓦：周围的朋友，或者像保朗这样的人，或者那些严格意义上的批评家，他们的赞赏对您来说意味着什么？对批评家，您是完全无视，还是高度重视？您和批评家、读者的关系是怎样的？

萨特：就我了解到的，读者总是比评论家更聪明。事实上，关于我写的东西，我从来没在评论家那里学到过任何东西。除非他也是就这个或那个问题写过一本书的——这些人有时会让我学到一点儿东西，但大多数批评家什么都没让我学到。

波伏瓦：但是，像所有的人那样，每当有书出版，您也是非常强烈地渴望……

萨特：我想知道大家怎样评价它，这是很自然的。没错，每当有书出版，我都会把所有的评论文章读一下。好吧，不是所有的，因为读不完。看到全年的批评文章目录时，我惊呆了，因为有一半都没读过。然而，我会试着去读它们。可是批评家说：这个好，或者这个不好，或者这个没那么好。他就只会说这个。至于别的……

波伏瓦：有没有来自读者的评论让您未来的作品得到启发？或者相反，让您的写作如遭雷击？读者评论是否影响到您的写作进程？

萨特：我没有这种印象。不，我有一个特殊的读者，就是您。您对我说："我同意，这个可以。"那就算成了，我把这本书出版，毫不在乎批评家的意见。您帮了我的大忙，给了我孤军作战时不可能有的自信。

波伏瓦：从某种意义上说，是读者揭示了文本的真相。

萨特：我没有见过这样的读者，或者说，我对批评家很不满。只有您。事情总是这样：您觉得书写得好，对我来说就够了。批评家认为它不好：他们都是傻蛋。

波伏瓦：当您的作品得到了聪明人的首肯，或者取得了名符其实的成功，您仍然会为之动容。

萨特：现在批评家是有些不同了。有一个人我很喜欢，杜布洛夫斯基。他很聪明，目光如炬，能看到一些东西。有一些像他这样的批评家，批评也就有了意义。过去的批评是没有意义的。

波伏瓦：可以肯定的是，《词语》得到了热情洋溢的好评，但您并没有因此决定写一本续集。

萨特：是的。为什么要决定写续集呢？他们说："会有续集的。"结果没有。

波伏瓦：话说回来，写作，有点儿像是回应某种呼唤。而且，您也经常根据时势写一些作品。一般说来，您在这方面的确很成功。《境况种种》全都是……

萨特：《境况种种》全是根据时势写出来的作品。

波伏瓦：所以它毕竟同公众有一种直接的关系。

萨特：是有关系。一个事件发生了，某个读者群体就会问萨特是怎样看的，因为他们喜欢我。所以，有时候我是为这部分读者写作的。

波伏瓦：刚认识您时，您还很年轻，还在为后世的名声而活着。有没有这样一个时期，您认为后世的名声对您完全没有意义？以介入的方式为当代人写作，以及百年之后的功过评说，您能谈谈两者之间的关系吗？

萨特：从事介入文学时，考虑的是事关当下社会、二十年后就不再有任何意义的问题。如果你有一定的影响力，又能提出适当的问题，当你能让别人下决心行动起来或用自己的视角看待问题的时候，就成功了。只有这个问题或好或坏地解决了——当然不是作家解决的，后人的观点才有意义。因为既然实际问题已经解决，那么二十、三十年后，大家便会以纯粹审美的角度来看待作品！也就是说，好吧，我们都了解历史了，我们知道一个作家在某个时间写了这个东西，比如说博马舍写了一些很重要的批评性小册子。但是，对于今天的类似问题，您就不能用这些小册子来说事了。我们认为文学的客体是放之四海而皆准的，却不那么重视它细枝末节的内容。细节变成了象征。某种特定的事实对于揭示体现某种或几种社会类型的一系列事实都是有意义的。原本有限的客体获得了普世价值。结果是，写介入性的文章时，首先要关注被探讨的人、有待呈现的论据，以及使事物便于理解并更能打动当代人的风格，而不会有那个闲情逸致去考虑这个书无力催人行动时其价值何在。不过，总还是有点儿私心，希望作品一旦成功，将在后世以一种普世的形式再度蹿红。作品不再具有催动力，便在某种程度上被认为是无动机的。就好像作者在一种无动机的情况下写作，并不追求就明确的社会事件而采取的明确行为的价值。正因如此，我们欣赏伏尔泰的作品是因为它的普世价值，而在伏尔泰的时代，作品的叙事价值来自某个特定的社会视角。这样一来，就出现了两种观点，而作者在写作的时候对两者均心知肚明。他知道自己写的是特定的事件，他参与了一个行动，似乎并不是为了满足写作的快感才运用某种风格的语言的。然而，事实上，他认为自己在创造一件具有普世价值的作品——这是作品的真实意义，尽管它是为了某种特定行为而出版的。

波伏瓦：还有两三件事是我们应该搞清楚的。首先，您不同作品的介入程度是不尽相同的，有些作品，像《禁闭》和《词语》，美学色彩较为显著。您写出来不是为了采取某种行动，我们把它们称之为艺术作品或是真正意义上的文学作品。此外，在试图呼吁或说服别人的作品中，您却也特别注重风格和文章结构，既想命中同时代的人，也有为作品盖上普世性印章的意味，使其历久弥新。

萨特：可以这么说吧。

波伏瓦：所以说，您从来都不是不在乎后世评价的人。

萨特：不，我的确不在乎。只不过，在为同时代读者写作的梦想后面，也会念及后世。只有不再具有催动力的作品完全改头换面，变成一个与所有老东西毫无两样的艺术品，后世才会存在。

波伏瓦：只有经过了历史的透视，这些老东西才会被彻底理解。显然，您会想到后世，因为您经常对我说，您甚至——我想应该是在《词语》里吧——写过，文学完全为您屏蔽了死亡的观念。您不介意死亡，因为您可以长存于世；所以您认为书是可以延续生命的。

萨特：我非常相信后世，尤其小时候，《词语》快写完的时期，以及后来那些年，二十岁左右吧。我渐渐明白，写作根本上针对的是今天的读者。于是，后世变成了一种在身后挑动我的东西，就像一道影影绰绰的荧光，伴随在我根本上为今天的读者所写之物后面。

波伏瓦：您完全不是那种作家：把自己定位在未来，不动声色地鄙视同时代的人，就像司汤达那样——虽然您非常喜欢他，心里想道："一百年后我会被理解，今天无所谓。"

萨特：完全不是。

波伏瓦：您一点儿也不轻视同时代的人，一点儿也没有借自己的书在后世大放光华的想法。相反，您或许认为自己会通过成功命中同代人而成为本世纪的代表，进而步入后世，而不是通过与同代人隔离开来的方式。

萨特：我想，通过同代人得到认可是在我生命中发生的事情，是达到荣誉或死亡的必由之路。

波伏瓦：正是您作品中的客观化为它们提供了一种实在性。还有一个您在《词语》中提到的重要理念，那就是文学可以带来某种救赎。

萨特：的确是这样，因为我在《词语》中说了，文学能长存于世，这显然是一种改头换面的基督教移情。

波伏瓦：您在德国读哲学时也没有放弃《恶心》的写作。这两件事，您是双管齐下的。

萨特：最重要的事还是写《恶心》。

波伏瓦：但读哲学也很重要，您甚至在德国待了一年。我问过您是怎么想到写《存在与虚无》的，您的回答是："因为战争。"

萨特：没错。

波伏瓦：这个解释可不够充分。

萨特：好吧，《存在与虚无》里的很多内容是在笔记里已经写好的——我在"奇怪的战争"中写过一本笔记，《存在与虚无》里的思想就是以这本笔记为基础形成的。这些想法直接来源于我的柏林时代，当时没有书本，就只好自己凭空创造。我不明白战俘营里的德国人为什么把海德格尔当作礼物送给了我，这件事至今还是一个谜。

波伏瓦：您是怎么做的?

萨特：我在战俘营，一个德国官员问我缺什么东西，我说"海德格尔"。

波伏瓦：大概是因为当局比较看好海德格尔……

萨特：也许吧。反正他们把书给了我。厚厚的一本，很值钱的书。这很奇怪，您知道，我们可不是鲜花拥簇的贵宾。

波伏瓦：是的，这个我知道。的确有点儿奇怪。总之，就是说您那段时间读了海德格尔。

萨特：我在战俘营期间读了海德格尔。其实，我了解海德格尔与其说是通过读他的书不如说是通过胡塞尔。另外，我在一九三六年就读过一点儿海德格尔的东西……

波伏瓦：啊，对了，我记得您让我翻译了海德格尔的一些大部头。好像还是在鲁昂的时候，我们还谈起过这事儿。好吧。另外，《存在与虚无》又来源于您在《想象性》中的重要发现。

萨特：不错，正是这样。我发现了意识就是虚无。

波伏瓦：后来您常说，写《存在与虚无》时的思想和直觉，您以后不会再有了。

萨特：是的……不过我还是写了一些和哲学相关的书，例如《圣热内》。

波伏瓦：对。

萨特：在我看来，它是一篇重要的随笔，不是哲学随笔，而事实上我从始至终都在运用哲学思想。

波伏瓦：是的。

萨特：可以说《圣热内》是一部哲学著作……后来，在写《辩证理性批判》的过程中，有些东西又在我心中浮现出来了。

波伏瓦：啊，这个也是在一些机缘巧合的情况下发生的，时势使然，因为波兰人问您……

萨特：波兰人问我在哲学方面走到哪一步了。

波伏瓦：于是就有了《方法问题》。

萨特：于是就有了《方法问题》。波兰人发表了它。我想——您也是这样建议我的——把它交给《现代》的读者。

波伏瓦：是这样的。

萨特：最初的文本不是很好。我开始重写，后来在《现代》上发表了。

波伏瓦：没错。不过，没有别的动机吗？从一九五二年开始，您就开始大量地阅读关于马克思主义的著作，哲学成了一种政治性的东西——由此看来，向您要这篇文章的是波兰人，这并非事出偶然。

萨特：是的。在马克思看来，哲学是应该被取缔的。我却不这么看。我认为哲学一直存在于未来之城中。但毫无疑问的是，我参考了马克思主义哲学。

波伏瓦：您应该好好解释一下，这很重要：有人建议您写《方法问题》。您为什么会同意做这件事？

萨特：因为我想知道自己在哲学方面走到哪一步了。

波伏瓦：您与马克思主义的关系……

萨特：从表面上看是这样，但主要是和辩证法的关系，因为，如果有人看看我的笔记——可惜这些笔记都不在了，就会发现辩证法是怎样渗透进我的文字中的。

波伏瓦：不过，《存在与虚无》中可完全没有辩证法。

萨特：正是如此。我是从《存在与虚无》过渡到辩证法思想的。

波伏瓦：是的。写《共产党人与和平》时，您开始创立一种历史哲学。这种哲学多多少少导致了《方法问题》的问世。

萨特：是这样的。

波伏瓦：但您是怎么继续从《方法问题》过渡到《辩证理性批判》的呢？

萨特：《方法问题》仅仅是方法论，但它的身后是哲学，也就是我开始阐明的哲学辩证法。我一写完《方法问题》，大概三或六个月之后吧，就开始写《辩证理性批判》。

波伏瓦：您是怎样发现自己有了新思想呢？因为有些年您总是对我说："不，我不知道自己会不会再写一本哲学书。我没有想法了。"

萨特：嗯，我想我当时说"我没有想法了"，只不过是显意识里没有想法了，但有一些东西仍然……

波伏瓦：一些东西构建起来了。

萨特：对。写《方法问题》时，我的想法迅速地各就各位。这些思想正是在我积累了三四年的笔记中记下的……这些笔记，您知道……

波伏瓦：对，对，我知道那些厚厚的笔记本……不过，毕竟，好像在那些笔记里还没有"逆溯"和"惰性实践"等重要思想。

萨特：对。但在辩证法的层面上我已经走得相当远，可以预见到它们了。

波伏瓦：从一九五二年开始，您读了大量的历史书。

萨特：是的，《辩证理性批判》的第二部分不会再写了，但这部分本来……

波伏瓦：还是写成了很大一部分……

213

萨特：……我应该讲讲历史。

波伏瓦：从操作层面讲，在您的工作进程中，写文学书和写哲学书有什么不同吗？

萨特：写哲学书我不打草稿。一般来讲，一篇文章我要写七八份草稿，大概得有七八页的样子。我先写三行，在下面画一条横线，然后第四行写在另一张纸上。哲学书却完全不这样。我拿起一张纸，开始把脑子里的想法写出来——我也许很久都没有这些想法了，然后一口气写完。或许不会一口气写满这页纸，但总之能写好多。这页纸快写完时，我停笔，发现一个书写错误，于是把错误改过来，接着写下一页，就这样，直到全文完成。换句话说，哲学，是我向某人说的话。这跟小说不一样，小说也是写给某人的，但方式有所不同。

波伏瓦：是这样的。

萨特：……我写小说，是为了让某人读到。而我写哲学书，是向某人解释——用我的风格，也可以加上我的口舌，向某人实事求是地解释今天跑到我脑海里的想法。

波伏瓦：总而言之，您不能用录音机写文学书，却或许能用它来写哲学书。

萨特：正是这样。

波伏瓦：我见过您写《辩证理性批判》时的工作状态，样子真吓人。您几乎完全不再看一遍。

萨特：第二天上午我再看头天写的。我每天大概写十页。

波伏瓦：对。

萨特：这是我一天可以完成的最大工作量。

波伏瓦：您写《辩证理性批判》时，处于一种运动员似的亢奋状态。您是吃了"科利德兰"以后写的。

萨特：写《辩证理性批判》时我总吃。

波伏瓦：……写文学书时，您从来不吃"科利德兰"。

萨特：从来不吃。吃了"科利德兰"，文学书就写不下去，因为会导致粗制滥造。记得战后有一次我试着吃完药写文学书，是一段小说，马提厄回家前在巴黎各大街头徘徊。真是可怕。他在各大街头游荡，结果每条大街都让我浮想联翩。

波伏瓦：我记得这事，真可怕。我还想问您一个问题。一个人即使不自恋，也有某种关于自我的形象。您小时候和稍大一些的形象，我们讨论过，但今天的形象呢？您现在六十九岁了，有那么多的博士论文、书目提要、传记、访谈和评论以您为题，有那么多人要求见您。这对您有什么影响吗？您有没有将自己划为历史纪念碑式的人物，或者……

萨特：这有点儿像历史纪念碑，是的，但也不完全是。就好像，我重新找到了当年供奉在自己面前的那个大人物。那儿是有一尊人物，他不是我，却又是我，因为大家孜孜以求的是他；人们创造了一个大人物，那就是我。有一个"他之我"，还有一个"我之我"。"他之我"被人创造出来，同时又被人以某种方式与"我"联系起来。

波伏瓦：一个是今天真实的大人物，一个是您年轻时梦想的大人物，两者重合在一起，这对您来说意义非凡还是说没有意义？

萨特：这没有意义。我从不会对自己说："好了！这差不多就是我小时候想要的，如此云云。"这没有意义。我从不过多考虑自己，好些年前就完全不考虑自己了。

波伏瓦：是从什么时候开始的？介入政治以后吗？

萨特：差不多是的。"自我"会浮现出来，当我一个人做些私密或个人的事情的时候，当我去看某人或为某人做事的时候。那时，这个"自我"就会再现。但是，搞文学时，当我在写作，"自我"就没有了。大概在五十或五十五岁时——写《词语》之前，我常常梦想写一个发生在意大利的故事，里面有一个和我年龄相仿的人和生活发生着种种关系。这会是一个有浓烈主观色彩的故事。

波伏瓦：我隐隐约约记得这事。好了，我们还得回到一件事情上来，就是那些您没有写出来的书。

萨特：是的。

波伏瓦：您为什么打算写它们？后来为什么又放弃了……

萨特：《阿贝玛尔王后或最后一个旅行者》我写了很长一部分，还做了很多笔记。

波伏瓦：最后一个问题。您说您对自己的形象或者说您自己不感兴趣。那么您乐于进行这些谈话吗？

萨特：我很乐意啊。要知道，如果有人伤害我，我会作出反应。如果有人骂我，我会不高兴。

波伏瓦：那是当然。

萨特：因为目前我没有什么重要的事情可做，就需要对自己多加关注一下……否则，我就完全没有……

波伏瓦：尤其是您关于自己谈得太少。

萨特：确实如此……

波伏瓦：您在《词语》中谈到自己，有些是跟梅洛-庞蒂有关，有些是跟尼赞有关，但从十一岁开始，您就从未做过关于自己的概述。您从来不写日记。您会随时记下涌入脑海的思想，但您从来不会一日不落地记日记，也从来没有这么干的想法。

萨特：对，但战争期间除外。战争期间，我每天都要写下脑子里正在发生的想法。不过，我认为这是一件不入流的工作。文学要和选择一起发生，并需否定一些句子，然后再接受一些句子。这个工作是没法和日记共容的,日记中的选择几乎是自发性的,不能太好地自圆其说。

波伏瓦：不过,在这种可以称之为"未加工"的文学体裁里,有一个分支您是非常擅长的。您是实至名归的书信体大家,尤其年轻的时候。我们不在一起时,您给我写长篇累牍的信——不止给我,您有时还给奥尔嘉写长达十二页的信,跟她讲我们的旅行。您服兵役或者我去徒步旅行时,您写特别特别长的信给我,有时一连两周每日一封。对您来说这些信意味着什么呢？

萨特：书信是对当下生活的速写。比如写在那不勒斯一天中发生的事情,等于说让那个收信人身临其境地感受一下。它是自发完成的。我私下会想,别人会将这些信发表,尽管实际上它们只针对我的那个收信人。我曾经的一个小小私心是：我死以后会有人将它们发表出来。但现在我不再写这种信了,因为我知道,一个作家,大家的确会印发他的信,但我觉得这件事是不值得的。

波伏瓦：为什么呢？

萨特：因为它们没有经过充分的推敲——只有少数例外,比如说狄德罗写给索菲·沃朗的信。我写信都是一口气完成的,不修改,也不费神考虑收件人以外其他读者的感受。所以,我不觉得书信是一种有多大价值的文学创作。

波伏瓦：是的,但您毕竟很喜欢写信。

萨特：很喜欢写。

波伏瓦：如果将来有人把它们发表,一定是因为这些信生动有趣。

萨特：实际上,我的信有点儿扮演了日记的角色。

波伏瓦：那天,您说名作家的生活对您的影响很大。伏尔泰、卢梭,还有其他一些作家,他们的信十分重要,而且都被发表了,这件事是否促使您去写信呢?

萨特：我写的信不带有文学目的……

波伏瓦：但是您刚才说，您暗地里还是觉得也许有人会把这些信发表的。

萨特：啊！既然要写信，我也许就比一个不是作家的人写信给张三李四时要投入更多的意趣和情感。的确，我曾经试图在信件中快乐地卖弄辞藻，但做得并不过分，否则岂不是太学究气了。也许应该说我搞的是自发性文学。现在我可不相信什么自发性文学，但那时候我是相信的。总的来讲，我的书信就等于一份关于我的人生的物证。

波伏瓦：好吧。但为了支持这个物证，您需要一个对话者。

萨特：没错。

波伏瓦：再回过头来谈谈那些您没发表或没写完的书吧。我希望您说说这件事。

萨特：我想所有作家都有这种情况。

波伏瓦：啊！我可不这么认为。您能为没发表的书籍列出一个大致的目录吗？

萨特：《真理的传说》。

波伏瓦：《真理的传说》不属于这种，它是被拒稿的。只有一个片段发表了……但有一本书特别重要，就是《心理》。它究竟是本什么书？

萨特：我在德国待了一年来阅读海德格尔尤其是胡塞尔的书。从德国回来后，我写了《心理》。

波伏瓦：您还写了《自我的超越性》，发表了。

萨特：对，它是发表了，但很快就被人遗忘，消失得无影无踪，后来勒邦小姐又将它再版。

波伏瓦：《自我的超越性》和《心理》之间是有关系的。

萨特：是的。我正是从《自我的超越性》出发来构思《心理》的。《心理》，是对所谓"心理性"的东西的描述。从哲学角度讲，怎样才能体验主观性呢？《心理》解释的就是这件事，它讨论情感，也讨论感觉……

波伏瓦：您把它们看成超然于意识之外的心理对象。您的主要思想，就是这样的吧？

萨特：是的。是这样。

波伏瓦：正如"我"是超验的一样，正如……

萨特：感觉也是超验的。

波伏瓦：……感觉、情感。这是一个很大的课题，涵盖了心理领域的方方面面。

萨特：这本书的重要性应该不下于《存在与虚无》。

波伏瓦：《情感理论》不是《心理》的一部分吗？

萨特：对，它是《心理》的一部分。

波伏瓦：那您为什么保留了《情感理论》——没错，您保留它是对的，做得很好，却为什么把《心理》的其他部分舍弃了？

萨特：因为舍弃的部分重复了我所吸收的胡塞尔思想，我用不同的方式把它们表达出来，但毕竟，那完全是胡塞尔的，不是我的原创。《情感理论》保留下来，因为它是原创。这是一部可称之为情感的某种经历（Erlebnisse）的精彩论著。我在书中指出，经历不是各自独立产生的，它们与意识之间存在着联系。

波伏瓦：它们是被意向性激活的。

萨特：是的。这个想法我至今依然保留着，尽管不是我的原创，但对我来说十分重要。

波伏瓦：独创性在于，把意向性用于情感、情感的表达、体验情感的方式，等等。

萨特：胡塞尔很可能会把情感看成先于意向性的东西。

波伏瓦：肯定会，不过他没有致力于此。

萨特：就我所知，他没有。

波伏瓦：所以说，《心理》是您最早放弃的一本书？

萨特：是的，仅仅保留了一部分……几乎同时，我在写中篇小说，讲一个女子管弦乐队从卡萨布兰卡来到马赛。

波伏瓦：这个女子管弦乐队在《缓期执行》中又出现了。

萨特：这是一个我在鲁昂听说的女子管弦乐队，它同卡萨布兰卡一点儿关系也没有。

波伏瓦：故事中是有这个管弦乐队，而后来有一个佐阿夫兵还是普通士兵，自以为很帅。

萨特：里面有一个兵，他想：我很帅，我记得。

波伏瓦：这篇小说后来怎么样了？

萨特：天知道。就像那个小说《午夜的太阳》一样，我在跟您徒步旅行时把它弄丢了。

波伏瓦：啊，对了，是在喀斯地区。那是在写《恶心》之后，您想把它收进一个小说集……

萨特：小说集出版了。

波伏瓦：出版了，那是后来的事。您谈谈《午夜的太阳》怎么样？

萨特：有一个小姑娘，她稚拙地看到了午夜的太阳，我记不清究竟是怎样的故事了。

波伏瓦：她在头脑里编制了一幅图画：深更半夜的天上出现了一轮异乎寻常的太阳。后来，她真的见到了午夜的太阳，那其实是一个绵延至久的黄昏，那轮太阳也没什么异乎寻常的。您对这篇小说不是太重视。

萨特：是的。我没有再写它。事实上，它等于描述了一场我自己的旅行，小姑娘的印象多少也是我的印象。

波伏瓦：还有一个故事，和您给奥尔嘉写那封关于那不勒斯的长信是差不多同时的事。

萨特：对。有一部分发表了。

波伏瓦：题目是《食物》。

萨特：沃尔斯给画的插图。他让我提供一篇文章给他画插图，我就给了这篇。

波伏瓦：斯基拉出版社出版的。

萨特：我想是的。

波伏瓦：您能谈谈这篇小说吗？

萨特：让我想想。那时我在那不勒斯和您在一起，我们刚从阿马尔菲回来。

波伏瓦：我在那不勒斯同您分手，因为您对阿马尔菲不太感兴趣，我要自己一个人去。而您独自一人在那不勒斯待了一晚上。

萨特：是的。我遇见了两个那不勒斯人，他们提出要带我参观这座城市。大家都明白这是什么意思。这意味着去看一个被藏起来的那不勒斯，也就是说，多多少少吧，参观妓院。然后他们真的领我去了一家妓院，有点儿另类的妓院。我们进了一个环形的房间，沿墙放了一圈儿沙发，屋子当中也放了一个环形沙发，围着一根柱子。老鸨把年轻人赶了出去，然后进来两个女子，一个年轻，一个没那么年轻，都脱得精光。她们俩相互拨云撩雨，或者说假装相互拨云撩雨。年纪大的女子很黑，演男人，另一位女了大概二十八岁，挺漂亮，演女人。

波伏瓦：您跟我说过，她们表演的是庞贝这个著名的神秘之城中流行的不同体位。

萨特：的确是这样。她们先报告这些动作名称，然后十分小心翼翼地模仿这些不同体位。我有点儿瞠目不知所措，便离开了。在楼下，我见到了那两个小伙子，他们在等我。我给了他们几块钱买了一瓶维苏威红酒，然后三个人在大街上喝光了。我们又吃了点儿东西，他们就跟我告别了。他们带走了一点儿钱，我却因场景无聊而败兴而归。

波伏瓦：但总的来说您还是玩得挺高兴的。第二天我回来，您跟我说这件事时兴高采烈的。您在小说里讲的故事，就是那天晚上的遭遇吧？

萨特：是的。我想讲那个男孩去逛妓院，还有他对那不勒斯的观感。

波伏瓦：为什么您最后没有发表这篇小说？它的题目是《离乡情怯》。

萨特：完全不记得了，我想是您建议我不要这么做吧。

波伏瓦：为什么？它不好吗？

萨特：应该不是太好。

波伏瓦：我们大概认为这个故事组织得不充分，还达不到其他小说的水准吧。

萨特：大概如此。

波伏瓦：在《存在与虚无》之后，您开始写一个伦理学著作。

萨特：是的，我打算写，却一直拖着没写。

波伏瓦：在这本书里，您对尼采进行了长篇大论的恢宏研究，写得很精彩。

萨特：尼采的确是我伦理学研究的一部分。另外，我还写了马拉美，大约二百页的样子。

波伏瓦：啊，是的！您对于马拉美所有的诗都做了一个详细的解释。这本书为什么不出版呢？

萨特：因为一直没写完。我常常半途而废，不久又重新捡起。

波伏瓦：但就整体而言，您没有把它称为"伦理学"，它是一部关于人类态度的现象学研究，对某些态度的批评，和您关于尼采的研究相关联——您为什么放弃了？

萨特：我没有放弃。那些笔记丰富一下都能派上用场。

波伏瓦：我感觉，现象学角度在您看来太唯心主义了。

萨特：是的，一点儿不错。

波伏瓦：对您来说，写一个分析性的东西是不是太唯心主义……

萨特：不是分析，是描述。

波伏瓦：对人类的各种态度做现象学意义上的描述。还有一些东西您没有写完。您写过一个研究丁托列托的长篇，后来在《现代》上只发表了一小部分。您为什么放弃了它？

萨特：我后来写烦了。

波伏瓦：但我认为您的文字里有些至关重要的东西。

萨特：这篇文章是斯基拉出版社约的稿。

波伏瓦：对。

萨特：不是出版社选择了丁托列托，而是我跟他们说要写丁托列托。后来我放弃，是因为写烦了。

波伏瓦：还有一本书也是搞了很长时间又放弃了的：《阿贝玛尔王后或最后一个旅行者》，那是什么时候写的？

萨特：一九五〇年到一九五九年。我写了一百来页。我想我用了二十页的篇幅来写威尼斯小船发出的汩汩水声。

波伏瓦：对，关于威尼斯您写了很多。而且它发表了。您还是发表了一些。

萨特：是的，在《兴致》上。

波伏瓦：您的想法是，用词语为诱饵来捕获意大利的印象。不过，这篇游记也自我破坏了。

萨特：从一位游客的叙述角度来看，的确是一种自我破坏。

波伏瓦：就是。

萨特：探究一个去旅行化的意大利，是更有意义的事。

波伏瓦：您踌躇满志，既想把它写成历史性的——比如说您描绘了维托里奥·埃马努埃莱二世纪念碑，而整个意大利历史都有他的影子，同时又希望它同时是主观性的。

萨特：是的。

波伏瓦：那就应该既是主观的，又是客观的。

萨特：我的确踌躇满志，后来却放弃了，因为我没能找到一种正确的观点。

波伏瓦：不过您写的时候却是饶有兴致的。

萨特：是的，当时我有很大的兴趣。

波伏瓦：还有另外一些您思考过却没完成的文学或哲学著作吗？

萨特：我准备为那所邀请我的美国大学写一部伦理学著作。一开始时，因为要演讲，就写了能撑四五场演讲的东西，但后来继续写下去，就只是为了我自己了。我写了一大堆笔记，也不知道把笔记放在哪儿了，应该在家里吧。一大堆笔记，为了写一部伦理学著作。

波伏瓦：它主要讲的内容不是道德和政治的关系吗？

萨特：是的。

波伏瓦：那么，它跟您在一九四八年或一九四九年写的那些东西完全不一样了？

萨特：完全不一样。我做了一些笔记。其实，这本来会是一部很重要的著作。

波伏瓦：为什么又放弃了？

萨特：因为我写哲学写烦了。您知道，哲学这种东西在我身上一向如此。我写了《存在与虚无》，然后累了，它是有可能出续集的，但我没写。我写了《圣热内》，它被看成是哲学和文学之间的桥梁之作。然后我写了《辩证理性批判》，后来又停了下来。

波伏瓦：因为它要求做大量历史方面的研究。

萨特：正是这样。我必须研究差不多五十年的历史，动用一切必要手段来了解这五十年的历史，不仅要在整体上了解，而且要考察到各个细节。

波伏瓦：不过，您也想过只研究一个为时较短的时间，比如说法国大革命。您花过大功夫来研究法国大革命。

萨特：对，但我还需要其他例证。我想真正深入地阐明什么是历史。

波伏瓦：您谈到斯大林主义。

萨特：是的，我开始谈到斯大林主义。

波伏瓦：还有另一类您的作品非常重要，我们却完全没有谈到，就是戏剧……您是怎样写起戏剧来的？戏剧对您来说有什么重要意义？

萨特：我总觉得自己会干这一行。我还是个八岁小孩的时候，常带着木偶泡在卢森堡公园里，手上牵线拉着它玩。

波伏瓦：您在少年时代又回到写戏剧的想法上来了吗？

萨特：是的。我写了模仿性的滑稽剧和小歌剧。我是在拉罗谢尔发现小歌剧的——我常和小伙伴们去市立剧院。在小歌剧的影响下，我也开始写了一部，叫做《豪拉提乌斯·科克勒斯》。

波伏瓦：啊，是的，我知道。

萨特：我还记得两行："我是米修斯，米修斯·斯凯沃拉，／我是米修斯，米修斯，就这样吧。"后来，我在巴黎高师写了一个独幕剧《我将有一个好的葬礼》。这是一出喜剧，讲一个人描述自己临终的情境。

波伏瓦：上演了吗？

萨特：没有，怎么可能上演！我又写了一个关于高师的活报剧。高师每年都会出一部活报剧，剧里有校长、他的属下、学生和学生家长。我写了一幕。这部戏渗透出一种极度的荒淫气息。

波伏瓦：而且您也参加了演出。

萨特：我演朗松，那个校长。

波伏瓦：这都是些小小的游戏之作。后来您还继续写吗？

萨特：我又写了一个戏剧，叫《厄毗米修斯》，嗯，应该是。诸神来到一个希腊村庄，想要施以惩戒。村里有诗人、小说家和艺人；最后悲剧产生了，普罗米修斯赶走了众神，结果他自己的遭遇就不怎么好了。不过我当时认为戏剧是一种有点儿不入流的文学体裁。我最初的观念就是这样。

波伏瓦：后来呢？我想我们应该谈谈《巴里奥纳》。

萨特：被俘期间，有一群艺术家每周日都去一个大谷仓演戏，我是其中之一。大家自己布景，因为我是个知识分子，能写，他们就请我写一部能在圣诞节上演的戏。我就写了《巴里奥纳》，写得不怎么样，但其中包含了戏剧的理念。不管怎么说，这件事让我对戏剧有了感觉。

波伏瓦：您写给我的信中谈到它，说以后会搞戏剧。《巴里奥纳》是一部介入戏剧。您假托罗马占领巴勒斯坦来暗指法国。

萨特：是的。德国人没理解到这一点，他们只是把它看成一部圣诞戏，但法国战俘全都懂了，这部戏感动了他们。

波伏瓦：您的强大之处在于，这不是一部演给外部观众的戏，不是一部写给普通市民的戏。

萨特：是的，《巴里奥纳》是演给一群特定观众的，而在场另外有一些人，如果他们看懂了，就会中止演出。所有战俘都明白个中情由。从这个意义上讲，它是一部真正的戏剧。

波伏瓦：后来是《苍蝇》。请谈一谈您写它的背景。

萨特：跟您一样，我同奥尔嘉·科萨克维茨是朋友，她在杜兰手下学习表演，需要在戏里扮演角色的机会。我就建议杜兰制作一出戏。

波伏瓦：对您来说，《苍蝇》意味着什么？

萨特：《苍蝇》，这是我的老主题了！一个有待发挥的传奇，可以赋予现代意义。我保留了阿伽门农和他妻子的故事、俄瑞斯忒斯弑母的故事，以及复仇女神的故事，但同时赋予这些故事另外的含义。事实上，我所赋予的含义，正是德国对法国的占领。

波伏瓦：更清楚地解释一下吧。

萨特：在《苍蝇》里，我谈的是自由：我绝对的自由、我作为人的自由，尤其是被占领的法国人在德国人面前的自由。

波伏瓦：您对法国人说："要自由，重新找到自己的自由，驱散别人强加给你们的懊悔。"见到自己的戏上演，对您有什么影响？有一群特定的观众，还有您的作品。这和一本书的出版有什么不同？

萨特：我不太喜欢戏剧。我和杜兰是朋友，和他谈过场面调度的问题。这个事儿我懂得不多，但还是跟他讨论过。不过，戏剧导演的工作十分重要，我甚至感到自己在舞台上处于一种缺席状态。

它是那样一种东西，以我所写之物为基础上演，又不是我的所写之物。这种感觉在我后来别的戏剧里从未出现过，我想确切的原因是我自己参与其中了。

波伏瓦：后来您的其他戏剧是什么情况？先说《禁闭》吧？

萨特：卢洛的活儿干得好，为以后的戏剧导演工作提供了一个好样板。他所呈现的东西正与我写这剧本时的想象吻合。

波伏瓦：下一部戏呢？

萨特：下一部是《死无葬身之地》。我打算用这种方式呈现法国民众在战后对抵抗运动战士的冷漠态度，因为大家渐渐把他们忘了。当时，资产阶级卷土重来，与德国人多少有点儿同符合契，关于抵抗运动的戏剧让他们大为光火。

波伏瓦：是的，这种戏招致众怒，尤其里面有严刑拷打的场景。您究竟为什么要写这出戏呢？

萨特：为了提醒大家什么是抵抗战士，他们遭受严刑拷打而不屈服，当时却被人说成那样，是够无耻的。

波伏瓦：我们就不逐一谈您的全部戏剧了。我希望听您谈的是，写戏剧和写严格意义上的文学作品有什么区别。

萨特：首先，主题是很难找的。我通常会在书桌旁呆坐两周、一个月、一个半月，有时头脑中会闪现出只言片语。

波伏瓦：啊，对，有一次您跟我说："《启示录》的四骑士。"

萨特：偶尔会出现一个主题，影影绰绰的。

波伏瓦：应该说您写的戏常常是应景之作。您没有什么主题要探讨。比如，您只是想写一个戏给万妲演。

萨特：是这样的。

波伏瓦：您想让她演。她很久没演戏，希望演出，您也想让她演出。所以您就对自己说，我要写一部戏。

萨特：正是这样。有一个主题我总在琢磨但一直没落笔。就是有一个人，他妈妈因为自己怀孕了而大为光火。

波伏瓦：啊，是的。

萨特：她看到的是她的一生，观众看到的是舞台上依次亮起的"场景"。人们看到她生命的每个片段，包括她临终的痛苦和最后的死亡。她分娩，孩子生下来，长大成人，经历了所有大可预见的场景，最终成为一个伟人、一位英雄。

波伏瓦：是的，这个戏您想了很多。但从没有真正成形。

萨特：是的，从未成形。

波伏瓦：回到您写戏剧的工作方式这个问题上来吧。

萨特：开始，我是为了某个主题而写，后来就抛开了它。我想到一些句子，一些台词，把它们记下来。形式多少有点儿复杂，我将它们简而化之。《魔鬼与上帝》就是这么写出来的。我记得自己最初设想的一切，后来却放弃了，为的是实现……

波伏瓦：实现最终的定稿。

萨特：是的，这时我写作起来并不困难。无非就是一群人之间对话，有一说一，直来直去。

波伏瓦：我见过您的工作方式，我想，就写戏剧而言，您在脑子里要进行大量的准备工作，而中篇或长篇小说是在纸上完成的。

萨特：是的。

波伏瓦：写好一本书比写好一部戏带给您的快乐更大吗？

萨特：啊！写戏如果成功了，当然会高兴。是败笔还是杰作，很快就知道。戏剧的命运是很奇特的：可能完全失败，也可能相反，彩排时没有的东西到了现场却大放光华。成功与否，总是个未知数。写书不是这样。一本书如果写得好，需要很长时间验证，得等三个月，然后才能确定它是否成功。而写戏剧，杰作可以变成败笔，败笔也可以变成杰作。很奇怪的是，特别成功的戏剧其结局有时好有时不那么好，比方说布拉瑟就在我这儿出过两次事故：他演了一定的场次，然后，要么去度假，要么按惯性演下去，这个戏就算完了。

波伏瓦：还有一件事：您很少重读自己写的书。但您经常重看自己写的戏，因为它会以新的方式搬上舞台或在国外上演。您会用新的眼光重读剧本吗？会不会觉得这是别人写的戏？

萨特：没有这种感觉。戏在台上演，我看到的是导演方式。

波伏瓦：戏剧带给您最大的乐趣是什么？我的意思是，您会一边看戏一边想这戏写得好或导得好，或者说，您会为它取得的成功而感到喜悦吗？总之，在戏剧生涯里，什么是您最愉快的时刻？

萨特：啊，有件事很奇怪，一本书，它是死的，是一个死物。它放在桌子上，我们跟它毫无联系。而一部戏在某个时期却是不一样的。我们活着，我们工作，然后，每天晚上都有一个地方，您的一部戏在上演。这件事很好玩，您住在圣日耳曼大道，知道在安托纳剧院……

波伏瓦：……这场戏正在上演。《死无葬身之地》的上演对您来说是个很不愉快的经历。然而，在其他时候您是否也曾经喜欢过它？

萨特：是这样的。我喜欢《魔鬼与上帝》。这是一个巨大的成功。

波伏瓦：它在维尔森剧院重新上演时……

萨特：啊，是的。那次演出我也很喜欢。

波伏瓦：我想，看到《苍蝇》在布拉格上演，您应该也是很高兴的。

萨特：是的，我很高兴。是的，有戏上演时，我会感到巨大的喜悦。最喜不自胜的时候并不是首演。嗯，不是首演，我们不知道后来的演出会变成什么样子。

波伏瓦：甚至会有点儿焦虑。我向来与您感同身受，而当我看您的戏彩排时，没有一次不是非常焦虑的。

萨特：即使演出效果很好，也不过是一种指征……但如果继续演下去，一直都不错，那才是真高兴，说明戏里有些东西立住了，我们和观众之间建立起了真正的联系。每天晚上，如果愿意的话，我们可以走进戏院，坐在一个角落里看观众的反应。

波伏瓦：您从没那么做过。

萨特：从没那么做过。或者说，几乎从没那么做过。

波伏瓦：您最喜欢自己的哪一部戏？

萨特：《魔鬼与上帝》。

波伏瓦：我也是，非常喜欢。此外，我还非常喜欢《阿尔托纳的死囚》。

萨特：我没那么喜欢，但我对这部戏还算满意。

波伏瓦：不过，您写这部戏时，周遭情境对您可……

萨特：我是在一九五八年的危机时期写的。

波伏瓦：也许是因为这个您才心灰意冷的。

萨特：您记得，我们得知戴高乐发动政变时正要离开巴黎度假。我们先去了意大利，在罗马我写了《阿尔托纳的死囚》的最后几幕。

波伏瓦：有亲属会议的那一部分……

萨特：是的。

波伏瓦：……这场戏非常糟糕。

萨特：糟透了。头两幕仅仅有一个纲要。以后我又重新润色，花了一整年的时间……您记得吗？

波伏瓦：记得很清楚。我们当时在圣厄斯塔什广场，离住的旅馆不远。

萨特：是的。

波伏瓦：我后来读您写的最后一幕戏，感到十分吃惊。您也同意我的看法，知道不应该设置什么亲属会议，仅仅把父亲和儿子的关系呈现出来就够了。

萨特：是这样的。

波伏瓦：现在您在戏剧方面处于什么状态？

萨特：不写戏剧了，再不写了。

波伏瓦：为什么？

萨特：为什么？我已经到了该跟戏剧分手的年纪。好的剧本不会是老年人写出来的。剧本里一定要有些紧急的东西。一些人物出场，说道："你好，还不错吧？"我们知道，两三场戏以后他们就会被卡在一个紧急的事件中不能自拔。这种事情在实际生活中太少见了。我们并未生活在紧急的状况之中，我们可能突然面临严重的威胁，但那不算是紧急的状况。而没有紧急状况，就没法写出一个剧本。这种紧急状况，您也会感同身受，因为那正是观众体验到的。观众在想象中体验一个紧急的时刻。他们担心格茨会不会死，他会不会娶希尔达。结果，戏剧一旦上演，就将您置于一种日复一日的紧急状态之中。

波伏瓦：为什么年纪老了就不能激活那种紧迫感了呢？相反，您应该想的是："不管怎么说，我时日无多了。我应该把最后想说的事尽快说出来。"

萨特：是的，但目前我没有什么要在戏剧里说的事。

波伏瓦：目前在法国，戏剧已经不是以作者为中心的戏剧了，这件事是不是对您影响很大？

萨特：当然有影响了。例如，姆努什金的《八九年》就是一部由演员写出来的戏，是他们写的剧本。

波伏瓦：这件事有没有真正影响到您呢？

萨特：影响了。我的戏剧已经成为过去时。如果我现在写一个剧本——实际上我不会写，就会赋予它另外一种形式，使它合乎今天的时宜。

波伏瓦：戏剧中还有一件烦人的事——观众几乎都是资产阶级。有一段时间，您说："说真的，对那些来看我戏的资产阶级我没有什么可说的。"

萨特：有那么一次，我的观众都是工人。这是《涅克拉索夫》。那时我同《人道报》和共产党的关系都很好，他们让工厂和巴黎近郊的许多人来看《涅克拉索夫》。

波伏瓦：他们喜欢这个戏吗？

萨特：我不知道。我只知道他们来了。还有许多百姓团体在工厂里演《恭顺的妓女》，搞得很好。

波伏瓦：有一个问题想问您。您在《词语》里谈了很多关于阅读和写作的事情。您很好地解释了阅读对您意味着什么，两个层次的阅读——一种是您读不懂却着迷的书，另一种是您能看懂的书。您也谈到——尽管有点儿粗略，稍大时，发现其他书籍对您意味着什么。不过，我认为有必要就阅读对您的意义做一个回顾，暂时从十岁开始吧。在拉罗谢尔时是什么状况？巴黎以后是什么状况？再以后呢？服兵役时是什么状况？还有当教师时？直到最近几年是什么状况？

萨特：应该区分两种阅读：一种是某一时间范围内的阅读，读对我的文学或哲学写作有直接帮助的文件或书籍；另一种是无拘束的阅读，读刚出版或别人推荐的书，或者读我不了解的十八世纪的书。后一种阅读是介入式的，因为它和我的整个人格，以及整个人生都有关系。不过，这种阅读对我当时在写的书并无确切意义。通过无目的阅读，就是所有受教育的人都要经历的那种阅读，我度过了一些岁月，您知道，直至十岁，我接触到探险小说，接触到尼克·卡特和水牛比尔，并在一定程度上形成了我的世界观。水牛比尔和尼克·卡特的事情发生在美国，每本杂志上都有尼克·卡特的插图，这对我来说已经是对美国的一种发现。我们看他，就好像看那些美国人，就好像在电影里看到的，高大威猛，没有大胡子也没有小胡子，身边跟着同样高大威猛的随从或弟兄。小说某种程度上描述了纽约的生活，我就是在小说里认识纽约的。

波伏瓦：您在《词语》里谈到过这件事。我希望您接着谈谈《词语》里没谈到的时期。在拉罗谢尔，阅读对您意味着什么？

萨特：在拉罗谢尔，我参加了一个读书会，也就是说，我接替了外婆的角色。《词语》里讲过，我是在外婆那里知道有读书会这种机构，她经常在那儿借小说看。我开始流连于拉罗谢尔的各大读书会。也去市立图书馆，那儿也能借书。

波伏瓦：您读的是什么书？为什么读这些书？这是很重要的。

萨特：我读得很杂，继续读探险小说，也读较高雅的和较专门的东西。例如我在那儿读到了居斯塔夫·埃马尔。

波伏瓦：费尼莫尔·科佩尔呢？

萨特：也读一点儿费尼莫尔·科佩尔，但他的东西对我来说有点儿无聊。还有别的书，名字我忘了，不过是以小册子的形式发行的，而不是正式的出版物。

波伏瓦：好吧。除了探险小说，您还读些什么？

萨特：除了这些书，我多少恢复了外公时代的习惯——我在他的书房里读更高雅、但也没那么有趣的书。发现探险小说的时候，我年纪还小，读外公的小说是后来的事。

波伏瓦：好的。不过在拉罗谢尔已经不是外公的书了。那您都读什么书呢？

萨特：在拉罗谢尔，我读妈妈和继父的书，他们建议我该读哪些。后来，我读书有了更好的导向。我妈妈读书不多，但也会不时地读上一本，一本那个时代大家都在读的书。

波伏瓦：您继父呢，他读书吗？

萨特：他从前读过很多书。当时不读了。从前是读的。

波伏瓦：他在阅读方面会给您建议和引导吗？

萨特：没有，没有。

波伏瓦：完全没有？

萨特：完全没有。我妈妈也没有。我也不愿意他们引导我。

波伏瓦：但您说您读他们读的书。

萨特：是的，但是我自己发现它们的。我在他们的卧室或客厅里看到这些书，就弄来看，特别是在战后，因为这些书是与战争有关的。我希望了解战争。

波伏瓦：没有禁止读的书吗？您想读的书都能读到吗？

萨特：没有禁止读的书，一本也没有。而且，我也没有专挑禁书的爱好。我选的是普通的书。有些书体现了教师文化和小资文化之间的联系。有几本书看起来就是这种情况。

波伏瓦：老师会向您推荐书目吗？

萨特：那时的老师不推荐书目。他们只指定绝对经典的书。当然，有一个图书馆，但那里只有儒勒·凡尔纳的作品。

波伏瓦：同学呢，您跟他们完全没有智力上的交流吗？在拉罗谢尔呢？

萨特：他们几乎不读书。除了我，不怎么有人读书。他们天天做运动。

波伏瓦：这么来说，您是碰见什么书就看什么书了。

萨特：也不完全是这样。还是有一定追求的。比方说克洛德·法雷尔——我读过他的书，因为继父的书架上有一本。被我撞上的就是这类书。我撞上这些书，因为它们就在读书会里，大家都能看到它们。

波伏瓦：那段时期有什么书尤其打动您吗？有没有一些书，尽管有资产阶级的局限性，您却很喜欢的？

萨特：哦，那时我喜欢的主要是侦探小说和探险小说。我读克洛德·法雷尔的书，它们确实吸引我了。我也读其他人写的同类作品，不过没那么吸引我。

波伏瓦：是的。没什么真正打动您的东西。

萨特：没有。

波伏瓦：在阅读方面，您到巴黎后有了怎样的变化？

萨特：有了彻底的变化，因为我的同学尼赞，还有班里最顶尖的三四个人，包括贝尔柯和画家格吕贝尔的兄弟，都是爱读书的人。我在亨利四世中学读一年级见到盖耶时，他也读书。他们主要读普鲁斯特。那是一个伟大的发现。是普鲁斯特让我从探险小说过渡到文化小说、文化书籍。

波伏瓦：那时您喜欢谁？普鲁斯特？季罗杜？

萨特：季罗杜，是尼赞让我读他的书的。尼赞还推荐了保罗·莫朗。我是被尼赞带进文学领域的，他不读探险小说，却读许多较为现代的书。

波伏瓦：您也读纪德吗？不管怎么说，您发现了现代文学。

萨特：我发现了现代文学。我应该读过《地粮》。

波伏瓦：哦。

萨特：但没读过别的。毕竟是很久以前的事了。有许许多多的现代作家，尼赞常跟我说："你读过某某吗？你读过某某吗？"于是我就去读他们的作品了。从哲学班一年级开始，阅读就改变了我的世界。哲学书还不怎样，主要是超现实主义的书，还有普鲁斯特、莫朗等人的书。

波伏瓦：某种程度上讲，您读书是为了和尼赞保持一致而不被他超过，为了和他知道的一样多而与时俱进。

萨特：是的，首先是因为他，同时也因为另外几个读书人。

波伏瓦：您说"这改变了世界"。可以详细谈谈吗？您能简单描述一下这个世界是如何改变的吗？

萨特：比如关于探险吧，我看到有些小说的故事发生在美洲，那是一个我不了解的世界。但我对地理不那么感兴趣。美洲，我不知道它是怎样的形状。而从一年级和哲学班开始，莫朗的书让我打开了这个世界。也就是说，这些故事并非简单地发生在我的生活世界之外，它们发生在这样或那样的地方，在中国，在纽约，在地中海……一切都让我叹为观止。我发现了一个世界……

波伏瓦：是在全球的视野下，或者说是在地理学的意义上发现了这个世界吗？

萨特：是的，地理学是至关重要的。我的地理成绩在班上是很差的，但我开始明白地理了。

波伏瓦：我想这里包含了一个很普遍的现象。那个时代的作家都讲求异国情调。莫朗、瓦莱里·拉尔博还有其他一些作家都是走出法国，再来描绘这个世界。但您有通向这个世界的其他出口：季罗杜或普鲁斯特完全不会沿这个方向走。

萨特：季罗杜写东西绷得太紧，我不太喜欢他。

波伏瓦：您后来也让他领教了您有多厉害。

萨特：那是一年级时的事情。当然，普鲁斯特带给我最重要的东西是人物的主观心理学。但他还带来了"圈子"这个概念。这是普鲁斯特带给我的东西，就是说有各种各样的社会圈子，就像有不同的生物种类一样。我们是某某，意味着我们是作为小资产阶级、贵族、大资产者或教师等的某某。这些在普鲁斯特营造的世界里俯仰可见。我对这件事思考得很多。我当时——或者说很快——就想到，作家应该了解世界上的一切，也就是说，他应该属于好多个不同的圈子。我在一切自己不太喜欢的作家身上找到了这一点，比如说龚古尔兄弟，他们出入于各种圈子，把各种人物类型摸熟嚼透再放进小说里。他们写一部关于女佣的小说，因为他们自己有一个女佣，他们很爱她，不过她死了，她的性生活相当有趣。

波伏瓦：这是否一种另外意义上的启示？我的意思是，您来自一个外省的资产阶级圈子，而现在接触到的一切为您打开了生活中的多种可能性——情感、道德、心理……是不是这样？

萨特：是的，没错。它将当代的生活展现在我眼前了，因为就文化和生活而言，我父母生活的环境落后于这个时代五十年。在巴黎却相反，所有的孩子都如影随形地追随着日新月异的文化生活。尤其是超现实主义者。我以前说过，这对我们来说是个天赐之物、影响之源。后来我发现了《法国新评论》，包括杂志和书籍。这是一次真正的大发现。那时候，《法国新评论》里的书是有味道的，它散发着纸的味道，当时出版的书都保存着这种气息。我还记得，您可以说那就是文化气息。《法国新评论》真的代表某种东西，那就是切实存在的文化。

波伏瓦：现代文化。

萨特：是的，现代文化。当时我读了康拉德的作品。对我而言，康拉德就是《法国新评论》，因为他所有的作品都发表在《法国新评论》上。

波伏瓦：您为什么这样喜欢康拉德？这是您第二次提到他了。

萨特：我不是那么喜欢康拉德。但我当时在亨利四世中学的哲学班读书，是寄宿生。在自习室我接触到文科预备班的孩子，他们正准备考巴黎高师，接受一些有名的教师例如阿兰的指导。他们跟我们交谈，我们觉得荣幸之至，因为那是特别高级的班，他们也都是出类拔萃的人，我们了解甚少却又希望了解他们。他们常由着我们读他们图书馆里的一些书，尤其是，其中有一本康拉德的书。

波伏瓦：通过这些学生，或者说通过某种方式，阿兰对您有什么影响吗？您读哲学班时读过阿兰的东西吗？

萨特：在文科预备班时我没读过，但后来读了。那是在高师的时候。

波伏瓦：那些经典作家呢，比如说左拉、巴尔扎克、司汤达等人……您是什么时候读他们的作品的？

萨特：左拉和巴尔扎克我不太感兴趣。后来读了一些左拉的东西，但我从没有深入地研读过巴尔扎克。我随遇而安地为自己构建了一个经典作家的书单。司汤达，我是很快就爱上的。我在哲学班就开始读司汤达，一直读到上高师以后。他是我最喜爱的作家之一。有人说十七八岁的人不该读司汤达，否则这些孩子会被阴暗的思想弄得暮气沉沉，从而厌恶人生——当时周围很多人都这么说——听到这种说法，我十分惊讶。而且，我仍然不明白……

波伏瓦：不，恰恰相反，司汤达是很快乐的。

萨特：没错，他是很快乐的。有爱情，有英雄主义，有探险。我实在不明白司汤达怎么会引起那么多人的反感。

波伏瓦：说得非常好。还有谁？

萨特：还有一个和司汤达类似的作家，我和一群同龄人读他，不顾那些年长者——甚至包括老师——的反对。

波伏瓦：总之，阅读是您把玩这个文化世界的一种方式，同时也是一种乐趣，显然……

萨特：没错，是一种乐趣。同时我也把玩了这个世界。所谓世界，从根本上说就是我们这个星球。我雄心勃勃（我想在各种圈子里活着，我想见各种人，我想去各种国家），这给了我一种想象的滋味。我一直在大量阅读，直到上了巴黎高师三年级。为了准备教师资格考试，我停止了阅读，可惜第一次考试还是没能通过。

波伏瓦：您很用功。但我认识您的时候，您让我很吃惊，因为您读了一些一般人不会碰的作家。您读了巴乌尔·洛尔弥安和内波穆塞纳·勒莫尔西耶的东西。您有着无所不包的知识量。

萨特：是的，我是从历史课和文学课上得到的信息。历史老师和法文老师在课上说到一些人名。我就去找他们的书读。

波伏瓦：在巴黎时，您是怎样得到这些书的？

萨特：尼赞借给我一些，我自己买一些。另外，我说过，亨利四世中学文科预备班的学生经常借给我们一些书。

波伏瓦：在通过了教师资格考试以后，阅读对您意味着什么？我知道在服兵役期间，阅读首先是一种消遣。

萨特：是的。

波伏瓦：因为当时您觉得很无聊。

萨特：是的。

波伏瓦：但还有一些别的东西，对不对？

萨特：阅读总是同世界相接触。一部小说，一本历史或地理书，都可以为我提供一些这个世界的信息。诸如此类的事情曾经发生在诸如此类的地点，或者发生在一个世纪以前，或者将会发生，如果我去某个诸如此类的国家的话。这是我能提取到的关于这个世界的信息，它让我着迷。

波伏瓦：我知道，通过教师资格会考后您读了许多外国作品，许多美国人的书，比如说多斯·帕索斯。

萨特：是的。美国文学很吸引我。

波伏瓦：俄罗斯文学也是的。

萨特：旧版的俄罗斯书籍，陀思妥耶夫斯基，托尔斯泰，等等。我很早就读这些作家了。上中学时有人推荐他们。不过，当时我不喜欢托尔斯泰，后来才喜欢上。当然，我一直很喜欢陀思妥耶夫斯基。

波伏瓦：您在勒阿弗尔教书时经常读书吗？

萨特：是的，经常读……

波伏瓦：您认真地从事写作以后，仍有时间读书吗？或者说，这时读书对您意味着什么呢？

萨特：我在火车上读了很多东西。从勒阿弗尔到巴黎、从勒阿弗尔到鲁昂。那时我有了新的发现——我对侦探小说发生了兴趣。

波伏瓦：啊，是的。

萨特：以前读的是探险小说。火车上没事可做，只能看着人们走来走去，或者是读书。读什么呢？用我的话说，读一些非文化的东西。事实上，我并没有意识到侦探小说塑造了我。

波伏瓦：当时我们经常坐火车。

萨特：经常坐。坐火车时就读侦探小说。

波伏瓦：您为什么喜欢侦探小说？

萨特：我当然会被侦探小说的重要性所吸引。在这种闲暇时刻大家都会对侦探小说趋之若鹜。

波伏瓦：是的，但您本来可以拒绝读侦探小说的。

萨特：本来可以，但侦探故事中的那种老旧底蕴我还是很喜欢的。

波伏瓦：它的结构您也很感兴趣吧？

萨特：是的，我对结构很感兴趣。我常想，这种结构可以用在小说里，就是那种主题更加……

波伏瓦：更严肃。

萨特：更严肃，更有文学性。也就是说谜样的结构，最后才亮出谜底。我想，写一些隐秘的东西——不是某种罪行，而是一个生命中的某个事件，男人和男人，或者男人和女人之间的关系，可以让一个小说主题浮出水面。这件事是渐渐清晰起来，并成为大家猜测对象的。我认为这里面包含着一种小说的可能性。但后来我放弃了这种手法。尽管在《自由之路》第一卷里仍然有侦探小说的成分，比如波里和洛拉的关系。

波伏瓦：甚至在《恶心》中，仍会设置悬念，因为主人公问："这是什么？发生了什么事？……"

萨特：是这样的。

波伏瓦：我想，一本构思缜密的优秀侦探小说中包含的必然性，您很喜欢。

萨特：这是一种特殊的必然性。在大部分时间里，必然性通过对话体现出来，因为当侦探在小说里发现了什么，就会有……

波伏瓦：讯问。

萨特：尤其是对话。在对话中，事实会一再出现，并在人们心中引起焦虑和情感上的态度。所以，这意味着对话可能非常……

波伏瓦：可能在某种程度上具有一种行动价值。

萨特：是的。给人提供信息并催人行动。谈话中有冒险的成分，正是作为冒险的对话让我觉得特别重要。

波伏瓦：然后呢？除了侦探小说呢？您在劳恩时，还有您回到巴黎的时候，最后，您在战前当老师的时候？

萨特：我读的主要是美国文学。我主要是在那里了解美国文学的。福克纳？我还记得，是您第一个读福克纳的，而且给我看他的中篇小说，说值得读。

波伏瓦：啊！

萨特：一天下午我在您的房间里，您手头有这本书。我问您是什么书，您就跟我说了。当时我已经知道多斯·帕索斯。

波伏瓦：还有卡夫卡，我们是很晚才一起发现他的。

萨特：如果我没记错的话，是在布列塔尼。

波伏瓦：是的，在《法国新评论》，有人谈到伟大的作家，普鲁斯特、卡夫卡和乔伊斯。我们那时知道乔伊斯吗？记不清楚了。

萨特：知道，我们很早就知道他了。先是道听途说，后来我们读了他的作品。布洛姆先生的整个生活环境，还有专属于他的内心独白，我都非常感兴趣。我甚至在勒阿弗尔举办过一次关于乔伊斯的讲座——那儿有个礼堂，供老师们在里面举办有偿讲座。那次活动的组织者是市政府和图书馆。我为勒阿弗尔的资产者做了关于现代作家的讲座，讲他们不了解的作家。

波伏瓦：比如说谁？

萨特：福克纳。

波伏瓦：您做过一个关于福克纳的讲座？

萨特：没有，但我在一次讲座中提到他，他们问我他是谁。

波伏瓦：您的讲座都是关于谁的？我记得有一场讲的是纪德，是不是？

萨特：是的，我还做过一场关于乔伊斯的。

波伏瓦：这些讲座在时间上早于您的第一批评论文章。

萨特：是的。讲座没有文章那么丰满完备，但它们的路数是相同的。

波伏瓦：您当时是不是已经有了这个想法：一种技术，就是一种形而上学？

萨特：是的，这个想法我很早就有了。

波伏瓦：好的。总而言之，阅读使您自得其乐，与时俱进，了解世界上正在发表的东西，对吧？

萨特：我读得很多。我是乐在其中的。阅读是我最重要的娱乐，甚至会让我痴迷不已。

波伏瓦：在所有的阅读中，有没有一些书影响到您自己的工作呢？

萨特：啊！当然是有的。多斯·帕索斯就给过我巨大的影响。

波伏瓦：没有多斯·帕索斯，就不会有《缓期执行》。

萨特：卡夫卡也对我有影响。我不能确切地说出他是怎样影响我的，但他的确对我影响至深。

波伏瓦：写《恶心》时，您读过卡夫卡吗？

萨特：没有。写《恶心》时我还不知道卡夫卡。

波伏瓦：后来战争爆发了，我想，在这场奇怪的战争中您读了不少书。

萨特：是的，您给我寄了好多书。我在学校里收到它们——当时大家整日在学校里泡着，我们这些其他搞气象的人无事可做，便把上午或前几天的探测记录进行所谓的订正或研究。这事对任何人都是毫无用处的，因为没人会真的对探测记录感兴趣。

波伏瓦：您可能已经不记得读过什么书了吧？那些书是一点点陆续出版的。

萨特：是的。

波伏瓦：当时您只读小说吧？啊，不，显然您也读哲学。

萨特：或者历史。

波伏瓦：已经读了不少历史书吗？

萨特：是的，不过只是当时的人写出来的那种历史书。轶史或传记。比如说我读过关于德雷福斯事件的不同作品。我读了不少历史书，这也很符合那个哲学观：应该关注历史，历史是哲学的一部分。

波伏瓦：您读了许多传记。

萨特：是的。

波伏瓦：在这方面，我们俩有共同的兴趣，很多书是我们一起读的：事实上，我在《岁月的力量》中列出了已阅书的名单。

萨特：通常是一本书我们俩读，还总能展开讨论。

波伏瓦：是的，经常讨论。

萨特：一些小说或真实人物可供我们参考。

波伏瓦：是的，所有这些阅读都是我们生命中不可或缺的东西。

萨特：是的，应该指出，这带给阅读另外一种附加的意义，即那时候，一本书是属于我们俩的。

波伏瓦：在战俘营时，我想您是很难弄到书的。

萨特：我手里有几本书。一个战俘用背包带讲来一些书。还有一两本是楼下的德国人给我的。实际上寥寥无几。不过当时我有《存在与时间》，我要看，他们就给了我。

波伏瓦：但这不是阅读，而是工作。应该区分您自己想看的书和因工作需要而看的书，比如胡塞尔和海德格尔。

萨特：您知道，工作和阅读之间是很难区分的。读胡塞尔和海德格尔是工作，还是一种相对比较系统的阅读？这很难说清楚。

波伏瓦：以兴趣为目的的阅读应该不属于以了解这个世界为目的的广义的工作吧？

萨特：后来，阅读就是工作，因为我需要它来帮助我的写作。不过，写《恶心》时，我几乎不需要什么书。写中篇小说时也是。

波伏瓦：回到巴黎后，即战争期间和战后不久，您是怎样阅读的？战前您已经开始写评论文章了。

萨特：是的。

波伏瓦：所以，里面包含了一种带着新视角的阅读，是吗？

萨特：是的。

波伏瓦：战前您评论过谁？莫里亚克？

萨特：首先是多斯·帕索斯。

波伏瓦：布里斯·帕兰呢？您写过关于布里斯·帕兰的文章吧？

萨特：写过，在战争期间。我们在占领时期读了些什么？

波伏瓦：我知道当时我们读了《白鲸》。但总的来说我们没有美国书了。

萨特：没有美国书，没有英国书，也没有俄国书了。

波伏瓦：那我们当时读了些什么呢？

萨特：我们读法文。

波伏瓦：没有什么重要的法文书出版啊。

萨特：我们读以前没读过的东西，也重读以前读过的。

波伏瓦：我们不再读新书了，就是如此。

萨特：还是读了不少的。

波伏瓦：就我而言，我记得那时我读了——我不知道您是不是也读了——马尔德鲁博士编辑的全本《天方夜谭》。

萨特：是的。我们什么时代的书都读，读十九世纪的，读左拉——我就是在那时重新读他的书的。

波伏瓦：战后呢？

萨特：战争期间有一本书对我十分重要，就是饶勒斯的《法国大革命史》。

波伏瓦：战后，美国和英国文学搞得风生水起。我们发现了另一种形式的探险小说。有许多书向我们揭示了地球另一端在战前的样子。

萨特：这对您比对我来说更有趣一些。

波伏瓦：为什么呢？

萨特：因为我……我不知道。当然，我也读这些书，但我没有什么能为这种阅读提供一个出发点的经验。

波伏瓦：一九四五年以后，您是不是读得稍微少一些了，因为您写得很多，而且多多少少介入到了政治斗争之中？

萨特：是的。不过我也没什么别的事情可做。从前我在中学。大概在那个时候我为自己建了一个藏书室，从那儿取书、看书、反复阅读。

波伏瓦：您把藏书室建在了母亲的公寓里，您自己也在那儿住。有一个时期您手头一本书也没有。我们在路易斯安那旅馆时，有个人来找您，结果大吃一惊，说："您居然没有书？"您回答："没有，我读书，但我不拥有书。"相反，自从您搬到波拿巴大街，就建了一个藏书室。

萨特：是的。那是出于对书的爱，渴望摸到书、看到书。我在波拿巴大街买书，也去马萨林大街买。整个小区有许多书店。我常常买全套的书……

波伏瓦：您有科莱特的全集。

萨特：是的。

波伏瓦：还有普鲁斯特的全集……

萨特：是的。自从住到妈妈家，我就同意拥有一些东西，比如说一个藏书室。自己不拥有书，这件事对应的是一个业已过去的愿望。从前我希望自己什么都不拥有。这想法一直持续到四十岁……

波伏瓦：必须承认，物质条件也不怎么允许，因为我们总是住在旅馆里……

萨特：是的。但如果我希望有的话，还是会有的。不，是我自己不想拥有什么。我一无所有。在勒阿弗尔，在劳恩，都是这样……后来，到了一九四五年，我生活中的很多方面都发生了改变。

波伏瓦：是的，您用了一个秘书，住的条件也比从前好了。在某种程度上这是环境的力量。

萨特：这是因为继父死后，妈妈想让我住在她家。

波伏瓦：是的，我知道。好了，回到阅读这件事上来吧，您一九四五年以后的阅读量和之前一样大吗？您读的是同样的东西吗？我感觉——也许我弄错了，您的无动机阅读变少了，您读的小说变少了。

萨特：小说读得少了。当时有一些小说出版，写得很好，但我没读。我主要读了一些历史性著作。

波伏瓦：您是从什么时候起开始大量阅读法国大革命的书，甚至去买皇皇好几册的论文集的？我记得是在一九五二年前后吧。

萨特：是的，这是大概一九五〇年、一九五二年。

波伏瓦：那时您已经在为《辩证理性批判》做准备了吗？

萨特：可以说有，也可以说没有。那时我仍然想搞哲学，但想法很不明确。愿望很强烈，但阅读很散漫。我还在笔记里记了一些东西。

波伏瓦：可是您读得很有系统，有时还会读一些看似无用的书：您读在田里播种麦子的书，读英国土地改革的书。尤其会读一些关于法国历史的书，读得很多很多。

萨特：主要是大革命史和十九世纪的历史。

波伏瓦：有许多经济史。

萨特：有许多经济史。

波伏瓦：这是些文献性阅读，阅读目的还不明确，但毕竟已经有了方向。

萨特：从书里汲取到的想法和知识，我都写在了笔记本或日记中。

波伏瓦：您读布劳德尔关于地中海的书。另一本您认为非常重要的书是索布尔的《无套裤汉》。作为消遣读物，您继续读侦探小说和间谍小说。

萨特：主要是间谍小说。有一段时间间谍小说出得很多，我就读了。还有黑色小说。

波伏瓦：当时黑色小说刚刚出来，杜阿梅尔的黑色小说开始写得不错，后来就变差了。

萨特：有点儿才思枯竭了。

波伏瓦：想再问您一下，这一生中文学对您意味着什么？您在《词语》中解释了文学在您的早年对您意味着什么，但后来怎么样了，在今天，文学对您来说是什么呢？

萨特：对我来说，文学一开始意味着讲述。讲述一些美妙的故事。它们为什么美妙呢？因为被构建得很好，有一个开头，有一个结局，中间还有一些我用辞藻使其生动起来的人物。在这个简单的想法里，还包含着另一个想法，即文学中的"讲述"，和给一位同学"讲述"昨天我干了什么，两者不是一回事。文学中的讲述是另有所指的。它意味着用词语来创造。词语是讲故事的方式，当然，在我看来，故事是独立于词语的。然而，把故事讲出来，就得靠词语。文学是一种由词构成的记叙文。如果历险有了一个开始并被贯彻始终，那这个叙述就是完整的。这个想法一直持续到高中——到了高中，我发现存在着另一种文学，因为有许多书是不讲述的。

波伏瓦：所以，在拉罗谢尔，您写了多少是属于记叙类的文章。用写作的方法讲述和对一位同学讲述是完全不同的。您说：完全不同，是因为写作用的是词语。但当您向一位同学讲述，用的不也是词语吗？

萨特：是的，但谈话时词语本身没有被体验。那只不过是告知同学前一天发生了什么事，谈话对象就在那儿，我们给出能指代这些对象的名词，却不会给这些词语任何特殊地位。词语在那儿，因为是词语在表达意义。然而，在一篇记叙文里，词语本身是具有某种价值的。

波伏瓦：这也是因为在那一时刻我们进入了想象吧？

萨特：是的，但我不知道十岁时自己能否清晰地分辨出什么是真实的，什么是想象的。

波伏瓦：您总能意识到您写的故事并没有发生过。

萨特：啊！我很清楚这些故事是虚构的，但另一方面，由于它们都有点儿——或者说非常——类似于我从前在搞笑报刊里读到的记叙文，于是就会觉得它们至少是一种属于身外的记叙世界里的现实。当时我还没有纯粹的关于想象的想法，尽管它后来很快就产生了。可以说，没有想象的问题。好吧，想象的问题并不存在，故事是虚构的，但不是想象出来的。之所以并非出自想象，是因为那不是一个似有实无的故事。

波伏瓦：当时您没有一种类似于可以称之为记叙之美或记叙之

必然性的感觉吗?

萨特：我们并非什么都讲述。我们讲述某件事，它有一个开头和一个与开头紧密相关的结尾。结果是，创造了一个东西，它的开头是结尾的原因，而结尾又呼应着开头。

波伏瓦：一个闭路性的东西？

萨特：是的，整个记述都是由彼此呼应的要素组成的。开头创造一个情景，后者因开头预设的要素而在结尾得到了解决。因此，结尾重复了开头，而开头让人得以构思结尾。这对我来说很重要。换言之，有这样一种记述，它尽虚构之能事，虚构是它的要素之一；另外一个要素是：我虚构的故事是自给自足的，它的结尾呼应了开头，开头也呼应了结尾。

波伏瓦：您的意思就是"必然性"，尽管您没有用到这个词。

萨特：必然性只有在讲述中才能展现出来。可以说，这正是问题的本质所在。通过讲述，展现出一种必然性，它是词语的彼此连接。这些词语也以彼此连接为目的被选出来……还有一个模模糊糊的想法，就是有些好词，彼此连接得很漂亮，并由此构成了一个美丽的句子。但这个想法是很不清晰的。我清楚地感觉到这些词语很美，却不怎么在意它们。我在意的是把该说的说出来。这种状态一直保持到十二岁，那时我上了公立中学，开始读十七世纪和十八世纪大作家的东西，我发现它们不全是小说类的叙述作品，也有评论、随笔。于是便进入了这样一种作品，时间不再以从前的方式呈现。不过，在我看来，文学作品中的时间仍然是根本性的。被创造的，是读者的时间。也就是说，首先，读者有属于自己的时间，其次，我们把时间放在一个为读者创造并在读者身上发生的时限之中。在阅读的同时，时间就变成了读者制造出来的客体。

波伏瓦：所以，您才有了这样的文学观念，它寄望于读者的时间，而不见得是一个叙事。那么，文学又变成了什么呢？

萨特：这里有个先后之分。读者开始读随笔的时候，他的想法不是作者要表述的想法。然后，他慢慢了解到作者的想法——这是需要时间的，下午两点开始读，一直读到晚上六点，第二天再继续。因此，正是通过时间，读者才了解到作者的想法。读第一章时有一个轮廓，然后逐渐构建成形，最后得到一个时间性的观念。这个观念是时间性的，因为它用了一些时间来构建成形。我就是这样看问题的。

波伏瓦：您年轻时，在文科预备班或一年级时，写过纯粹意义上的随笔吗？

萨特：读文科预备班之前没写过。我有写过吗？那时候和尼赞在一起，大家各干各的，但会彼此交流各自写的东西，而小说同时也是一种随笔。也就是说，大家想在作品里设置思想，而小说的时长又变成了被表达的思想的时长。尼赞发表在《无题杂志》上的中篇小说有点儿像随笔。我写的第一篇随笔是《真理的传说》。

波伏瓦：还有《亚美尼亚人艾尔》，您认为它属于什么类型？

萨特：它是随笔。一篇有人物的随笔，人物身上发生了一些故事，他们有一定的意义。人物通过话语推动故事的发展，对故事加以解释。于是就变成了一种象征。

波伏瓦：但那天您说，您的希望之一是揭示真理，向别人揭示世界的真理。

萨特：是，事情是一点点来的。最初并没有来。但它就在那儿。需要一个主题——对我来说，主题就是这个世界。我想说的，就是这个世界。而且，我认为所有作家都是同样的想法。一个作家只有一个主题，那就是这个世界。

波伏瓦：没错，但有的作家是由经自身而来到这个世界的，他们或者直抒胸臆，或者讲述他们的体验。

萨特：每个人都有他体验事物的方式。就我而言，不知道为什么，我不写我自己，至少不写作为主观性人物、有主体性、有想法的自己。写自己、写发生在自己身上的故事——我从来没动过这种念头。不过，当然，毕竟也会涉及我。可我的目的不是在自己写的小说里自我呈现。

波伏瓦：也就是说，通过您，被捕捉到的是这个世界。

萨特：毫无疑问，《恶心》的主题首先就是这个世界。

波伏瓦：这是一个应该被揭示的世界的形而上维度。

萨特：正是这样。这是一套有别于文学的思想。文学揭示关于世界的真相，其方式却不同于哲学。就哲学而言，有一个开始，有一个结尾，于是便有了一个时限，而哲学是拒绝时限的。应该拿起书，只有在读完的情况下才能理解它，而时限却是不存在的。我们不会将用于领会、解码的时间纳入本书。从书中提取出来的思想是一种理想化的思想，我们将它作为一个组织有序的整体保留在脑海里。我们可以谈到时限，可以花一两章的篇幅来讨论时限，但这个时候，时限是一个概念，而不是客体的一个维度。在这个问题上，我的看法变了，因为现在我反而认为自己写的哲学作品包含着时间性这个观念，不仅由于每个人读书都必然要从开头或结尾出发——这意味着时间上的花费——更因为用于阐述、讨论哲学的时间正是哲学本身的一部分。哲学对时间性给予了限定。

波伏瓦：这个问题您以前没说过，也许回头您再跟我讲讲；目前还是先讨论文学吧。在写《恶心》时，您有必然性的想法吗？

萨特：有。

波伏瓦：对您来说，追求美和写书，这两件事是否密不可分呢？

萨特：说实话，不是。我觉得，只要措辞雅致，风格考究，注重讲故事的方式，美是不请自来的。但这只是形式上的品质，我不怎么在意。对我来说，重要的是透过叙事来发现这个世界。

波伏瓦：但是，刚才您还对我说，年轻时您还是很重视词语的。

萨特：是的，词语是一种美的要素，但也是准确和真实的要素。由精挑细选的词语组成的句子是准确的，也是真实的。

波伏瓦：在《恶心》结尾处，主人公听到 Some of these days 这首歌时，说自己想创造出类似的东西。不过，这首歌能打动他，凭借的还是歌里可称之为美的东西。

萨特：对，但 Some of these days 能打动罗冈丹，是因为这是一个被人创造出来的客体——一个离得很远的人，用诗句打动了罗冈丹。不是说这个客体是人本主义的，而是说它是作为人的创造物打动了罗冈丹，让他着迷不已。

波伏瓦：换句话说，与其说是美的问题，不如说是一个交流的问题？

萨特：这些客体，一旦制造出来就会长存于世，作为物质的实体被放在图书馆里。同时，它们也处于一个明白易懂、而非想象出来的天空之下。这是一个将存在下去的实体。我记得《恶心》相对于我的思想来说是稍稍滞后的。也就是说，我当时已超越了"创造世界之外或真或美的客体"的阶段。在认识您以前，我的确相信这个，但当时，我超越了这个阶段。我不是很清楚自己想要什么，但我知道自己想要的不是创造美的东西，不是文学的东西，不是书本上的东西，我想要的是别的。从这个角度上讲，罗冈丹标志着一个时期的结束，而不是新时期的开始。

波伏瓦：我没有完全弄懂您的意思。福楼拜认为，一本书是一个能完全自给自足的客体,并不需要读者,他认为读者是毫无用处的。在写《恶心》之前,您是否有点儿接近这个看法?

萨特:多少有点儿。尽管我不认为一本书可以不要读者。

波伏瓦:那么在写完《恶心》以后,甚至在《恶心》的写作期间,您是怎么看待这本书的?

萨特:我把它看作一部形而上学的精华之作,我创造了一个形而上学的客体,可以说这类似于柏拉图的思想。不过,这个思想是经过特殊处理的,读者通过阅读自然会发现这个思想。开始写《恶心》时,我是相信的,等到写完,我已经不相信了。

波伏瓦:后来您相信什么呢?

萨特:我也不太知道。

波伏瓦:那您写中篇小说的时候呢?写中篇小说时,您觉得自己在做什么?

萨特:中篇小说具有更为直接的必然性,因为它只有三五十页长。因此,我不仅要构思必然性,而且某种程度上讲在阅读小说时我也见到了必然性。写中篇小说时,我对文学客体的看法要比写相对长一些的《恶心》时更清晰。

波伏瓦:是的。但确切地说,写中篇小说对您来讲意味着什么?《恶心》是十分清楚的,它揭示了这个世界,最重要的是其中包含了您极为重视的偶然性这个维度。

萨特:中篇小说,挺奇怪的。它们的含义有所变化。我想写一部中篇小说,用词语表达某些即兴生发的印象。比如说我丢失的那篇《午夜的太阳》就是这种情况。我想写一部中篇小说集……

波伏瓦:环境小说,某种程度上讲。

萨特:……环境小说,比如说那不勒斯,我希望中篇小说能让人更好地看到那不勒斯。

波伏瓦：那后来呢？有变化吗？

萨特：是的，有变化。我说不清是什么原因。《艾罗斯特拉特》是博斯特的一个梦。

波伏瓦：对，可您为什么选择了这个梦？

萨特：我的计划具有更广泛的特性，它可以是一个对我来说至关重要的时刻的印象，也可以是某个更为重要的事件，比如西班牙战争。有一个中篇小说是关于疯狂的。里面包含了严峻的形势，和我最初的设想大相径庭。照我最初的设想，不过是写一部中篇小说，主题是巴黎街头之夜、一个花园、那不勒斯，或者一次跨海巡航。

波伏瓦：这正是被您淘汰了的小说，环境小说。有一篇小说您弄丢了，后来也没打算重写。和一个女子管弦乐队乘船远渡，您把这个故事淘汰了，宁可以后再重写。好吧。不过，那天您说到文学的"本质属性"，就此来看，它究竟是什么呢？这个本质属性，仍然是讲述吗？

萨特：当然，是讲述。哪怕是随笔，也是在讲述。

波伏瓦：但写一篇关于贾科梅蒂的随笔和讲述《墙》的故事总不是一回事吧。

萨特：不是一回事。不过，进入贾科梅蒂的绘画依然是需要时间的。阅读也需要时间，它不完全是创作所用的时间，但两者相互关联。读者阅读随笔时，便在以读者的身份创作，使作者指示给他的客体如实重现出来。

波伏瓦：那继续说说随笔吧。早在战前，您就开始写评论文章了，是不是？

萨特：是的。

波伏瓦：战争期间您继续写……

萨特：战争期间我在马赛的一家杂志上继续写作。

波伏瓦：没错。

萨特：杂志名叫《文汇》。

波伏瓦：战后，您还在继续写。您的随笔里有各种各样不同的东西：文学评论、艺术评论，还有政治评论。有时还有形形色色的人生。梅洛-庞蒂还有尼赞的人物描写。您是怎样对这个产生兴趣的？我记得，最开始的时候，我认为您天生就是写长篇小说的料。您写随笔，在我看来有点儿像是浪费时间。我大错特错了，因为这是您作品中最有趣的地方之一。但是，是什么促使您写评论文章的？

萨特：仍然是这个世界。评论是一种揭示，一种看待这个世界的方式，被用来揭示写下该作品、有待批评的家伙是如何看待这个世界的。比如说，福克纳是怎样看待这个世界的。在他的书里，各色事件是怎样被讲述的，人物是如何展现的。评论把作者面对周围人物、景致和自己的生活时作出的反应方式呈现出来了。这一切，我们都会在书里看到，但不是一下子看到。只有通过阅读大量值得研究的评注才能看到。

波伏瓦：在您谈论的小说里，有一个要素您很感兴趣，那就是技巧。

萨特：技巧，关于这个问题的兴趣，我想是尼赞带给我的。他很注意技巧。无论是他自己的小说，还是别人的小说。

波伏瓦：但您对多斯·帕索斯的技巧是直接发生兴趣的。

萨特：是的，当然。但研究一本书里的技巧，探求它有没有价值，这种想法来自尼赞。

波伏瓦：我知道，尼赞对我们谈起多斯·帕索斯时，其实他首先和主要考虑的就是多斯·帕索斯的技巧。

萨特：是这样的。

波伏瓦：但是，有一种思想完全是您自己的，而且很重要——技巧同时展现了一种形而上学。

萨特：这就是我刚才跟您讲的。从根本上说，我的评论就是透过技巧探究作品里的形而上学。一旦发现了形而上学，我就很高兴。我真的在总体上把握了整个作品。

波伏瓦：对。

萨特：对我来说，这就是批评。也就是说，看写作者各自如何看待这个世界。他们描述世界，但看待世界的方式各不相同。有人全方位地看，有人从侧面看，视角较为狭窄。

波伏瓦：有人出于自由的维度，有人出于必然性的维度，压迫的维度……是这样的。

萨特：这正是应该把握的东西……

波伏瓦：但同时您也认为，随笔也是一个客体，一个有必然性的客体，应该有自己的文学质量。起初，您认为写一篇并非专题论文的随笔是很难的，而这篇随笔又要自具优雅——如果不用美这个词的话。

萨特：优雅的危险，在于将客体和它的真相分离。太优雅，他说的就不再是本来想说的话了。如果一个关于多斯·帕索斯的评论包含了过于优雅的段落，那它一定为美做了某种牺牲，严格讲，它说的已不再是您本希望它说的话……

波伏瓦：换言之，问题就是在有待把握的客体和讲述客体的个人方式之间找到平衡。

萨特：正是这样。应该有什么说什么，但要以一种必要的，妥帖的方式说……

波伏瓦：在您看来，随笔之优雅，它的构成要素是什么？

萨特：哦，它们是一些非常笛卡儿式的概念：轻灵、明晰、必然。

波伏瓦：是的。

萨特：随笔的质量，在我引进了形而上学后，就变得不言而喻了。总会有一种评论，也就是说，在某种程度上研究待考察作者的措辞：他为什么要选择那样的形容词、那样的动词，他的小技巧是什么，等等；接着，隐藏在背后的形而上学问题被提了出来。对我来说，批评有双重含义：它应该是作者的方法、规则、技巧的展示，同时，技巧也为我揭示了一种形而上学。

波伏瓦：对，但同时，也等于说是用艺术的方式说出一切。有艺术的思想在里面，您对莫里亚克的评论是："上帝不是艺术家，莫里亚克先生也不是。"因此，您认为文学的艺术、写作的艺术是存在的。而且，那天您还跟我说起过写作艺术的本质。

萨特：是的。

波伏瓦：那么，您是否认为存在一种专门的随笔写作艺术呢？

萨特：有……而且我是好不容易才得窥门径的。开始我写得很艰难，尽管后来，我发展到什么都不写，只写随笔的地步。

波伏瓦：怎么会这样？

萨特：停止小说创作之后我写了剧本，而除了剧本这种不同类别的文学作品外，我还写了什么呢？一些文章，一些书……

波伏瓦：啊！还有一些哲学书。我不把您的哲学书称为随笔类书籍，原因就在于您在哲学书里并不怎么在意文学上的艺术性。

萨特：是的。

波伏瓦：尤其是《存在与虚无》，里面有一些文学性很强的段落，因为《辩证理性批判》的风格和语调真的是太严肃了。

萨特：在一部小说里，作者还不大清楚怎么塑造人物，也不知道人物之间如何对话。他可以把对话拧过来掉过去，掐头去尾，用不一样的方式写，因为直觉告诉他这样写会更好。例如，我写格茨时就是这样处理的。

波伏瓦：是的，您让剧情反转时就会这样。而在随笔中，您永远被您要说的话引导着前进。

萨特：我要说的话。当然，时不时得有一些讨巧的成分，但不能走得太过。如果讨巧的东西写得略长，就不是一篇好随笔。

波伏瓦：哪些随笔您写得最为流畅？哪些随笔是您最为精雕细琢的？

萨特：我写随笔从来都不流畅。在文学方面我总是精雕细琢的。

波伏瓦：连关于卢蒙巴的随笔都是这样？

萨特：我正想说卢蒙巴，刚才我以为您会用这个例子反驳我。不，卢蒙巴，我是以精雕细琢的方式来写他的。比如说，我讨论了他读过的书。我本可以不讨论，或者以别的方式说到它们。因此，这里就包含了一整套创造的要素。我的意思是，在开始写文章时，我们并没有一个明确的计划。之所以选择他读过的书以及他相关的表述，正是因为这很重要。但我们自己就能认定这很重要。

波伏瓦：不过，在我看来，您写政治随笔时不太注意艺术性。

萨特：可能注意得少一些。

波伏瓦：例如，《共产党人与和平》就是这样的。

萨特：啊！但我特别希望它能写好。

波伏瓦：是的，当然。写得好，不要那么多头绪，但这毕竟与风格上的讲究不太相符。

萨特：总结一下刚才的话：对我来说，文学作品是一个客体。一个客体有它自身的时限，有它的开头和结尾。读者读到的一切都与前面发生过及后面将发生的事情遥相呼应——作品自身的时限由此呈现在书中。这就是作品的必然性。词语自身具有某种张力,它们又通过这种张力创造了书的张力,从而构成了作者介入其中的时限——作品的必然性,就在于将这些词语以某种形式粘合起来。开始读一本书的时候,读者就进入了一个时限,也就是说,他使自身的时限得到界定。这样,时限便有了一个开头,也是本书的开头,而它也将有一个结尾。于是,在读者和时限之间便产生了某种关系,而这个时限却在阅读的由始至终既属于读者,又不属于读者。这就预设了作者和读者之间存在着一种复杂的关系,因为作者并非简单地平铺直叙,他的叙述需要让读者真正能够根据写出来的文字构建出小说的时限,自行复原个中因果。

波伏瓦:我想您可以多谈一点儿,因为总体说来,这是您的文学观,是您对于自己和读者之间关系的看法。

萨特:读者是一个站在我面前的人,我是在他的时限中行动的。这就是我对读者所做的定义。在这个时限中,我呈现各种各样的情感,它们与我的书发生关系,自我更正,彼此驳斥,相互结合。作品一旦完成,这些情感或者变本加厉,或者消失殆尽。

波伏瓦:那天您曾谈到一种引诱读者的企图。

萨特:是的,没错,一种引诱的企图。但这并非不良企图,不是用虚假的、似是而非的证据来引诱某人,不,我是用真理来引诱的。为了引诱人,小说应该是一种期待,就是说,一个延展开来的时限。

波伏瓦:在某种意义上说,总是有悬念。

萨特:总是有。到最后才能解决。

波伏瓦:大家会猜想将要发生什么事情。就算读随笔,读者也会问:现在他要说什么了?他想证明什么?

萨特：现在他是什么意思？他如何回应这些异议？这样，时间也参与其中。透过时间这种客体的结构，我读到了这个世界，也就是形而上的存在。文学作品，就是一个人通过叙述——这个叙述并非直接针对世界，但与作品或虚构出来的人物有关——将自己看到的世界如实重建起来。我想做的大概就是这样。

波伏瓦：您应该再解释一下——您已经很好地解释过了，但我们都没太搞懂——您向介入文学的过渡。

萨特：关于这个问题我整整写了一本书。

波伏瓦：是的，当然。但您构建介入理论之前写的和之后写的作品到底有什么关系？或者说有什么不同？我的意思是，介入性作品也好，非介入性作品也好，我们在里面读到的是否干脆就是同样的东西？

萨特：是同样的东西。介入性作品在技术方面没有修正，修正的是通过词语产生的思想。但这不会带来什么变化，因为介入性作品和某种政治或形而上学的关注联系在一起，这种关注我们希望表达、并在作品里切实存在着——即使该作品并不声称自己是"介入性的"。

波伏瓦：在很大程度上这是一个主体选择的问题。

萨特：正是这样。如果卢蒙巴提早出生，我就不会在一九二九年写关于他的文章了。

波伏瓦：但是，当您想表达对偶然性的感受——就像在《恶心》里那样，或者表达像卢蒙巴遭受的那种不公和残酷的感受时，事实上用的是同样的技术，您和读者的关系也一如既往。

萨特：一点儿没错。只不过，我有一种意愿，希望把读者接引到一种能够为他揭示世界某种面貌的因由中来。

波伏瓦：而且您过去经常说，介入的是一部作品的整体。至于每本个别的书……

萨特：不见得每本书都要介入。

波伏瓦：比如说，您写了《词语》。

萨特：正是这样。是的，介入指的是整体上的作品。

波伏瓦：《词语》我们谈得不多，可以回过头来谈一下。写这本书您花了十年工夫。《词语》最初的想法是怎么来的？后来为什么搁浅了？

萨特：十八、二十岁的时候，我一直有一个想法，等大半辈子过完，到五十岁，就把自己的人生写出来。

波伏瓦：您一直想写自己的人生？

萨特：是的。

波伏瓦：一九五二年左右发生了什么事？

萨特：嗯，我对自己说：好吧，我要开始写了。

波伏瓦：但为什么恰好是一九五二年您开始动这个念头？

萨特：一九五二年我有一个重大的变化……

波伏瓦：是的，我知道。这个变化使您有了政治色彩。可这件事怎会促使您去写自己的童年呢？

萨特：因为我希望以政治角度书写我的人生，包括童年、青年和成年，同时赋予它一种以共产主义为归宿的政治意义。写《词语》第一稿时，我完全没有提及自己心向往之的童年时代，只是开始写作一部本应继续写下去的书；接下去写继父和妈妈结婚，等等。写到这儿我停下了，因为有别的事情要做。

波伏瓦：跟我说说《词语》第一稿吧，大家都不熟悉它。

萨特：这一稿我下了很多功夫……后来有了第二稿。在写我自己和我身处的环境方面，第一稿比第二稿糟得多。我把自己描述成一个总是急于变化，跟自己过不去，跟别人过不去，反复无常，最后变成了我本来一开始就应该是的共产主义者。不过，当然，这并不真实。

波伏瓦：您给这书取名为《无立足之地的让》，对吧？这个书名是什么意思？

萨特："无立足之地"，指的是没有财富可以继承，也没有产业。我想说的就是自己当时的境况。

波伏瓦：您一直写到生命中的哪个时代？

萨特：跟《词语》所写的时代一样。

波伏瓦：总之，它是《词语》真正的第一稿。

萨特：是《词语》的第一稿，也是一个应该继续写下去的稿子。

波伏瓦：您重新写，是多久以后了？

萨特：是……在一九六一年，对吗？

波伏瓦：我想是的。

萨特：我重新写，是因为没钱了，就向伽利玛出版社借了些钱，权当是预付款。

波伏瓦：有位英国人想跟您要一篇没发表的稿子，结果您把它给了伽利玛。您重写了一遍，作了大量修改。

萨特：我希望它比别的作品更有文学性一些，因为我觉得这在一定程度上是对某种文学说永别的方式，应该同时完成它、解释它，然后与它告别。我想用展示文学性的方式揭示文学性之弊端。

波伏瓦：我不太明白您的意思。您想用《词语》埋葬的是哪种文学类型？

萨特：是我年轻时孜孜以求，后来体现在中、长篇小说里的文学。我想说明它变成了过去式，我想就自己的青年时代写一本文学性很强的书来标明这种转变。

波伏瓦：那您打算以后做什么呢？既然已经不愿写从前的那种文学了。

萨特：写带有政治性的介入文学。

波伏瓦：您过去已经写过介入文学了。

萨特：对，但得有政治性，要政治性特别强的。

波伏瓦：好玩的是您后来写的东西是关于福楼拜的，不是什么特别的政治文学。

萨特：多少有点儿政治性。

波伏瓦：不是很多。好吧，回到这个问题上来：您所说的一部比别的更有文学性的作品是什么样的呢？文学怎么会有等级之分呢？

萨特：比如说，风格，我们可以在风格上下更大的功夫；《词语》就下了很大功夫，里面的句子是我写过的最精雕细琢的文字。

波伏瓦：是的。

萨特：我花费了大量时间。我希望每句话里都有一些暗指，有一两处言外之意，结果就是会在这样或那样的层次上打动别人。另外，我希望每个人、每件事都以特殊的方式得到表达。《词语》是下了大功夫的。

波伏瓦：是的，我知道，它是非常成功的。但我想请您阐明您所谓的"文学性"意味着什么。

萨特：充满技巧、手段、写作的艺术，甚至是文字游戏。

波伏瓦：就是说，通过遣词造句来引诱读者的愿望比您任何其他作品都来得更强烈。

萨特：没错，就是这样。

波伏瓦：这就是您所谓的"文学性"了。但是，根据您前面的说法，很难想象一部作品完全不考虑引诱读者。

萨特：是的，我总是有引诱读者的念头。当我觉得自己成功了，就会变成一件让我特别喜爱或特别在意的事情。

波伏瓦：您喜爱和在意《词语》吗？

萨特：是的。

波伏瓦：时至今日，您怎样看待文学？

萨特：到今天，我干完了。我站到了文学之门的对立面。

波伏瓦：是的，但您如何评价文学？

萨特：我想我做完了我该做的事，就是这样。

波伏瓦：很久以前，甚至有时候您说您很讨厌文学，说"文学就是狗屎"。您究竟是什么意思？最近，您不时地跟我说："不管怎样，在自我表达上下功夫是在做傻事。"您的意思好像是只要写了就好，无论怎么写都行。而且，您有时说您的《福楼拜》就是这么写出来的，这可不符合事实。

萨特：这不符合事实。

波伏瓦：您写草稿，然后润色；然后，您妙语生发，尽管不见得搜肠刮肚。《福楼拜》里有很多妙语。

萨特：我写得更快了。但那是因为功课做到位了。

波伏瓦：总而言之，您说"这是狗屎"或"没必要为了写得漂亮而浪费时间"，您是什么意思？您在多大程度上这样认为？您现在仍然持有这种看法吗？

萨特：所谓风格，是个很古怪的玩意儿。一部作品，是否值得花工夫写出风格，是值得讨论的。为了写出风格，唯一的方法是否在于——像我所做的那样——把写好的东西大改特改，让动词与主语一致、形容词位置妥当等，这也是值得讨论的。有没有一种方法，顺其自然，也能水到渠成。比如说，我写得更快，是因为我已经习惯这样了：那好了！有没有一种方法让人一开始就写得很快呢？值得注意的是，很多左翼作家认为，风格，对遣词造句过多地精雕细琢，是非常讨厌的事，应该直接切入主题，而不在其他问题上纠缠。

波伏瓦：但结果往往是灾难性的。

萨特：我不同意他们的观点。我的意思不是不要风格，我只是怀疑在遣词造句上痛下工夫是否对创造一种风格是必要的。

波伏瓦：风格不是因人、因时代、因主题、因气质、因机运而有所差异吗？

萨特：是的，但实际上，我认为最顶尖的作品往往是在没有太多苦心经营的情况下写出来的。

波伏瓦：为什么现在您很少读文学了？

萨特：从青年时代以来，在很长时间里，直到一九五〇年，我都认为一本书能够带来真理：风格、写作方式、词语，它们都是一种真理，能给我带来某种东西。我不知道那是什么，也无以名状，但我认为它们能给我带来某种东西。书籍不是简单的物事，它不仅体现与世界的关系，也体现与真理的关系。这种关系难以言说，我却能感受得到。所以，我想在文学书籍中得到的就是这个，与真理的关系。

波伏瓦：一种与您的世界观迥然相异的真理。

萨特：我没法确切说出是哪种真理。批评对我来说有点儿作用。试图抽取出作者所表现的真理的意义，以及它能给我们带来的东西。这在当时是非常重要的。

波伏瓦：后来您放弃这种想法了吗？为什么？

萨特：我放弃了，因为我发现一本书比我原来想象的平庸得多。在一些大作家笔下我不时能找到从前的感受。

波伏瓦：您是什么时候失去这种感受的?

萨特：大概在一九五〇年或一九五二年，那时我多少进入了政治领域。接触共产党人以后，我对政治的兴趣更浓，但以前的感受消失了——我认为那该是一百年前的思想。

波伏瓦：您指的是关于文学魔力的思想?

萨特：对，文学是有一点儿魔力的。文学向我展现真理，靠的不是科学或逻辑的方法，而是通过书籍本身的美和它本身的价值。我坚信这一点。我坚信写作是一种能够创造真实的活动，但确切地说不是通过书籍，而是通过书籍以外的东西。书中有的是想象，书外才有真理。

波伏瓦：在您做了很多历史研究、并在介入文学中浸淫很深的时候，就不再有从前的感受了。

萨特：是的。当一个人经历渐长，就会放弃过去的想法。这大概发生在一九五二年。

波伏瓦：您饶有兴致读的最后一本书好像是《白鲸》。后来，我想您还读了热内的书。您写关于他的文章并非偶然。您被他写的东西迷住了。从一九五二年开始，我就没见您对文学产生过很大的热情了。

萨特：是的。

波伏瓦：您那时的阅读或是为了研究，或是纯属娱乐。

萨特：还读一些历史书。

波伏瓦：这几年我喜欢上一些书，我知道您没读过它们。我跟您说起过这些书，但我们没一起讨论过，哪怕我跟您说我认为这些书很好，比如说阿尔贝特·科恩或约翰·考珀·波伊斯。您却毫无阅读兴趣。

萨特：是的。不知道为什么，但就是不感兴趣。

波伏瓦：换句话说，这是一种名副其实的文学上的幻灭。

萨特：可以这么说吧。另外，一般而言，我不明白为什么要写小说。我想说的是我认为是文学、而后来又放弃了的东西。

波伏瓦：请讲下去，这很有趣。

萨特：最初的时候，我认为文学就是小说。大家也这么说。

波伏瓦：是的，一种记述，同时，我们能通过它看到世界。它能带来的东西是任何社会学或统计学文章都无法替代的。

萨特：文学带来的是个体性、个人性、特殊性。比如说，用一部小说呈现这个房间，有墙的颜色，窗帘的颜色，窗户的颜色——只有小说才能给出这些。我喜欢小说也是喜欢它的这一点，因为各种物事都被命名，并与它们的个体特征紧密相连。我知道，所有被描述的地方都存在或存在过，结果，这就构成了真理。

波伏瓦：尽管您不那么喜欢文学描写。在您的小说里不时会有描写，但它们总是和行为以及人物看待问题的方式结合起来的。

萨特：而且描写很短。

波伏瓦：是的。一点隐喻、三言两语，点出某个东西，却不是真正的描写。

萨特：因为描写已经过时了。

波伏瓦：对。它没了。

萨特：它没了。描写给出的物事并非此时此刻呈现出来的样子，而是五十年来呈现出来的样子。这么写太傻了！

波伏瓦：不过，在动态叙事里呈现物事，不是很好嘛！

萨特：是很好。

波伏瓦：是不是还有一个原因？是否因为，在总体上，大部分伟大的文学作品您几乎都读过了，而时下出版的书，应该说很少具有能让您刮目相看的质量？

萨特：战前的情况是这样的。

波伏瓦：哦，不，战前您还没读过卡夫卡、乔伊斯和《白鲸》。

萨特：是的。我读过塞万提斯，但没能好好读。我经常想应该重读一遍《堂吉诃德》。我试过两三次，但都中断了——不是不喜欢，相反我很喜欢，但总有些情境让我半途而废。很多书需要重读或初读。我将来应该能致力于此。

波伏瓦：大概您认为阅读不会给您什么东西了，不能使您变得丰富，不会带来看待世界的新视角了。值得注意的是，您发现——这种情况在您和我的一生中都常常发生，您发现了一些流行的看法：总体上讲，人们读小说读得少了，对小说的喜爱程度也没有某一个时期那么强烈了。应该说，新小说做过一些尝试，但新小说沉闷无趣，大家宁可读传记、自传、社会学研究、历史学研究。比起小说，读这些东西时获得的真实感要强烈得多。

萨特：事实上我读的就是这些东西。

波伏瓦：不错，现在您感兴趣的是这些。但除了文学，还有别的事情是让您——我是说作为文化消费者——钟爱一生的，那就是音乐和绘画。还有雕塑。我发现了一个让我十分好奇的事情，那就是您很喜欢音乐，您弹钢琴，您出身于音乐世家，现在非常听音乐，或是听唱片、听收音机，但您除了为莱博维茨关于介入音乐的书写过一个导言，从来没写过任何音乐方面的东西。

萨特：的确如此。

波伏瓦：绘画则相反……一开始，我认识您时，您还不那么喜欢绘画。后来，渐渐地，经过一番自我修炼，您就很爱、很懂它了，还写了大量文章。您能解释一下绘画在您生命里有何意义吗？为什么会有这种反差？

萨特：先说音乐吧，因为我很小就接触音乐了。至于绘画，我从前看的是复制品，五岁、六岁、七岁的时候，我不去美术馆，看的是绘画复制品，尤其是著名的拉鲁斯词典里的插图。和很多孩子一样，看到一幅名画前，我已经有了一定绘画方面的修养。不过，我出生在音乐之家。发生过一件奇怪的事，我外公很喜欢音乐。

波伏瓦：您外公，史怀哲本人？

萨特：对。他很喜欢音乐，还写过一篇关于歌手、音乐人汉斯·萨克斯的论文。

波伏瓦：还有阿尔贝特·史怀哲关于巴赫的著作。

萨特：外公十分推崇这本书，乐此不疲地读了一遍又一遍。外公有时也作曲。我记得我十五岁的时候看见他在他当牧师的兄弟路易家作曲。他坐到钢琴前，然后开始作曲。他写的曲子有点儿像门德尔松的东西。

波伏瓦：他同阿尔贝特·史怀哲有什么关系？

萨特：阿尔贝特是他的伯父、他爸爸的兄弟。

波伏瓦：您的外公推崇阿尔贝特·史怀哲吗？

萨特：很推崇，但他不是很懂阿尔贝特。外公并没有阿尔贝特同样的问题，他多少有点儿嘲笑阿尔贝特。

波伏瓦：总之，阿尔贝特·史怀哲是家族中最重要的音乐家了。

萨特：是的。我小时候去听过他在巴黎举办的一场风琴演奏会，是妈妈和外婆一起带我去的。

波伏瓦：您母亲本人也很爱好音乐吧？

萨特：是的，非常爱好。她演奏得很好，还在声乐方面受过相当严格的训练，唱得非常好。她弹肖邦、舒曼，弹一些难度很大的乐章。当然，在音乐方面，她达不到乔治舅舅那样的精通程度，但她非常喜欢音乐，常在下午——我在《词语》里也说过——一个人弹琴自娱自乐。

波伏瓦：您上过钢琴课吗？

萨特：很早的时候上过。我想，大概十岁的时候上过吧。十岁，或者九岁。

波伏瓦：您一直上到几岁？

萨特：时间很短。我离开巴黎来到拉罗谢尔以后就不去了。

波伏瓦：您的一手好琴是怎样练出来的？

萨特：是我自己练出来的。从四年级开始，妈妈就有钢琴了，放在继父家的客厅里。没事的时候，我就溜进去试着弹一些我记得的小调。后来，我托人在拉罗谢尔音乐室或买或租一些轻歌剧。一开始进展缓慢，举步维艰。不过我对音乐中的节奏很敏感。妈妈再婚后就很少弹钢琴了，因为继父不是那么喜欢音乐。不过，我放学以后，她也会弹一会儿；那时继父还没回来，我坐在她身边听，她离开时我就上去弹。一开始我用一根手指弹，后来用五根，再后来用十根，最后终于练到了十指翻飞的水平。我弹得不是很快，但什么曲子都弹。

波伏瓦：您和母亲玩过四手联弹吗？

萨特：玩过，四重奏，还有弗朗克的交响乐。

波伏瓦：用钢琴能顺利弹下来吗？

萨特：能。我的音乐素养和妈妈没什么区别。

波伏瓦：您弹琴弹到什么时候？

萨特：直到两年前。

波伏瓦：在阿莱特家？

萨特：是的，在阿莱特家。

波伏瓦：在波拿巴大街的母亲家里时，那段时间您弹得很多。

我还记得那条罩着金色粗布的小凳子。您常坐在那儿,一弹就是一个小时,然后再去工作。

萨特:有时会那样。

波伏瓦:您经常从三点弹到五点,然后五点钟开始工作。我早些时候还会弹一点儿钢琴——我弹得非常非常烂,但曾经会弹那么一点儿——我们还演奏过四手联弹。

萨特:偶尔一起弹过,没错。

波伏瓦:但弹得不多,因为您弹得比我好太多了。您弹肖邦。后来您不住在母亲家,就没有钢琴了。

萨特:应该区分一下不同时期。在妈妈家、在继父家、在圣艾蒂安,我是弹琴的,弹到十三四岁。后来到了巴黎,我成为寄宿生,便在外公外婆家弹琴。他们有一架钢琴,平时也不怎么弹。外婆会弹一点儿,有时坐到琴前,多少能弹出些调调儿来。外公不弹琴。那时,每周六、周日放学后,弹琴就成为我的一大乐趣。我常弹。我用自己的方式摆弄着双手,也就是说,我弹得不好,节拍上总出错,手法也不快,但可以应付着弹出肖邦、弗朗克和巴赫的曲子了。

波伏瓦:您弹得相当不错,当然达不到大师水平,但已经很好了。

萨特:这是随着演奏的进度一点点变好的。妈妈有时指点我一下,还有外婆。我在外婆家弹琴,我还记得一首贝多芬钢琴和小提琴的奏鸣曲。还有舒伯特、有几首肖邦。我得练一段时间才能演奏。但音乐确实让我愉快。

波伏瓦:您去听音乐会吗?有没有唱片?

萨特:我没有唱片。当时的唱片质量很差,而且我们不是那种会听唱片的家庭。但我每到周日就去听音乐会,有时和外婆去,有时和外公去。我记得，塞纳街有著名的"红色音乐会"。我和外公去听，幕间休息时提供用白酒浸泡过的樱桃。

波伏瓦：是古典音乐吗？

萨特：是，古典音乐。乐手都很棒，演奏得很好。那时我只知道古典音乐。

波伏瓦：还有轻歌剧，您说过。

萨特：是的，但我的意思是，最新出的音乐我了解得很少，几乎一无所知。知道一点儿德彪西。

波伏瓦：每次见面，我们经常——几乎是每年如此——去加沃音乐厅听贝多芬的四重奏。

萨特：是的，至少去过两次。

波伏瓦：我们很关注是否有哪位大音乐家被我们遗漏了。事实上，有些人我们是一无所知的，特别是维也纳乐派。

萨特：还有贝拉·巴托克。

波伏瓦：我记得您是在美国发现贝拉·巴托克的。

萨特：是的。

波伏瓦：不久之后，或者是在同时，莱博维茨教我们认识了无调性音乐。

萨特：对，在战后。

波伏瓦：战后，我们发现了巴托克和普罗科菲耶夫。

萨特：是的。普罗科菲耶夫我一直不怎么喜欢。

波伏瓦：我也不喜欢。但他毕竟是我们最初听到的现代音乐家之一。

萨特：我们的主要发现是巴托克和无调性乐派。

波伏瓦：我住布谢里街时买了个留声机。

萨特：一个很大的留声机。

波伏瓦：是维安帮我挑的。那时我们还在听七十八转速的唱片，能持续五分钟。我们听了很多东西。听了蒙特威尔第，还有很多。后来，有了能长时间播放的唱片，我就又买了一个留声机。

萨特：您有一套丰富的唱片藏品。

波伏瓦：那时我们开始认真听贝尔格、韦伯恩等人的东西。后来是更现代的音乐家。我说"我们"，是因为大家通常一起听音乐。那时我们开始听施托克豪森，然后是泽纳基斯，后来听了所有重要的现代音乐家。音乐对您来说是十分重要的。可是为什么事实上您从来没萌生过……您跟我很清楚地解释过什么是无调性音乐，尤其什么是十二音体系……然而爱音乐、懂音乐、活在音乐中的您，怎么从未萌生过写音乐文章的念头？

萨特：我认为音乐不是该由我来谈的。我可以谈论跟文学有关的东西，哪怕跟我相距甚远，我还是写了，这是我的工作，我的艺术，我有权公开考量一部文学作品。但关于音乐，我想还是应该让音乐家或音乐理论家去写。

波伏瓦：而且写关于音乐的文章是很难的，几乎没人能写好它。一般而言，没有什么比音乐评论更无聊的了。莱博维茨在《现代》上写得还好，马森兄弟写了一本关于莫扎特的书，写得很好。

萨特：是的，写得很好。

波伏瓦：但总的来说，写起来总是隔靴搔痒，好像音乐语言天生是无法书写的。

萨特：音乐有它自己的语言。

波伏瓦：您懂得基本乐理吗？

萨特：我学过。

波伏瓦：视唱练耳？和声学？

萨特：对，八九岁的时候学过。

波伏瓦：那应该是入门级的东西了。

萨特：是的，但后来读了一些音乐理论家写的关于对位法的著作。

波伏瓦：那么您如何解释自己能很准确地理解无调性音乐和十二音体系？您的耳朵很习惯这种音乐吗？就我来说，我就一点儿也搞不明白。

萨特：我的理解有那么好吗？

波伏瓦：不管怎么说，您曾跟我解释过很多东西。

萨特：我了解基本乐理，但个中意义是花了很长时间才领会的。

波伏瓦：回到我的问题上来：您为什么写了关于介入音乐的文章？

萨特：既然听了音乐，我就想采取立场。没错，我想写一点儿关于音乐的东西。莱博维茨让我为他写序时，我觉得这件事是顺理成章的。

波伏瓦：您对我说："谈论音乐似乎不是我该干的，那是音乐家的事儿。"可为什么在某一个时期，您认为谈论绘画是您该干的？

萨特：那是很晚的事情。第一次去卢浮宫时，我开始知道了一些绘画。当时我十六岁，人在巴黎，外公带我去了卢浮宫，教我认画儿，嘴里还评论着，没完没了地说，搞得人挺烦。但我毕竟由此发生了兴趣。上一年级和哲学班时，我一个人重游卢浮宫，还带了个小姑娘——尼赞的表妹——一起去，那时我已经懂得跟这个金发小妞儿谈论绘画了。我想，谈论方式是挺搞笑的，但我毕竟知道怎么谈论绘画了。不过，我身后缺少一个在绘画方面有所建树的家庭——我们家在音乐方面还行，但对绘画不怎么在行。

波伏瓦：您的朋友呢？特别是尼赞，还有格吕贝尔，他兄弟是画家。

萨特：格吕贝尔从来没有谈过绘画。

波伏瓦：尼赞对绘画也不怎么上心。

萨特：事实上，尼赞研究绘画的情形跟我有点儿像。就是说，十五岁的时候还不怎么懂。十六岁时来到卢浮宫，看了一些画，试图理解它们。不过我们俩从不……或者说很少一起去看画。我总是一个人去。

波伏瓦：总之，您只看古典绘画，从来不看现代画展。

萨特：对。我知道有现代绘画，可是……

波伏瓦：您一直研究到哪里？当然会研究到印象派。塞尚、凡·高。

萨特：是的，塞尚，还有凡·高。外公肯定跟我谈过塞尚。

波伏瓦：您一点点自我培养，外出旅行，看大量的作品。在这方面，我们一起学习了很多东西。

萨特：现代绘画，是您介绍给我的。

波伏瓦：我了解得不多，但受雅克的影响，我知道一点儿毕加索，知道一点儿布拉克……

萨特：我对他们一无所知，是通过您才了解的。那时，费尔南德·热拉西刚刚开始画画。在马德里时，他完全不同意我们的看法，认为我们过于喜欢博斯，却没那么喜欢戈雅。其实，对博斯，我一直是那么喜欢，但对戈雅的喜欢却大胜从前。热拉西认为我们没有抓住戈雅身上的某些东西。他说得对。好吧，绘画渐渐对您来说越来越重要了。我们一起看了很多画展，毕加索、克利，等等。可您不是画家，却是从哪里来的勇气谈论——我认为您谈得很好——绘画呢？您都谈到了谁？简要概括一下。有沃尔斯，有贾科梅蒂。

萨特：还有考尔德。关于克利，没有专文论述，而是在写贾科梅蒂和沃尔斯的文章中提到过他。还有丁托列托。

波伏瓦：回到我的问题上来。为什么您写关于绘画的文章好像是非常自然、容易的事，却把音乐视为写作禁区？

萨特：我认为，写关于音乐的文章，需要具备音乐理论家的素养。了解对位法，了解作品背后的一切，然后才能谈论作品。一个人可以像我这样在音乐中得到享受、得到教益，但要理解音乐的意义，那得有比我渊博得多的素养。

波伏瓦：您是怎么萌生谈论绘画的念头的？

萨特：我对绘画的体验和绘画史是没有关系的。我看到一幅画，觉得它需要被解释。那是在科尔马，当时我……

波伏瓦：啊，对了！那是您最喜欢的画作之一，是格吕内瓦尔德的。

萨特：是的。

波伏瓦：对啊！还有一幅画您也非常喜欢，即阿维尼翁的《圣母哀悼基督》。

萨特：看到这幅画时，我对绘画还一无所知。当时是在卢浮宫的一个展厅里，我路过那儿，见到了这幅画，很喜欢。当时我还不认识您呢。

波伏瓦：格吕内瓦尔德这个人，还是您向我介绍的。

萨特：我读了于斯曼的一本书，了解到应对格吕内瓦尔德如何评价。

波伏瓦：于斯曼谈到格吕内瓦尔德了？

萨特：对，在《逆流》这本书里，有很长的篇幅。

波伏瓦：这很有意思。因为还没有过什么文学性的东西能让您萌生谈论音乐的愿望。

萨特：是没有过。

波伏瓦：只有一个人对某部音乐作品作过很精彩的评论，他就是普鲁斯特，但他写得非常主观。而在我看来，绘画的书要比音乐的书写起来容易出彩多了。好吧！您读了于斯曼的书，于是就认为文学家可以谈绘画。

萨特：是的，他谈得非常好，至少在那个时代谈得非常好。他提出问题，描述画面。我甚至在了解格吕内瓦尔德的画作以前就了解了于斯曼对格吕内瓦尔德的看法，可以说，我是在不了解格吕内瓦尔德的情况下读关于他的东西的。当时还在打仗，没法去阿尔萨斯，战争结束后我看到他的画作。这期间，我读了于斯曼关于格吕内瓦尔德的文字，大段大段地读。

波伏瓦：您关于绘画的第一篇文章、第一篇随笔是哪篇？刚才我们提到了一些，但未做分类。谁是第一个？

萨特：应该是考尔德。

波伏瓦：对，您写关于考尔德的文章应该是在一九四六年或一九四七年。考尔德在巴黎办画展，您就写了这篇文章。严格讲考尔德不完全属于绘画领域，但这不是问题。后来是谁？贾科梅蒂还是沃尔斯？

萨特：是贾科梅蒂。贾科梅蒂比沃尔斯早得多。

波伏瓦：您最初写的是他的雕塑还是他的绘画？

萨特：先是雕塑。有很长时间我只把贾科梅蒂看成雕塑家，后来才开始欣赏他的绘画。

波伏瓦：不过他最美的作品毕竟还是雕塑。

萨特：当然，但他的一些绘画我也很喜欢。

波伏瓦：贾科梅蒂和您是好朋友，您和他有过很多交流，他理解雕塑的方式在某种程度上和您自己对于感知和想象的理论是一致的。

萨特：是的，我们很懂对方。他向我解释他的雕塑，以此来解释什么是雕塑。所以我就写了关于他的文章。

波伏瓦：您在一定程度上受了贾科梅蒂的启发。但这是非常个人化的。丁托列托呢？您对我说过，这件事来得比较偶然。但是，毕竟，写一本关于画家的大部头的书……

萨特：这个想法很吸引我。我认为丁托列托很有趣，因为他的发展轨迹是取径于威尼斯而独立于十分重要的佛罗伦萨和罗马的。有一种威尼斯的绘画，我对它的喜爱远胜过佛罗伦萨绘画。解释丁托列托这个人也就等于解释了什么是威尼斯画派。而且，在我看来，丁托列托研究了画中的三维空间。这对我来说是新鲜的，因为一幅画毕竟是平面的，多维只是想象的产物。但丁托列托关注空间，三维空间，很执著也很用功，这促使我去研究丁托列托。

波伏瓦：根据您说的话，我有一个想法。比起音乐，您更愿意写关于绘画的东西，是因为音乐的确是那个时代、那个时代中的社会的反映，但表达手法太遥远、太间接、太不容易捕捉，以至于音乐看起来好像是很独立的；而绘画是实实在在的图景，几乎是那个社会的直接流露？这是否能算是一个原因？

萨特：是的。丁托列托就是威尼斯，虽然他不画威尼斯。

波伏瓦：也许您写关于绘画的文章就是因为这个。

萨特：肯定是。音乐太难定位了。

波伏瓦：好，这个主题您还有什么要说的吗？

萨特：绘画和音乐对我来说一直存在，到今天依然如此。现在，绘画我已无缘接近，因为眼睛看不见了。

波伏瓦：是的，有一年了。

萨特：音乐方面，出于同样的原因，我没法演奏了。但我还可以听音乐。听收音机，听唱片。

波伏瓦：我们谈了音乐和绘画，也谈了一点儿雕塑，还有一件属于文化的事情，就是旅行。您做过很多旅行。年轻的时候您梦想去旅行，后来常常旅行，有时有我，有时没我。短途的、简易的、徒步的、蹬车的、坐飞机的，等等。我想让您说说旅行的事儿。

萨特：我的一生是一系列探险，或者说是一场探险。我是这样认为的。探险无处不在，就是很少发生在巴黎，因为在巴黎你不太容易突然看到一个头戴羽毛、手执弓箭的印第安人。我不得不把探险的需求投射在美洲、非洲和亚洲。这些大洲是因为探险而存在的。至于欧洲大陆，探险的几率太小了。于是，我开始梦想去美洲，和野蛮人搏斗，结果全身而退，还能一个人打倒一群人。我经常梦想这个。小时候，我读探险小说，和里面的少年英雄一起坐飞机、坐飞艇去那些令我匪夷所思的国家，我也梦想着去那儿。我梦想着用枪打死黑人——那些吃人的生番，或者打死黄种人。

波伏瓦：这么说您那时是种族主义者了？

萨特：确切地讲我不是，但据说黄种人发动了最惨烈的大屠杀、暴行、拷打，于是我把自己看成英勇的卫士，为了保护一位被迫留在中国的欧洲少女而与黄种人作战。我非常感激探险小说带给我的东西，那是一种对整个地球的向往。我很少认为自己是一个法国人；的确偶尔会这样想，但我也认为自己是——我并不是说四海都属于他，但他的确是以四海为生、以四海为家的一个人。我想，将来要去非洲、去亚洲，通过努力占有这些地方。整个地球，这个思想是很重要的，它在某种程度上是和"文学被用来谈论世界"的观点联系在一起的。世界比地球大，但大致上讲两者是一回事。旅行明确了我的占有感。我说"占有"，是因为我当时是个孩子，而现在不会用"占有"这个词了。我想，确切讲不是占有，而是一个人和他当时所处地域之间的关系，那不是一种以千金散尽还复来、以赚钱寻宝为目的的占有关系，而是一种方式，用来展现我未见过的土地、自然和事物，我将如实见到它们，我自己也会因为它们而发生变化。

波伏瓦：总的来说，是一种阅历上的丰富。

萨特：是的。这就是关于旅行的最初想法，从那时起，我就是一个潜在的旅行者了。您认识我的时候……

波伏瓦：您想参观君士坦丁堡的贫民区。

萨特：是的。

波伏瓦：但您在认识我之前旅行过吗？

萨特：没出过国，除了瑞士。我们去瑞士，因为外公、外婆和母亲需要去一些有水的城市，例如蒙特雷伊。

波伏瓦：但这不会给您带来旅行的感觉。

萨特：不会。

波伏瓦：这给人的感觉是去山区度假。您谋求在日本的职位与此有关吗？

萨特：啊，当然！这个日本的职位是很自由的，有人推荐我去。所以不是我主动申请去日本，而是校长受命选择一位愿意去日本并在京都的一所中学任法语教师的学生。我就报了名。这对我来讲再正常不过了。您认识我的时候……

波伏瓦：是的，您要是去日本，我们就得分开两年。后来没有去成您很伤心。

萨特：后来是佩隆去了，因为他们更愿意请一个语言教师去教法语——我是这样理解的。这样,我的第一次旅行就是我们俩一起去西班牙。这事儿真让我高兴,旅行生涯开始了……

波伏瓦:多亏了热拉西。我们本来出于尼赞的建议很朴素地打算去布列塔尼。结果热拉西说:"我说,你们在马德里住在我家,很容易,来吧,没那么贵,一切都能搞定。"越过国境,对您有什么影响?

萨特:这件事让我成了一个大旅行家。一旦越过一个边境,我就能越过所有的边境,结果,我就成了一个大旅行家。那个边境叫什么来着?

波伏瓦:我记得我们是由菲格拉斯过去的。它不完全是边境,但我们是在那儿下的火车。

萨特:在那儿我们第一次看到了海关职员,结果乐疯了。我们在菲格拉斯高兴得不得了。

波伏瓦:啊!记得那是一个奇妙的夜晚,尽管菲格拉斯是个糟糕的地方,景色完全谈不上美丽——同年我又去了一次——我们住在一个小客栈里,兴奋极了。不过,这完全不是您梦想中的旅行。因为这个旅行同我在一起……

萨特:啊!这是很好的!

波伏瓦:但完全没有您向往的冒险成分。这是一次很乖的旅行,两个大学里的年轻人,没什么钱。

萨特:冒险成分出现在梦里,而在现实中我逐渐除掉了它。从第二次旅行开始,冒险的动机就完结了。我在摩洛哥时——我的小英雄们在那儿进行过英勇的厮杀,就已经完全失去了会有什么事落在我头上的想法。而事实上的确什么也没发生。

波伏瓦:那么……?

萨特:我认为,旅行首先是发现城市、发现景致。当地人物是随在后面的。发现我不了解的当地人。我从法国来,我对法国也不是太了解,或者说了解得很少。那时我还不知道布列塔尼。

波伏瓦:您对法国几乎一无所知,我也一样。

萨特:蓝色海岸。

波伏瓦:您了解阿尔萨斯。

萨特:对,了解一点点。我还知道圣拉斐尔。

波伏瓦:最初几年,我们去了西班牙,后来是意大利,然后我们在法国旅行。第二次西班牙旅行接近尾声时,我们去了归属西班牙的摩洛哥①,然后去了摩洛哥。这些是我们战前的旅行。还去了希腊。这些旅行给您带来了什么?

萨特:首先是文化方面。比如说,我去了雅典或罗马,太好了!罗马是尼禄和奥古斯都的城市,雅典有苏格拉底和亚西比德。我们是根据文化来规划行程的。在西班牙有热拉西,他是我们的朋友,邀请我们,这别有一番意义。不过,旅行的实质仍然是何为塞维利亚、何为格拉那达、何为阿尔罕布拉宫、何为斗牛戏,等等,诸如此类。我希望理解并找到别人对我说过的一切——不是在高中,而是我喜欢的作家说过的。我不是那么喜欢巴雷斯,但他提到过托莱多古城和格列柯。比方说,我应该看看阅读巴雷斯带给我的关于格列柯的一切。

波伏瓦:您有点儿把事儿说混了。斗牛戏和希腊神殿或一幅绘画不是一回事。这是投入一个国家、投入该国人群的一种方式,这是很可观的。

萨特:斗牛是很可观的。

波伏瓦:您有一种想法,即一个人的旅行方式应该是很"现

---

① 1912 年,法国同西班牙签订《马德里条约》,摩洛哥北部地带和南部伊夫尼等地划为西班牙保护地,直到 1956 年获得独立。——译注

代"的。

萨特：对。

波伏瓦：我的意思是，例如，当盖耶在格拉那达、在阿尔罕布拉宫逗留时，您不无道理地认为他应该深入到这个城市的下层中去。

萨特：去看看西班牙人。

波伏瓦：看看当下的生活。我还记得在隆达您同盖耶的争辩。您很恼火，因为我们看到的东西都是过去的、死的，贵族宫殿，对您来讲这座城市没有当下的生命。在巴塞罗那，您就很高兴，因为在那儿，我们伸进了一个密密麻麻的生命之城。

萨特：我们看到了西班牙罢工者的罢工场面。对了，我还记得圣乔治将军的政变。

波伏瓦：政变没有持续多长时间。他第二天就被捕了。

萨特：是的。但我们看到将军坐在敞篷汽车上，被市长带走了……

波伏瓦：这同您的冒险梦想有点儿联系。

萨特：啊，是的。这里面有点儿冒险性因素。

波伏瓦：可我们并没有冒任何危险。

萨特：我们没冒任何危险，但在那时那刻，我们同历史事件撞个正着。不管怎么说，我们和人们发生了关系。

波伏瓦：我们同人群一起奔过去。有位妇女伸出手喊道："太愚蠢了，太愚蠢了。"在异国他乡，环境的改变对您来说有什么意义？

萨特：斗牛以及诸如此类的东西不仅是文化的。它们比在大街上的简单相遇或我在大街上目睹的一次事故更神秘、更有力量。它们汇总了一个国家的方方面面。应该去探究、思考斗牛这种活动，试图找到它的意义。

波伏瓦：吃什么、喝什么——不同的味道也可以给人带来异域的风味。

萨特：当然。我还记得在意大利吃到的意大利糕点。我们聊过很多。

波伏瓦：是的。

萨特：我甚至写了文章。

波伏瓦：对，我记得您把热那亚的宫殿和意大利糕点的味道和颜色进行了比较。我记得在伦敦您也试图为何为伦敦做过一个综述。显然，过于潦草了点儿……但您尝试着抓住整体。在这方面我们俩有很大的不同。我总是喜欢看，什么都看。而您认为浸透是很好的，比方说，在一个广场上叨着烟斗什么都不做。事实上，您就这样很好地把握了西班牙，不逊于您去多看两座教堂。

萨特：没错。我仍然坚持自己的观点。

波伏瓦：现在我多少也这样认为。

萨特：确实如此。在佐科多维尔广场叨着烟斗，我很喜欢这样。

波伏瓦：比如在佛罗伦萨，当时我真是乐疯了，而我却是个糟糕的旅行者。在佛罗伦萨，我们下午两点吃午饭，直到五点前您都不愿意动弹。您在学德语，因为想第二年去柏林。我却出去了，三点到五点之间马不停蹄地看教堂、看绘画、看各种各样的东西。结果，您非常高兴做了一场您所谓的文化之旅。有一个维度我们没有说到，那就是在所有旅行之中，存在着一个政治维度。

萨特：啊！这个维度是很模糊的。

波伏瓦：非常模糊。但我们对政治气氛依然有触觉。

萨特：是的。

波伏瓦：西班牙之旅是共和国，共和国成立了。意大利之旅则相反，是法西斯主义。您在德国待过，我们也在那儿一块儿旅行过，那里是纳粹主义。在希腊是梅塔克萨斯；我们并没有感受到太多，但它对我们来说毕竟是存在的。

萨特：是的，它存在。我们在街边遇到一位市民，他跟我们的思想毫无共同之处，有时双方甚至会在争议中越走越远。我在意大利的感受特别强烈。法西斯主义是切实存在的。我还记得有一个夜晚，在纳沃纳广场，我们坐着，沉入梦想，突然来了两个穿黑衫的法西斯分子，戴着小帽，盘问我们在干什么，声色俱厉地要我们回旅馆去。我们在街边的每一个地方都可以看到法西斯分子。

波伏瓦：我也记得在威尼斯，我们看到了德国褐衫党。这是很不愉快的，尤其您正好第二年想去德国。

萨特：是的，后来我又见到了德国褐衫党。梅塔克萨斯我们也感受到了，但因为我们不是太清楚他想要什么，见我们所知寥寥，他也没怎么为难我们。

波伏瓦：我还记得我们在纳夫普利亚看到一座监狱。我们见到一个希腊人，他对我们说："所有的希腊共产党员都关在这里。"口气很是得意。这是一座监狱，周围长满了仙人掌。这期间，记忆中最能触动您的东西是什么？在意大利，我们去过两次。

萨特：两次，对。西班牙也是两次。

波伏瓦：我们觉得西班牙更生动些。

萨特：法西斯主义者使意大利变得僵硬、造作，过去的价值或已消失，或被丢弃，在那儿却依然存在，而且意大利人看起来很糟糕。他们在法西斯主义周围抱成一团，让人无法同情他们，他们也没有机会同情我们。我们跟城市和乡下的人没有太多接触。法西斯主义的枷锁无处不在。

波伏瓦：您对那些较早的旅行还记得什么？

萨特：我欣喜若狂，这是肯定的。它为我打开了另一个维度。我们感觉到自己多了一个维度，一个外面的维度，存在于这个世界的维度。法国成了一个让我们变得狭隘的信封。

波伏瓦：对，法国不再是绝对的中心。我想，摩洛哥之旅对您来说也是极为震撼的。

萨特：这是一个完全不同的世界，不同的文化观念，不同的价值。那儿有利奥泰的后代，还有苏丹……一般来说，我们法国人同普遍意义上的法国人交往。我们并未住在阿拉伯人的城镇里。

波伏瓦：我们太与世隔绝了。不过，比如在菲斯，我们除了睡觉之外很少离开阿拉伯城镇。

萨特：我病倒那次，不是在菲斯吗？

波伏瓦：是在菲斯。

萨特：是怎么生起病来的？

波伏瓦：哦，我们吃了一顿当地的饭菜，味道不错，临走的时候说："真奇怪，我们吃了四道甚至六道菜，本来很难消化，本应感到难受，结果我们一点儿都没事。"我们甚至还争论起来，说："因为我们没喝酒，没吃面包。"后来您回去躺下了，结果得了肝病，在床上躺了大概三天。

萨特：我记起来了。

波伏瓦：您还记得别的好玩的事儿吗？

萨特：我们同博斯特一起在希腊旅行。那是一次很美好的旅行。我们常在露天睡觉，例如，在德洛斯。还有一个岛，我们在那儿看到了希腊的布袋木偶戏。

波伏瓦：我想您指的是茜拉岛。

萨特：是茜拉岛。然后是在希腊的乡下。我们很乐意在野外睡觉。

波伏瓦：啊！隔一夜就在外面睡一次，我想。

萨特：隔一夜睡一次，是的。

波伏瓦：没有帐篷，什么都没有。特别是那个美丽如画的小城，我忘记了名字，斯巴达附近的一个小城，那里有拜占庭教堂。我们睡在一个教堂里，早晨起来时，周围全是农民。啊，是我在说，本来应该让您说的。

萨特：啊，不，我们一起说，这是我们共度的一段时光。总的来说，这些旅行没有什么节外生枝。我们平静地做着该做的事。我们在外面观察着人们。从巴黎开始，这些旅行富有资产阶级情怀，但深入到国度中后，就没那么多资产阶级情怀了。比如说，我们会在露天睡觉。

波伏瓦：是的，因为我们没有钱。

萨特：别人也能感受这一点，这立即把我们放进了普罗大众之中。

波伏瓦：不过，因为不懂语言，我们常处于与世隔离的状态。我们只在西班牙有过一个当地人领我们转，给我们讲故事，告诉我们咖啡馆在哪儿，巴列-因克兰的像在哪儿。我们的第一次西班牙之旅就是这样的。

萨特：多亏了热拉西。在意大利还算顺利，我已经开始学意大利语了。

波伏瓦：是的，能应付得来。不过，我们没有跟人真正交流过。我们遇到的既没有知识分子，也没有政治家。当然，和法西斯主义者也毫无往来。后来是美国吧？那又是另外一种情况了。

萨特：是的。可以说，旅行分作三种。第一种——我从来没做过——叫做冒险之旅。再就是适合于我们状况的旅行，即文化之旅，我们做了很多次。然后，因为一九四五年以来发生了一些历史事件，我们开始做——从来不是严格意义上的政治之旅，但属于某种程度上带有政治意味的旅行。也就是说，在某一片土地上，我们试图从政治方面理解这个国度。

波伏瓦：在旅行中我们不再是孤独的旅行者，而是同当地人建立了联系。这是非常重要的。好，谈谈美国之旅吧。

萨特：美国，我们去之前已经充分想象过了，因为……开始，我还是孩子时，尼克·卡特和水牛比尔这样的人就为我展现了一个美国，后来通过电影，对它的了解更多了。我们读过当今这个伟大时代的小说，既读海明威，又读多斯·帕索斯。

波伏瓦：还有爵士音乐。啊，我们谈到您的音乐爱好时，还没谈到爵士乐呢。爵士乐对您来说是十分重要的。

萨特：很重要。

波伏瓦：这是您的第一次团体旅行。不是那种大巴上的旅行团，而是和一群记者。而且，这是您第一次带着明确的任务旅行，也就是说，您要写作，要为《费加罗报》写文章。某种意义上讲，您是以通讯员的身份展开行程的。

萨特：对，我和一群经验老到的记者一起出发，他们写起报道来轻车熟路。安德烈·维奥利斯和我们在一起。

波伏瓦：这不是您第一次坐飞机吧？

萨特：不，是第一次。我乘的是一架战斗机，由战士驾驶的。

波伏瓦：有什么感觉？害怕吗？还是说完全不怕？

萨特：起飞和降落时完全不怕。

波伏瓦：在空中呢？

萨特：在空中有点儿慌，但也没有特别担心。我觉得不算什么。美国人把飞机交给我们用，载着我们跑遍了美国，我也没感到多害怕。

波伏瓦：坐飞机这种方式为您的旅行带来了怎样的不同体验呢？

萨特：对我来说，这是一种完全不同的旅行。以前是坐火车，从一个国家到另一个国家。在一个玻璃笼子里漂洋过海，是一个极大的差别，和一般意义上过海关的性质完全不一样。美国海关人员的粗暴态度也和欧洲多数国家自由轻松的过境方式完全不可同日而语。

波伏瓦：海关人员很粗暴吗？

萨特：相当粗暴。尤其是警察。

波伏瓦：但你们是一个受邀团体，就没有什么优待吗？

萨特：没有。他们看了我们的箱包，照例问了所有的问题。

波伏瓦：这次旅行有什么不一样的地方？

萨特：它是有组织的。所谓有组织，不仅因为我们是一个由七名成员构成的小团体，也因为它依附于作战部。

波伏瓦：他们要向您展示美国的作战能力。

萨特：美国的作战能力，我可不关心。我想看的是美国。

波伏瓦：当然。

萨特：我对他们心存感激，因为他们向我们展现了整个美国。作战力则是第二位的。

波伏瓦：他们向你们展示了怎样的作战力？

萨特：例如，一家军工厂。

波伏瓦：这样说来，这场旅行中您看到了一个有生命的、动态的国家。

萨特：原则上是的，因为我看过罗斯福的增值税，而从战争的角度看，了解不了解它也没那么重要。

波伏瓦：是的，这是一种经济知识，不像过去，有图画、建筑和风景。

萨特：在纽约，他们带我们去了放映厅，一连好几天给我们放战后拍摄的美国大片，我们没看过的。这算是文化活动吧。

波伏瓦：应该是很动人的。

萨特：是很动人。

波伏瓦：您住纽约哪里？

萨特：广场酒店。

波伏瓦：你们受到了很好的招待吗？

萨特：我们是在晚上到达纽约的，已经十点钟了，没有人等我们。我们过海关时，没人过来叮嘱一下他们最好别太为难我们。他们归还了行李，把我们安置在一个大候机厅的角落里。当时不是艾德威尔德吧。

波伏瓦：对，我知道，是……拉瓜迪亚。

萨特：我们有七个人，夜里十点，挨行李坐着、等着——行李不多，每人只有一个箱子。最后，团里那个能不负责就不负责的负责人说："我去打电话。"他有一个电话号码，是在巴黎别人给他的。电话打通了，接电话的人得知我们这一路的行程，又好笑又惊讶。

波伏瓦：是的，真够任性的。

萨特：的确任性。我们总算当晚到了，本来也可以另一天到的。因为这个，没人等我们。他们迅速派车到机场，把我们接到纽约。这是我第一次接触——不仅是美国，而且是纽约。车把我们送进了纽约城。离开机场往酒店开时，我们经过熙熙攘攘的大街，晚上十点半还有那么多人。到处五光十色，店里灯火辉煌。夜深时灯火要少一些，但通夜不灭。我记得自己坐在汽车里，看着明亮的商店开着门，里面的人忙忙碌碌。是理发店，十一点还开着——我都惊呆了。这似乎是再自然不过的事，一路上我见到七八家这样的店。夜里十一点，还可以理发，可以刮胡子，可以洗头。这个城市看起来十分惊悚，因为触目所见，全是阴影。我看见下面的店铺，然后看见上面的阴影，巨大的阴影——第二天我发现都是摩天大楼。到达那天是星期六。

波伏瓦：您没觉得酒店极其豪华吗？

萨特：酒店……我们见到的第一个景象是一扇转门，一群女人走出来，白色的头发，穿着袒胸露颈的晚礼服，还有穿无尾常礼服的男人。那天应该是什么我不知道的节日吧。

波伏瓦：这种派对每天都有，不见得是节日……

萨特：人们出于这样或那样的目的穿着晚礼服聚在一起。我仿佛真的又回到了和平时期。他们并没有目前正在打仗这个现实。

波伏瓦：我们通常住的旅馆都是很朴素的，您不觉得广场酒店豪华得有点儿惊人吗？

萨特：没有这种感觉。不过，我们第二天的早餐极其丰盛。我还记得咱们在伦敦吃的早餐，当然，简单得很，但也很不错。

波伏瓦：是的。但跟仍然处于大苦难中的法国相比，这不是令人吃惊吗？

萨特：我的理解很简单，那就是美国离战场很远，它没有外敌入侵。

波伏瓦：没错。很大程度上因为这个。那时，我去西班牙和葡萄牙，已经觉得它们富得可怕了。那么，在纽约会是怎样的情形呢！

萨特：是的。但这也没有特别刺激到我。

波伏瓦：您跟我讲过您衣服的故事。

萨特：是的。从第二天开始，邀请我们那个部门的人就带大家去商店购物，特别是买上衣和裤子。我买了一条有纹路的裤子。

波伏瓦：您也给我买了一套衣服。

萨特：是的。仅三天的工夫，大家就有了一身西装，出门都穿着。我有一件黑色的羊皮上衣。

波伏瓦：是的，很破的衣服。卡蒂埃·布雷松还给您拍了张穿这衣服的照片。第二天您是怎样接触到纽约的？

萨特：一开始，他们让我们随便沿第五大道散步。我记得是星期天。我同团队里的人一起散步来着。

波伏瓦：你们七个人不总是呆在一起吧？

萨特：不总在一起。但第一天，大家都一起在第五大道散步。早晨，我们看到有人走进一座教堂，大家都觉得这条街太动人了。不过，后来我更喜欢别的街道，比如第六大道、第七大道，还有鲍厄里大道和第三大道。我开始在这些街道之间来去自如——真是太简单了。我兴高采烈。我们住在十五街和十六街之间，也就是接近市中心的地方。

波伏瓦：你们住的广场酒店离中心公园很近。在哪里吃饭呢？

萨特：我们常被请去吃午饭或晚饭。

波伏瓦：我想，跟我们其他旅行相比，这次行程最大的不同就在于您见到了一些人。

萨特：对。确切地说，不是这个国家的人，我见到的都是作战部的人，他们在收音机里指点江山，为法国、为英国打气。

波伏瓦：有法国人吗？

萨特：是的，有法国人。还有英国人。

波伏瓦：您想必会见到一些美国人。

萨特：是的，当然。

波伏瓦：在那儿，您认识了负责在收音机里显示作战力的团队。

萨特：我就这样认识了一大群人。美国人，我都是就地结识的，就是说，他们把我带到某个地方，有些美国人过来跟我说话。我记得去过一个工厂，就地修建在一个村落里，砖头瓦块，肮脏不堪，却有许多预制的房舍。看到这些预制的房舍集中在村庄里，周围是砖头瓦块和遍地狼藉，真让人奇怪。

波伏瓦：总的来说，您看到了什么？呆了多长时间？三个月？四个月？

萨特：是的，三四个月。

波伏瓦：主要是在纽约吧？

萨特：啊，不是。就严格意义上的行程而言，我们起初在纽约呆了一周，回来时又呆了五六天。我在纽约呆了十四天。另外，我是从华盛顿离开美国的。我比别人走得晚一些。大家离开的日期不尽相同，因为每个人能花的钱不一样。旅行结束后，我又至少呆了一个半月。

波伏瓦：在纽约？

萨特：对，在纽约。

波伏瓦：您去好莱坞了吗？

萨特：去了，几乎立即就去了。我们去了华盛顿，然后是新奥尔良。没有去迈阿密。很久以后我才去了迈阿密。我从新奥尔良穿越美国，仍然是坐飞机。我们参观了科罗拉多峡谷，然后溯流而上。

波伏瓦：芝加哥去看了吗？

萨特：是的，当然去了。我们去好莱坞，从好莱坞去芝加哥。我记得又从芝加哥去了底特律。

波伏瓦：是的，为了展示作战力，他们一定给您看了一些讨厌的狗屁城市。

萨特：是的。我看了底特律，然后大家从底特律回到了纽约。

波伏瓦：您在纽约见到了许多法国人。您见到了布勒东。

萨特：是的，我在那儿很自然地结识了一些法国人。我应该见过一次拉扎雷夫，至少见过一次他的妻子。

波伏瓦：有很多法国人去了美国，有的是犹太人，有的因为不愿意在占领时期留在法国。安德烈·布勒东也去美国了。

萨特：是的，他去了。所以我见到了布勒东。我还看到了莱热。我去拜访他。他表现得很亲切。我去看过他好几次，他从没让我空手回来过。就是说，每次都要选自己的一些画送我，我把它们保存很久。我在美国把画挑出来，后来他把这些画带给我。

波伏瓦：莱热、布勒东。里勒泰·尼赞也在。

萨特：还有列维-施特劳斯。是的，我又见到了里勒泰·尼赞。还有谁？布勒东周围还有一些人。有雅克琳·布勒东和她未来的丈夫大卫·哈尔。她正要离婚。

波伏瓦：大卫·哈尔是一个美国人。

萨特：一个年轻的美国雕塑家，好像没有太大的成就。

波伏瓦：杜尚也在那儿。

萨特：对，但杜尚不是流亡者。

波伏瓦：他在那儿已住了很长时间。

萨特：我同他一起吃了午饭。

波伏瓦：那些真正的美国人中，您认识了谁？

萨特：有圣埃克絮佩里的妻子。后来我同考尔德也认识了。

波伏瓦：您没有和作家见过面吗？

萨特：我在巴黎见到一些作家。我见到了多斯·帕索斯，在巴黎。

波伏瓦：理查德·赖特，您在那儿同他见过面吗?

萨特：见过，他和他的妻子。还有一些美国的评论家。我们还没说起过海明威。海明威，我也是在法国认识的。

波伏瓦：啊，对! 我们在解放的时候见过他。不会英文没给您带来太多的不便吧?

萨特：没有。因为我见的都是些会说法语的美国人。别的作家把我当成一个不会说话的人晾在那儿，这是很正常的事。因为在阿隆的杂志上写过一篇关于占领时期的法国的文章，我在流亡美国的外国人之中还是小有名气的。

波伏瓦：我们说过要谈谈月亮。

萨特：是的，因为月亮伴随着每个人的从生到死。大概五六十年以来，它相当清楚地标出了环境的演变，以及由此带来的我们内心和外在的革命。我认识月亮的时候——也就是很早的时候，它看起来像是夜里的太阳。空中的一个圆，很远，像太阳一样，一个微弱却着实存在的光源。月亮里，我们能看到一个背着小筐的男人，或者一个头部的线条，总之能看见我们希望看见的东西。我们说它比太阳更近，比太阳更亲，比太阳更与地球联系紧密。我们说到月亮就好像说到自己的产业。它几乎是天上的一个和地球息息相关的东西。

波伏瓦：的确是这样，它是地球的卫星。

萨特：一点儿不错。但一开始，人们出于经验得知月亮总在那儿，有满月，它是地球在天上的一个符号。我一开始对月亮的认识就是这样的。晚上我看月亮，对我来说，它极为重要，但我又说不清怎么个重要法儿。它是夜里的光，在黑夜里给人安慰。我小时候有点儿怕黑,月亮给我安慰。当我出门,来到花园,月亮当头照着,我感到很幸福。不会有什么大不了的事儿发生。和其他孩子一样,我经常想象月亮在说话,在给我讲故事,我想象月亮看着我。对我来说,天上的月亮真的代表某种东西,我还记得我画过月亮,还在月亮里加上我声称看见的东西,不是一个背柴的男人,也不是一个头像,而是我在月亮里虚构的面孔和风景,其实我没看见,只是声称看见了。

波伏瓦:长大后,月亮仍然对您很重要吗?

萨特:是的,很久以来都是这样。太阳,我不见得喜欢它,不是所有时间都喜欢它,它让我眩晕。天空是一个辽阔的地域,太阳和月亮住在那里。

波伏瓦:您在书中谈到过月亮吗?您在《涅克拉索夫》开场中提到了它。一个男人和一个女人在码头上,男的说:"看,看月亮。"女的说:"月亮不好看。每天都能看见。"男子答道:"很好看,因为月亮很圆。"我不记得您的小说里是不是有月光了。

萨特:我记得《墙》中好像提到过月光。我想起月亮,就好像想起一个私人的东西。事实上,月亮对我来说代表了所有的私密之物,和由太阳代表的公开、已知的东西形成反差。我有过一个想法,月亮是太阳在黑夜中的复制品。

波伏瓦:为什么您特别想谈它?

萨特:因为我对自己说过,有一天我会写月亮。后来,我知道了月亮是什么,大致讲是一个卫星。别人这么教我,而私下里我认为它不是地球的卫星,而是我的卫星。我的感受就是这样。好像我有一些思想,它们来自被月亮注视时的那个我。我很喜欢月亮,它充满诗意,是纯粹的诗。同时,月亮完全是和我分开的,它在上面,在我的体外。而在我和月亮之间,又有着某种联系,有一种共同的命运。月亮在那儿，像一只眼睛，像一只耳朵，它向我讲述，我也写下了关于月亮的述说。

波伏瓦：您为什么要用过去时？

萨特：因为自从人登上月亮，它带给我的东西就变少了。人类登月以前，月亮一直是那个样子。他们决定登月，后来真的登上去了，这引起了我强烈的兴趣。我积极跟进登月之旅的信息。我甚至记得，在那不勒斯，为了看阿姆斯特朗的飞行，我还租了台电视。

波伏瓦：为了看第一批登月的人。

萨特：为了看他们在月亮上的举止，他们做什么，月亮是怎样的，从月球看地球是什么样子，一切都让我兴奋。但同时，这个事件也把月亮变成了一个科学的对象，丧失了从前的神秘性。

波伏瓦：您想过人类会登上月球吗？

萨特：没有。我读过儒勒·凡尔纳关于月球的小说，还读过威尔斯的《首批登月者》。这一切我都非常熟悉，但我觉得这只是传奇，是不可能的。威尔斯登月的方式其实并不科学。

波伏瓦：儒勒·凡尔纳的方法要科学一些……还有西哈诺·德·贝热拉克的《月球之旅》。

萨特：是的，但这个……

波伏瓦：这个不是太有趣，但我们总会梦想登上月球。

萨特：我从来没这样想过。

波伏瓦：那天我们谈到一点儿您在《词语》中表达的思想，即"张三李四，价值等同"，而您就是张三李四。我想知道，对您来说这段话意味着什么。但首先，您身上关于人与人的平等、关于优越性和等级的思想是怎样形成的？一方面，您说年轻的时候您觉得自己是天才，另一方面，您又认为某种程度上您一直认为人与人是平等的。能为我们指点下迷津吗？可以从童年和青年时代谈起。

萨特：小时候，我写了第一批小说，当时是八岁，外公称我为王子，他是有点儿把我当成小王子看的。那时，我已经被他用一种小王子的主观内在禀赋打扮起来了，而那不过是他将自己的善良宽厚折射在我身上罢了。一个人具有王子的主观实在性，并不会导致平等，因为王子是高人一等的。不过，归根到底还是有一种平等，因为我认为自己是一个存在着的人，而每个存在着的人都是王子。我就是这样看待事物的。大众是由一些处于半存在状态的人组成的，那是一些不是太成功的存在着的人，他们就生活在我周围。但还有存在着的成功者，我发现了他们，他们近在眼前，是名副其实的王子。所以，有一个平等者的世界，他们是一些王子，还有一群乌合之众。当然，这不是平等。不过，王子们彼此承认、相互平等，他们并不比我更王子，反之亦然——这种思想已经包含了一种平等，这种平等是我梦寐以求、并希望在别人和我之间建立起来的。因为，每次和我一个人产生亲近关系时，无论是男是女，我都意识到这个人和我是完全平等的，尽管在遣词造句方面我能应付得好些，但对方第一时间的直觉跟我的毫无二致，他/她理解事物的视角跟我的完全相同。

波伏瓦：我们回到您的孩提时代。上中学的时候，好学生和坏学生之间难道没有某种等级之分吗？

萨特：有。但由于这种等级之分对我不是很有利——我不是一个很好的学生，中不溜儿，或者中等稍偏上，有时还会落在后面，所以我不认为等级对我有利。我觉得等级是个和我无关的东西。我不认为拿第一，超过小布兰，小马拉甘，或比他们差，这能给我的存在提供什么维度。我的存在是一个主观而深刻的事实，它超越了一切可以言说的事物，无法归类。事实上，从那时候起我就开始说人是不能归类的。主观性，是一个并非以第一第二的姿态出现的东西，这是一个彻底而深刻的事实，一定程度上无穷无尽，它就在那儿，在自我之中，在自我之前，它就是存在，作为人的存在。它无法根据另外的存在而被归类——而另外的存在也许没那么显眼，没那么被肯定，但它在深刻程度上是同样真实的。不该把不同的人归类，而应该把它们看成一个代表人类的整体。

波伏瓦：在某种程度上，您首先强调的是意识的绝对方面。

萨特：是的。意识的绝对方面，我首先在自己身上肯定这个方面，继而开始以小工了的身份肯定它。不过，事实上，它意味着意识，我所见、所读、所感受到的意识。其次是深刻的意识，和周遭的事物息息相关。同时，它又具有难以转移的深度，它就是我。它不会比任何人低一等，也不会高一等。别人也一样。这一点，我感受到的时候还很小，是个孩子。

波伏瓦：不过，您上一年级和随后几年和尼赞在一起的时候，常说你们把自己看成是超人，同时您又说您有成为天才的倾向。超人、天才的思想和平等思想不矛盾吗？

萨特：我觉得不矛盾，因为对我而言，天才和超人，仅仅是一些完全成就了人之实在的存在。根据数字和等级划在后面的大众，则是一堆面团，超人混迹其中，将来会降临于世，脱颖而出。但这堆面团并不是由超人组成的，里面有次等人，它事实上对应着不同的等级思想。等级很少针对人本身，而主要针对人的资质——针对作为铁道巡视员、公共工程检察官或者教师的人。简言之，他们所从事的行当、活动，他们周围的物事，这一切都可以成为等级。但如果进入了深层次，就不可能有等级之分了。这就是我自己一点点悟到的东西。

波伏瓦：但在高师时，仍然有着竞争、名次、地位等问题。

萨特：不，没有竞争，也没有名次，完全没有。

波伏瓦：有的，比如说进入高师。

萨特：为了进入高师，有一个学校组织的考试，会有名次问题。高师毕业，会有教师资格考试的问题。

波伏瓦：是的。

萨特：好吧，也可以有这样一种比赛，有名次的比赛，但在两个人之间，毫无区别。目前，我已经向您说明了作为天才的主观性思想，以及将人按照不同资质而分门别类的等级思想。在高师，有两种分类：一种分类导致的是分类的丧失。所谓分类的丧失，指的是纯粹的主观性，它被认为是无限的，天才是其特征。我把自己看作天才。这个思想在我很年轻的时候就有了，它来自我的作家哥们，而我自己也是作家。我想，像巴尔扎克、波舒哀那样的人，我是可以与之分庭抗礼的，因此，我可以成为人们所谓的天才。在高师，有我的主观性，它是天才的；同时也有地位，也就是由于年纪造成的不同地位。比方说，我进入高师的时候，上一年级，和我认识的五六个同学参加了一个研究小组，我很喜欢他们；隔壁也有其他同类型的研究小组；楼上是二年级的学生，他们也是以研究小组的名义聚在一起，但每个小组的人没有那么多；然后是三年级的学生，然后就变成了高师的校友。这一切都是根据年龄所做的区分。事实上，这对应了某种东西，因为我们学习知识，知识最终给了我们在某个领域里当老师的价值。比如，我花了四年时间学到了搞哲学所必需的知识，而另一个人学了法文。总之，在高师的那些年是有分类的，但这对我们来讲毫无意义。我们不认为他们比我们高明，他们仅仅是被分类了而已。

波伏瓦：对，这是在平等中的一种等级，因为每一个人都需以一种几乎是数学性的模式进入这个等级。

萨特：显然，平等和平等之间并不完全一样，总有些人有更多的知识、通过了更多的考试。但这仍不啻为各种形式的平等：一年级的人是平等的，他们不用考试，却都无一例外地向着四年的学校生活迈进；别的年级的人是平等的，因为在一场考试背后，比方说，都有一个在本学年内有待获取的学位，这些人也因此拥有更多的知识和资质。殊途同归，最后仍然是平等的。

波伏瓦：但是，您对自己的同学是有所区别的。您完全不认为所有人都是有价值的。像梅洛-庞蒂那种开明、可亲的姿态，您就完全不具备。

萨特：完全不具备。我强行将好学生和坏学生区别开来。很快，尼赞和我，一定程度上还有盖耶，我们被归在阿兰的门下，而阿兰那些年是很粗暴，很蛮横的，他希望有一种恐怖气氛笼罩高师。我承认，这和等级、和关于天才的主观性是不太相容的。但我仍然认为，这与天才的主观性有一定联系。我认为，我们躲在楼梯上方，向穿着无尾常礼服出门社交、快到午夜才姗姗归来的男生打水枪时，是想通过这种行为表明，那些男生的社交、无尾常礼服、优雅姿态、梳得很好的发型，都是些外在的东西，毫无价值，一文不名，他们不该干这种事，不该追求这些东西，因为他们应该追求天才内在的光辉，而肯定不是社交晚宴上的华丽出场。

波伏瓦：是不是可以说，您同时生活在两个层面上？——其实所有人都是这样。有一个形而上的层面，全部意识的绝对性都彰显其中，还有一个是道德、实践，甚至是社会性的层面，在这个层面上，如果一个人的行为举止、生活和思想方式是您全力与之对抗的，那您就不会对他意识中的绝对性感兴趣。您，尼赞，还有马厄，你们在总体上鄙视社交生活的态度在高师是出了名的，尤其看不起那些四大的索邦佬儿。

萨特：因为索邦佬儿代表了一些不完全是人的存在。

波伏瓦：承认有些人不完全是人，这事儿可严重了。这和平等思想完全背道而驰。

萨特：这很严重，我后来放弃了这种想法。但可以肯定的是，最初的确是这样，我最初就是这么想的，那些人无足轻重，有些也许会变成真正的人，但他们当中的大部分都永远不会变成人。这个想法对应的事实是：我跟他们没交情，没来往，没关系。大家看到……

波伏瓦：您是说您同他们有着等级关系。

萨特：我跟他们有关系是因为他们的一些工作或我的一些工作。工作的时候我们是被按等级归类的，我因此处于一个客观的平台上。我们一共二十五人，我被排在第五、第十、第一，这样别人就能比较我们了。但这个永远不会达到我自己的那个存在——我认为，后者也写作，是天才的产品，无论如何都无法在等级的层面上与人比较。

波伏瓦：总之，您的朋友都是精挑细选的，您一辈子交朋友都是精挑细选的。不过，不和某人交朋友，放弃他；而相反有些人您与之套交情，接受他——这造成了一种不平等。

萨特：是的。我认为，事实上每个人自身中、身体内、人格上、意识里，都有一个存在，这个存在即使不是天才，也是一个真正的人，一个具有人的资质的人。但大多数人不喜欢这个存在，他们停下来，停在某一个层次上，最后，他们要为他们所处的层次负责。因此，我认为，理论上讲，所有人都是平等的，友谊应该是存在的。然而，实际上，这种平等被人们以愚蠢的印象、愚蠢的研究、愚蠢的野心和冲动挫败了。因此，我们面对的是一些本应平等的人。如果他们愿意改变一点儿自己的态度——可惜他们目前处于人的反动状态，是一些在几乎非人的状态下成就的人。

波伏瓦：特别是那些您称作下流坏的人。

萨特：确切地讲，下流坏是那些把自由用于让自己获得别人好评的人，而实际上，由于这种行为，他们其实是很糟糕的。我真的喜欢那种看起来具有人的全部资质的人：有意识，有独立判断的禀赋，有说对或说错的才能，有意愿——这一切，都是我在一个人身上所欣赏的，这将向着自由靠近。在这个时候，我可能与他产生友谊，我还经常和几乎不怎么认识的人交朋友。此外，还存在一个大多数，他们在我身边，在火车上、在地铁内，在中学里，跟这些人，我真是没什么好说的，就只好彼此建立在等级的层面上，讨论一下给这个学生或是这位老师第五或第十位的排名。

波伏瓦：在中学，年龄是否在您和同学之间产生过不平等的关系，或者说相反，平等关系是可能的？

萨特：啊，对！平等关系是完全可能的。可以说，在中学，尤其是在高师，年龄关系构成了一个简单明了的等级，但这个等级对我们每个人来说跟一种主观而根本的秩序上的禀赋毫无关系——那只是按照某种秩序将人分门别类的方式，目的是为了操控他们，却与现实不符。换句话说，每个人都有一个自身的、并为自身而存在的真实的实在性。但它不会自我呈现，只会保持现有的状态。然后，一个放之四海而皆准的大分类法与其他以同样模式设计出来的分类法协同一致，在现象的层面上给人一个地位——而在这个层面上，人的实在性被完全消除了。有一种社会，人的实在性被消除了，只有一些能够做某种类型的行动的人——这种行动作为他们的特征一开始就赋予他们。然而，没有自我获成的主观性，也没有可以通过他人或其他具有这种主观性和实在性的人而获得的根本实在性。这一切之中什么都没有。一切都流于表面。

波伏瓦：是不是由于感到人与人之间是平等的，您才一直拒绝任何使您与众不同的东西？我的意思是，您的朋友经常会注意到您对一般意义上的所谓荣誉十分厌恶，避之不及。这是否与之相关？此外，您在怎样的场合中才会确切表现出这种厌恶？

萨特：肯定有一定联系，但也跟我的思想有关，即我深刻的实在性是凌驾于荣誉之上的。因为这些荣誉是由一部分人颁发给另一部分人的，颁发荣誉的人，无论他有荣誉勋章，还是得过诺贝尔奖，都没有资格颁发荣誉。我没见过有权利给康德、笛卡儿、歌德颁发奖项的人，而这个奖项意味着您目前属于一个级别。我们把文学变成了一个有等级的实在，而您属于这种文学中的某一个级别。我否定这样做的可行性，因此，我否定任何荣誉。

波伏瓦：这能解释您为什么拒绝诺贝尔奖。但您的第一次拒绝是在战后，拒绝了荣誉勋章。

萨特：是的。对。在我看来，荣誉勋章是给平庸之辈的酬劳，适合批量生产。可以说，某个工程师应该得到荣誉勋章，另外一个跟他差不多的工程师不配拿。说真的，他们并不是由于自身的真实价值，而是由于他们干的工作，或者是头头的推荐，或者诸如此类的事情被鉴别的。也就是说，没有任何与他们的实在性相应的东西。这种实在性是无法计量的。

波伏瓦：您刚才使用了"平庸"这个词。所以，在平等理论之外，您毕竟会时不时地用到贵族化的修饰语和表达法。

萨特：啊，不，完全不是，因为我跟您说过，在人的进程、也就是一个人的发展过程中，自由和平等在前，而最终都要归于平等。但人也是一种有等级的存在，作为等级中的人，他可能变成白痴，也可能他喜欢等级甚于喜欢自己的深层实在性。在这个等级水平上，他也许应该得到一个贬义的修饰语。您明白吗？

波伏瓦：我明白。

萨特：我认为，我们周围的多数人对荣誉勋章、诺贝尔奖和类似的东西都太趋之若鹜了，而实际上它们不说明任何问题。这些东西对应的是一种在等级中划分的差别，一种不真实的、抽象的、我们只知其然不知其所以然的存在。

波伏瓦：但也有一些认可是您乐于接受的。您不愿意接受一些人出于价值目的对您的认可，比如说因为您的哲学作品而给您颁发诺贝尔奖。但您接受，甚至渴望接受来自读者和公众的认可。

萨特：是的，这是我的职责。我写作，我希望我为之写作的读者认为我写的东西不错。并不是因为我觉得它们总是很好，差远了，但有时会碰巧很好，我希望它们立刻得到我的读者实事求是的肯定。

波伏瓦：因为总的来说，您的作品就是您自己。如果大家认可了您的作品，也就认可了处于实在性中的您。

萨特：正是这样。

波伏瓦：而让您得到荣誉勋章的，是外在的资质，那不是您自己。

萨特：不是我，它是抽象的。

波伏瓦：您还记得给荣誉勋章的事是怎样发生的吗？

萨特：哦，那是在一九四五年，伦敦的那些人来到巴黎……

波伏瓦：伦敦的那些人。您是指戴高乐。

萨特：对，是戴高乐。他任命了部长和副部长，有一个文化部，部长是马尔罗，我的朋友雷蒙·阿隆是副部长。他们开始颁发荣誉勋章。我的朋友佐洛①——我在别的地方谈到过他——明知非我所愿，却要设法把荣誉勋章颁给我，他认为这会把我搞得很

---

① 我在《回忆录》里将他称作"马尔科"。

307

为难。

波伏瓦：应该说，佐洛很喜欢整您。

萨特：他喜欢整我。他去找我妈妈，花很多时间劝她，终于让她同意了。这可怜的女子对此事一无所知，她爸爸以前得过荣誉勋章，她丈夫也得过荣誉勋章……

波伏瓦：她觉得这是件好事。

萨特：在她看来她的儿子也应该得到荣誉勋章。他让她以我的名义接受荣誉勋章，然后把它交给我，给我一个惊喜。他劝她以我的名义去接受荣誉勋章，并且说，这会使我意外地欢喜。她满心欢喜地同意了。

波伏瓦：就是说，她签了一个协议。

萨特：她签了一个协议。不管怎么说，这是一个破格的优待，因为签协议的本该是我。但我后来才知道。一天，一个有亲戚在部里的朋友打电话给我："您申请了荣誉勋章吗？"我惊讶得喊出声来，他接着说："好啦！它马上就是您的了！"我赶紧打电话给雷蒙·阿隆，对他说："我亲爱的朋友，有人要给我荣誉勋章，你得阻止。"阿隆对我很不以为然，觉得我太不识抬举。但他还是照办了，让我躲过了荣誉勋章。

波伏瓦：总的来说，我们对这个政府还是有好感的，它把法国抵抗运动战士聚集在一起。里面有些人真的是我们的好朋友，政府给您的荣誉头衔差不多是"抵抗的知识分子"，他们给加缪同样的待遇。

萨特：当然。

波伏瓦：几乎要符合最高级别的条件才能接受这个头衔，但……

萨特：这是一个泥坑，尽管要符合最高级别的条件。接受一个装饰性的勋章，这对我来说是不可想象的事。

波伏瓦：因为荣誉勋章同时又是资产阶级等级制度的一部分。接受勋章，您就等于加入这个社会了。

萨特：这不是资产阶级社会，这是等级制度。苏联和社会主义国家同样有等级制度。

波伏瓦：但您也接受过一定数量的奖励。如果能知道为什么，是很有趣的。我想到的是一个意大利的奖……

萨特：我还接受过别的奖。我最早是在一九四〇年接受了一个民粹主义奖，给了我一小笔钱，可以让我活得更好点儿。我被征了兵，我给了您一些钱，自己留一点儿准备在前线用。有了这笔钱，我的生活舒服了些。我想，当时我完全是玩世不恭的，觉得战争剥夺了奖金或非奖金的一切价值——您正打着仗呢，忽然有人给您一笔奖金，这是很搞笑的事情，这样的钱我是可以接受的。说实在的，我没干过跟民粹主义奖金有一毛钱关系的事，要知道我跟民粹主义作家毫无共同之处。所以我就接受了。

波伏瓦：对，您玩世不恭地拿了这笔钱。

萨特：我玩世不恭地拿了这笔钱。

波伏瓦：但您也接受过一些没有任何利益的奖项。

萨特：是意大利奖，这是因为我同意大利共产党人要好，因为我非常喜欢他们的一些人。那时我同法国共产党人的关系不怎么好。我喜欢意大利共产党人，而那时他们组织了这个小型授奖活动，即向在占领区表现得机智勇敢的人颁发一年一度的奖项，结果他们颁给了我。显然，这完全不符合我的理论。

波伏瓦：这是一项和占领期间有关的奖吗？

萨特：这个奖同抵抗运动有关。我得到了它，不知道我所做的抵抗……我是个抵抗分子，我见过抵抗分子，但干这事儿我没付出什么代价。不过，他们还是把奖给我了。我想，我没有把这项奖励看成是一个时期、一种等级制度的结果。我特别清楚，我在占领期间采取的姿态和那些被德国人关进监狱、遭受拷打、在牢里死亡的人相比完全不可同日而语。因为是作家而成为抵抗战士，这主要意味着在一些地下小刊物写文章，或者搞搞诸如此类的小动作。我把这个奖励看作意大利人对占领期间以知识相对抗的行为的一种认可。这使我感兴趣。也就是说，他们所注重的，是拒绝——这被我们其他作家，还有我认识的作家奉为第一要务。所以，我不觉得自己多么胜任，但如果把我当作其他本该被提名的作家，那我是配得上这一奖项的。某人得到了这个奖，而这个人就是我。它代表了法国知识分子的抵抗运动。

波伏瓦：总而言之，您和意大利共产党有交情，他们为您和您战友在战争期间的行为给予某种认可，而您出于友谊接受了。这与等级制度、荣誉和礼遇殊无关系。

萨特：完全没有关系。

波伏瓦：您和他们之间有一种真正的互惠关系……

萨特：他们给了我一些钱。

波伏瓦：我不记得是什么社会活动了，您给予了支持。还有另外一种荣誉，大家建议颁发给您，他们很坚持，甚至包括您的一些好友，希望您能接受，那就是担任法兰西公学院的教师。

萨特：是的。我不能理解为什么自己非得是一名法兰西公学院的教师。我写过一些哲学书，但十八世纪以来哲学就被看作一门用来教授的学科。如果说的是过去的哲学体系，可以说这是一门用来教授的学科。但如果从哲学角度思考当下，我并不认为我们教给学生的东西会有什么助益。学生们可以了解一些东西，但让一个教师去教一门尚未完全发展起来、他也不知其价值的学科，是毫无道理的。总之，我看不出为什么自己要以哲学家的身份进入法兰西公学院。这跟我做的事情风马牛不相及。

波伏瓦：您认为最好去写书，让人们从容阅读并有时间思考，这比在大教堂里给大家上一课要有意义得多。

萨特：正是如此。应该指出当时我非常忙。我在写书，这件事占去了我所有的时间，而教书意味着压缩自己的工作时间，因为我每周必须花好几个小时来备课，查阅那些我似乎了解的东西。像这样，在法兰西公学院开课不会让我有任何进步。梅洛-庞蒂愿意去讲，因为他在某种程度上把哲学看成是教授体系的分内之事，我却不知道为什么要这样。他的书不是专门的大学教材，不过，我想我们之间的区别是，他一开始就把大学当成搞哲学的一种手段，而我不能接受这一点。

波伏瓦：对。另外，梅洛-庞蒂还写了一篇博士论文。

萨特：他写了一篇博士论文。

波伏瓦：他在大学里有一个教职。应该说，这里有实际的考虑。您作为功成名就的作家，当时赚了很多钱；而梅洛-庞蒂，他显然需要依靠大学里的教职生存。这是很重要的，呆在法兰西公学院，他反而有时间了，因为比单纯在索邦当教师干的活儿要少。我认为，很多在法兰西公学院的人都有这种考虑。而您呢，您显然没有实际的、经济方面的考虑，对您来说，只是一个荣誉问题。

萨特：我不认为在法兰西公学院当教师是一种荣誉。

波伏瓦：您从没有把任何东西看成是荣誉。

萨特：对。我认为自己超出任何别人可能提供给我的荣誉，因为荣誉是抽象的，从没有对准我。

波伏瓦：它们对准了您身上别的东西。我们回到诺贝尔奖上来。这是您拒绝奖项中最耸人听闻、最出名、人们评论最多的事件。

萨特：我完全反对诺贝尔奖，因为它把作家分成等级。如果十五或十六世纪有诺贝尔奖，我们就会看到，克莱芒·马罗得了奖，而康德没有得到它——他本应该得到的，但因为出现混乱或因为评审团的某些成员做了手脚，这奖没有给他——当然，维克多·雨果肯定会得到它，等等。这时，文学完全被等级化了，你会看到法兰西公学院的人，还有其他人会得到龚古尔奖，另外一些人各有其相应的奖项。诺贝尔奖每年颁发一次。这个奖对应的是什么呢？一位作家在一九七四年得奖，这意味着什么？相对于过去拿过奖，以及虽未拿过奖，但和他一样在写作，而且说不定写得更好的人又意味着什么呢？这个奖项意味着什么？被颁奖的那年，相对于我的同行，相对于别的作家，我真的称得上技高一筹吗？第二年，另外一个作家也是同年度的翘楚吗？我们有必要以这样的方式看待文学吗？那些成为年度最佳的人，或者说他们一向最佳，但只是在这一年大家才承认他们是最好的吗？这很荒谬。显然，作家不是一个在某一时刻睥睨群彦的人。他最多是最好的那些人中的一个。"最好的那些人"也是个糟糕的表达。他和那些写过真正的好书的人是平等的，并且一向与他们平等。他也许在五年前、也许是十年前写了这部书。大家把诺贝尔奖给您，您总得有点儿小创新。我发表了《词语》，他们认为它值得一看，一年后就给了我诺贝尔奖。对他们来说，这给我的作品带来了一种新的价值。结论难道是：头一年，这部作品出版的时候，我的价值要小得多吗？这是一种荒谬的看法。把文学分成三六九等，这和文学理念完全背道而驰，却完全适应于一个希望将一切都招纳进来的资产阶级社会。如果这些作家被一个资产阶级社会招纳，那就落入了等级制度的蛊中，因为所有的社会形式都是这样体现出来的。等级制度正是那个摧毁个人价值的东西。谁在上、谁在下，这是荒谬的。正是因为这个，我拒绝了诺贝尔奖，因为我无论如何都不想被看作和比如说海明威同等级别的人。我很喜欢海明威，我和他私下里也认识，我在古巴同他见过面，但想到和他同一级别，或者和他处于同一梯队，这和我的想法相去甚远。我觉得，这种思想里有一些天真而愚蠢的东西。

波伏瓦：我想回到您的骄傲这件事上来。您很骄傲——在我们的谈话中，您的骄傲表露无遗。您怎样定义自己的骄傲？

萨特：我认为，与这种骄傲关联的，并非我让-保罗·萨特这样一个单独的个体，而是所有人的共同特征。我骄傲的是，自己做事有始有终，通过行动改变了一部分世界，写作、出书——不是所有人都这样做，但所有人都会做一些事，总之，我引以为傲的是我作为人的活动。我并不认为自己的活动比任何别的活动更高级，但这是一种活动。这是作为一种行动而拓展了自身的意识，我为之骄傲。这大概也与作为主观性的意识有关，但后者是以主观性的状态产生思想和情感的。

一个事实是：作为人，一个已诞生而注定死，却在生死之间行动的存在，通过行动、思想——它也是一种行动——和情感——这是通向行动世界的一个出口——而不同于世间他物。一个人，无论他的情感、思想如何，都应该通过这一切自己确定自己。坦白讲，我不懂为什么别人不像我一样骄傲，因为在我看来，这是一个有意识的社会生命体中与生俱来的构造性特征……

波伏瓦：事实上，他们通常是不骄傲的，您是怎样做到这一点的呢？

萨特：我猜想，在绝大多数情况下，妨碍骄傲的是贫困和压迫。

波伏瓦：您觉得所有人都有某种骄傲倾向吗？

萨特：我正是这样想的。骄傲同思想和行动本身息息相关。通过骄傲，人的实在性被揭示出来；骄傲伴随着对行为的意识，而行为是令人欣慰和自豪的。我认为骄傲是每个人心中都该有的东西。

波伏瓦：为什么有太多的人是完全不骄傲的？

萨特：就比方说有一个男孩儿吧，他的家庭四分五裂，生活在贫穷的氛围里，没受过教育，社会要求他作为真正的人应该有一定的素养和资质，他却达不到这种水平。在这种情况下，他到了十八九岁就会面临一种处境：有一个低人一等的工作，沉重艰苦，收入微薄。这个男孩也许因自己的肌肉而骄傲，但那不过是虚荣。他并不具有严格意义上的骄傲，因为他总是被异化，被排挤出那个他本应和其他人一起行动、并断言"我做了，我做了，我有权利说话"的地界儿。

波伏瓦：这样说来，骄傲是一种特权？

萨特：不！我没有这样说。我的意思是，如今，对某一个阶级——即压迫阶级、资产阶级——来说，骄傲要比另一个阶级——即被压迫阶级、无产阶级——更容易实现。但事实上，在我看来，任何人都应该具有骄傲这种特质。相形于被侮辱、受压迫的无产阶级，部分资产阶级更容易实现骄傲，这是社会情境使然。无产阶级具有骄傲以外的东西，而他们对骄傲有一种迫切的需要，感到本该如是的骄傲的缺席，于是在革命中，他们义正词严地为实现人之为人的骄傲而呐喊。有些无产者和农民，我们通过言行可以看出他们保持着骄傲。这些人将成为革命者。他们鞠躬折腰，像人们说的那样背部隆成圆形，那也是不得已的。

波伏瓦：您不认为家庭和教养是很重要的因素吗？弱势阶级的人如果家境优越，即使被压迫、被剥削，也能保持骄傲；而有些富有的资产者刚好相反,他们是被过分保护的童年给毁了。就这种情况而言,您的骄傲是怎样保持下来的?

萨特:我小时候,大家不厌其烦地说我有多聪明,因为我外公自以为是个伟人,其实并不是,而我又是他的外孙。这样一来,我打小就认为自己是个王子。我生活在小资产阶级的世界里,已经是一个有特权的存在,而由于外公,我被认为具有无法估计的宝贵价值。这和我所说的骄傲没什么关系,因为我并不认为自己的价值无法估量,我只是自认为具有一些作为人的可能性。我引以为傲的,是我身上作为人的存在。不过,这种骄傲来自最初的、孩童的骄傲。

波伏瓦:您以作为一个人而骄傲的倾向在家中得到鼓励了吗?

萨特:是的。我认为外公也有自己的骄傲,但是以另一种形式……更多地建立在个人的禀赋上,与大学相关;尽管不是那么强烈,但他肯定是骄傲的。

波伏瓦:您写热内时,很赞同他的一个说法:"后起的骄傲。"这个说法对您也合用吗?

萨特:骄傲被称为骄傲、被感受为骄傲,是后起的。所谓"后起",指的是十二岁以后,我经历了生命的第一阶段——在那之前,骄傲虽然存在,却无以名之。

波伏瓦:我感觉,在高师您很喜欢一件事,即"在一起"。

萨特:是的,大家经常见面,各自组团,一起看电影,一起吃午饭。大部分时间,午饭和晚饭都是在高师里吃的。理科生和文科生都在一起吃饭,边吃边谈。

波伏瓦:您常常说,在高师的那些年是您一生中最幸福的时光。

萨特：是的，我那时非常幸福。

波伏瓦：这么说来您同别人住在一起是很愉快的？这真的是男人和男人相处，因为您是寄宿生，正像您所说，你们在一起吃饭，等等。所以，男子之间的交往对您来说是非常愉快的事。

萨特：对，但我同女性也有交往。

波伏瓦：是的，我知道，有卡米耶，有未婚妻。

萨特：有不少人。

波伏瓦：此外，通过盖耶，您结识了莫莱尔夫人。

萨特：但总体上，我的日子是和男人们一起度过的。

波伏瓦：您喜欢这样。

萨特：要知道，盖耶、马厄、尼赞和我，我们是个欢乐的团体。

波伏瓦：是的，您对自己不喜欢的人十分疏远。例如，对梅洛-庞蒂，您和他的关系很不好吧？

萨特：是的，但还是有一次，一帮男孩儿想揍他时，我保护了他。

波伏瓦：当时你们哼着下流小调，而他作为天主教系学生，想加入你们？

萨特：他出去，有两个人气急败坏地追着要打他。我也出去了，那时我对梅洛-庞蒂有些隐隐的好感，跟我一起的还有其他人。我们赶过去说："算了，别揍他，饶了他，让他走吧。"结果他们没动手，径直走了。

波伏瓦：一生中您还另有一段时间和一群男人在一起，过得很是愉快，我说的是战俘营。

萨特：是的，但没有前者愉快。

波伏瓦：当然，情境使然嘛，但我的意思是，当时，您并不讨厌和一群男人住在一起。您的战俘生涯的确艰苦，但不是因为和男人群居，而是客观上本来就艰苦。和男人在一起，被他们所认可，和他们一起工作，您很喜欢这样吧？

萨特：我很喜欢这样。

波伏瓦：这很好玩，如果在时间轴上往后退，会发现您很少和男人发生友谊，您的男性朋友都是精挑细选的；总体上讲，您不怎么喜欢和男人生活在一起。我想说的是，服兵役时……

萨特：兵役期间最初的节目是上课，在圣西尔上气象课。我和别的士兵很少交往，除了跟盖耶，他选了跟我一样的专业，还有阿隆，他是教官。还有一两个可以谈谈，但也不怎么多。阿隆教官和盖耶是我真正最好的朋友。后来，在珀洛维尼阿城，我和两个家伙在一起，一个是图卢兹人，另一个是当司铎的神学院学生，这人脚臭得厉害，活儿干得很差，跟我的关系差强人意，因为他看到我不信上帝而且毫不掩饰。

波伏瓦：可以说是有敌意吗？

萨特：如果一件事往坏方向发展，敌意就随之而来。那个图卢兹人我也一点儿也不喜欢，他是个小偷儿，爱耍小花招，我跟他没什么交往。只是一起下厨或一整天在图尔逛时，他才可以忍受。

波伏瓦：当老师的时候，您肯定要和老师群体相处吧？

萨特：不，我跟他们没关系。

波伏瓦：我的意思是，您在高师，您周围有其他一些老师，您和他们完全保持距离吗？您毕竟还是有一些朋友的。在勒阿弗尔，您和博纳费不是挺好的吗？

萨特：是的，博纳费，后来还有那位英语教师，尽管我和博纳费都把他当成一个小丑。我们常在《恶心》中描述的那个饭店里吃午饭。

波伏瓦：您为什么跟博纳费交朋友？

萨特：因为他长得帅，而且是个拳手。主要是因为这个。

波伏瓦：您在勒阿弗尔教书时，你们相当要好，您和我，他和他的女友，我们还一起去远足。

萨特：当时我很喜欢他。

波伏瓦：后来，您在劳恩和巴黎担任不同职务的时候，和同事们不交朋友吗？

萨特：我参加优等生名单讨论会时会遇到他们——之所以去，是因为他们总批评我不去开会。但我不能说我和他们有什么关系。对了，我同马纳内和梅尔勒有过交往：我在巴斯德中学呆了两年，在那儿认识了他们俩。

波伏瓦：您和马纳内不是朋友吗？您和他打交道，不能算吗？

萨特：我跟他打交道要比跟梅尔勒多些。因为梅尔勒有他自己的生活，没多少空闲时间，马纳内的空闲时间要多一些。

波伏瓦：您和其他人还有交往吗？您在勒阿弗尔时，博斯特和帕尔在那儿。您常常同他们一起打拳。谈论您和您学生的关系，是很好玩的。

萨特：总的来说我很喜欢他们。博纳费别出心裁要开拳击课，我就亲自把他们吸引到健身房来。大概十到十二个人，别人没有来，怕出丑或打臭拳。我们有十来个人，一起练拳，也没受什么大伤。

波伏瓦：您还有一些很喜欢的学生，比如莫扎德克。总体上讲，您喜欢学生远胜于喜欢同事吧？

萨特：我对同事视而不见。我跟他们打招呼，问他们身体怎么样，家里怎么样，妻子怎么样，但仅此而已。跟他们在一起我没什么不愉快，但大家眼里都没有对方，他们也没有正视我的愿望。他们有他们的生活，有一两个人对我隐隐有好感。

波伏瓦：您对学生有一种先天的好感，为什么？

萨特：是的，先天的。

波伏瓦：这仍然是同男人的关系；但区别在于，这是些年轻人，您自己也不老，但毕竟……

萨特：我去勒阿弗尔时，是有一点儿小差别……

波伏瓦：您通过教师资格会考时二十三岁，服兵役时是二十六七岁……

萨特：他们是十八九岁。我喜欢他们。我不怎么喜欢班里拔尖的学生，特别拔尖的那些；我对有思想的学生更感兴趣一些。和拔尖的学生有些不同的是，他们已开始独立思考了。

波伏瓦：您为什么喜欢他们？是因为他们还没僵化？是因为他们对自己的权利尚无感觉？是因为他们还没变成下流坯？

萨特：就思想和生活方式来说，我和他们很接近。我不同家人一起住，因此空闲时间较多，学生的情况也大体相同。我和他们有着真正相通的地方，这样，我同博斯特和帕尔交了朋友，也同盖耶和马厄交上了朋友。

波伏瓦：还有一个人我们没有谈到，就是佐洛，您同他的关系有些奇怪。

萨特：我挺喜欢他的，因为容貌。他长得蛮帅。

波伏瓦：甚至可以说非常帅。

萨特：他挺搞笑，爱讽刺，有股子聪明劲儿。

波伏瓦：还有严重的撒谎癖。

萨特：他搞同性恋，在大学城里是个有故事的人。当时我也在大学城。也不能说我跟他关系好。他跟盖耶的关系就比我好。

波伏瓦：是的，但毕竟你们常见面。

萨特：是的，我们常见。

波伏瓦：还是回到年轻人身上吧。您为什么喜欢年轻人？

萨特：我想，比起年长者或同龄人，我更能在年轻人身上找到自己。年轻人只要对哲学有兴趣，就有一套不按理出牌的求思方式，这和我自己探究思想和真理的方式是一致的。我经常说：这个星期，我发现了三种理论。他们身上也有类似的劲头儿。他们的思想方式是一种创新过程——他们还没有定形，还在自我形成的过程中；而我也没有定形，我很清楚地意识到这一点。我能感觉到自己在变，而他们身上的变化甚至比我在自己身上感受到的变化更超前——毕竟，我要催他们打拳，或在不需强制的日常关系中，我都常见到他们。

波伏瓦：还有一个体育教师，您经常见到他。

萨特：是拉斯甘。他请我去家里吃午饭，还有他妻子，给我做饭。但这顿饭我不喜欢，因为有牡蛎。

波伏瓦：为什么喜欢他而不是别的人？

萨特：他大高个，长得挺帅，身体很壮实，会讲故事。我喜欢听关于男人生活的故事，有性、有打架。

波伏瓦：总之，您喜欢博纳费和拉斯甘是因为他们不是书呆子，也不打算跟您进行文化交流，但他们都生气勃勃，长得漂亮，而且会讲故事。

萨特：他们都健身。而且，博纳费还打拳呢。

波伏瓦：尽管博纳费是教拉丁文的，对吧？

萨特：是的，教拉丁文、法文和希腊文。不过，要知道，我朋友圈的中心不在勒阿弗尔，我人在勒阿弗尔，实际上却和盖耶、马厄以及那位女士来往更密。当时和尼赞的交往却少了。

波伏瓦：他从亚丁回来后，你们的关系就疏远了，后来他结了婚，你们还能相互往来，但关系并不密切。而您和盖耶的关系很好；在友情方面，他挺爱生气的：开始您总带我跟你们一起，他就不高兴，有一两回要求单独去见您，或在勒阿弗尔单独和您在一起。

萨特：的确如此。

波伏瓦：盖耶这个人是有点儿爱生气，妒忌心强。

萨特：一点儿没错。马厄就完全不同，与人交好却懂得保持距离。马厄这个人，不择手段地想成功。

波伏瓦：他成功了！

萨特：他成功了。不过他希望的就是这个。

波伏瓦：后来呢？

萨特：我开始写《恶心》。后来去柏林。

波伏瓦：在那儿您也生活在一帮男人中间。

萨特：是，也有一位女性。

波伏瓦：您称作月亮女子的那位吧。但总的来说，您主要生活在男人之间。

萨特：我在柏林的生活就是独自散步，然后就是工作。

波伏瓦：实际上您和柏林的那些朋友交往不多吧？

萨特：不多，晚饭时见面；午饭可以随便在外面吃，我们的钱也足够自掏腰包吃饭了，但晚饭我们都在一起吃。我们有六七个人。

波伏瓦：您的交往对象主要是苏西尼和布伦茨威格吧？

萨特：对，但也有别人。有些人来柏林研究某位德国诗人，为了写博士论文。

波伏瓦：您反感他们吗？

萨特：有一个教师，名字我不记得了。高个子、戴眼镜，留着一撮黑胡子。我应该给您看过他。

波伏瓦：您不喜欢他！

萨特：一点儿都不喜欢。还有一位，也是年轻人。

波伏瓦：您与这些不喜欢的人关系怎样？剑拔弩张还是客客气气？

萨特：总的来说是客客气气的，但也有剑拔弩张的情形。我同那个黑胡子教师争吵过，吃晚饭时吵得不可开交。但总的来说我同他们的关系不温不火。大家相互串门，也常一起去看电影。

波伏瓦：有一个人我认为您还蛮喜欢的，叫埃阿尔，是吧？

萨特：他是个怪人。

波伏瓦：我去看您时，是他带我们去的夜总会。您常常和他一起外出。

萨特：不，我不和谁一起出去。我常常是一个人去库伏司堂达姆吃午饭，当时那儿还是一个相当上档次的地方。我在一家啤酒屋吃午饭，或者去火车站旁边吃……我没有兴趣跟别的寄宿生交往。

波伏瓦：您跟那位月亮女子交往的兴趣要大得多。这个女子比那些男人重要得多吗？

萨特：对，显然如此。

波伏瓦：后来，您的书开始出版。那时您认识了不少人吧？

萨特：战前吗？啊，是的，有一些人。

波伏瓦：您认识了保朗、布里斯·帕兰、加斯东·伽利玛、克洛德·伽利玛，他们是出版界的人。

萨特：后来我认识了一些作家。我还记得有一天下午大家在伽利玛出版社开了个阴森森的会。那是个鸡尾酒会，时间是宣布开战的前一年，结果战争在一九三八年六月爆发，一九三九年七八月间结束。大家都预感要出事，所以气氛不是很快乐。人们唯一谈论的事情就是战争。就这样，我认识了伽利玛的一些人和作家。

波伏瓦：您见到儒昂多是在那天吧？那个问"您去地狱里走了一遭吗？"的人，就是他吧？

萨特：是的，是儒昂多。

波伏瓦：但这种关系没走得太远。这不是友谊，只能说是会面。

萨特：是的。那些搞文学的人，我跟他们也仅是会面而已。

波伏瓦：您见到纪德了吗？

萨特：是的，我见到了。阿德里安娜·莫尼埃请我吃晚饭，纪德也在，详情记不太清了。但纪德和我彼此并不讨厌。

波伏瓦：您愿意和作家见面吗？

萨特：很愿意。有一次特别愉快，阿德里安娜·莫尼埃让人给作家照相，很多作家我都是这样认识的。比如瓦莱里，战后我在"王家大桥酒吧"又见过他一次，我们相互约的。不记得彼此说过什么了，没什么重要的。

波伏瓦：不过，所有这一切都没超出因好玩或有益而引发的好奇心，您没和谁建立友谊吗？

萨特：完全没有。

波伏瓦：您没有见到超现实主义者，阿拉贡或别的人都没见。

萨特：没有。阿拉贡，我应该在战后才见到他。

波伏瓦：好，我们回到战争上来。那时，您又和男人们生活在一起了。您和搞气象的同事相处得怎样？

萨特：我和皮特尔关系很好，他是犹太人。我还记得在一九四〇年六月，他是多么焦虑不安。

波伏瓦：你们都成了俘虏。他也被俘了吧？

萨特：是的。

波伏瓦：大家不知道他是犹太人吗？

萨特：不知道。

波伏瓦：他是怎么应对的？

萨特：别人怎么会知道？他没有身份证。

波伏瓦：可他的姓……

萨特：他还是用了真名，但没说自己是犹太人。

波伏瓦：战后我们好像又见过他。

萨特：我甚至在战争期间又见过他。他从战俘营出来了，我想他是设法逃出来的。

波伏瓦：这样说来，您跟他相处得很好？

萨特：是很好。我同那个下士的关系非常糟，但和一个巴黎工人米勒尔还不错。

波伏瓦：您也同别的士兵交往吧？

萨特：是的，我和将军司令部的文书交往，大家常在一起聊天。

波伏瓦：总体来说，大家对您有好感吗？

萨特：皮特尔对我很好。皮埃尔下士就完全不是这样。我和皮埃尔都是老师。皮埃尔隐约感觉我们应该紧密联系。对我来说，这种联系却不存在，于是他就很恼火。

波伏瓦：您谈了您的战俘经历，在这方面还有什么可说的吗？

萨特：我在战俘营认识了贝纳尔。他原来也住在勒阿弗尔，娶了《小勒阿弗尔人报》老板的女儿为妻。战前他是这家报纸的编辑，他的妻子是我在勒阿弗尔的学生，他很爱她。

波伏瓦：您怎么和他发生关系的？

萨特：他挺搞笑的。他很能说话，更重要的是，在战俘营我们在一起工作，同时又共同抵抗营里的官兵，我们的关系颇为奇特。他帮助我，负责搞吃的，做得很出色。我跟他关系密切，还有一位神甫,勒鲁瓦教士;我经常和神甫联系,他们有自己的营房。

波伏瓦:为什么选择神甫?

萨特:因为他们是知识分子,所以他们接纳了我,也接纳了别的人。在那种环境下,如果一个知识分子可以和神甫友好相处,神甫就会接纳他。还有佩林教士,我跟他的关系也很好。

波伏瓦:其他不是知识分子的人,您跟他们也接触吗?

萨特:是的,我和他们接触得最多,因为住在同一个营房里。

波伏瓦:您对他们是怎么看的?

萨特:我的营房住的是文艺界的人,有吹小号的,还有几个类似乔米斯那样负责在周日筹划戏剧演出的,其余的是歌手,以及多少可以说是临时性的演员。

波伏瓦:总的来说,和男人在一起没让您不愉快吧?

萨特:没不愉快。

波伏瓦:您的生活中没有鄙视、厌恶、孤独和退隐吗?

萨特:退隐是有一点儿,因为我思考着他们不思考的东西。不过,比方说,到了晚上,我就完全和他们打成一片了:我讲故事,试着在营房中间的桌子旁说得他们捧腹大笑。我装傻充愣,跟他们天南海北地胡吹一气。

波伏瓦:也就是说,您努力和他们建立关系,结果成功了。

萨特:是的,很成功。

波伏瓦:我猜有些人您个人是不喜欢的。

萨特:是的,我个人不喜欢某些人。

波伏瓦:您喜欢或不喜欢某人的原因是什么?

萨特:总的来说,我不喜欢不遵守游戏规则的人。比方说,战俘营里和别人的处世之道是,大家要相互信任、相互征求意见,等等。但有人利用这个来捞好处,这种人,首先我不喜欢,而且有可能成为我真正的敌人。比如乔米斯，这种男的不知道从哪儿冒出来的；有人说他是在高蒙电影院门前帮人开出租车门的。不是不可能。

波伏瓦：但这还不是您反感他的原因吧？

萨特：我不喜欢他，因为他死不承认，胡编乱造自己的经历。

波伏瓦：您不喜欢伪君子。

萨特：我不喜欢伪君子。主要是因为这个。

波伏瓦：实在不行，有撒谎癖的人……

萨特：有撒谎癖的人我倒不是太烦。

波伏瓦：例如，我知道您很喜欢勒鲁瓦，因为他非常耿直、勇敢。他不愿意利用神甫这个身份优势来换营房，宁可留下来。您喜欢有个性、会抗争的人。

回到巴黎的时候，您已经有很多在战时结交的重要朋友了。您和抵抗的知识分子关系紧密。当时您都认识谁？

萨特：他们的名字我忘了。

波伏瓦：有克洛德·摩根。

萨特：对，克洛德·摩根。不久又结识了克洛德·卢瓦。

波伏瓦：您做些什么工作？

萨特：我们编了几种小报，尤其是《法兰西信报》。

波伏瓦：您觉得和这些人合得来吗，就像您同战俘一起那样？

萨特：还算合得来。

波伏瓦：我想，您认识了加缪，在写了一篇关于他的文章之后。这期间您还认识了哪些朋友？

萨特：有贾科梅蒂，但他很快就去了瑞士，战后才回来。

波伏瓦：我们是在战争开始的那几年认识他的。

萨特：没多久他就去了瑞士，在一九四二年。

波伏瓦：战时您和他并没有什么真正的关系吧？

萨特：是的，不如后来密切。

波伏瓦：嗯，战时还认识了谁？

萨特：莱里斯和他的妻子。

波伏瓦：您是怎样同他结识的？大概是通过《法兰西信报》吧？

萨特：通过抵抗运动。那时我读了他所有的书。我对他的友谊非常朴素、厚重、浓烈。他和妻子经常请我们吃晚饭；他所拥有的知识类型和我的知识并不契合，他的研究、兴趣也跟我不一样，但这并不妨碍我们对这对夫妇的喜爱。

波伏瓦：有个人我们从未提到过，战前和战时，他在您的生活中占有一定地位，就是杜兰。

萨特：杜兰，我非常喜欢他。

波伏瓦：还有格诺。

萨特：我们是在莱里斯家认识格诺和他妻子的。

波伏瓦：大概在一九四三年，那些聚会……

萨特：当时我们认识了巴塔耶、莱博维茨、雅克·勒马尔尚，认识了整个文学界的人。当时，文学界的人不上报纸，也不再出书，处于审慎矜持的状态，但还组织聚会，比如在花神咖啡馆可以碰见毕加索，有些餐馆可以见到毕加索和莱里斯身边的人，那个餐馆叫"加泰罗尼亚人"。

波伏瓦：是的，我们不去那儿。对我们来说太贵了。

萨特：但我们被邀请去过两三次。

波伏瓦：也许吧。那时我们演出毕加索的《欲望被捉住了尾巴》。

萨特：这部戏让我们和毕加索的朋友熟了起来。

波伏瓦：您同毕加索的关系怎样？

萨特：交往很少，但一直到解放关系都很亲切。后来他被共产党吸收，去了南方，就很少见到他了。我和毕加索的关系很肤浅，只是礼节性关系，但很诚挚。

波伏瓦：咱们谈谈跟您交情更深的人。有加缪。

萨特：加缪，我一九四三年认识了他，是在《苍蝇》首演的晚上见到的。他走过来说道："我是加缪。"

波伏瓦：是的。您有一篇文章是关于《局外人》的，虽是批评，却写得热情洋溢。

萨特：显然，这意味着我认为这本书很有分量。

波伏瓦：能谈谈您同加缪的关系吗？——开始怎样，后来怎样。

萨特：开始嘛……但后来，战争结束后，就变复杂了……我们之间的关系很奇特，我想，并不符合加缪与人交往的关系模式。而我们，我们和他的关系也不是我们理想的与人交往的模式。

波伏瓦：开始不是这样。就我来说，我很喜欢我们和加缪的这种关系。

萨特：开始不是这样。有一两年，我们的关系很好。他挺搞笑的，很粗俗，但总是非常搞笑。他在抵抗运动中很投入，后来领导了《战斗报》。让我们产生好感的是他的阿尔及利亚性格。他有一种接近法国南部的口音，有一些西班牙朋友，他们的友情可以追溯到加缪和西班牙及阿尔及利亚人的关系……

波伏瓦：我们的关系不是故作高深、一本正经、谈文论道式的；我们是一起吃吃喝喝的朋友……

萨特：某种程度上没有亲密度，谈话时不乏亲密度，但也算不上深厚。我们感觉有些话题一旦触及就会引起冲突，所以也不去碰。我们对加缪很有好感，但也知道不该走得太远。

波伏瓦：他是那种相处时能让别人满怀愉悦、心生欢喜的人，大家经常见面，彼此讲了好多好多故事。

萨特：是的，我们对他的友谊毫不掺假，但也流于表面。人们以为把我们三个称为存在主义者会让我们高兴，事实上弄得加缪满心愤懑。其实，他和存在主义毫无共同之处。

波伏瓦：您和他的关系是怎样发展的？他想把《禁闭》搬上舞台并主演盖尔辛。这样说来，你们在一九四三年关系是非常密切的。

萨特：一九四四年也很密切。解放前不久我参加了他的抵抗小组，见到一些我不认识的人，他们和加缪聚在一起勾画在战争最后时期抵抗运动能做的事。后来的几个星期，他们当中很多人被捕了，我特别记得有一位叫雅克琳·贝尔纳的姑娘。

波伏瓦：后来加缪请您写一篇关于巴黎解放的报道，再后来，很大程度上您是为了《战斗报》才去美国的。

萨特：是加缪把我登记为《战斗报》的驻美记者的。

波伏瓦：从什么时候开始这一切变了味道呢？我还记得加缪和梅洛-庞蒂大吵过一通。

萨特：是的，这事有点儿让大家闹掰了。那是一九四六年的一个晚上，在鲍里斯·维昂家。加缪刚和一位迷人女郎共度了几天，后来她死了。恋爱事件，还有生死别离，搞得加缪自我封闭、闷闷不乐。他向大家问好，却突然向在现场的梅洛-庞蒂发起飙来，攻击他关于库斯勒和布尔什维克主义的文章。

波伏瓦：因为那时梅洛-庞蒂有点儿倾向于共产主义。

萨特：被批评的文章发表在我主编的杂志《现代》上，所以我是反对加缪的。加缪当然没有冲着我来，他就是不能容忍梅洛-庞蒂。加缪也算不上是库斯勒的拥护者，但他就是生气；他支持库斯勒是出于个人原因。

波伏瓦：不管怎么说，他和您的关系是很奇怪的。他常说，看到您时他对您满怀好感，但离远了就会发现您身上有很多让他唾弃的东西。他游历美国时提到您，措辞令人不快。

萨特：是的，这是个有双重态度的人。

波伏瓦：他不愿意在杂志里跟我们共事，我觉得，因为他很年轻，而您又比他有名，大家多少会把他看作您的学生，让他很恼火。他太疑神疑鬼，不喜欢这样。但情况怎么会越来越糟，以至于最后关系破裂呢？

萨特：有一件私事，完全没让我对他产生不快，他却很介意。

波伏瓦：您说的是那个女子吧，您自己跟她有过一段儿往事的那个？

萨特：当时是有点儿尴尬的。这个女人出于个人原因跟他分手了，结果他有点儿连带着恨上了我。好吧，这事儿很复杂。他自己跟卡莎蕾丝谈恋爱，后来闹掰了。分手后，加缪把我们当成了分手事件的倾诉对象。我还记得，我们经常一起去酒吧的时代，一天晚上，我和他呆在酒吧里，当时只有我们俩，而他刚和卡莎蕾丝言归于好，手里拿着卡莎蕾丝写给他的信，都是些旧信。加缪把这些信给我看，嘴里说着："啊，就是这些信！找出它们，又读了一遍，当时……"但政治让我们分道扬镳了。

波伏瓦：这表明在个人层面上你们还挺亲密的。

萨特：我们在一起的时候一直不乏亲密感，甚至，大家聊天时，政治观点上的分歧也没太妨碍我们。比如说，有一次他和卡莎蕾丝和好，去看她排演，您还记得吗？

波伏瓦：是的，的确如此。你们之间政治上的分歧是什么？你们的关系是怎样以破裂告终的？共和左翼联盟成立的时候，他参加了吗?

萨特：没有。

波伏瓦：是什么导致了最终的破裂呢?

萨特：最终的破裂，是他出版《反抗者》之后。我想找一个愿意在《现代》上批评它的人，但又不能攻击得太过火，这事很难办。当时让松不在，《现代》的其他人没有谁愿意评论它，因为我希望措辞温和一些，而大家都很讨厌这本书。结果是，一连两三个月《现代》都对《反抗者》不置一词。后来，让松旅行归来，跟我说："我愿意写。"应该说，让松的态度相当复杂：他想和加缪那样的人接触，看看能不能一起办一个和《现代》同等分量，但比《现代》更左的刊物。《现代》是改良主义杂志，而他想搞革命性的。

波伏瓦：想和加缪一起干这件事，真是搞笑。加缪毫无革命性可言。

萨特：他征询过一些人，包括加缪，但显然不可能成功。所以，也许是为了报复加缪不愿意和他一起共事吧，他就写了那篇文章，而文中的论调是我不愿见到的：激烈强横、气势汹汹，还挑出了书中的很多缺点——这些并不难做到。

波伏瓦：尤其指出这书在哲学上有多贫乏。这样做也不很困难。

萨特：我当时不在，出去旅行了，记得是去意大利。

波伏瓦：不管怎么说，您不会去指责一位撰稿人的文章。

萨特：是的，但这篇文章让梅洛-庞蒂很紧张，他认为——当时他是巴黎的唯一负责人——我不会希望它发表，于是希望让松改变主意。他们有过一次相当激烈的争吵，结果梅洛-庞蒂奈何不了让松，只能让文章发表。文章发表了，但有一个特殊的条件：让松答应——这是他唯一的让步——发表之前先让加缪过目,问问他是否认同。结果加缪大为光火,写了一篇文章把我称作"主编先生"。这是很好笑的,我们虽然不以"你"相称,谈话时却百无禁忌,我们之间也不存在什么"先生"。于是我写了一篇文章回应他对我劈头盖脸的曲意指责。加缪没怎么提到让松,他把让松的全部思想都归到我的头上,就好像文章是我写的。我对他的回应相当严厉,结果我们的关系终结了。虽然他的政治态度跟我大异其趣,包括他在阿尔及利亚战争期间的态度,我仍对他很有好感。

波伏瓦:那是后来的事了。同时,他装出一副大人物的派头,变重要了,和过去那个快乐、搞笑、有点儿被荣誉冲昏头脑却相当天真的年轻作家判若两人了。好,现在谈谈梅洛-庞蒂和库斯勒吧。您跟他们的关系怎样?

萨特:我跟他俩都没有深交。梅洛-庞蒂,很简单,我对他很器重,他死时我写的文章是发自内心的,但他不是一个好相处的人。

波伏瓦:总之,他不是一个您愿意与之打交道的人。我记得我们从没跟他一起吃过饭喝过酒。他从不参加我们的宴会,从不进入我们的私人生活。

萨特:而且他有意表现成这样。

波伏瓦:除了有一次,完全出于偶然,我们在圣特罗佩遇到了他,但那需要特别的阴差阳错才行。

萨特:聊天时我们不是很谈得来。

波伏瓦:库斯勒呢?他比较招人喜欢。

萨特:库斯勒,我们是在王家大桥酒吧认识的,他做了自我介绍。当时他站起来说:"我是库斯勒。"

波伏瓦:您很喜欢《西班牙的遗嘱》。

萨特：是的。我们很友好地跟他打招呼，和他呆了一会儿。从那时起，我们跟他的交往多了一些，但很快就被他反共的那一套搞烦了。这并非由于我们是共产党狂热的朋友，但库斯勒的反共主义在我们看来没什么价值。他曾经是共产主义者，后来又与之决裂；他从未阐明过个中理由，只是给了些理论上的原因，而与这些理论原因相关的不是理论事件，而是实际事件。都有哪些呢？至少您和我是一无所知的。他大谈自己的反共产主义。他为了写一个报道去了意大利，回来时被意大利的共产主义运动吓坏了。他的反共主义论据和各大报章中的反共论据没什么不同。

波伏瓦：他身上另外一个让我们反感的，是他的科学主义。

萨特：他的科学主义很让我们反感，因为他知识不多，却用很科普的观念写一些科普性书籍。

波伏瓦：还有，他很厌恶年轻人。我记得有一天晚上搞得很糟，因为我们带了博斯特来。库斯勒很不高兴。好，这些都不是很重要的人际关系，但有两个人是和您相当紧密地绑在一起的，即贾科梅蒂和热内。我觉得，这是战后和您交情最密的人。为什么呢？

萨特：嗯，不管怎么说，他们有一个相似之处，即都是出色的人，一个在雕塑、绘画领域，另一个在文学领域。当然，从这个角度讲，他们当然是我认识的最重要的人。贾科梅蒂，我们通常在一起吃晚饭，大概每周一次。一九四五年和一九四六年，我们在饭店吃饭，地点常变。我们无所不聊。他谈他的雕塑，我不太懂他想说什么，您也不太懂。

波伏瓦：您后来理解他了，还写了关于他的文章。

萨特：是的，那是好几年以后的事了。他试图解释什么叫做雕塑感受力，他谈起自己的雕塑作品，描述自己的艺术发展脉络，如何从又厚又重的第一尊雕塑演变成后来——直到现在还是这样——

又瘦又长的作品。大家不是总能理解，但我觉得他说得很重要、很有趣。此外，我们什么话题都谈，包括他的人际关系，他的爱情。

波伏瓦：他大谈自己的人生，讲了许多故事，讲得十分有趣。

萨特：我们非常喜欢他的妻子阿奈特，她总和他一起来。

波伏瓦：不过，这样说来，好像您从来没有和贾科梅蒂一对一地在一起碰过。

萨特：是啊，说实在的，从没有过！总有阿奈特和您在一起，或者，至少有您，如果阿奈特不在的话。有一次我去看贾科梅蒂和阿奈特，您不在，您去旅行了。

波伏瓦：这事儿很有趣，我们还没有谈过：战后，您和所有男人的友谊，都是与我分享的。您几乎从来没一对一地见过加缪、莱里斯或贾科梅蒂，是吧？

萨特：有过，是加缪。我记得我单独见过加缪，因为我离开母亲的住处后常去双瓷人咖啡馆。开始的一年我常上午的时候在双瓷人咖啡馆见到加缪。而您住在路易斯安那旅馆，我之后再去看您。

波伏瓦：是的，但您从没和任何朋友定约会时这样说："我们两人去吃饭吧。"其原因，不仅仅是不想让我落单，而是您不是那么在意一对一的友谊，像和尼赞或盖耶那样。

萨特：对，根本达不到那种程度。

波伏瓦：您和热内的关系呢？

萨特：跟他的交往更是无法预知。我记得曾在这儿见过他，就在这儿。

波伏瓦：在这儿，在罗马？

萨特：对，在罗马，还有一个年轻的男同性恋。

波伏瓦：您和热内的关系是怎样开始的？

萨特：那时我认识了科克托，他非常喜欢热内。我和科克托的关系最后不是很好,我始终没有搞清楚是什么原因,他死的那一年就不来往了。不过,他临死前三个星期或一个月,我们仍在一起吃过一次午餐。总之,我和科克托的关系不太稳定,肯定有热内的原因。

波伏瓦:您和热内更意气相投,和科克托却没有什么默契。

萨特:我跟热内投缘得多。我和科克托完全没有真正的共鸣。我常去看他,或和他一起吃饭。他人很聪明。

波伏瓦:他很聪明,又出色,人很好。他不和您一争长短,这样的人为数不多;他十分支持《禁闭》。好,我们回到热内上来。后来呢?

萨特:科克托人很大气,很重友情。一旦喜欢上谁——他有一段时间好像挺喜欢我的,就热情得不得了,对别人关怀备至。不过,就与热内的关系而言,他跟我正相反,他仅仅把热内看作一个需要帮助的出色人物,而我认为热内自己能照顾自己用不着像科克托这样的人,和科克托交往是热内的一个小花招。如果热内自求多福,结果会好一些。所以,就与热内的关系而言,我们是很不一样的。我鼓励热内要独立,就像我这样。我的意思不是说被所有人遗弃,而是不要试图通过任何大佬的帮助进入文学圈,而科克托是很愿意作为大佬罩着他的。热内在花神咖啡馆认识我时,已经通过我的书对我有所了解了。当时,在花神咖啡馆,我看到一个身材短小、外表像拳手的小伙子走过来。

波伏瓦:当时我和您在一起。

萨特:他像是一个"轻量级"甚至是"羽量级"的拳手,当时,他满脑子想的都是自己的书,想着怎么让它们为人所知。

波伏瓦:我们当时读过《百花圣母》,很喜欢。

萨特:我们很喜欢这本书。和他谈话十分愉快,尽管有些特别——就是说,我们不得不听一场就某个主题的长篇演讲,内容固然有趣,有时也会听得累人,因为主题是文学,而他又有自己的一套见解……

波伏瓦:当时他是有点儿学究气的,后来就完全没有了。不过,跟热内并不像和贾科梅蒂那样每日见面,无所不谈。

萨特:是的,但大家的关系仍然很好。我们一起吃晚饭,他甚至在您的住所吃过饭。您拿出当时您惯常做的那种饭菜来招待他。

波伏瓦:当时,在战争后期……

萨特:我就是在战争后期遇见热内的。

波伏瓦:大概是一九四三年?

萨特:大概是一九四三年,或者一九四四年,在占领期的最后几个月里。总之,他讲自己一生中的趣事,把我介绍给他的男朋友们——通常是帅哥,摆出一副生冷的操控状,以弥补龙阳之好造成的缺失。他喜欢跟我们讨论同性恋,因为他知道我们对此一无所知,而又足够开明,能理解他说的话。

波伏瓦:您怎么会想到写一本关于热内的书呢?

萨特:他的东西在伽利玛出版社出版。当时,他跟我的关系很好,就请我为他写一篇序。

波伏瓦:啊,是这样!他求一篇序,您却把序写成了一本书。他对这本书怎么看?

萨特:他的态度很奇怪,开始没太在意,跟我谈了谈,说了些无关紧要的话。我写完后把手稿给他。他读了,然后,在一天晚上,他起身径直来到壁炉前,想把手稿扔进去烧掉。我甚至认为他扔进去了好几页,但又抢了出来。他讨厌我的书,因为他感觉自己和我描述的样子分毫不差,他倒不至于讨厌自己,但……

波伏瓦:但有人写一本关于他的书,他就很讨厌,好像这书是一块给死人刻的碑一样。

萨特：书中的思想，他没有提出异议。他很清楚这些都是事实，我写的东西在整体上映射出一些真相，甚至有时让他吃惊。但是，我写了一本书，将他的书爬梳剔抉、细心勘测，他就很不高兴，尤其是，他认为自己是一个诗人。他以诗人自居，而我把他看成哲学家——他着力经营这种区别，虽未明说，但别人能感觉得到。他谈关于诗人的事儿，谈关于哲学家的事儿，为了使它简洁紧凑，像是一本书，但同时又对这书抱着深深的怀疑态度。在我自己看来，我不认为这是我写得最坏的书。

波伏瓦：当然不是，它写得非常好。这本书之后你们的关系怎样了？这书对你们的关系有影响吗？

萨特：事实是，我们的关系减弱了。后来，我们在伽利玛出版社碰见过一次，他在那儿交手稿、要钱。我们一起呆了一会儿，约第二天或第三天见面。应该指出，当时发生了两件事：他迷恋阿伯达拉，而阿伯达拉的自杀多少是因为他。于是，热内就决定不再写作了。事实上，阿伯达拉死后他的确也没再写什么。另外，他不住在巴黎了。我是隔了六个月或一年才又见到他的。

波伏瓦：最后一件事。所有我们谈到的友谊都是怎样结束的？我们谈到了战前的朋友：盖耶、尼赞、马厄，等等。

萨特：和盖耶关系了结是因为他在生活中受到重创。他失去了妻子——后者对他来说尤为重要，跟我们也很谈得来。他又结了婚，却没把新夫人介绍给我们。渐渐地，他从我们的生活中退了出去。

波伏瓦：一九五〇年以后他同您的关系就不是很好了。他太保守、太世俗、太爱怀念过去，在这个层面上我们很难相处，于是就不再见面了。好了，那马厄呢？

萨特：马厄，我跟他闹不和是因为一个捷克人，他是我们的朋友，受我们保护……情况很复杂。

波伏瓦：应该说，总有起起伏伏，还有暂时的消失。有时大家经年不见，然后又时常见见。佐洛呢？

萨特：他死于车祸，在阿尔及利亚。

波伏瓦：死因是有点儿可疑的。

萨特：这个不确定。我们一无所知。

波伏瓦：阿隆，战争结束您马上就跟他决裂了，主要是政治原因。

萨特：不是马上，但的确很快。是政治原因，但更根本的原因是：我们看世界——不仅是人的世界，还有哲学家的世界——的方式大相径庭。

波伏瓦：好吧。莱里斯呢，我们仍然很喜欢他，但现在也不怎么见了。至于格诺，我们同他有过一次奇怪的争吵，个中原因至今都莫名其妙。

萨特：但那次以后就再没和好了。

波伏瓦：实际上，我们谈到的所有朋友，没有一位的友谊能像您年轻时代——比如您和尼赞、盖耶——那样保持长久。

萨特：肯定没有。

波伏瓦：也许关系最近的是贾科梅蒂，您从没跟他不和过。

萨特：没有不和，但有过冷淡的时期。

波伏瓦：因为您在《词语》中谈到一个事件，和他所认为的真相是不相符的。

萨特：直到最后我同贾科梅蒂的关系都极好，只是由于这个事情，最后几个月跟我有点儿疏远了。

波伏瓦：您的许多友谊都是在闹掰中结束的。和加缪是名副其实的闹掰,和格诺也是,和阿隆、盖耶都是。

萨特:和马厄也闹掰了。

波伏瓦:真的,到了最后关头都一样。为什么会搞成这样?

萨特:关系破裂丝毫不影响我。一件事死掉了,就这么简单。

波伏瓦:您可以解释一下为什么对您毫无影响吗?

萨特:我觉得,在我最亲密的男性朋友里,有一些人,我跟他们的友情并不深厚。盖耶,我和他不属于同一个世界。他的生活方式比我更接近资产阶级。他不是哲学家,这能说明一点儿问题。我说过,我跟他阐释我的理论,他也作答,但不是真有兴趣。

波伏瓦:叫限制了你们友谊的完全不是这个。

萨特:但仍有关系!直到最后,类似的情境都再三重复。他结婚却没有告诉我们,是因为他对我有某种勾画。

波伏瓦:您对他有一种勾画,他又对您的勾画进行了勾画。这是他不喜欢的。其实,这种勾画并不真实。不过,说"我跟他们的友情并不深厚",您是什么意思?您和谁的友谊称得上深厚呢?

萨特:和一些女性,和尼赞,是的。直到他结婚,甚至婚后,都是如此。认识您的时候,我跟尼赞的友情已经相当深厚了,尽管他的整个亚丁之旅让我们疏远了。

波伏瓦:我刚认识您时,您对盖耶的感情很深。我想,当时如果有什么事您和盖耶关系破裂了,您是会伤心的。

萨特:确实是这样。一般来说,我和其他人之间不存在什么深厚、动情的因素。

波伏瓦:您的意思是,只有某种智力上的契合,而如果这种契合出于或政治原因——比如和阿隆 或其他原因而终结,那一切就瓦解了?

萨特:是的,确实如此。

波伏瓦：就是说，没有剩下一点儿情感上的联系，能让人超越某种分歧的……

萨特：正是这样。

波伏瓦：但也有过这种情况，您和人起了相当激烈的冲突，但很快就平息了，比如和博斯特。冲突的原因是他站在科奥一边。

萨特：是有一次冲突。那天晚上，我把他赶出您的家门，后来又跟出去追他，和他在附近的咖啡馆喝了一杯。这种争执不算什么。我和别人很少有激烈的争吵。感情破裂往往是关系已经失去了活力造成的。

波伏瓦：为了不把跟您的关系搞糟，博斯特能做的都做了。还有一个人在冲突时竭力不让关系破裂，就是朗茨曼。不过，面对冲突，很多人都任其发展，可能是觉得您满不在乎吧。

萨特：是他们自己满不在乎。

波伏瓦：他们满不在乎，是因为您满不在乎。

萨特：我经常和人闹掰，但我觉得自己不是无缘无故那样做的。面前总有一个人促使我跟他决裂。至少是疏远，经常会疏得很远。

波伏瓦：肯定的，比如阿隆和加缪，就让您跟他们保持距离了。

萨特：加缪写了一封绝交信。

波伏瓦：他称您为主编先生，就一目了然了。

萨特：至于阿隆，是由于他的戴高乐主义和在电台的一个讲话。我们每周在电台就政治局势做一个小时的讨论；我们都强烈地反对戴高乐。有些戴高乐主义者希望当面回应我，尤其是贝努维尔，还有一个人，名字我忘了。那次，我来到了电台播音室。在对话开始之前，大家好像也没相互碰个面。阿隆来了，我想我选择他当我们之间的仲裁人，是因为确信他会站在我这一边。结果他假装没看见我，加入了另一个阵营。我能想象他支持别人，但没想到他会把我晾在一边。从那时起，我明白阿隆在政治上是反对我的。他反对我，和戴高乐主义者结盟，我把它视为一种决裂。我和人闹掰，总有重要的原因，而最终下决心决裂的总是我。比如说阿隆，他从伦敦回来以后我常见他，但渐渐地，我们感觉他并不站在我们这边。电台事件成为最后一次试探，但我们在谈话里和他格格不入已经有一段时间了，分手势在必行，而分手是通过闹掰实现的。比如说，他并不是《现代》的人，不在《现代》和我们一起工作。

波伏瓦：开始他还和我们一起干。后来，我们和他之间出现了某种我们完全没有谈过的东西。在和男人的关系中，还包括《现代》这个团队的关系。

萨特：目前，这个编辑部的成员是我最好的朋友。

波伏瓦：目前的编辑部。什么时候开始的呢？

萨特：开始，有一些人我不太熟，他们过来工作是因为我有一定声望。

波伏瓦：也是因为抵抗运动期间形成的联系。

萨特：有阿隆，有一个戴高乐主义者……

波伏瓦：有奥利维埃、莱里斯，您和我……

萨特：加缪拒绝参加，对此我非常理解。他不一定非得加入一个集体。

波伏瓦：总之是鱼龙混杂，很快就分崩离析了。但后来，有一段时间我们有不少人常在您的房间开会。

萨特：啊！后来，不仅是领导层开会，连为每期杂志写文章的人，以及为每期杂志选文章的人都加入进来了。

波伏瓦：您怎样看待这些会议？

萨特：很自由，一些志同道合的人就这个或那个问题，或杂志的某个单元阐述观点。

波伏瓦：我感觉在团队中工作让您很愉快。

萨特：是的，我很愉快。

波伏瓦：愿意谈谈您现在和《现代》编辑部的关系吗？

萨特：目前，《现代》的团队大部分来自这个刊物的老班底。博斯特和普庸一开始就在。朗茨曼是有一个周日在我房间里开会时加入的。

波伏瓦：他是一九五二年加入的。豪斯特呢？

萨特：豪斯特一开始就在。

波伏瓦：然后——这次不算是闹掰——是平高和蓬塔利斯退出编辑部的事。他们为什么离开？

萨特：我们在精神分析上有不同意见。这一直是一个有点儿棘手的问题。

波伏瓦：现在，我们从精神分析学那里接受了许多东西，但我们不喜欢精神分析学家目前的工作方式以及他们使病人遭受的压迫感。这是一个原因，但还有另一个原因。您的态度比他们激进得多。

萨特：我确实比蓬塔利斯和平高激进。发表《带录音机的人》时，我们的意见是不一致的。

波伏瓦：还有豪斯特关于大学的社论文章，他们不愿意采纳，认为写得太激进了。

萨特：是的。总之，蓬塔利斯不能适应这个刊物。他太资产阶级了，在政治上持一种远比别人更资产阶级化的理论，认为应把自己的激进劲儿纳入精神分析学和目前正在做的研究之中。而平高，他在政治上对我们是持敌视态度的。

波伏瓦：他以前是右翼。他和布唐写了一本书来和您唱反调。后来，他转变为左派，但过去的习气仍遗留在他身上。但说到这个团队的整体，您说："他们是我最好的朋友。"您可以说得更具体一些吗？

萨特：好吧，有博斯特，我们认识很久了，有三十多年近四十年的交情。他们是老朋友了。

波伏瓦：他们都是老朋友，但全都比您至少年轻十岁。现在，十岁看起来差别不大，但一开始却是一个很大的差别。博斯特曾是您的学生。豪斯特不是，但可以说是您的门徒，因为他深入思考过您的作品。朗茨曼也不是您以前的学生。

萨特：从年龄上看，也可以说是我的学生。

波伏瓦：跟他们所有人的关系，您愿意谈点儿什么吗？

萨特：政治扮演了一个角色……

波伏瓦：总体说来，我们大家在政治观点上有着强烈的一致。

萨特：只是现在我更接近毛主义者，但普庸或博斯特却称不上。

波伏瓦：回到编辑部这个团队的问题上来，是什么把您和他们联系在一起的？时间很久远了吧？

萨特：时间很久远了，我们之间有一种不是用强烈感情就能概括的真正的友谊，这使得我可以信任他们，他们也可以信任我。我们彼此之间有真正的感情。平高和蓬塔利斯离开以后，我就觉得这个团体变得相当志同道合了。

波伏瓦：对，清一色的志同道合。当然也有这样那样的争论，总体上说，需要作决定的时候，可能会犹豫：投谁的票？当个弃权主义者吗？但这就类似于我们之间也会发生的那种争执，不是根本性的。所以，我们的过去、政治背景都是非常相近的。

萨特：事实上，我很喜爱他们。

波伏瓦：文化上也非常一致……

萨特：大家在一起时也是说说笑笑……

波伏瓦：这儿也有哲学上的共鸣。豪斯特和普庸对您的思想很了解，我们不仅是政治观点，就连文化观点和哲学观点，大家都非常协同一致。总之，您很喜欢每周三参加《现代》的例会，是吧？

萨特：是的，我很高兴再见到他们，非常舒服。而且，我不是总在那儿。

波伏瓦：总体上讲，相对于在您生命中作为一个整体的其他男人，您和他们的关系要更亲密一些。这不等于说，在政治上您不能和其他人走得更近。不过，您和毛主义者之间有一个年龄问题，这是一个巨大的差异。

萨特：是的，我一向喜欢年轻人甚于喜欢老人。这种情况，也不能叫做更喜欢，但当我和不到三十岁的毛主义者说话时，的确比和一个五六十岁的人打交道要自在得多。总之，毛主义者，大家也知道我是怎么结识他们的，回头我们还会说到。

波伏瓦：在这里，我说的是您和男人之间在友谊上、在情感关系上的层面。

萨特：多数毛主义者对我没有友谊，我对他们也没有。我们一起工作、见面、做事，一起作决定。有一个人和我有真正的友谊，就是维克多，他每周来看我一两次。我们讨论当前的政治局势，决定应该做什么。我听他说话，主要听他讲自己正在做的事。他是"无产阶级左派"的头头，但法国的毛主义党几乎已不存在，目前只剩下维克多一人孤军奋战。他跟我讨论——您看过那本我们与加维合写的书。

波伏瓦：您也一对一地见过他。

萨特：我每周见他一两次。他合我的口味，我很喜欢他。我知道他并不合每个人的口味。我觉得他很聪明，和他的关系既有政治层面也有文化层面，因为他有扎实的文化修养，与我十分投契。而且，在一定数量的政治观点上，我对他很认同，这点我回头还会说到。和一个二十九岁的男子建立这样的关系是非常令人愉快的。

波伏瓦：好了，这就是我想问您的问题：为什么您特别优待年轻人？有些人很讨厌年轻人，比如库斯勒就是一个，梅洛-庞蒂也不喜欢他们。而您，为什么正相反，您对年轻人有一种——如果可以这么说的话——青睐性偏见？为什么喜欢和年轻人在一起？

萨特：因为年轻人在思想和生活的很多方面还没有完全定形，在这种情况下，我和年轻人之间就像是两个彼此想法还不明确、却尽力向对方靠拢的人在交谈。老人就完全不是这么回事。他们的看法棱角分明，我的看法也棱角分明。大家知道这一点，就加了小心，讨论的时候把分歧之处放在一边，毫不指望彼此和解。

波伏瓦：豪斯特很聪明，他在政治上与您也很接近；可您更喜欢和维克多一对一地促膝交谈而不是和他。这是为什么呢？

萨特：豪斯特是先形成了自己的一套很聪明的思想，然后再来跟我交谈。我喜欢的，是谈话前并无既定的想法。有些人在某个方面没有受到像我那么多的训练和教育，思考得也没那么多，在这种情况下，我能在谈话中帮助他们。而另一方面，有些问题他们比我知道得还多。维克多，显然，有件事他比我更了解，即"如何在一个政党中斗争"以及"如何领导一个政党"。这些我都是外行。但在另外的问题上我可以给出我的判断，他经过分析、思考，会接受并融入他政党观念的一部分。比如说，在和维克多及加维的谈话中，我提出了一些思想，特别是自由战士的思想，还有就是——在自由人之间讨论，这究竟意味着什么。也就是说，讨论共产主义战士之外的事——而对共产主义战士来说,这种自由是不存在的。

波伏瓦:换句话说,比起已经定形的成年人——哪怕他们的思想和您很接近,您在和心态完全放开的年轻人讲话时,会觉得自己更有效率、更有用;和年轻人在一起时,您有返老还童的感觉,是这样吗?

萨特:不,我觉得自己不老。我不认为自己和三十五岁时有什么不同。

波伏瓦:您对年龄的感觉,这个问题很有趣,不妨回来说一说。

萨特:我从不觉得自己老了。因为我没有一般老人家那样的外貌——我没有白色的大胡子,没有白色的小胡子;既没大胡子,也没小胡子,所以我仍把自己看成三十五岁。

波伏瓦:这么说,和年轻人谈话不会让您觉得年轻些。我就不一样。和年轻的女子谈话,我就感觉自己也年轻了。那天,您说您觉得自己在和男人的关系这个问题上分析得不够透彻:您还有什么补充吗?

萨特:首先,我想说的是,他们之中的很多人——我说的不是我目前最好的朋友——都会想和我倾诉衷肠。也就是说,他们觉得可以把每个人内心中多少属于隐私的事情交付给我,这让我烦不胜烦。我忍受了。也只能这样,否则我就没法影响他们。我是一个知道他们秘密的人。但我不喜欢这个。

波伏瓦:但在哪儿?是些什么人?说具体一点儿。在巴黎高师,他们向您倾诉吗?

萨特:是的。但在高师,情况有所不同,大家向来是把事情摆在桌面上,我也把事情摆在桌面上。我想到的是在阿尔萨斯战争期间认识的一位士兵战友,他向我倾诉。他和我的关系就是这样:倾诉衷肠。

波伏瓦：他跟您说什么呢？说他的妻子，他的一生？

萨特：是的。他没有妻子，却有一个女人。他谈到她。倾诉造成了情感联系，他把我看成一个了解他的生活、可以向其讲述七七八八——后来我也记不清了——的人，这是我不堪忍受的。

波伏瓦：为什么呢？一生中常有人跟我倾诉，我可是觉得挺愉快的。

萨特：因为这会使人际关系发生偏移，改变了原来的模样。你被抓住了，你要给别人建议。别人信赖你，乞援于你。对于听人倾诉的人，大家给予一定的敬意，最后，我变成了我并不情愿成为的角色，即有诸多门徒追随的大师，而我不喜欢别人对我倾诉。我不追求别人的倾诉；有人来跟我倾诉，我也不拒绝，但我不主动追求。

波伏瓦：以前您的学生向您倾诉，征询意见，这可是常有的事。

萨特：还有其他人。我是很多人的倾诉对象。

波伏瓦：换句话说，给人指点迷津、听人倾诉的"大师"，这种角色您是很烦的？

萨特：我很烦，而且我也没有这个义务。

波伏瓦：为什么？因为这时您会觉得自己上了年纪吗？而您不希望变老？或者因为这样一来你们的地位就不平等了？

萨特：地位不平等了。毕竟，谁都没有资格给谁什么建议。好吧，如果是您面对我，或者是我面对您，当然，我们可以提建议，我可以给博斯特和维克多提建议。因为我们之间有亲密关系。但原则上，一般人不可以，因为我缺乏必要因素，而且别人也缺乏必要因素。他说了一些事儿，你就得从这些事情中猜测他的真实立场，所提出的建议也必须符合这个立场。

波伏瓦：没错。一般来说，他希望别人给的都是自己预设好的建议。不能说总这样，但一般来说是这样。好吧，这是妨碍您和其他男人关系的一个因素，是吧？

萨特：当然。

波伏瓦：对您倾诉的如果是女人，您不介意吗？

萨特：完全不介意。相反，我会恳请她们倾诉。

波伏瓦：这就是出于大男子主义了？因为女人天生比较脆弱，所以应该将自己交付给男人？

萨特：我不知道这是不是大男子主义，因为我认为，相反，大部分男人不听女人在说什么。

波伏瓦：我认为，带着厌恶拒绝男人的倾诉，却接受女人的倾诉，这是某种形式的大男子主义吧。

萨特：我并不拒绝男人的倾诉，我只是不喜欢。而且，关系不同，这个我们回头再说。

波伏瓦：好吧。男人的倾诉您不喜欢，其实不仅是倾诉，我想所有的私人关系您都不喜欢吧。贾科梅蒂给您讲了一些完全是他个人的故事……但这可不是倾诉。

萨特：这不是倾诉。他给我讲了一些他个人的故事，这一点，我完全没觉得不好。贾科梅蒂讲他出于各种原因怎样去妓院找那个有点儿难看、有点儿丑的女人，我觉得十分有趣。

波伏瓦：请接着谈谈您和男人的关系吧。我们知道，您拒绝倾诉。

萨特：另一方面，虽然我认为并宣称我同他们的关系应该是平等的，但我又更希望他们来找我时，把我看作是一个有远见卓识的人。这样做显然是不公平的。

波伏瓦：怎么会这样？

萨特：有一刻，人们对我说："我该这样做吗？我该那样做吗？"我给出一些建议。

波伏瓦：您讲的两件事是自相矛盾的。您说您害怕给人建议，同时又说您喜欢别人来问您。

萨特：不是的，但我愿意给别人一点点推动力，所以才变成了顾问。这并不矛盾。是这样的，与他人的关系是一个奇怪的混合物。事实上，我总是处与同他人的关系之中，但那是一种抽象的关系。我生活在他人的意识之下，后者正注视着我。这个意识完全可以是上帝，也可以是博斯特。这是一个相异于我的存在，由我和看我的人共同构成。我就是这么想的。

波伏瓦：这和您与男人的关系有什么关系？

萨特：它们都是这种意识的外在表象。

波伏瓦：您的意思是证人、审判者？

萨特：在某种意义上说是审判者！非常仁慈的审判者。

波伏瓦：您说到仁慈的审判者，但您有敌人，有对手。

萨特：这些人不值得考虑。当一些人和我相处得很好，我会在他们身上看到那种更为普世的意识的投射，后者在注视着我。

波伏瓦：有证人的感觉好还是不好？

萨特：还是不错的！因为，如果它让我感到不便，就说明我希望一个人呆着，而这种孤独是荒谬的。

波伏瓦：这个问题也需要多说一点儿。您说在和男人的关系里，您总是有点儿疏远，有点儿无所谓。不过，您从来不是孤僻、乖戾的老猫头鹰，您一向生活在社会中。除非在写作，您是十分喜欢社交的。但要看是怎样的社交，您不喜欢上流社会的社交！

萨特：不喜欢。

波伏瓦：就在战后，您还去参加了伽利玛出版社的鸡尾酒会，很有趣。但您从来都不喜欢上流社会的社交。

萨特：我一生中在城里吃三次饭。我吃在饭店，活在咖啡馆，晚饭在一些邀请我的熟人家里吃——三次。

波伏瓦：我们谈了您和年轻人的关系。您和比您大的人关系怎样呢？这对您有什么影响？

萨特：完全没什么关系。好吧，和比我大的人多少有点儿关系，但非常少。保朗、纪德和儒昂多，我很少去看他们，而他们恐怕根本就不记得了。

波伏瓦：您是不怎么见他们。

萨特：是的，也就是说说而已。我和年长者是有一些关系。我用一种深藏不露的态度听他们讲话，他们对我说一些他们认为适当的话，但这种关系不过是出于最低限度的客气，代表不了什么。我不认为这些人年龄较大就一定比我更有智慧。确切说，他们和我一样：他们给我讲一些他们可以讲的事，我给他们讲一些我可以讲的事。比如说，我还记得，一九四六年，纪德跟我说起一个荷兰人，这个荷兰人来请求指点……他是一个已婚者，发现自己有同性恋倾向，便来请求指点。我记得纪德在那儿，跟我讲起这件事。有可能他把我当成同性恋了，尽管我在谈建议的时候搞错了，那其实是另外一个问题。

波伏瓦：您对他说："他是来请您提建议的吗？"纪德回答说："不！求地址。"是不是也可以这样说，某种程度上，就像热内说的，成年男人对您来说是"一股臭气"？

萨特：可以这么说吧，我不喜欢。我完全不喜欢他们，也不喜欢别人把我叫做成年男人。我甚至不是成年男人，而是一个老年男人了。如果说我还有一点儿男人气，那也是微乎其微的。

波伏瓦：是的，这很有意思，请您再说清楚一点儿。

萨特：成年男人，我觉得很恶心。我喜欢的是少男，因为少男跟少女没什么区别。我不是鸡奸者，但事实是，现在少男和少女在衣着、谈话方式和行为方式上区别不是很大。在我看来，他们没有那么大的区别。

波伏瓦：当您跟成年男人有了真正的私人关系，有了友谊的时候，事情就不是这样了。比如热内、贾科梅蒂，或别的什么人。但广义上的男人，如果您见到了这样的……

萨特：成年男人。

波伏瓦：您自己是不希望做成年男人的。

萨特：我不希望做成年男人。对，这是肯定的。

波伏瓦：为什么？甚至我用了"成年男人"这个词，您就露出这样厌恶的嘲笑。

萨特：因为这个称谓用一种讨厌而无聊的方式将性别区别开来。男性，就是大腿之间长了一个小导管的家伙，我就是这样看的；还有一种叫做成年女性，与之相对。女和男，是一种有点儿原始的性别观。一般来讲，还有一些介于两者之间的东西。这是相当重要的。

波伏瓦：我想，还有一个词，叫做"成人"。

萨特："成人"这个词意味着，他要完成学业，达到一种无愧于其成人称谓的职业状态。他要形成自己的思想并将其持之以恒——将其持之以恒，这是荣誉的一部分。

波伏瓦：是的。的确，制造、封闭、限制，等等。在这个意义上还有别的东西。您对男人和女人——或者说是一般意义上的人类——持有一种双重态度，这种态度与我的正好相反，所以我尤其觉得奇怪。也就是说，当一个人来跟您讲话的时候，您会十分开放。比如说，在圆顶酒店，有人过来向您询问。我是个凶悍的人，总想把他们赶走了事。而您却来者不拒，很容易就和别人定下约会，为别人花时间，您是很慷慨、很开放的。然而，当您在大街上有什么事想问别人的时候，那就糟糕了！如果是我，我对您说："我去打听一下；我们在那不勒斯走丢了，我去问一下某某街在什么地方。"这您就不愿意了，脸也会绷起来。为什么您一方面来者不拒，同时又会像这样几乎是恨恨不已地拒绝向别人询问？

萨特：第一种情况，人们来请教我某件事，来向我展示一种观点，希望我为他们花一些时间。信息，是他们为我提供的，而我在听。这和第二种情况完全相反。我，我去问另外一个人，某某街在哪里……

波伏瓦：不管怎么说，问别人一条街的名字，或者请别人帮一个小忙，等于把自己放在与别人互惠的水平上。总的来说，这相当于承认别人和您是平等的，和您、和任何人都没有什么不同，这不是乞讨。同样是打听信息，您自己为什么会有所保留，为什么会拒绝？

萨特：显然，这等于乞援于他者的主观性，而他的回答对我来说是决定性的：他让我往左，我就得往左；他让我往右，我就得往右。这种和别人主观性的接触，我希望降低到最低限度。

波伏瓦：他的回答跟主观性没什么关系。他几乎会像一张地图那样来回答您。

萨特：还是会有的！他会对自己说："哦，有个家伙来问路。"他会说："我记不清在哪儿了，但……"你会在提问的同时发现一个家伙的主观心理。这样，你就和他发生了主观的关系。

波伏瓦：您的意思是，您使自己处于依赖的地位？

萨特：是的。而且，更重要的是，他者的主观性我是不怎么喜欢的。除了我喜欢的那么寥寥几个人之外，因为在他们身上的主观性具有一定意义。

波伏瓦：但毕竟，当您说您是张三李四，您等同于张三李四，等等，这意味着您在一种半透明或全透明的状态下和男人发生关系，在这种情况下，如果有人来请您帮忙，您会帮他，如果您有什么要问他，您就问他。有些人是这么体验这些事物的。

萨特：确实如此，他们是对的！事情本就该是这样。以前我很害羞，后来就变成了一种习惯，现在我已经不是那样了。

波伏瓦：不过，当有人帮您一个小忙，比如一个男孩两次撂下自己的事儿，来为您送一件东西，想到这个，您就会有点儿不自然。这种不自然似乎是您过去厌恶人性的残留。

萨特：的确如此。我既不务实，也不机敏。我宁可自己搞定某事也不愿意求人帮忙。我不喜欢让别人帮我。帮助这个想法，我完全无法忍受。

波伏瓦：什么类型的帮助呢？

萨特：任何类型都是。我指的是让那些我不怎么认识的人来帮我。我这一辈子没有太多地求过别人。

波伏瓦：是的。比如说那天吧，我把钱弄丢了[①]，来不及再去兑换，就很自然地告知了酒店经理，还让他借了我二十万里拉。我相信，如果我跟您讲："我要向酒店经理借二十万里拉。我们是酒店的老主顾了，他们才不会在乎，况且他们也知道我们过两天一定会还。"您就会跟我说："啊，不！我讨厌这么干！"

萨特：不，不会到这个份儿上。也许十年、十五年前我会这么说。但现在，我不会对您说出来，我甚至会建议您这么做。

波伏瓦：我还是想请您解释一下这种和别人在一起的生硬关

---

① 我的包在罗马被偷了。

系。我非常理解，一个人不怎么愿意总是求别人，跟别人接近，但为什么您如此厌恶？这和您的童年有关系吗？

萨特：是的。向别人提出过多请求，说什么："他们能帮忙，去求他们，他们就做了……"而我觉得，请求帮忙会让被求者很烦。我身上的确有这种思想，即打听事儿会惹人讨厌。我还记得有一个人，就是您说长得很像我的那位……

波伏瓦：普吕默先生。

萨特：普吕默先生不断地被别人打扰、惹恼。我身上肯定也有类似的东西。

波伏瓦：对。就是因为这个，您让我想起普吕默先生：有一种窒息感，虽然没人阻止您把窗子打开。普吕默先生完全就是这样的。

萨特：我常认为别人怀有敌意。

波伏瓦：对谁有敌意呢？

萨特：对我，如果我去求他的话。

波伏瓦：所以，应该是对别人普遍有敌意？

萨特：对别人我不知道，因为他们有自己求人的方式。

波伏瓦：为什么对您有敌意？您只是一个不知姓名的路人。

萨特：因为这和我的自我投射有关系。我认为别人不会在生理上对我产生愉悦感。我也许要通过这种方式逃避自己长得不好看的感觉——我没怎么在意这种感觉，尽管它是存在的。

波伏瓦：您还没丑到让一个孕妇逃开，如果您只是问她罗马大街在哪儿的话……

萨特：对，我没这么想过。但可以这样认为：如果长得不好看，却去问别人罗马大街在那儿，就等于把一个令人不快的存在强加给你问的那个人。

波伏瓦：您真是孩子气，不该夸大其词：您不比大多数男人更丑。

萨特：不，我是长得难看，我是个斜视眼。

波伏瓦：他们也没那么帅。

萨特：是的，男人不是很漂亮。

波伏瓦：但说真的，像这样一件小事……

萨特：可这是不能不考虑的。年轻的时候，别人和我之间一定有一种关系，别人是精华，而我是次品。

波伏瓦：人小的时候总是这样的，除非您反其道而行之，采取一种咄咄逼人的态度。

萨特：我不会这样。是的，我不愿意作为一个新生走进教室。我不喜欢这样，我不喜欢教室里的男孩儿。后来，大家认识了，相处得还可以，但一开始，他们对我来说都是充满敌意的。

波伏瓦：也就是说，当您进入一个集体时，先天上就感到一种敌意？您服兵役时是否也有同样的感受？我指的是在圣西尔，因为这以后你们没有几个人了。

萨特：是的，肯定是这样。

波伏瓦：您进巴黎高师时不是这样的吧，因为在那儿，您已经认识了……

萨特：对，我认识一些人，但总的来说那儿仍有敌意。一般来讲，看着我、在街上和我擦肩而过的人，是有敌意的。

波伏瓦：这些事情对于解释一种普遍性态度是很重要的。我记得一次我骑自行车摔伤了，脸上很难看，我走进一个商店，和店老板谈话，并对自己说："天啊！如果感到自己丑，那整个人就废了！"感到自己是一个迷人的年轻女子，那感觉太好了。我不认为自己特别美，当时大概三十岁左右，人与人的关系先天上就是带有引诱性的。我买一块面包，就会想我的亮相得让人赏心悦目。我对自己说：天啊，一辈子毁了容，就会造成难以描述的微妙变化，人与人的关系也会不一样了。

萨特：是的。只不过，您，我承认，那时您比我平时的模样还要难看。

波伏瓦：当然，但我想说的不是这个。而且现在我老了，对与他人关系的体验肯定不同于三十岁的时候。

萨特：这是一定的。我从来没感到自己好看过。

波伏瓦：我想说的是一种和他人之间从骨子里感到愉快的关系。

萨特：我确实从来没体验过。

波伏瓦：您没体验过，肯定有除了不好看之外的很多其他原因，因为，首先您不难看……

萨特：不，我难看，只不过难看没有对我造成太大妨碍。

波伏瓦：这里肯定有童年、少年时的复杂情结。当那个姑娘对您说"丑八怪"时，您一定是受刺激了。

萨特：是的，而且，也和我母亲再婚、我在拉罗谢尔的生活有关系。

波伏瓦：必须再说一次，我仍然觉得这种反差很奇怪：您举止生硬，同时又开放、友好、热情，自从……

萨特：自从有人来找我，向我请求什么，这种反差就消失了。

波伏瓦：对，因为那时您得到了认可。今天，我们谈了现在，但最有趣的不是现在，而是您四五十岁时——那时的反差尤为明显。您现在还保留了一些，但总的来说它已成为过去。您应该描述一下自己的态度，因为在您年轻得多的时候，您的态度是那么让我动容。

波伏瓦：来谈谈您和女人的关系。关于这个想谈点儿什么？

萨特：从童年起，她们就是诸多炫耀、戏剧和诱惑的对象，或者在梦中，或者在现实中。早在六七岁的时候，我就有了一些所谓的"未婚妻"。在维希时我有四五个。在阿卡雄我非常喜欢一个小姑娘，她有结核病，第二年死了。我六岁，当时有一张照片，我在一个小彩船上拿了一把铲子，在这个小姑娘面前卖弄风情，而她是那样可爱，却死掉了。我常常挨着她的轮椅坐着。她整天都躺着，是个结核病患者。

波伏瓦：她死时您很伤心吧？对此，您的印象很深吗？

萨特：记不清楚了。我能记得的是我为她写了一些诗，并在给外公的信中把这些诗寄了出去。它们完全不堪卒读。

波伏瓦：儿童诗。

萨特：一个六岁儿童没有韵律的诗。不过，我已经在写作了。当时，到处都有小姑娘，我不怎么跟她们打交道，却已经有了谈恋爱的想法。

波伏瓦：是什么让您萌生这种想法的？是通过阅读吗？

萨特：肯定是的。我还记得五岁时的一件事——肯定很多男孩都有类似的记忆：在瑞士的湖边，我父母、外公外婆出门了，把我和一个小姑娘留在家里。我和她呆在房里，两人看着窗外的湖，玩了扮医生的游戏。我是医生，她是病人，我给她灌肠。她拉下小内裤，其他衣物也就势脱光光了。我甚至有一个灌肠器——那是一个套管，小时候我用它给自己灌肠用的。我给她也灌了一通。这就是我五岁时关于性的记忆……

波伏瓦：小女孩高兴吗？她感到愉快吗？

萨特：反正她由我摆布。我觉得她挺愉快的。大概九岁的时候，我在和女孩的关系中扮演了显摆、引诱的角色。我不知道怎样

357

引诱女孩，但我在书里读到，可以做一个好的引诱者。我觉得就是说说天上的星星，双手搂住小女孩的腰或肩膀，用迷人的话语对她大谈世界有多美。后来，在巴黎，我有了一套由一大堆小人组成的木偶，可以把手穿进去的那种。我把木偶带到卢森堡公园，把手穿进这些小人儿，躲在一张长椅后面，让小人儿演了一出我想象出来的戏目。看我表演的都是女的，她们是住在周围、下午来这里玩儿的小女孩。当然，我早就选好了自己中意的这位或那位。这事儿好像没持续到九岁，也就是七八岁的样子。后来，是不是我变难看，没法让她们感兴趣了呢？不管怎么说，大概八岁的时候，以及后来的一些年，我就和大街上、公园里的小女孩完全不接触了。而且，当时，大概在我十岁、十二岁的时候，家人之间的关系有点儿不尴不尬，会出现一些小分歧、小争吵，大概是这个原因。而且，在我母亲和外婆周围有些年轻女子，年纪和我母亲相仿，多半是外公的学生或朋友，我跟她们有些接触。

波伏瓦：您的意思是，在您看来，那些和您母亲年龄相仿的女子是有吸引力的？至少是她们中的一些人？

萨特：是的。只是我不能想象和这些比我大二十岁的女人成为男女朋友。她们常常抚摸我。我最初的肉欲是伴随着这些女人发展起来的。

波伏瓦：是和那些上了年纪的女子而不是小女孩儿？

萨特：是的。我喜欢小女孩儿，那个时候，她们是我真正自然选择的玩伴，但我和她们之间没有那么多肉欲。她们还没成形，而我很早就对女人的形体，即她们的胸和屁股感兴趣。她们常常爱抚我，而我喜欢这样。我还记得一个留给我两种矛盾记忆的女孩：她是一个身体结实的美丽女子，十八岁，要玩丈夫、妻子的小游戏的话她的年纪太大了，但我们之间又的确玩了丈夫和妻子的游戏。大概是出于好心、善意,她才会以身相许地跟我玩这个小游戏吧。我觉得她好美,被她迷住了。当时我七岁,她十八岁。是在阿尔萨斯。

波伏瓦:后来大一点儿呢?十岁或十二岁时?

萨特:没发生什么。我在亨利四世中学一直呆到十一岁,见到的都是我母亲的女性朋友,很少有小女孩。后来我去了拉罗谢尔。以我的继父朋友的圈子以及他对生活的态度而言,我不可能和小姑娘有什么接触了。他认为像我这年纪的人应该找男孩子玩。我的朋友应该是我中学的男同学。我父母只认识省长、市长以及工程师那样的人,而那些人家里碰巧都没有小女孩儿,结果,在拉罗谢尔,我整个人都废掉了,只对目前的两三个我母亲的女性朋友产生过影影绰绰的感情,但那太微不足道了。我确实对母亲有一种性的感受。十三四岁时我得了乳突炎,动了手术,在病房住了三周,母亲在我旁边安了一张床,和我的床垂直,她就睡在那里。晚上我入睡时,她就脱掉衣服,可能几乎是脱得光溜溜的。我其实醒着,把眼睛半张开,透过眼睫毛看光着身子的她。此外,她应该也很对我男同学的口味,因为当他们列举中意的女性用品或女人时,总要提到她。在拉罗谢尔,我和一个叫利塞特·乔丽斯的小姑娘交往过。她是一个船舶用品商人家的小美妞儿,常沿着拉罗谢尔的内侧码头散步,我觉得她美极了。她知道自己长得好看,因为有大把大把的男孩子在追她。我对朋友说,我想同利塞特·乔丽斯见面,他们说这容易。有一天,他们说我只要去槌球场和她搭讪就好了。真的,她在那儿,有好几个男孩儿在跟前和她说话。我则和同学在槌球场的另一边。我有点儿不知所措,然后,有人告诉她我来了。她知道如果和别人在一起就不可能从我这儿得到什么乐趣,便骑着自行车朝小巷走去,我就跟在后面。什么都没有发生。但第二天,我向她走去的时候,她转身对着我,当着男同学们的面说:"戴眼镜、戴高帽的丑八怪。"这些话让我又生气又绝望。后来，我又见了她两三次。有一次是一个男生，不希望我在希腊文翻译课上考第一，就跟我说她十一点钟等我。希腊文考试是八点到十二点。也就是说，我必须在十一点差一刻就交卷。我那样做了，结果名落孙山。当然，没有人在指定的地方等我。另外一次，我在码头看见她，她从码头往沙地上跳。我傻乎乎地凑到她跟前，却不知道该说什么，于是就什么也没说。她看到了我，却继续玩儿她的，心里想我会不会说蠢话。

波伏瓦：您从没有和这女孩儿交换过只言片语？没散过步、谈过话、做过游戏？

萨特：从来没有。

波伏瓦：您和她从未发生过任何关系？

萨特：一点儿关系都没有。

波伏瓦：在拉罗谢尔您追求过别的女孩儿吗？

萨特：我和两个朋友曾追求过一个电影院女领座员的女儿。而她对佩尔蒂埃和布蒂耶尔这两个帅哥比对我更有兴趣些。不过，我们三个她还是都见，只不过没走得太远，我们跟她聊天，陪她回家，就这些。我像另外两人那样和她谈话。我们一起去看电影。因为她妈妈是电影院的领座员，她总能挨我们坐着聊天。我记得她漂亮极了，但跟她并没有下文。我可能不是一个出色的引诱者，这是我十五岁以前乏善可陈的女性事件，而十五岁我就离开拉罗谢尔，去了巴黎的亨利四世中学。外公坚持要我在那儿准备业士学位考试。我在拉罗谢尔同样能考过，但他认为转学可以让我做得更好。的确，在巴黎的第一年，作为一个寄宿生我身上发生了很大变化，还得了优等奖学金——在拉罗谢尔就未必做得到。

波伏瓦：还是回到女人的事情上来。在巴黎的情况怎么样？

萨特：在巴黎，在我身上出现了一种模模糊糊的同性恋倾向。在宿舍里，我冒险扒男孩子的裤子。

波伏瓦：这种倾向是很轻微的。

萨特：但它是存在的。是不是就在这一年，我带尼赞的一个远房表姊妹去了卢浮宫？她不很漂亮，我认为她可能也觉得我魅力不够。

波伏瓦：但您心中已有了一种见解：年轻男子应该和女子发生恋情——这是一件不容更改的事。

萨特：这个是真的。后来，作为作家，我应该和许多女人有充满激情的恋爱关系，等等。这是我从很多写大作家的书中得出的结论。

波伏瓦：您的朋友——例如尼赞——也有同样的见解吧？他们也身体力行吗？

萨特：是的。他们多少也身体力行，因为多少都很年轻。

波伏瓦：不是很富有，但仍然会这么想。

萨特：比如说，他们迷上了查德尔夫人——她是一个我们常常取笑的同学的妈妈。一年级时，我记得没有发生什么重要的恋爱事件。

波伏瓦：以后呢？

萨特：在哲学班也没有。

波伏瓦：您第一次和女人上床是什么时候？

萨特：哲学班的第二年，当时是在路易大帝中学。我已经在亨利四世中学通过了第二次业士学位考试，有一个极好的文科预备班，阿兰是哲学教师，我不知道为什么他们让我离开了那儿。他们硬把我塞到了路易大帝中学，那儿的文科预备班沉闷无聊，我就呆在那儿，后来从那儿进了巴黎高师。这事很复杂。开始有一位从提维耶来的女子，是个医生的妻子。有一天，我也不知道为什么，她来学校找我，我对她说自己是寄宿生，她说真可惜，却又问我周四和周六是否方便出去。我说方便，她就约我周四下午两点去一位女性朋友家幽会两小时。我同意了，但没太搞懂。我明白她想跟我发生肉体关系，但我不明白为什么，因为我没觉得她喜欢我。

波伏瓦：过去在提维耶你们俩认识时，没有什么事情吗？

萨特：完全没有。

波伏瓦：您认识她很久吗？

萨特：不久。她来中学找我确实让我大吃一惊。我没法向您解释她心里是怎样想的。我去赴约，她暗示我大家可以一起睡觉。

波伏瓦：她多大？

萨特：三十岁。我当时十八岁。我干这事时情绪不高，因为她不是很漂亮；好吧，也不算难看，我总算应付下来了，她看起来挺满意。

波伏瓦：她又来过吗？

萨特：没有。

波伏瓦：那她可能没那么满意。她没跟您约下次？

萨特：没有。她第二天就走了。换句话说，她来中学找我就是为了找个人。完事她就回家了。

波伏瓦：您再也没有得到她的消息？

萨特：大概她不知道我在哪儿，我对这事一点儿也不理解，我只是实事求是地把它讲出来。就在这一年，或是第二年，我每周四去和亨利四世中学的朋友聚会。他们常在那儿和女孩约会，她们是圣米歇尔一带的姑娘，当中特别有一位是亨利四世中学看门人的女儿。我们和她们见面、恋爱——我当时是寄宿生，在她们身上摸一摸，然后她们几乎所有人都约我们进房间鬼混，我们和她们上床。我自己也和一位女孩儿睡了，记忆中她似乎蛮漂亮，应该有十八岁，是个很容易和人上床的人。

波伏瓦：您和她保持了恋爱关系吗？还是说只有这一次？

萨特：只有这一次，但别的女孩也是一样的。干这事儿之前之后，她都对我很好，说明没有失望，而且她并不要求我没有给她的东西。她挺满意的。

波伏瓦：为什么您和您的朋友都不把和这些姑娘的关系长期保持下去？

萨特：因为与此同时，我们有些轻视这些姑娘。

波伏瓦：为什么？

萨特：我们认为一个年轻女孩不应该就这样把自己的身体给人。

波伏瓦：啊，明白了！因为你们有一种性道德！还是挺好玩的！

萨特：也就是说，我们把母亲女性朋友的女儿和这些我们遇到的姑娘做对比，当然，资产阶级的女儿都是处女。如果你和她们暧昧地调情，结果也不可能干比亲嘴更过分的事——如果已经到了亲嘴的份儿上了的话！而那些遇到的姑娘，我们做同样的事，就已经可以和她们上床了。

波伏瓦：而你们作为体面的小资产阶级分子，对她们是不无指责的？

萨特：是。确切讲不叫指责，但……

波伏瓦：你们很高兴，既占了便宜，又有这样的想法："咱们可不娶情妇当老婆。"尽管结婚对你们来说还是太遥远的事。总之，你们觉得一个女孩不该这样。踟蹰不前的是你们，我指的是您和您的同学，是你们不愿意和这些好姑娘保持联系，对吧？

萨特：有这方面考虑，没错。

波伏瓦：动不动就轻易和人上床的女孩多少是妓女——您是什么时候才丢掉这种愚蠢想法的?

萨特：啊，非常快。我和一些女人发生关系以后，就不再这么看了。那只是中学那段时间的想法。

波伏瓦：而且打上了一种资产阶级的烙印。

萨特：完全是这样的。上了巴黎高师以后，这就过去了。

波伏瓦：这都是些纯粹的性游戏。在您第一次重要的恋爱事件前，还有别的什么情况吗?

萨特：没有了。

波伏瓦：您同卡米耶、您的未婚妻以及和索邦大学一些女生的关系，我都知道了。然后有我们俩的恋爱关系，这是有点儿与众不同的。

萨特：是的。

波伏瓦：理解您和其他女人的关系，我们之间的关系是一个不容忽视的关键点，这个我们以后再说。我想问的是——我们俩刚认识时您就说您是需要多个配偶的人，没法想象把自己局限在一个唯一的女人、一段唯一的恋情上，这是不言自喻的，您的确经历过一些恋情——但我想知道的是，在这些恋情里，女人身上的什么东西最吸引您?

萨特：无论什么都吸引我!

波伏瓦：这是什么意思?

萨特：我所能向女人要求的品质，您知道，在我看来更重要的品质。因此，这就把好些其他女人放一边儿去了——例如，她们可能只是长得漂亮。出现这种情况是因为您身上所体现的东西要比我希望给予那些女性的多得多，而其他女人却比较少，这样一来，她们就较少自发性投入。总之，是因为有人投入得较多。但一般而言,并不是这样。

波伏瓦:但毕竟,您回答"无论什么",这是非常奇怪的。就好像只要进了您的轨道,您就准备和她发生点儿什么似的……

萨特:啊!老天……

波伏瓦:实际上并非如此,有时候一些女人要投怀送抱,您却拒绝了她们。有不少您认识的女人,您跟她们没恋爱过。

萨特:我做过一些梦,是春梦,梦见一个模特儿,金发女郎。我生活中认识的女人有像她的,但我从来没和她们真正恋爱过。但是这个形象仍在我心中。她是一个漂亮的金发女郎,穿着小女孩儿的衣服。我比她大一些,我们在卢森堡的池塘边玩铁环。

波伏瓦:这是真事还是您梦中的故事?

萨特:不,我是……我是在做梦。

波伏瓦:啊,我明白了!总之,您是基于孩童的爱情做的这些梦。

萨特:不,孩童的爱情代表了爱自身。不过,我光着大腿,而她穿着一件小女孩的衣服,这些代表了我那个年纪,即二十岁时发生的事件。您懂吗?二十岁的我象征性地梦见了和一个小女孩玩铁环。

波伏瓦:一个小女孩,而您自己是一个小男孩。

萨特:实际上我们两个年龄都较大,而铁环游戏代表了性关系,大概因为铁环和棍子在我看来是一个典型的象征。而且,做梦的时候我也是这种感觉。这是我大概二十岁时做的一个梦。在这个梦里,没有优越性的问题,男人没有任何方面高于女人,没有大男子主义。那些天我在想,男人有很深的大男子主义,这是肯定的,但这并不意味着他们想掌权。他们自以为比女人优越,却把它与男女平等的思想糅合在一起,这是很奇怪的。

波伏瓦：这是因人而异的。

萨特：啊，有许多。我们认识的大部分男人都这样。结论并不是说他们没有大男子主义，但在谈话和日常生活中，他们高唱着平等主义调调，却可以说一些大男子主义的话而毫无意识。而关于两性关系的平等主义定义多少要有所实行才对。不过，大男子主义不是一件男人喜欢自我夸耀的东西，至少和我们相熟的男人是这样。显然应该看一看其他领域。

波伏瓦：回到您身上，女人最吸引您的是什么？在怎样的程度上您是一个平等主义者？又是在怎样的程度上可以说您在她们那儿扮演了某种专制或护花使者的角色？

萨特：我觉得自己是很护花的。因此也是专制的。您常常为这事儿责备我——不是对您，而是对除您之外我认识的其他女人。但并不总是这样，我和她们当中最出色的一群是完全平等的，而她们也不能容忍另一种性质的东西。不过，回到我在女人那里寻求什么这个问题上来。我想，这主要是一种情感上的气氛——不是严格意义上的性，而是以性为背景的情感。

波伏瓦：比如说，您在柏林有过一场恋爱——您和一位您称作"月亮女子"的人在一起。您喜欢她什么呢？

萨特：我想想。

波伏瓦：她不是很漂亮，也不很聪明。

萨特：是的。

波伏瓦：这不是她不完美的地方吗？

萨特：有不完美的地方，这里……她说一口乡下人的土话，跟我的说话方式很相近。那不完全是我们那种蒙巴纳斯的土话，而是拉丁区周遭的讲话方式。这就造成了一种印象，即她的思想尽管没有我们的深邃，却和我们属于同一级别的。这印象完全不对，但我当时心里就是这么想的。这种情况有点儿特殊。是的，我认为一般意义而言，我应该是有男子气的，因为我在有男子气的家庭中长大，我的外公是一个有男子气的人。

波伏瓦：文明就是有男子气的。

萨特：在我和这些女人的关系中，占主导地位的不是男子气。显然，每个人都有自己的角色，我的角色是主动而理性的，而女性的角色则是感性的。这是一个很传统的看法，但我并不认为感性要低于理性的使用和实践。这只是不同禀赋的问题。并不是说女人不可能像男人那样来运用理性，或者说她不可能成为工程师或哲学家。这只是说，在大多数时间里，女人是有情感——有时是性——价值的。吸引我的，就是这个整体观念，我认为和一个女人像这样发生关系，某种程度上就等于占有了她的感性。试图让她感受、再感受，对我来说，就是占有了这种感性，我把它留给自己。

波伏瓦：换句话说，您要求女人爱您。

萨特：是的。只有她们爱我，这种感性才会变成属于我的东西。当她们向我投怀送抱时，我在她们的脸上以及她们的神情中见到了这种感性。而在她们脸上看到感性，也就等于将其据为己有了。事实上，我自己有时会在笔记或书中宣布——我现在仍然这样认为——感性和知性是不可分的，感性导致了知性，或者说感性干脆就是知性。说到底，一个纠缠于理论问题的理性男人是抽象的。我认为，人生来有感性，而童年和少年时代的工作，就是把这种感性变得抽象、善解、孜孜以求，从而渐渐将感性打造成一种男人的理性，一种能作用于体验性问题的知性。

波伏瓦：您的意思是，对女人来说，这种感性没有转变为理性，是吗？

萨特：对，不过有时也不是，如果她们通过了教师资格会考，或者成为工程师之类的人。女人完全有能力和男人干同样的事，但有某种倾向——首先是女人接受的教育，其次是她们的内心感受——会让她们首先具有感性。由于地位通常不会升得太高，考虑到物质关系和社会关系，也鉴于由社会初创、由她们自行维系的女性特征，她们往往会原封不动地将自己的感性保留下来。这种感性也涵盖了对方的知性。那么，从知性角度看，我和女人的关系是什么呢？我告诉她们我所思考的事情，但同时，我被一种感性而涵盖，后者丰富了我的思想。

波伏瓦：对。可以举一些例子吗？是怎样丰富您的？

萨特：在特殊而具体的情况中丰富的。她们会为我在知性层面上说的话给予感性的解读。

波伏瓦：但总的来说，您还是觉得自己要比任何与您有关系的女人都聪明一些。

萨特：的确，是要聪明一些。但我把知性看成是感性的一种发展，我认为她们没有达到我所达到的层次，因为社会环境不允许。我认为她们与我的感性在最初的关系上是相同的。

波伏瓦：但您说过，在和女人的交往中您毕竟是更有支配性的。

萨特：是的，因为我的观点并非个案。支配性源于我的童年。我的外公支配我的外婆，我的继父支配我的母亲。

波伏瓦：是的。

萨特：作为一种抽象的心理结构，我保留了这种支配性……

波伏瓦：另外，在所有书籍中，在所有深深影响了您的著名男人的故事中，主人公总是男人。

萨特：显然是这样。正因为这个我才会对托尔斯泰感兴趣。这是引起争议的案例之一。在这里，男人滥用了自己的权力。总之，我想说的是，存在着一种类型、一种模式。但话说回来，我已经认为这是教育的结果。后来，大概三十五岁或四十岁时，我的想法是：知性和感性代表了个体发展的一个阶段。一个五六岁的人不会又聪明又敏感——他在感性和知性上会敏感，但不会走得太远。渐渐地，感性依然强烈，而知性发展起来，或者感性压倒知性，或者知性一个劲儿地发展而感性停滞不前。感性催发了知性，但它可能停滞不前，屈居于知性之下。结果是，支配性成为一种模式、一种社会象征，尽管我认为它完全没有道理，却依然试图将它建立起来。我不认为因为自己更聪明就应该胜过和支配我的伴侣。但在实践中我又是这样做的，因为我有这样做的倾向，因为那些和我发生关系的女人是我主动找来的，因此应该由我来引导她们。我是这些关系中的主人，我应该引导她们。从根本上说，我感兴趣的是将我的知性重新浸泡在一种感性之中。

波伏瓦：您将女人的独有特征据为己有了……

萨特：我是把那时那刻展现给我的女人独有特征如实据为己有了。

波伏瓦：正如她们平常表现出的样子。您从来没被丑女吸引过吗？

萨特：真正难看透了的，从来没有过。

波伏瓦：甚至可以说，您迷恋过的所有女人，要么就是很美，要么至少很迷人，充满魅力。

萨特：是的，我执意要求跟我发生关系的女人必须漂亮，这是让我的感性得以发展的手段。美丽、魅力等都是非理性的价值。好吧，它们有理性的成分，我们可以赋予它们一种理性的诠释和解读。不过，当我们为一个人的魅力所倾倒时，我们喜欢的是非理性的东西，即使这种更深层次的魅力可以通过概念和思想得到解释。

波伏瓦：有没有过这种情况，即一些女人吸引您，凭借的是纯粹的女性特质之外的东西，比如说鲜明的个性、智力或精神方面的东西，而不是魅力和女人气？我能想到两个女人，一个没有跟您恋爱过，但大家都很喜欢她，您也很喜欢她，名字叫克里斯蒂娜。另一个是您刚刚谈到的那位。

萨特：是的。克里斯蒂娜鲜明的个性，我十分欣赏。如果她没有这样的个性，我也不会了解她。同时，这也有点儿出乎我的意料，因为毕竟是一个次要品质。主要的品质是她本人，她的身体——不是作为性对象的身体，而是她涵盖了感性的身体和面孔——那种感性莫可揣测，也无从分析，却是我与女人关系之中的灵魂性要素。

波伏瓦：在您和女人的关系中是不是还有某种皮格马利翁的成分？

萨特：这要看您说的皮格马利翁是什么意思了。

波伏瓦：塑造一个女人，领她看世间万象，让她进步，教会她一些东西。

萨特：肯定有这方面成分。这意味着一种暂时的优越。这是一种境界，超越这种境界以后，她就可以独自或与他人一起得到发展。我呢，我把她摆渡到某种境界里。这时，纯粹的性关系既是对摆渡的认可，又是对摆渡的超越。肯定很大程度上是这样的。

波伏瓦：皮格马利翁这个角色，您觉得哪一点最有趣？

萨特：每个人在面对他有可能助其成长的一群人时所扮演的角色，这应该是最有趣的。

波伏瓦：对，这是真的。但皮格马利翁现象吸引您的模式也不完全像您说的那么道德而辩证。对您来说，这里面有更为感性的东西。有一种真正的快乐。

萨特：是的。如果第二周之后我发现了自己理解到的东西，而她也走得更远了，我就会很开心。

波伏瓦：不是和所有女人都这样的吧？

萨特：不是。

波伏瓦：会有这样的女人，她们对任何形式上的塑造都逆反至极。

萨特：一点儿没错……和女人发生性关系，这是应有之义，因为传统关系就意味着到了某个时刻就必须上床。不过我没把重点放在这上面。严格来说，发生性关系没有相互爱抚那样让我感兴趣。换句话说，我喜欢为女人手淫甚于和她交配。这和我本人有关系，也和我看待女人的方式有关系。也就是说，我认为很多男人在构想女人的模式上是比我进步的。某种程度上他们落后于我，某种程度上又比我超前，因为他们的出发点就是"性"，而"性"就等于"上床"。

波伏瓦：您认为这是超前还是落后？

萨特：较超前。就其引发的后果看，是超前的。换言之，对我来说，最本质的感性关系包括我抱、我摸，我的嘴唇亲遍一个身体。但性关系——它是存在的，我会去做，而且经常做，但会带着那么点儿冷淡。

波伏瓦：性冷淡，我们谈的是在女人面前的性冷淡，但也是和您身体的关系……我试图弄清您为什么一直性冷淡，同时又强烈地爱着女人。让您投入进去的从来不是原始的欲望……

萨特：从来不是。

波伏瓦：或者应该说和"罗曼蒂克"有关系。对您来说，女人——在司汤达的意义上——总是很"罗曼蒂克"的。

萨特：没错。"罗曼蒂克"是不可少的。几乎可以说，由于希望发展自己的知性,男人要先设法放弃一部分感性,结果就会向对方——女人——要求感性,也就是说,他占有那些感性的女人,以使自己的感性变成女人的感性。

波伏瓦:换句话说,您感到自身的不完整。

萨特:对。我认为正常的生活就应该意味着和女人保持不间断的关系。男人的自我定义,取决于他做了什么、他是谁,也取决于他通过与之相伴的那个人而成为谁。

波伏瓦:您和女人互通声气,却不能和男人这样做,因为和女人的知性讨论是以情感为基础的。

萨特:是动情的。

波伏瓦:某种"罗曼蒂克"的东西。我注意到——这种观点是很古典的,它甚至是公共神话的一部分,而同时又是一种现实,在我们或您自己的每一次游历中,都有一个女人碰巧成为您眼中这个国家的象征。

萨特:是的。

波伏瓦:在美国有 M 小姐,在巴西有克里斯蒂娜,还有其他人。

萨特:这在一定程度上是因为——他们硬塞给您一个女人,不是塞在您怀里,而是塞在您身边,告诉您这个国家有多美。

波伏瓦:不完全是这样的。在苏联,他们开始给您一个男的,很明显你们俩没搭上什么交情。

萨特:我一开始就拒绝了……的确,旅行,旅行中要有女人,这对我来说是很重要的。

波伏瓦:这不仅关乎性的问题。事实上,女人往往是您所游历国家的最好体现。如果她们品质一流,就会比男人更讨人喜欢。

萨特:因为她们有感性。

波伏瓦：她们有感性，而且她们是有点儿被社会边缘化的，却又很了解这个社会。如果具有知性，她们的视角就比这个国家里的男人有趣得多。还有一个客观事实是，您所执意交往的女人真的都很迷人。她们是如假包换地迷人。作为见证人，我甚至也在另一个层面上迷恋着她们。

萨特：是的。如果代表整个国家的是一个女人，许多事情就会变得可爱。她们身处国家边缘，内心更加丰富。克里斯蒂娜代表了饥饿的三角地带。而且，一个人愤而反对自己的国家，绝不意味着不再能代表这个国家。一个人可以代表这个国家，然后再反抗。

波伏瓦：所有这些女人，您冥想一下吧。

萨特：今天，我竭力回想所有与我发生过关系的女人，想到的都是她们穿着衣服的样子，没有脱光了的，尽管在大部分时间里我都非常喜欢看她们的裸体。不，我看到的都是她们穿着衣服的样子，而裸体是一种特殊的关系，很亲密，但是……得穿越很多个阶段才能到这一步。

波伏瓦：好像这样人才会更真实……

萨特：当她穿上衣服，是的，不会更真实，但更有社会性，更可接近一些。就好比，只有通过身体和精神上多次的脱衣行为，我们才能达到裸体境界。在这方面，我和很多爱女人的人是一样的。毕竟，我跟她们生活在某一个世界上的某一段恋情中，而这会妨碍我生活在"此间"世界。"此间"，指的是您。

波伏瓦：怎么讲？

萨特：此间世界，是我和您生活的世界。

波伏瓦：是的，我明白了。您经历了各种不同的世界，而它们却都处于此间世界之中。

萨特：处于此间世界的各种不同世界。正因如此，那些关系是相对低下的，当然，除了这些人物的性格和性格中所有客观的因素。这在一开始就是被隔离的。

波伏瓦：既然涉及我们俩了，就换另一个问题吧。您嫉妒过吗？在什么情况下？怎样的嫉妒？嫉妒对您来说意味着什么？

萨特：实际上，和某位女人的恋情中还有一个男人，这事我是不太介意的。重要的是，我必须是第一位。想象一种三人行的关系，三人里有我，但另一个男人的排名在我前面，这种局面我是不能忍的。

波伏瓦：这种情况发生过吗？

萨特：谁知道呢？

波伏瓦：您感受过嫉妒吗？和奥尔嘉的关系好像明显是一种嫉妒，当她开始和佐洛相处愉快的时候。不过，您和奥尔嘉完全没有相互占有的关系，既不关乎性，也无关占有。但就是这样，仍然引发了事端，继而导致破裂。您希望自己在她心中成为首席。

萨特：是的。

波伏瓦：如果"月亮女子"有丈夫，您是不在意的。

萨特：完全不在意。因为至少在她的意识里，他是低人一等的。我认为，我的男子气体现在把女人的世界——而不是我认识的女人——看成某种低级的东西。

波伏瓦：皮格马利翁倾向清楚地表明，您从不希望把女人拉到一个某种程度上在您看来低人一等的水平上，也不喜欢让她们滞留、维系在此。

萨特：是的。

波伏瓦：相反，您总是希望她们进步、阅读和讨论。

萨特：我的出发点是，她们应该达到与非常聪明的男人同样的境界。在男人和女人之间，没有任何知性或精神上的差异。

波伏瓦：总之，如果她们处于较低境界上，她们本人也不会因此低于众人。我知道，您从来不认为任何女人是低人一等的。

萨特：从不。

波伏瓦：您的恋爱通常是怎样结束的？是您先说分手，还是她们，还是视环境而定？

萨特：有时是我，有时是她们，有时是环境。

波伏瓦：有没有被哪个女人曾经使您备受折磨？

萨特：备受折磨，有的。有一段时间伊芙琳娜①不给我写信了，因为她的恋爱多头并进，复杂异常。

波伏瓦：还有 M 小姐要来巴黎，性情也变得苛刻时。有些女人的要求超出了您的能力，也会让您备受折磨，这种事在您那儿也经常发生，一般都会以分手告终。还有一些女人，自己付出得不够。

萨特：是的。

波伏瓦：这种事一般会在您开始一段恋情时发生。奥尔嘉就使您备受折磨。

萨特：奥尔嘉，是的。

波伏瓦：伊芙琳娜开始也让您备受折磨。

萨特：是的。

波伏瓦：依我所说的定义而言，我见您最受折磨的经历，一次是和奥尔嘉，一次是和伊芙琳娜。就折磨的另一层意思来讲，即别人向您要求得太多，最磨人的显然是 M 小姐。

萨特：是的，和 M 小姐在一起，我非常受折磨。

波伏瓦：您有几次为数不多的突然分手，这应该是其中之一。

萨特：是的，一天就搞定了。

---

① 伊芙琳娜是朗茨曼的姊妹，艺名叫做伊芙琳娜·雷伊。她参加过萨特好几部戏剧的演出。

波伏瓦：您对她说："好了，结束了。没法维持下去了，因为事情已经逐步升级了。"

萨特：对。很奇怪，因为我挺喜欢她的，却是这样的结局。

波伏瓦：您非常喜欢她，她是唯一让我害怕的女人。我害怕，是因为她对我有敌意。您也非常喜欢伊芙琳娜，但我和她是好朋友，我很喜欢她，所以完全是另一回事。也许，她想要您没有给她的东西，或者她希望以比较公开的方式去看望您。但这完全不是冲着我来的。

萨特：啊，完全不是。回顾这一生，我想女人给了我很多东西。没有女人，我没法达到我已经达到的这种程度——而您是第一位的。

波伏瓦：咱们不说我的事。

萨特：好吧。其他女人为我展示了不同的国家，毕竟，M 小姐为我展示了美国。她给了我很多东西。我在美国走过的道路纵横交错，但都与她有关。

波伏瓦：一般来说，您选择的女人都是很聪明的，而有一些，像 L 小姐、克里斯蒂娜和伊芙琳娜，甚至可以说非常聪明。

萨特：对，一般来说，她们很聪明。不是我希望她们聪明，而是在她们的感性之中很快显示出感性之外的东西，那就是知性。所以，我可以和女人几小时几小时地谈话。

波伏瓦：是的。

萨特：和男人，一旦谈完政治或类似的东西，我会很乐意地结束话题。我觉得，一天之内和某个男人谈两个小时，第二天也不必见到他，这已经够意思了。而和一个女人，我可以呆整整一天，第二天再接着谈。

波伏瓦：是的，因为这建立在亲密关系的基础上，她向您传输感性，使您对她的存在产生准占有的感觉。您有没有在女人那里碰壁的经历？有没有一些女人，您本想和她们建立关系，却没得逞的？

萨特：有的，跟所有人一样。

波伏瓦：包括奥尔嘉。

萨特：啊，是的。

波伏瓦：但这是一种多么混乱的境况啊！

萨特：是的。

波伏瓦：有没有这种情况：有一些女人是您喜欢的，您多少追求过她们，却完全没有发生关系——我的意思甚至不是性关系，而是那种良好的情感关系？

萨特：这种情况不是很多。

波伏瓦：您一生之中也有过无关情感、也不"罗曼蒂克"的纯粹友谊吧。至少和莫莱尔夫人是这样的。

萨特：莫莱尔夫人，是的。

波伏瓦：肯定有这种因素，即事实上，这个女人给你们的关系带来了某种质地，这种质地在您和盖耶的友谊中是没有的。

萨特：对。

波伏瓦：这个问题大概有点儿愚蠢：您更喜欢盖耶还是莫莱尔夫人？

萨特：两者是不同的。开始，莫莱尔夫人是一个学生的家长，她把儿子托付给我，让他跟我学东西，我和她是老师和学生家长的关系。尽管后来我们的关系越来越亲密，但她最初的时候是我的学生家长。要知道，她和盖耶也有同样的关系，但那是不一样的。因为那个学生，虽然当时是我在指导他，却是从盖耶那里转学过来的——之前的几年都是盖耶在指导他。

波伏瓦：盖耶对莫莱尔夫人的感情关系要比您强烈得多。但仍然是那个问题，您更喜欢谁在身边，盖耶还是莫莱尔夫人？一旦您同莫莱尔夫人成了朋友，她就再不是学生家长了吗？

萨特：我从没问过自己这个问题。

波伏瓦：我想，您和盖耶之间相处得更好一些。因为莫莱尔夫人很有魅力，您很喜欢她，但你们之间在太多方面有太大的差距，我认为。

萨特：我想是的。正是这样，尽管有时候我更喜欢见到莫莱尔夫人而不是盖耶。我从没有以这种方式问过自己这个问题。我不太清楚和莫莱尔夫人的关系应该采取哪种模式。感性方面是被切断了，因为有盖耶，而且，我觉得她有点儿太老了。和一个女人保持友谊，我又不喜欢。实际上我几乎从没有过这种关系。

波伏瓦：您几乎从没有一对一地和莫莱尔夫人呆上两个小时？

萨特：啊！有过，但不是经常。

波伏瓦：总的来说，我在那儿时，你们往往是三人行或四人行的关系。

萨特：不管怎么说，她是我唯一的女性朋友，我认为。

波伏瓦：我也是这样想的。

波伏瓦：上次我们谈到您和女人的关系，这把您引导了性这个话题上，而性又让我们在更广泛的含义上说到了您和身体之间的关系……关于和身体之间的关系，您有没有什么可说的？首先是您个子矮，大家总说您长得丑，这在您跟身体之间的关系中重要吗？

萨特：当然重要，很重要。这种重要性就像是抽象的真理，被别人说出来的真理，因此也保留着真理的抽象性，就像是——比如说数学老师教授的抽象性。但它对我不算什么启示。就拿"矮"这个概念来说吧：我当然知道自己矮；别人告诉我这件事，叫我"我的小矮子"，我一开始就知道妈妈、外公和我之间身材上的差别。然而，实际上，这并没有给我一种自己长得很矮的具象直觉。我看到——因为我长着和别人一样的眼睛——外观上的差异，我比大人长得矮些，而我观察事物的方式也不同于大人。我知道，大人长得高，我的同学多少比我高点儿。我什么都知道，但我把这些看成是一种实际的东西，没有语言，没有用我自己的语言所下的定义。事实是，我把自己看成和任何人都一样高的人。这很难解释。我所看到的差异——我要抬起头才能看到一张脸，我要大声说话才能回答比我高的人提出的问题，力量上的差距显而易见——仅从属于行动、组合和方向系统，而与我本人及对话者的资质无关。事实上，我认为自己跟他一样高大。在他怀里，我也许会显得小，但那是一种温存的关系。六岁时，外公把我搂在怀里，这种关系不能表明我的个子比他矮。某种程度上讲，我缺乏这种观念。或者说，这种观念一直很抽象，是我在日常的生活视野中没有领会到、以后也不会领会到的东西。当我置身同龄孩子之中时，如果要将相对于我的他们给出一个定义的话，最重要的因素就是年龄。他们和我同龄，所以他们不大——所谓"大"，是"大人"的意义上的"大"。"大人"之"大"，是不能用身体高矮衡量的，更重要的是神态、衣服、气味、责任感、谈吐，这里更多的是精神上，而不是身体上的。结果是，我就这样了，在一定程度上消灭了自己的一些生命维度。如果有人问我长得高还是矮，我就说矮，但这并不是我存在的确切意义。这是我后来才认识到的东西——认识得很慢、很不好。

波伏瓦：但，比如在您和女人的关系中，如果您和一个女人出双入对，而她又比您高得多，您不介意吗？

萨特：很少有这种情况，一般来说，我会有点儿介意，是的。

我认为别人会觉得我很滑稽,把我看成一个高个女孩儿、或者说比我高的女孩儿的情人。但从身体感受来讲,我非常喜欢这样。

波伏瓦:那丑呢?

萨特:是女人让我意识到自己丑的。从十岁起就有人跟我说你很丑,但在镜子里我领会不到自己的丑。我有两种方式照镜子。一种是我称之为放之四海而皆准的,即把自己看成诸多符号的一个集合:我想知道自己是不是需要理发、洗脸、换领带了,等等。这是符号的集合。我看到自己头发是不是太长、脸是不是太浑太脏,但说到底,我没法在这张脸上抓到自己的个性。一个恒久不变之物,是我那只斜视的眼睛。它恒久不变,这是我最先看到的事实,让我以另一种方式在镜中——我把它看作一片沼泽地——审视自己。如果从抽象符号转向具象符号,我就会用另一种方式看自己的脸。具象,就是一片沼泽。我看到自己的面部轮廓没有太大意义,它无法构成一张清晰的人脸,部分原因就是我长了一只斜眼,另一部分原因是我肆意滋长的皱纹。总之,我得到的是一片从飞机上看到的风景。没有太多意义的土地——除了意味着田野的存在,而田野不时地消失,地面隆起,植被凋零,出现了丘陵或高山。总之,这是一片被啮蚀的土地,是某张人脸的底层——这是我可以凭肉眼透过邻人看到的一张脸,照镜子的时候却无法得见。我想,在一定程度上,我是将其视为自己的创造物而捕获它的,为了创造这张脸,我看到肌肉收缩,表情开动。只不过,别人的表情开动,我仅仅看成是面部线条、皱纹、外观的一点儿改变,却完全看不到收缩的肌肉。这两种面相,没有延续性,没有关联性:放之四海而皆准的那一种,给了我一张脸,一张常见于报端、几笔就能勾勒出来的脸。脸部以外的特征,即干农活的粗糙肌肉,则需要用心感知才能在这张脸上找到。这就是我看待自己的两种方式。当我看到自己干农活的肌肉，我很遗憾自己看不到别人看到的那张脸。很自然的，当我看到自己尽人皆见的面部轮廓，那又不能代表我的脸。我缺乏的是——我认为在某种程度上所有人都是这样——这张和那张脸之间的过渡，两张脸的汇合——确切讲这才应该是真正的脸。

波伏瓦：您开始时说，您是通过女人才知道自己很丑的。

萨特：不是通过女人，而是通过任何告诉我这件事的人。十岁的时候，有人告诉你你很丑，但丑在我的小伙伴里没有引起任何异常，因为他们不太在乎丑不丑。但是，显然，当女人告诉我这一点，尤其她们以决定性的口吻跟我说起来的时候……

波伏瓦：那一天您谈起一个女人，她对您说："这个丑八怪。"

萨特：是的，"丑八怪"。

波伏瓦：除此之外，很多女人说您丑吗？

萨特：卡米耶常常明确地对我这样说。

波伏瓦：但她几乎把您的丑当作迷人的撒手锏了，因为她说在葬礼上遇见您时，她对您产生了像米拉波情诗描述的那种一见钟情。对她来说，这是一种充满力量的丑。

萨特：是的，想必丑陋在开始的时候起了一些作用。

波伏瓦：说到底，丑陋并没有妨碍您在找女人方面频频得手。

萨特：因为后来我知道这是无关紧要的。

波伏瓦：而且这很常见，一个男人很丑，同时又有巨大的魅力。我们可以举出很多魅力十足的丑人，您肯定也知道。比如说黎塞留公爵。

萨特：是的，是的，当然知道。

波伏瓦：那么，您一点儿也没有因为丑而难为情？

萨特：没有。

波伏瓦：您对我说过，您执意只跟有最低限度魅力的女人出双入对，如果可能的话，漂亮一点儿就更好了。

萨特：是的，因为一个丑男和一个丑女在一起，那真是太……太显眼了。希望有一种平衡，我自己代表丑陋，女人代表——如果不说是美，也至少应该是魅力或漂亮。

波伏瓦：总体上讲，您一生中觉得自己的身体好不好？以什么方式或在什么程度上？

萨特：总的来说不是很好。您的意思主要是对身体的主观感受，是吧？

波伏瓦：是的。

萨特：我见过许多朋友说自己因为身体好而多快乐。身体好指的是能滑雪、能游泳，等等。这种感觉在我身上从未存在过。滑雪时，我特别怕跌倒。这就是我身体上的感觉。平衡体现的是一种不间断的威胁。游泳，我怕累。

波伏瓦：我本以为您喜欢游泳呢。

萨特：我喜欢游泳，但喜欢不意味着身体上的感觉很舒服。游泳并不很舒服。有很多东西是我喜欢的，但它们不是我的身体：浪花上的阳光、水流、波浪本身、温度、湿度——这些我都喜欢。我喜欢水，但身体本身是体验某些感受的主体，而感受，总体上可以说是没那么愉快、甚至是不愉快的。说得广泛一点，当我和您一起散步时，我感受到的是疲劳。首先是疲劳的先兆，对某种行将袭来之物的不愉快感受，然后疲劳适时而至。

波伏瓦：是的，这个我们谈过了。对我而言，疲劳是一种总体来说还算愉快的状态，因为不会持续太久，我随时可以停住脚，放下包，坐下来。而对您，疲劳对您来说是不愉快的。

萨特：是的。

波伏瓦：而且，您疲劳的表现形式是脚打泡、擦破皮，或者身上有囊肿、疮疖。您身上有一大堆零件会出问题，它们肯定是因为您和您的身体关系不好所致。但同时，您又是很健康的。

萨特：我很健康。我想，按照健康标准，我本来应该具有良好的身体感觉。直到现在，我都不能说内部感觉——过去叫做"一般机体觉"——是令人愉快的。不算特别不愉快，但也不会愉快。我感觉不好。

波伏瓦：您一向对您所谓的"放纵"深恶痛绝，这就是原因之一吧？我的意思是，放纵身体，躺在草地或沙滩上。可是相反，我记得和博斯特在马尔蒂戈时，您坐在棱角犀利的石堆上面，姿势特别不舒服。您总喜欢别别扭扭地放置自己的身体。

萨特：对，但这种情况更复杂，说这个就必须要说到帕尔达扬。

波伏瓦：回到第一个问题上来吧，"一般机体觉"是不怎么令人愉快的，您认为这是为什么？这里面有您童年时代的原因吗？您是不是对放纵身体这件事有精神上的排斥呢？这算不算一种"蜷缩"——我正是在这个意义上讲到"放纵"的，和您很讨厌在您母亲或者别人家见到"放纵"这件事有关？

萨特：是的，我想是的。我想里面有一种"人应该是什么"的想法，而这种想法不包括放纵。广而言之，我认为对我来说，我的身体在根本上是行动着的。退缩、"一般机体觉"，所有诸如此类的东西都不该出现，应该从我的意识中清除出去。我正在实施的行动才是重要的——走路，或者拿东西。我记得我还是孩子的时候就把自己的身体设想成一个行动中心了，感觉和受动性则被忽略。当然，受动性是存在的，但我只是把它给压制住了。不过，我强调的是自身的客观、真实，一种正在实施的行动：把沙子装到一些桶里，再用沙子造城堡、造房子。但不管怎么说，最重要的就是行动。在我感知自己身体某些成分——比如说我的手——的方式之中，总是包含了一种我在自己的手中感到的行为。显然，一个人总会或多或少地处于这种状态，一只手，它是一个有生命的东西，但我们也应当把它当成一个在忍受的东西来感受。它忍受的是布料的粗糙或物品的坚硬。而我自己完全是次要的，我希望的主要是行动。

波伏瓦：您说到帕尔达扬，您的意思是什么？

萨特：确切地讲，我的意思是，我们在感官世界中实际拥有的身体被一些自我想象的身体包裹着。在想象中，我的身体是一个好斗、强壮的上尉的身体，他的名字叫做帕尔达扬，也就是游侠小说中的英雄。我知道我是在什么时候得到这个身体的，是的，我也知道自己是什么时候在自我想象中拓展它的。那是小时候，我扮演帕尔达扬，我母亲弹着钢琴。我在《词语》中讲过。

波伏瓦：是的。

萨特：我觉得自己是个彪悍的大兵，杀光一拨又一拨扑来的敌人。这种自我想象一直延续着，某种程度是我个子矮的一种补偿。不过，就像前面说的那样，我只能很抽象地感觉到自己的矮小。结果是，这种补偿最初也是抽象的，后来才变成米歇尔·斯特洛戈夫或帕尔达扬以及最终成为我的那些人物。这既是自我想象出来的，也发生在现实世界里，因为我把更多价值归因于自己双手所感知到的积极性的东西。在我的身体里，有更多的伟力、更多的能量。如果推一块石头，我会使更大的劲儿。而这块石头在我的想象中要比实际上更重。

波伏瓦：不过，这种对于充满力量的身体的意识，和您刚才说的是有点儿矛盾的：您说您很早就害怕劳累，无论是走路、游泳，还是骑自行车。如果您感到自己是一个巨人、一个庞然大物，那就应该满怀信心地进行体育锻炼。

萨特：我的确有某种自信。但这也是真实的：疲劳，地球上的所有要素、和地球的联系，和土地的联系，和困难——它使你同时在次要方面感到自己的身体是那么绵软无力——的联系，这一切都被我赋予显然大得多的重要意义。那是真实的残酷。对我来说，这世界比对您要残酷得多。您明白我的意思吗？

波伏瓦：不太明白，您想象中的身体十分健壮，可以创下无数业绩，而您现实中的身体又很羞怯，我不太明白两者之间的联系。您说您连游个泳都怕累着。

萨特：不是怕累，是真的累了。我投入水中游泳，目的是体会到一种让我愉快的行为。于是就有了疲劳的先兆，它是越来越累的身体的疲劳，因为是身体在动。某种程度上，我与疲劳相对抗，或者在内心里把它推开。然后，当疲劳变得更加强大，我就扛不住了。

波伏瓦：那么，您刚刚谈到的一切，和我们那天勾勒出来的您在性方面的关系，您认为两者之间有什么关联呢？

萨特：首先应该说，一种充分的性活动意味着一个双重关系。在性行为中——我是泛泛而论，不是严格意义上的性行为，而是与此事有关的所有行为，每个人都既是主动者，又是受动者。比如说在同一时刻，每个人都会伸出手臂拥抱一个同时也伸出手臂拥抱着他的人。

波伏瓦：是这样的。

萨特：所以，每个人都有主动的感觉，即我刚才所谓的行动的感觉——一个巨人的行动，同时也有受动的感觉。您做动作去抚摸一个肉体，比如说抚摸一个肩膀吧，一个赤裸的肩膀，您完成了一个行为。对我来说，当时以及过去一直重要的是"主动性"。也就是说，我手的位置，触摸肉体所产生的踏实感觉，因为这种感觉是我让它产生的。我让这种感觉产生，方式是把我的手放在腋下、放在手臂上、放在大腿上。重要的是我的行动，以及我的行动所获得的感觉，即对面这个身体的外在性、客体性。应该说，占主导地位的，是抚摸的手所包含的积极的温柔。然而，相互性是我感受到最少的东西，即另一个人也能通过摸我的身体而得到快乐。比如说，另一个人搂着我，身体对着身体，肚子对着肚子，胸部对着胸部，我感到自己自由地操控着这个肉体，而不是另一个人操控着我的身体。

波伏瓦：您从未感受到自己的受动性。

萨特：从来没有。我从来不觉得自己是被抚摸的客体，所以，两个人的关系必定由此发生实质性的改变。对面的那个人索取和给予之间存在着一个分界点，这个分界点在我的心里。由于我具备适当的生育能力，因此会很快、很容易地勃起。我经常做爱，却没有很大的快感。仅仅在最后有一点点愉快，但也相当微弱。我更愿意和整个身体发生关系，抚摸这个身体，简单讲就是用手、用腿积极主动地抚摸那个人，而不是严格意义上的做爱。做爱好像是必须的。正因如此，在我和女人的关系之中，必须要以做爱结束……但做爱来自别人的展示、书中读到以及他们告诉我的东西。但做爱非我所乐。我很愿意和一个光溜溜的女人光溜溜地躺在一张床上，我摸她，亲她，但不要发展到性行为。

波伏瓦：您认为这种性冷淡是什么原因？我想，这种情况实际上比男人们愿意承认的要常见得多，因为在这个问题上男人是很谨慎的，他们不愿谈及，怕会尴尬。那么，我想每个特殊的案例都有各种原因。是不是因为缺乏放纵呢？因为某种身体上的蜷缩呢？因为有些男人在年轻的时候性高潮一来就几乎要晕倒，真的是人仰马翻，不知所措。

萨特：不，我从来不会在性高潮的时候丧失意识，做爱时从未出现过这种情况。

波伏瓦：您认为这是怎么回事呢？

萨特：确切讲是这样：在性爱活动的高潮中，客观而积极的部分构成了性交行为，相形之下，主观和受动的部分则消失了。

波伏瓦：那么，问题应该是更普遍的了。这种对身体受动性和自身快感的彻底排斥，以至排斥严格意义上的性快感，您认为是什么原因呢？也许可以追溯到童年，我不知道。

萨特：我不知道是不是可以称为一种排斥。

波伏瓦：我说的不是在头脑中排斥它，而是身体，您的身体本身会排斥。但这是为什么呢？您会说，这跟某些您也许不了解的东西有关。

萨特：是的，我想我不了解。

波伏瓦：这可能和断奶或一些完全是童年时代的问题有关。

萨特：有可能。

波伏瓦：在您能够回想起的童年时代中，找不出任何解释吗？

萨特：找不出。

波伏瓦：您有时对我说到对放纵的排斥，这关系到……

萨特：啊，是的！我很小的时候就对"放纵"深恶痛绝。这是与生俱来的东西。我妈妈放纵的时候让我感到很不舒服，尽管她很少这样，这可怜的女人！

波伏瓦：您在《房间》的达尔蓓达夫人这个人物中放大了这一倾向。

萨特：对，是这样的。

波伏瓦：您完全不喜欢这样。

萨特：是的，完全不喜欢。

波伏瓦：这是不是和偶然性的感受、身体的感受有关系？

萨特：是的，是偶然性。

波伏瓦：一个人只有通过行动才能摆脱偶然性。

萨特：对我来说，归根到底，行动就等于"人存在"这个事实。男人或者女人是一个积极的存在。因此，存在总是朝着未来行进，而放纵是着眼于当下，或者是滑向过去的。这个矛盾让我喜欢行动——即未来——甚于喜欢过去。

波伏瓦：是不是也和这件事有关呢——您对胶状物或黏糊糊的东西很反感，而对挣脱有很强烈的意识？

萨特：肯定有联系。黏糊糊的东西和胶状物，它等于偶然性，代表的完全是当前的主观性。而挣脱是着眼于未来的。还记得那只小船吧。在荷兰的乌得勒支，我见到了一位心理学家……

波伏瓦：我记得。他给您看了各种图片——一条走得很快的小船，一个步行的人，一辆奔驰的火车——他问您哪张图片是速度最好的象征。您选择了船，因为它挣脱了水。

萨特：水代表的是偶然性。船则做得很坚硬、结实、牢固。

波伏瓦：这儿有挣脱的思想。我认为在您身上，这和您排斥所有大家可称之为至关重要的价值有关——您对这些价值都不怎么感兴趣。大自然、繁殖力，所有这些。您都不怎么感兴趣。

萨特：是没什么兴趣。

波伏瓦：您从不喜欢动物。

萨特：不，还是有点儿喜欢的，例如狗和猫。

波伏瓦：不是很喜欢。

萨特：对我来讲，动物是一个哲学问题，本质上是这样。

波伏瓦：您和学生打拳时呢？

萨特：这是行动，拳击是让我特别愉快，而且有的放矢的活动，因为我看过一些拳击比赛，我把拳手看作一种完全的行动。

波伏瓦：有一段时间您去健身。可以说是进行身体上的修炼。

萨特：这样做是为了减肥，但我不太喜欢。我每天上午做二十分钟、半个小时。但我觉得烦闷至极。

波伏瓦：这样说来，您还是挺在意身材的了。

萨特：是的。我大半辈子都在竭力减肥，希望给人一种矮瘦子而不是一个矮胖子的印象。肥胖在我看来是属于放纵和偶然性的东西。

波伏瓦：您会因为减肥而控制自己的饮食吗？

萨特：没有。

波伏瓦：真的没有？

萨特：经常有人跟我说："别吃这个。"我就一段时间内不吃，但后来又破戒，因为我的口味很独特，跟我刚刚说过的完全相反。

波伏瓦：比如说？

萨特：生香肠、干香肠、腊香肠。

波伏瓦：所有的猪肉食品。

萨特：所有的猪肉食品，我一生中吃了很多。

波伏瓦：这也是因为您是阿尔萨斯人吧？

萨特：口味显然来自出身。但是否用它来解释，那就是另外一回事了。

波伏瓦：吃是您喜欢的一种行动吧？

萨特：啊，是的，非常喜欢！而且我吃得还是很多的，一般喜欢重口味……它不符合我想象中的帕尔达扬的身体，因为重口味食物让我体重大增。两者风马不及，简直是帕尔达扬那种英雄的反例——帕尔达扬应该支持最低限度的食物。

波伏瓦：喝酒呢？您也挺喜欢喝酒的。

萨特：我很喜欢喝酒，但很复杂。喝酒和身体无关。

波伏瓦：和身体无关？

萨特：好吧，有点儿关系，但关系不大。我不是那样理解的。显然，我喝酒不是为了思考，不是让脑子产生出美丽的思想，不过，倒也是为了产生某种想象。

波伏瓦：您是什么意思？

萨特：在一定程度上，主观性变得具有创造力。它造成一些胡言乱语，但胡言乱语在被创造的同时也给了人快感。

波伏瓦：应该指出，您从来不会一个人喝酒。

萨特：从来不。

波伏瓦：您喜欢在朋友之间、和别人一起喝……

萨特：和您一起……

波伏瓦：是的，但有时候您对喝酒的喜欢超出了我的容忍范围。因为我觉得喝酒会让您变得昏头昏脑。喝到某种程度，您会变得很有趣，变得充满诗意。这真令人愉快，特别是在聚会时或战争刚结束的时期，这也是一种放纵。

萨特：是的，这是一种放纵。占领期间大家都烦透了。

波伏瓦：在朋友中间喝酒，例如和加缪一起，这是非常愉快的。您还说，酒精中有一种快感，因为有冒险的成分在里面。

萨特：对。

波伏瓦：有点儿轻微的自我摧毁。

萨特：是的，但很快就会过去。一旦有点儿超出常态，就开始自我摧毁，冒险变成一种实在。

波伏瓦：是的。

萨特：我们喜欢这种摧毁的感觉，我们喜欢含混不定的想法，隐隐约约蕴含着质疑，随后土崩瓦解。

波伏瓦：您没吸过毒，大麻、鸦片什么的都没用过，只吃过

"麦司卡林"，但那也是为了实现一种已经被验证安全的心理状态。不过，有时候，您有大量工作要做，就会用很多兴奋剂。

萨特：我用了很多，有二十年了。

波伏瓦：尤其是写《辩证理性批判》那些年，有"奥泰德里因"，七七八八的东西，还有"科利德兰"。

萨特：是的。

波伏瓦：您和这些毒性很大的药物是怎样的关系呢？

萨特：很奇怪的是，写文学作品时我拒绝这些药。它们是专门用来写哲学书的。《辩证理性批判》不是一部预先规划、纲举目张、清楚明晰的杰作，原因就在于此。

波伏瓦：为什么两者之间会不同？

萨特：我认为，怎样选词，怎样把它们鳞次栉比地排列起来，怎样造句，总而言之，一部小说的风格以及作者怎样分析人物情感，都意味着作者必须是一个正常人。但我为什么觉得在哲学方面则需相反的情况呢？

波伏瓦：是不是因为在写哲学的时候，您想得比写得快？

萨特：我想是的。

波伏瓦：于是，没有选词的问题。我记得您下笔如飞。但这是必要的吗？会不会产生一种有害的快感，即以超越自己能力的状态在写。这在一九五八年可导致过一场很严重的危机。

萨特：的确存在有害的快感。这意味着可能陡然间崩溃，但你也不知道会在什么时候。我搞得很过分，吃的不是一片"科利德兰"，而是十次的用量。

波伏瓦：我记得您的舌头都烂了，有时甚至会处于半聋状态。

萨特：一管"奥泰德里因"只够我用一天。

波伏瓦：是，挺可怕的。您有一种想法，就是满负荷地工作。

每一分钟都要利用起来，让身体达到力所能及的极限，包括作为身体一部分的大脑。

萨特：我认为，我脑子里的所有思想——它们未经分离，也未经分析，处于一种本该理性化的形式之中——都有待落实在纸上。只不过它们像抽屉一样分属不同类别，需要先分开，再书写。而在脑子里，它们是一个未经分析的整体。那么好了，总体来讲，写哲学书就意味着分析这些思想，而一管"科利德兰"能够保证它们在未来两天里变得条分缕析。

波伏瓦：您生活中还是得过一些病吧？

萨特：是的。小时候我的眼睛有毛病。很久以后又有乳突炎。一九四五年，我得了流行性腮腺炎。

波伏瓦：您有时会染上严重的流感。有一次是肠胃型感冒，您卧床休息了一个月。您有非常非常厉害的牙疼。我想请您谈谈您和疾病、疲劳和疼痛的关系。这些问题上您是蛮特别的。有些人心疼自己，有些人不心疼自己，有些人一点儿小毛病就大惊小怪，有些人却无动于衷。还有些人病情一发作就哼哼唧唧。

萨特：我不知道。只有您才可以说我在这方面是不是……

波伏瓦：最让我吃惊的是您对疼痛几乎彻底的否定。在鲁昂您得了肾炎，当时您很年轻，二十五六岁吧。您跟医生说自己不怎么痛苦，让他们大吃一惊。而实际上，您已经疼得开始呕吐了。只不过，您认为，疼痛就等于疼痛的缺席，总是有一种空隙，疼痛不会充分发作。

萨特：是的。

波伏瓦：您是用一种斯多葛的禁欲主义来对待痛苦。您甚至惊讶于它没有来得更猛烈一些。

萨特：是的，但我最多也只是中等疼痛。

波伏瓦：您的牙疼是很厉害的。我记得有一次，还是科奥当您的秘书时，他打电话对我说："他在尖叫，他在尖叫。"您坐在桌子旁，疼痛难耐。

萨特：是的。

波伏瓦：结果，大家去看了牙科医生。我还记得在意大利那次，您的牙疼得厉害，您说要用瑜伽来对付它。您说："只要把疼痛隔离开就行了。这样的话，尽管还疼，但只是局部的，不会扩展到身体的其他部位。"

萨特：确实，我认为可以通过把疼痛同化到主观性之中，从而化解疼痛。实际上，我自己和自己的主观性关系不会是很愉快的，因为我也认为可以通过把疼痛的特性同化到主观性之中，从而化解疼痛的特性。

波伏瓦：您的意思是，身体这个存在不会是令人愉快的，因为您把它同化为痛苦了。生病的时候，您是逆来顺受，还是会不耐烦？您会不会有点儿开心，因为您很累，卧床休息会让您放纵一下？或者相反，您会很恼火，因为不得不卧床休息？

萨特：这些情况都有。这取决于病情的进展。

波伏瓦：您会偶尔因生病而感到愉快吗？

萨特：有，肯定有过。当工作太累的时候，生病就可以休息一下。生了病我就不工作了，这时我没法感到自己处于纯粹的行动之中，相反，我觉得自己……是一个纯粹的偶然性。

波伏瓦：这么说，病给了您一个规避的借口，一个休息的正当理由。

萨特：是的。一个正当的理由。这给了我一个不再是我自己的理由。它来自外部，把我变成了一个偶然的黏滞物，这让我愉快。我经常在疾病发作至高潮的时候努力想写点儿东西，或者思考那些我心中惦记着要写下来的东西——只有这时,我才保持行动状态。不过,那些想法通常都很糟。

波伏瓦:我记得您得流行性腮腺炎时还试着要写日记,字迹模模糊糊的。不过,毕竟有些时候,您会完全不工作。

萨特:是的。

波伏瓦:总之,生病是您同意放纵的唯一时刻……您的生活从不采取舒适的姿态。例如,您从不躺在床上看书。我却喜欢这个,早上或晚上睡觉的时候。而且,就算不躺在床上,阅读时也会自然而然地躺在沙发上。

萨特:我从来不。我都坐在书桌旁看。

波伏瓦:您甚至也不坐在扶手椅上看书。

萨特:通常不。

波伏瓦:您现在坐在扶手椅上同我谈话。您读书时,要坐硬椅子,靠背非常直的那种。

萨特:对。我认为坐扶手椅是一种放纵。在拉斯帕耶大道二二二号我从没有在扶手椅上坐过。那儿有普通椅子,有扶手椅。扶手椅是留给客人的,我自己不坐。

波伏瓦:您采取的几乎是一种道德态度。我想请您详细解释一下,您的身体形象是如何形成的,您又是在多大程度上使这个形象和您对自己身体的感受叠加在一起的?

萨特:形象的起源?这有一个明确的事实。七八岁时,母亲弹钢琴,我演戏玩儿,模仿一个想象中的骑士,他在和想象中的梦境搏斗。想象中的人物就是我自己,也就是说,我扮演一个角色,而这个角色就归移到我身上。这个人物的根源,是我的自我,以及我的想象身体的表现。如果追溯得更远一些,开始读书时,我就常常躺在床上梦想着,在睡着之前想象着一个人在火光冲天的房子里救出了少女。他是一个成年人。我总是把自己的身体想象为成年人的身体，身强力壮，能爬进着火的房子把姑娘背出来，救了她们的性命。所以从一开始，早在我认字之前，我就根据听过的故事把自己塑造成了一个身强力壮的英雄，以拯救少女或儿童为己任，他凌驾于凡人之上，照拂着弱小。这个念头是从哪儿来的？我不知道。我想许多人小时候都做过这种梦吧。不过，这个梦我会做一辈子，它就是更……

波伏瓦：因为这个梦会做一辈子吗？少年时代以后，您立刻就失去了这种罗曼蒂克的白日梦！那个自我想象出来的身体，现在还有什么痕迹呢？再后来，您成年以后，又怎样了呢？

萨特：啊，首先，我仍然对体育运动保持着某种热情。一进高师，我们就常去找健身房练拳。我还记得一个收费的健身房里开拳击课，我们就经常去，打听价格，只是对我们来说太贵了。

波伏瓦：但练拳的欲望和自我想象的身体之间有什么关系？

萨特：我认为自己可以通过拳击找回自己本来没有，或者已经丧失的自我想象中的力量。我变身为一个业余拳击手，经营着这种力量——这意味着向我的真实身体、即自我想象的身体回归。这件事最终发生是后来我到勒阿弗尔后和学生们一起打拳时。显然，这有点儿是自我想象出来的东西，我不是一个真正的拳手。比赛中存在着真实的行为，不再有自我想象的成分。但我之前进行跳绳训练时，之后博纳费对我们的搏击风格进行点评时，我又变成了那个自我想象中的人。

波伏瓦：说真的，您经常占上风吗？

萨特：这里从来没有真正的赢家或者输家，往往是打两场就停下来了。这是没有结果的对抗，较量时也不怎么考虑体重、高矮。我记得和博斯特较量过，他一米七五，而我一米六〇。他大概是中量或轻量级，而我是羽量级。

波伏瓦：在生活中，除了拳击，您觉得自己比别人更有力量吗？我是说三四十岁时。

萨特：我颇有自知之明，知道自己几斤几两。但一个人可以在自我想象中和任何人打并获胜，这种形象经常掠过我的心头。

波伏瓦：这个想法持续到什么时候？

萨特：不知道。但我记得有两次是凭着这种信念和人打架的。第一次是一九三七年到一九三八年在劳恩中学：我在教师休息室，一个年纪跟我差不多的老师认为我没去优等生名单讨论会，要给我点颜色，结果不知怎么倒是我把他打了一顿。我们揪住对方的领子扭打了足有一刻钟，绕遍了整个房间，直到又来了一名教师才罢手。

波伏瓦：这是第一次。另一次呢？

萨特：另一次是我当战俘的时候。战俘中有拳击手，有职业教练，作为娱乐，大家星期天组织拳击比赛。他们安排我和一个非常和善的年轻印刷工打一场。有两个回合，第一回合我大占上风，但第二回合我体力不支，因为好多年没打拳了，所以输了。结果是两人打成平手。这对我来说是很扫兴的，因为帕尔达扬不会跟人打成平手。

波伏瓦：这大约是在一九四一年。关于帕尔达扬的形象保持了多长时间？

萨特：这个形象逐渐转移到了文学中。我的主人公总是大个头，比如马提厄，在他之前有罗冈丹。罗冈丹最后和一个科西嘉人打了一架，赢了。当然，他们都是体格正常的人，并不是帕尔达扬，但毕竟个子都很高，我却是个矮子。他们代表了我。他们就是我自己，我也就变得高大威猛起来。至于心理方面在整体上能不能调和起来，我却不怎么在意。

波伏瓦：这是文学。但回到我的问题上来，在您的实际生活中，这种形象是什么时候消失的？它会一直保持到您八十岁吗？现在，您不再觉得自己是大个子了吧？

萨特：不觉得了，但我也不觉得自己矮。可以说，在我这儿保留下来的，是一种高矮上的平等。在高个子和中等身材的人之间，我不是个矮子，我和别人是平等的。比如说，在《现代》的例会中，我不觉得自己是一个在和中等身材或高个子的男人打交道的矮子。我觉得我们是平等的。普庸不比我高。我认为就高度而言，他跟我是相等的。

波伏瓦：您的年龄也是您自我想象的一部分吗？它曾经是一部分，或者说现在依然是？

萨特：年轻的时候是的。我知道自己很年轻。我记得服兵役的时候，我是哨兵，负责一个岗亭。不知道为什么，那天夜里，我觉得自己很强壮、很年轻，只有二十三岁（我服兵役很晚，因为有过几次延期）。我知道，在感受到自己年轻的时候我是很开心、很兴奋的。今天的情况显然不同了，但我感觉自己不老，我不觉得自己比当时老。有一件事我一直在想，在《恶心》里也描述过，即没有经验，就不会变老：事件与经验的缓慢叠加慢慢塑造了一种个性，这是十九世纪后期的一个经验主义神话，而我并不认为它真的存在。我的身后没有一种人生、经验能够转化成警句、公式或存在方式的。所以，我不认为我有经验，我在快七十岁的时候和三十岁时没什么两样。

波伏瓦：但您的身体毕竟没有三十岁的时候那样运行自如了，是吧？

萨特：没以前好了。

波伏瓦：比如说，您走路有点儿困难。

萨特：是的，看东西也很费劲。

波伏瓦：您必须吃药才行。

萨特：是的，但我很快就适应了。例如，我几乎看不清什么，但也不觉得有妨害，我自己可以应付。您的脸我看不清了，目前是完全看不到，但这不会让我一蹶不振。我可以在其他状态下看到您的脸。我走路时可以保持大致正确的方向。我大体上能看见事物的样子以及它们和我之间的距离，这足够让我沿着正确的方向前行了。当下的状态，我觉得是不错的。知道状况不正常，我也没那么难受。

波伏瓦：要知道，年轻人身上也可能发生这种事。我想这是某些勇敢乐观的人的性格特征，他们接受注定如此的生活。您不觉得自己比普庸矮，那您也不会觉得自己比他老了，是吗？

萨特：说真的，真是这样。我确实感觉自己跟年轻人在同一水平上。他们知道一些我不知道的事情，但我也知道另外一些他们不知道的事情。当然，我知道自己不是三十岁的人了，但我多少把自己放在五十岁的水平上。换言之，从自己家楼上下来，在大街上散步，见人、和人打招呼，这是一个五十岁的人。我本人比实际年龄年轻二十岁。

波伏瓦：您说过，那天医生说您年轻，您很高兴。

萨特：是的，人们这样说，我总是很高兴的。大家不常那样说。但我那天的行为实在是让他吃了一惊。他的吃惊比他后来说的话更让我开心。还有一件事让我高兴，就是我没有白头发。这不是因为我的头发颜色天生就不明晰……

波伏瓦：您的颊须是白的，还有您刮脸刮得不干净时会看到下巴上的白胡子。不过，因为您对年龄很敏感，所以本该更小心一点儿，把显老的地方齐根刮掉。事实上，您的头发是灰色的，不白。

萨特：很奇怪。照我刚刚对您说的来看，我本该是很注意保养的，比如说胡子刮得更干净一些，但我没有这样做。自我想象的人物需要一个真实的支撑点，即应该尽可能地年轻。这儿有一个矛盾。

波伏瓦：是的。自我想象的人物大致应该是苗条而有活力的，而真实的人物却有一个小肚子。不过，您并不怎么花工夫减肥。

萨特：是的。有时我减肥四五个月……

波伏瓦：好吧，您多少还是有一点儿注意。您不是太胖，但如果您爱美爱到了追求自我想象中的身体的程度，显然应该更瘦。

萨特：肯定是这样。

波伏瓦：您是否觉得自我想象已经足够，它可以把您的注意力从真实的身体中移开？

萨特：是的。我认为在当下，不时还会有自我想象。它不再是帕尔达扬，但仍有某种想象的东西存在着：一个散发着身体魅力的人。应该以这个想法为出发点：一个人看不见自己的身体，对手、对脚不怎么在意，脸也根本看不见。我自我想象的人物也不具有三维。他有手和眼，如此而已。腿当然要比实际长得多，手要强壮得多，但这确实是我看到，并在某种程度上理想化的手。而当下，这一切都不存在了，我觉得自己既不强壮，也不高大。

波伏瓦：有一天您说过，您同自己真实的身体关系很不好，您和自我想象的身体的关系在多大程度上补偿了这个缺憾？或者说，两者在多大程度上是互不相干的？

萨特：这是互不相干的。生理性的一面使一般机体觉依然让我很不愉快，一直是这样，但应该明白：这是我身体的物质基础，但它也被我的自我想象中对应的东西超越了。它不是我的形象，但它对应着我的形象。我特别感到自己是行动中人，这尤其能解释我和女人的性关系。我是行动中人，是行动把我引向了纯粹的性行为。

我的欲望并不强烈,但在伴侣的关系中应该有所行动。我想,这是我男女平等观念有点儿被消磨的原因之一。事实上,我认为男女平等。可是,做爱时的体位、我所引导的行为——它肯定不是必要的,它对应的是我的感性,一种有点儿偏离的感性,这些都是男性的行为。

波伏瓦:为什么您说有些偏离?

萨特:因为我不认为做爱时身体的完美感受应该是行动的感受。它应该更复杂一些。既是行动,又是感性。受动性和主动性应该同时被两个人所体验。当对方抚摸的时候我是受动的,抚摸她的时候我是主动的。

波伏瓦:是的,完全同意。只不过,在您身上只有主动性被挖掘出来了。结果是您能够自我控制,同时又有点儿性冷淡。

萨特:几乎有一点儿虐待狂的倾向。因为,毕竟有个人是被付出的,而我不是这个人。我不是这个人吗?我是这个人,只不过,付出的东西对我来说在这个时候不值一提,因为我是行动中人。

波伏瓦:您的意思是,您是纯粹的主动,而另外一个是纯粹的受动,所以里面有些近于虐待狂的东西?

萨特:是的。因为虐待狂的标志,正是和受动性相对的主动性。

波伏瓦:因为对方沦为客体状态,而正常状态应该是一种真正的互动关系。

萨特:正是这样。

波伏瓦:可以解释一下您为什么排斥受动性吗?您身体里那种真切的排斥。

萨特:我认为,我用笔工作,我写作,我并不真的排斥受动性。我被一些人影响,我想他们懂我不懂的东西:我的工作中有受动性的因素。

波伏瓦：是的，但我说的是身体层面上的事。您是否被母亲和外公过分地宠爱、抚摸和亲吻过？对此您反感吗？

萨特：可能有。我在《词语》中谈过这个问题。是的，有一种类似的东西。我感觉自己不是一个被爱抚的可爱小男孩。成人都不可爱，除了我外公，他很帅。比方说，西莫诺先生或其他人，长得真丑。我想，将来我会和他们长得一样。于是，有一个丑男人，他是我；还有一个可爱的小男儿，他也是我——对后者，我没那么骄傲，没那么开心。

波伏瓦：行动是不是对丑陋这种先天劣势的反抗？

萨特：我认为不是。因为直到十二岁我才意识到自己丑，起因就是那个小姑娘对我说："戴高帽的丑八怪。"这件事让我知道了自己的丑陋。从前不知道。

波伏瓦：这件事之前，您有过纯粹的主动性态度吗？您是不是更加放纵自己一点儿？

萨特：我和其他孩子一样，在妈妈的抚摸中放纵自己，但那时我已经具有主动性了：您还记得，我演木偶戏来吸引小姑娘。这是一种想象性活动，但那毕竟是一种活动。

波伏瓦：是的，所有小孩多少都有主动性。一个人可以是主动的，同时又不完全压制他的受动性。

萨特：这个问题我很难回答您，太久、太远的事了。

波伏瓦：会不会是在拉罗谢尔的那几年，暴力的习得和母亲的再嫁，使您采取了一种极端的态度？是不是在某一个时刻，您骤然间失去了爱抚？有好几种假设：您对爱抚烦不胜烦了，因为过于频繁，结果您变成了一个可爱的客体，是不是？或者说，在十二岁的时候您并未骤然失去爱抚？情感的宣泄肯定一下子变少了。

萨特：有一些，也有一种想自取其辱的意愿，因为我学习不太好。

波伏瓦：这给您带来的并非痛苦，反而是极大的坚强，因为痛苦在您看来几乎是一种正常的一般机体觉，您排斥放纵，这让所有看见您的人都大吃一惊：您坐在极硬的椅子上工作，等等。您一向如此吗？

萨特：是的，一向如此。我一向认为主动性就意味着不放纵。不放纵就是一般机体觉的缺失，但在一定程度上也是想象的缺失。想象中的英雄多少成为佐证，因为想象中的英雄从来都不会放纵。而现实中，人们会放纵自己。不过，同时，既然我创造出这个英雄，我认为他应该完全拒绝随波逐流地放纵自己，而我也和他一样。

波伏瓦：有一点您让很多人吃惊，首先是我：在您的活动和举止中，总是那么的敏捷、迅速、雷厉风行。比如说吧，您走路的样子，一边走一边摇晃着双肩、摆动着双臂。到了五十岁、五十五岁的时候，几乎变成了一种神经质。比如说，有一次在罗马的一家饭店里，西尔薇认出了我们。她住在对面的酒店，当时正在窗前，其实并没看见我们，但她看见了您边摇晃边移动的双脚，当即确定："肯定是萨特到了。"您的双脚是非常神经质的。还有您的手肘，也是那样子晃悠，动个不停，结果总是越出我的椅子扶手。这是您五十岁到五十五岁之间的情况。

萨特：大约有十几年时间，我有点儿过度紧张。现在过去了。

波伏瓦：我想是因为吃了过量的"科利德兰"。

萨特：也许吧。

波伏瓦：现在过去了，因为您不再喝咖啡，也不再用"科利德兰"，过去您吃很多兴奋剂……还因此导致了一场危机。

萨特：要知道，依赖"科利德兰"，一定程度上是为了追求想象。早晨吃十粒"科利德兰",我在工作时就会处于一种浑然忘记自己身体的状态。我通过笔的运动实现自我攫取,想象与文思悄然成形。我是和帕尔达扬一样的主动性存在,浑不觉……

波伏瓦:您一向用一种几乎是挑衅的态度对抗正被摧毁的真实身体。您并不真的认为是自己糟蹋自己,但事实上,有好几次您真是大耗元气。幸亏您的底子不错,总能出人意料地恢复过来,但有好几次是大耗元气的。有一段时间,在外人看来您的身体平衡能力强,很敏捷,效率高。您的手脚并不很灵活,但那是另一回事。不管怎么说,看见您在街上走是一种乐趣:敏捷、自信、轻快。就自身而言,您骨子里并不健康,身体却给人轻快的感觉。

萨特:因为身体是主动的。

波伏瓦:因为您是很快乐的。您总有一种快乐的情绪。这在您举手投足间能看出来。您很敏捷、很快乐。有一刻,您被打击了,变得非常神经质,以致拿我的地毯出气,我不得不补了一块儿,针头线脑都露在外面,因为您使劲儿地踹地毯。摇椅也是,我要修修补补,因为您总用手肘撞它。

萨特:是的,我有一些非常神经质的动作,但不要忘记"科利德兰"带来的一种自我与自我浑然一体的感觉。一般机体觉几乎消失了。写作时,我头脑中形成了思想,文字本身也出来了,一切都是同时发生的。

波伏瓦:对,但我说的不仅仅是"科利德兰",我说的是您的整体。就算在不吃药的日子里,您也会进入那样一种状态,不再有四五十岁时的从容。但后来发生了变化,因为他们给您吃药降压,还有镇静剂。现在,您的身体比以前要镇静多了。有一个事我们没有谈到,就是睡眠。您跟睡眠的关系如何?

萨特:还不错。三十岁之前,我从不需要吃安眠药。我一挨枕头就能睡着，一觉到天亮。

波伏瓦：我们刚认识时，您睡觉可是有些小怪癖。

萨特：对，我用绷带包住眼睛，用耳塞堵住耳朵。但我的睡眠是很不错的。战后我开始吃药片助眠。而且，我早晨八九点钟之后要吃兴奋剂帮助写作，这些药片也能起到中和作用。我吃过很久的贝拉叠钠片，每天晚上吃四五粒，后来是血压太高的时候吃。

波伏瓦：一九五八年，您的血压非常高，差点儿中风，幸好没真的发作。

萨特：是的。那时候他们给我助眠的药片。当然，我不再吃"科利德兰"了，但会吃安眠药。安眠药的种类很多，但我经常停掉别的药，回来吃贝拉叠钠。现在还是吃安眠药，但剂量少多了。我现在吃的是莫加东，每次只吃一片，以前要吃四五片。

波伏瓦：我甚至不确定，您现在吃药是不是仅仅出于习惯。

萨特：如果什么都不吃，我不会感觉这么好。

波伏瓦：那是因为您想象自己的睡眠不好。这是心理作用。我想不吃药您也一样睡得好。不过，那又怎样呢。反正，您目前的睡眠极好，入睡毫无困难。

萨特：但只要我吞下一片药，就能十二点半入睡，八九点钟醒来。总之，我的睡眠毫无困难。

波伏瓦：您有时候会做梦吗？

萨特：不。我过去会做梦，现在也做，但醒来时脑子里一片糨糊，没有形象、没有名称。大概三十岁以后，我完全失去了回忆梦的能力。

波伏瓦：的确，我觉得，我们认识这么多年，您从未跟我讲过自己做过的梦。您和大家一样会做梦，但我想您醒来时就全忘了，结果是感觉自己从未做过梦。

萨特：我仍然记得一些梦，关于发疯的噩梦，那是我家人把一个女佣送到精神病医院几天以后——她想象自己掉进了洞里。在街上，她突然在前面看到一些大洞，掉了进去，大哭大叫，发作起来。我家人带她去看医生，医生开了住院证明。我强烈反对送她住院，但他们是我的家人，在他们面前我只有提建议的份儿。不过，隐隐的忧虑埋在了我的内心深处，我记得，那天晚上我做梦了。我多少还记得一点儿自己做过的这个梦。

波伏瓦：这是什么时候的事？

萨特：战前的事，地点在巴黎，当时我和家人住在一起。

波伏瓦：这是一个非常久远的回忆了。您还记得别的梦吗？

萨特：不记得了，但我知道我做过很多梦。

波伏瓦：您有兴趣回忆它们吗？

萨特：我回忆过。您知道，在《想象性》里我写过刚刚做过的梦。但睡眠，这毕竟是某种不存在的东西；或者说，它作为一种没有历史的东西而存在。我知道，晚上我离开您，上楼去睡觉时，我并不是上战场，而是走向一个彻底的湮灭……我的消化器官也运行得不错。

波伏瓦：是的，您从不晕船。

萨特：从不。我经常坐船旅行。

波伏瓦：您从不呕吐，喝醉了都不会。喝酒对您的头脑或运动系统有影响，但从不影响您的肝脏或消化系统。

萨特：我吐过一次。那是发奖前的一天。开始我和几个学生在海滩上吃晚饭，结果到了晚上却置身于一个窑子里——在那儿我一点儿都没消费。

波伏瓦：您还吐过一次，那是在日本，您吃了生鱼片。吃之后您非常好地忍住了，但一回到房间就呕吐不止。不是胃的问题，而是心理上的问题。

萨特：我没理解自己身上发生了什么。

波伏瓦：您人格中的身心健康问题，我们以后再谈。因为，总的来说，您能很好地控制自己，井井有条，智力过人，思路清晰。但有时候，您的身体会造反，您自己可能并无意识，例如刚才说的情况。整个晚饭过程中，您都彬彬有礼，那些菜让我恶心极了，您却面带微笑地吃着。我们回到旅馆，您觉得自己在发烧，想去呕吐，结果发现自己仅仅是恶心。这种恶心感是对您在整个宴会上努力控制自己而造成的一种身心上的反应。

波伏瓦：我们来谈一个很少涉及的主题吧，就是您和食物的关系。您有什么可说的吗？

萨特：基本上，我爱吃的东西相当少。有些东西我是忌口的，比如说西红柿，一辈子都没吃过。不是因为我觉得西红柿不好，或者它的味道让我讨厌。只不过我就是不太喜欢，所以决定不吃，周围的人一般来说会尊重我的决定。

波伏瓦：您知道这种厌恶感是怎么产生的吗？

萨特：我大概知道，因为我认为所有食物都是一种象征。一方面它是食物，在这个意义上它没有象征性，它提供营养，可以吃。不过，它的味道和外观产生形象，并象征一种物事。这是一种可以根据不同食物而有所变化的物事，但会被食物本身所象征。在《存在与虚无》中，我试图分析某些口味，不管怎样，某些外观象征了一些事物。

波伏瓦：除了西红柿，您最不喜欢的东西还有什么？

萨特：甲壳动物、牡蛎、贝壳动物。

波伏瓦：甲壳、贝壳动物哪里让您觉得讨厌呢？

萨特：我觉得，至少对甲壳动物来说，它们的样子和昆虫相似——昆虫生活在空气而不是水中，但它们的生命等级是相同的，是否有意识也不得而知。昆虫让我感到不舒服，尤其是，它们的外观是我们的日常生活、我们的界域中几乎完全看不到的，这让它们被排斥在外。吃甲壳动物，就等于吃另一个世界里的东西。那种白色的肉不是人吃的东西，它是从另一个宇宙偷来的。

波伏瓦：您吃的蔬菜也是从另一个宇宙偷来的……

萨特：我不太喜欢蔬菜。

波伏瓦：这里有很大的不同。蔬菜没有意识。而昆虫让人不快的地方似乎是，它们属于另一个世界，同时却是有意识的。

萨特：无论从任何雷同性角度讲，蔬菜都是没有意识的。蔬菜的烹饪相当于把某种没有意识的物事变成另外一种同样没有意识的物事。这是人类世界对事物的操纵。蔬菜不再是蔬菜，而变成了蔬菜酱，或者是一堆煮熟的色拉——如果煮的话。烹饪让蔬菜与我们相距遥远。

波伏瓦：但贝壳动物没有甲壳动物身上那种昆虫外表。为什么您不喜欢它？

萨特：因为食物深深埋在一个物事之中，要把它剔出来才行。主要是剔出这个观念让我厌恶。事实上，这种生物的肉和壳紧紧贴在一起，必须用工具才能剔出来，没法整块地切割。这种东西和矿物质同出一源。真像是矿物质——矿是壳，物事是壳里面的一丁点儿肉。

波伏瓦：它的肉体性质本身是不是有什么东西使您厌恶？它的黏液、黏滞和生命的低级形式使您望而却步吧？

萨特：这是肯定的。我不喜欢贝壳动物的根源肯定就是这个。它几乎以一种植物的形式生存，是一种正在形成的有机体，或者说它除了那个淋巴肉瘤一样恶心的样子外并无有机体可言，颜色怪异，肉上还长着开裂的洞。这就是贝壳动物呈现出的样子。

波伏瓦：您还厌恶别的东西吗？

萨特：有一种东西让我莫名其妙地讨厌，我说过，就是西红柿。应该说，它不算真正的恶心，只是我自己规定自己不能吃。当我出于礼貌或偶尔吃一次的时候，觉得它的味道并不是那样坏。我不喜欢这种食物里面淡淡的酸味。

波伏瓦：在您不讨厌的食物中，还有从来不吃的东西吗？

萨特：还有水果。如果我想吃甜东西，我宁可吃人造食品，一块点心或一个果馅饼。人造食品的外观、构成甚至味道都是按照人的意愿精心设计过的。而水果只有一种偶然的味道，它或者长在一棵树上，或者生在杂草丛中。既非因我存在，又非由我而来，是我决定把它当成一种食品的。相反，点心有一种整齐匀称的外观，例如巧克力或咖啡泡芙。它是由糕点师在炉中烘烤而成，等等。因此，它完全是一种人造的物事。

波伏瓦：换句话说，水果太自然了。

萨特：对。食物应该是人制作的结果。面包就是这样。我总是认为面包和人是有关系的。

波伏瓦：您喜欢吃肉吗？

萨特：不喜欢。有很长时间我吃肉，但现在吃得少多了，不是太喜欢。有一段时间我喜欢吃一大份牛腿排、里脊牛排，或羊腿，但我后来不太吃了，因为这让我意识到在吃一些动物。

波伏瓦：那您喜欢吃什么？

萨特：某些肉制品、蔬菜，还有蛋。我过去非常喜欢吃猪肉，现在没那么喜欢了。我觉得，人们把肉做成某种全新的东西，例如大香肠、小香肠、腊肠。它们只有经由人的作用才能存在。以某种方式把血抽取出来，再以某种方式处理，烹调过程是以某种由人发明出来的确定方式进行的。大家为香肠赋予了一种在我看来十分具有诱惑力的形状，再用细绳捆扎起来。

波伏瓦：换句话说，您喜欢香肠，是因为它与红色肉相比较少那种肉的直观形象？

萨特：在我看来，香肠不再是肉。红色的肉，即使烹调过，也仍然是肉。只要是肉，就有同样的坚实度，里面有血在流，用同样的方式切割，体积大得人吃不完。一根腊肠或香肠就不一样了。腊肠有白色的斑点和粉红的肉色，圆滚滚的，完全是另一种东西。

波伏瓦：总之，您是断然喜欢熟食而不是生食的了？

萨特：是的。我可以吃杏仁和胡桃，尽管它们刮得舌头生疼。菠萝也一样，因为一个菠萝看起来像是熟的东西。我吃了不少菠萝罐头。而我在南美第一次吃生菠萝时，仿佛看到的是一个弄熟了的大东西。

波伏瓦：关于食物您还有什么要说的吗？

萨特：没有，没有更多的了。

波伏瓦：关于您和钱的关系，可以谈点儿什么？

萨特：我想最重要的事实已经在《词语》中谈到了，这里应该再说一下，即我一直和别人住在一起，直到青年时代。我用别人给我的钱生活，但钱并不属于我。外公给我们钱，让妈妈和我能生活下去，妈妈告诉我那不是我的钱。后来，她又结婚了，比起外公的钱，继父的钱就更不是我的钱了。她会给我钱花，但她让我感觉到这钱不是我的，而是外公给我的。这种状况一直持续到进高师。这时，妈妈或外公的钱就给得少了，因为我能从高师领到钱，而且我有私人学生，这样就赚到了人生中的第一笔钱，但一直到十九岁，钱都是外界给我的，而我又不太喜欢继父，那种钱来自别人的感受就更深。要知道，我们当时生活得很好，继父是拉罗谢尔一个造船厂的厂长，收入可观，因此我们过得极好。而且我所需不多。上中学时，他们时不时地给我一点儿零花钱。不过，我仍然感到自己身无分文，觉得钱是别人给的。所以，我没有钱，同时钱对我来说又呈现出一种理想化的价值：大家把钱给出去，换来一块糕点，一张电影票，但这种交换并不取决于我。继父给的钱仿佛成了一种得到某物的许可，没有更多的了。就好像他对我说："用这些钱，你可以买一块小甜糕或巧克力面包。"他的意思是：我给你一块巧克力面包。对我来说，金钱失去了严格意义上的价值。而且，我对这种钱有敌意，不是因为我不那么想要钱，而是我希望摆脱这种许可，有自己的钱。所以十二岁的时候，我在拉罗谢尔时开始从妈妈的钱包里拿钱。

波伏瓦：您拿钱是因为觉得别人给您钱是很不舒服的事。

萨特：是这样的。

波伏瓦：您赚到第一笔钱时有什么感觉？

萨特：那是在巴黎高师，我还没有完全理解赚钱的意义。学校每月发给我们一笔钱，数目很小，我们用它在离高师不远的酒吧里喝咖啡。这不够我们花的，因为我们讨厌学校糟透了的伙食，就把大笔钱花在吃饭上。于是，在高师就形成了另一种习惯，就是给一年级或哲学班的学生讲课，有时给二年级或三年级的学生。他们一般来讲是跟不上进度的，而我们能把他们带上去。

波伏瓦：这已不再是您从学校领到的钱了。您是否知道某种工作和某种收益之间的关系？

萨特：是的。我很清楚我得到钱是因为教了学生，但对钱和工作之间的关系看得不是太清楚。我很认真，我通常辅导哲学，有时也教些特别的东西，甚至还教过音乐。我的感觉是自己在做一件轻松的小活儿，因此月底能拿到一笔钱，这样我下一个月就可以不用在学校吃午饭或晚饭了。

波伏瓦：这期间您有没有因为缺钱而难受的时候？

萨特：当然有，但不是很严重。我有相当多的钱来自私人学生。课时费按照高师规定的标准支付。这个标准是学生连同高师的助教——也就是学校的总学监——协商决定的，数目一直是那么多。

波伏瓦：好像您有过缺钱的时候，就是当您想去图卢兹旅行并看望卡米耶时。

萨特：对。跟巴黎高师所有的学生一样，我的钱很少。记得有一次几乎是一分一分地向所有同学借钱，目的是买到图卢兹的来回票及所需零用。我带着满口袋的零钱动了身。是的，我们的生活相当拮据，有几个月没有钱，没有私人学生，于是就借了钱再还。

波伏瓦：关于钱您有过什么远大抱负吗？您对即将拥有的金钱制订过规划吗？

萨特：没有，完全没有。还没到手的钱，我从来不会去想。当我计划写作时，想的是创作一些出色的作品，但完全不会想到它们会给我带来这样或那样一笔钱。某种程度上讲，金钱对我来说并不存在。我收到一笔钱，又把它花掉。我有多少钱就花多少钱，就好像别人给我多少钞票我就会把多少钞票放到公共金库里夫。在巴黎高师，我常常帮助同学，给出去不少钱。

波伏瓦：我知道。在高师刚认识您的时候，您已有了慷慨大方的好名声。尤其传说您和姑娘拍拖时，总会让她华丽亮相。哪怕和同学们外出，也会上好饭店，倾尽所有地花钱。

萨特：我的确常这样做，但我认为这不是什么慷慨举动。人们使用别人给的奇怪东西，然后又用别的东西代替它。当然，需要在周围同学那里扩大这些物品的购买价值。我很乐意把钱给出去，因为感觉这些钱不是我赚来的，钱对我来说只是一些符号。当然，我们需要很多这种符号才能拥有很多物品，但总是可以设法搞到的。

波伏瓦：您接受别人的钱吗？

萨特：没接受过，但那只是因为也没有别人给我钱。

波伏瓦：您的意思是，如果有人给您钱，您不会因此责备他？

萨特：不会。因为在我看来钱是某种外在于生活的东西。我想生活不是用钱成就的，但我做的每一件事之所以成功，都是拜金钱之赐。我去看戏、看电影或度假，都要用到钱。我把钱的问题放在一边，心里想着有些事情是我喜欢并正在做的，却并没意识到那是因为我已经通过给学生上课拥有了一些钱。

波伏瓦：在这种对钱的冷淡后面，是不是也隐藏着您的一种自信？因为您是公务员，您的未来是有保障的——或许是有限度的保障，但毕竟是很确定的。您对未来从没有物质上的担忧吧？

萨特：没有。我从没有担心过。可以说，不为未来忧虑，这也是让自己更安心的一种方式。对我来说，学生会日复一日地给我钱，我把钱用来买自己喜欢的东西。后来，我收到国家付给我的课时费，我用同样的方式花掉，如买衣服、交房租等。我不这样认为。我认为钱是应该有的，职业是一种可以带来金钱的东西。我过着自己熟悉的教师生活，显然，未来我将写一些也许会带给我更多金钱的书。

波伏瓦：但从某种意义上讲，没有人是喜欢钱本身的，人喜欢钱都是因为喜欢可以用钱买到的东西。理想和现实之间会不会有差距，也就是说，您未来有梦想，渴望着旅行，因为您经常梦想去旅行，却深知自己没有足够的钱出去玩，或者投入您所向往的冒险人生？

萨特：冒险人生，这太抽象了。但旅行，是的。我记得战前去荷兰旅行对我来说太贵了。我认为短期内不可能去荷兰旅行。

波伏瓦：我谈的是您年轻时在巴黎高师的情况。

萨特：不，当时的情况不是这样。我的需求有限：在咖啡馆里的一杯啤酒或葡萄酒，一星期两三场电影。

波伏瓦：比方说，您有没有对自己说过：好吧，我没有足够的钱去美国？

萨特：我想，对我来说，去美国是很困难的，因为太远了。这不是我当时的愿望。

波伏瓦：您对别人的钱有什么看法？我的意思是，您看到非常富的人和非常穷的人时，会有反应吗？这个问题对您来说存在吗？

萨特：非常富有的人，我见过许多。有些同学的父母就很富。但我也知道有很穷的人存在，我把这种现象看成是社会的耻辱。摆脱贫困，需要通过政治上的工作来解决。您知道的，我的思想比较模糊，但是……

波伏瓦：但您没有意识到这个事实吗：钱对于一个清洁工或家庭女佣是有重大意义的？

萨特：不，我意识到了，您看到我会给这些人钱。但这里有一个矛盾：这笔钱对我来说很少，对他们来讲却很多。我没有试图去理解这事，我认为事情就是这样的。换言之，我对钱有一种非常模糊的意识，也就是说，一枚硬币、一张钞票可以让我得到一些自己喜欢的东西，但我并不靠它们生活。这是需要试图理解的事情：我住在巴黎高师，我有一张床，不付钱就能睡。我一分钱不花就能吃到午饭和晚饭。因此，从最单纯、最物质的角度讲，供养我生活的不是父母、不是周围的人，而是国家。而其余的一切，我看作是自己生活的一切,咖啡馆、饭店、电影院,等等,都是我自己提供给自己的——我是通过一种假工作的方式来提供的,因为在私人学生身上花时间在我看来近乎游戏。我通常是和一个弱智的男孩在一起,他迷迷糊糊地听着我讲一个小时,然后我就走了。我甚至不觉得这叫什么教学。在我看来,就好像是随便聊聊天,二十法郎就到手了。

波伏瓦:后来,您开始当老师以后呢?

萨特:哦,那期间发生了一件事。我外公死了,我继承了一笔对我这样一个孩子来说相当可观的财产。

波伏瓦:我记得当时是八万,接近于现在的一百万[①]。

萨特:这笔钱,我就这样花了,比如和您一起,我们一同去旅行。

波伏瓦:是的,我们旅行的大部分费用都是从这笔钱里开销的。

萨特:您看到了,到了这时,钱也不是什么现实问题。而一个贫困家庭的孩子却能清楚地感受到这个现实——他知道两法郎硬币意味着什么。而我,我却不能说自己知道。钱落到了我的手中,带给我一些物品。有时候我没钱了,要么不再买东西,要么去借钱,却不知道怎么还——不过我知道自己会还的,因为第二年会有一些私人学生。

波伏瓦:对,我们刚认识的时候有过这样的事,您入不敷出,就向莫莱尔夫人借了钱。

萨特:是的。

波伏瓦:您确信莫莱尔夫人很富裕,她是您朋友中唯一真正富

---

① 指旧法郎。

裕的。您不常向她借钱，但有时会借。这也是一种安全保证。

萨特：对。

波伏瓦：我记得有时月底是有点儿困难的，因为收支不平衡。我去当一个不知道从谁那儿继承下来的胸针，或者我们向科莱特·奥德里借——她把自己的打字机抵押给了当铺。月底的时候，我们常缺钱，但这没让我们感到十分为难。

萨特：我们两个毕竟有两份薪水。我们往往放在一起合用，这比一个未婚教师或一个妻子没有工作的已婚教师的用度还要多一些。我们的薪水很少，因为我们是最低级别的。

波伏瓦：但我们足以维持生活，特别是以我们那种生活方式来说。

萨特：我在勒阿弗尔有了第一个教职，靠很少的钱过活。

波伏瓦：相对于教私人学生，当时您是不是有更多赚钱的感觉？

萨特：实际上，我从来没有过赚钱的感觉。我工作，生活就是如此。然后，他们每月给我一些钱。

波伏瓦：但这里仍然有一些束缚。比如说，您不得不生活在勒阿弗尔，然后又不得不生活在劳恩，您不能如愿生活在巴黎。

萨特：是的，但我是以离巴黎远近为标准选择职位的。这只是很小的束缚。也就是说，我要坐火车。我很喜欢坐火车。从勒阿弗尔到巴黎的火车。在火车上，我读完了第一批在法国造成轰动的侦探小说，还有《玛丽亚娜报》。这是一场愉快的短途旅行，而且我常在鲁昂见到您。

波伏瓦：您有没有因为手头缺钱而感到不快？比方说，我知道，您比我更不愿意向人借钱。有一次我们大吵了一通：在巴黎有一家我们经常下榻的旅馆，您打算第二天请阿隆来吃午饭，却没有钱。如果只是您自己，您是不会在乎的，您会说："我不吃午饭了。"但您必须请阿隆。我说："有一个非常简单的解决办法，请旅馆老板借您一些钱，二十四小时之内还他。"我们真的吵起来了，因为我说："有什么大不了的？他是个小瘪三，但这又有什么关系？他至少能帮我们。"而您说："不，我不想让他产生在帮我的感觉。"

萨特：没错。我不希望他来帮我。

波伏瓦：我记得我和您吵，对您说："幸好您是一个国家的公务人员，您也干不了别的，因为您对待钱的态度太羞涩了。"您很慷慨，问题不在这儿，一旦您感到要缺钱、有没钱花的危险时，您就变得畏首畏尾。

萨特：的确是这样。我常常为钱而担心：我怎么能在三个月以后得到足够的钱去干某件事？我要考虑自己来钱的方式，但我得到的钱和我需要用钱购买的东西之间有一道裂缝。我没明白，钱是用来买东西的，而另一方面，钱又是通过工作得到的。理智上我当然知道这回事，但我现在说的是自己的感受。我并没有常人的生活感受，即赚钱，然后花钱买有用的东西。

波伏瓦：然后呢？

萨特：没有，我从未实现过，因为我的职业是不稳定的：有时收入甚丰，但产出率很低，除非以一种不同角度——文化角度——来看。所以，我把自己教授或创造的文化物事——即写书——看作我的产品，与钱无关。如果我的书有买家，那更好。但我可以想象自己的书不是用来卖的，至少很长一段时期是这样。我记得，在关于写作的最初想法中，我并不指望在活着的时候被翻译。在很长一段时间，在我明白文学为何物之前，我期待自己是一个有很少读者的作家。那是存在于少数图书馆的作家，像马拉美那样的人。因此，我不会从写作中赚到多少钱。

波伏瓦：有一个事实您在某次访问中指出过，而它让您的作家身份和钱的关系变得混乱起来，即在某种程度上，您赚的钱和付出的工作量成反比。《辩证理性批判》的工作量非常大，报酬却很少，而有时您写得很快的剧本，比如《金恩》，一下子上演多场，于是得到许多钱。

萨特：是的，确实如此。

波伏瓦：这是您经常强调的一件事。几乎成反比。

萨特：不完全这样，但大致如此。而这显然让我更不知道钱是什么了。

波伏瓦：还有一些情况来自外部环境，比如说，有人突然告诉您，您的一部戏剧将在某个地区上演，而且演很久，这会带给您很多钱，或者有个电影剧本是根据您的一部作品改编而成的。

萨特：总体上讲，长期以来——几乎是一辈子，我都没搞清楚钱究竟是怎么回事。我的态度中有一些奇怪的矛盾。有钱时，我花起来从无算计。另一方面，我又总希望有比我可能花的多得多的钱。比方说，我外出度假时，会带上比需要的多得多的钱，比如在卡涅，我们在一家熟识的旅馆时开了两个房间，结账时我从口袋里掏出一叠钞票。我知道这很可笑，而且让老板娘很生气。

波伏瓦：对，我认为，您对钱有一种农民一样的态度。就是说，您从没有支票簿，所有的钱都以现金、钞票的形式带在身上，装在口袋里。为了付一千法郎，您会掏出十万法郎上下的一卷钞票。您花钱没有算计，但您一直在害怕——尤以最近为甚——以后再也不能不加算计地花钱了，害怕以后不得不多加算计。不是怕真缺钱，而是怕不得不算。

萨特：我想现在的钱足够我用五年，然后就没了。实际上，情况就是如此。我大约有五百万——我指的是旧法郎，这相当于今天的五万法郎。我还得寻求谋生之道。

波伏瓦：您特别担心的是缺乏安全感，因为一想到自己会不得不算计，就十分不安。

萨特：是的，我曾赚过很多钱。

波伏瓦：您也给出了很多钱。

萨特：我是给出了很多钱。而且我需要供养一些人。现在我供养的人大约有六七个。

波伏瓦：是的。

萨特：都算上的话是的。这显然约束着我。我不能没有钱，因为那就意味着我再不可能给他们钱了……这是让我担心的事情。

波伏瓦：一向如此，甚至当您比别人年轻、比别人更自由的时候，也会害怕没有足够的钱可以不加算计地花。这几乎构成了一种矛盾。一方面，您对钱非常不感兴趣，而另一方面，有一种——不能说是贪婪，因为您从不指望取钱于人——害怕。今天仍然如此。如果我跟您说："您该买双鞋子了。"您会回答："我没钱买鞋。"几乎可以说您对自己是很吝啬的。您对别人很慷慨，一说到自己，那反应总是："啊！不用了，我的钱不够。"另外一个关于钱的问题，和我们聊过的您与别人关系的问题紧密相连，即为什么您给那么多小费？因为您给小费不仅慷慨，有时候甚至多到荒谬的地步。

萨特：我不知道。我总是给大笔小费，自己也不知道为什么。现在可以跟您做些解释，但我记得我二十岁就给人大笔的小费。当然，没有现在给得多，因为当时没有那么多钱，但同学都拿这事取笑我。这是一个由来已久的习惯。

波伏瓦：这也是为了在您和别人之间保持某种距离吧？

萨特：有各种原因，两种因素都有：一方面和侍者保持一定距离，另一方面帮助他们改善生活。这是一种给予的方式。我不认为每个人都要和我一样，但我愿意别人也这样做，比如说我喜欢让咖啡馆侍者有足够的钱生活。当时我和咖啡馆侍者的关系很不好……

波伏瓦：这就是为什么我把它视为一种慷慨，同时又是保持距离的表现。

萨特：也许是的。

波伏瓦：这里有两方面的问题。不管怎样，这些人为您提供了服务，尽管只是把酒杯放到桌子上的小事。有一天您说过，您讨厌有人为您服务，哪怕他们是有报酬的，所以需要再付给他们钱，好让您不再感到自己……

萨特：不再感到自己欠他们的情。确实有这种因素。记得西班牙禁止付小费，这件事使我大吃一惊并感到很为难。我知道这个禁令是对的，我没有异议。但另一方面，我又感觉侍者为我提供了服务，我对他有亏欠。我给他钱，就等于和他建立了某种联系。而现在这种联系没有了，他们剥夺了我付钱的权利。他是一个自由人，为我提供服务，他的报酬并非来自我给的小费，而都包含在消费价格里了。

波伏瓦：是的，服务费已经包含在内了。

萨特：这实现了某种更为真实的东西。我感到这一点，但不能另外给些什么，这让我很为难。事实上，在一家我经常光顾的咖啡馆里，慷慨未必会制造距离。大家会想："就是这个傻瓜付很多小费。"但他们很愿意为我服务。

波伏瓦：是的，当然。不过，您声称自己希望成为普通人，声称您也的确是普通人，但多付小费就等于把自己和普通人区别开来了。您不感到为难吗？

萨特：不，因为我觉得生活就该是这样。我是很可笑的，因为事实上生活完全不该是这样。

波伏瓦：您给一个出租车司机一大笔小费时，您很清楚您再也不会见到他。

萨特：但我们的关系是真实的。我的意思是，在这一刻，我就是这样看待自己和司机之间的关系的。他高兴坏了，因为得到了一大笔小费，有一刻他很喜欢我，而我也通过给钱表达出我的善意。当然，包含着一种意愿——希望让一种经济法则通行于世，在日常生活中，富人付出得更多，由此实现人与人的平等。

波伏瓦：您说您供养了许多人，但总的来说，主要是女人，有时是年轻人。您不觉得这对您供养的人来说是很为难的吗？您自己在二十岁的时候会不会接受别人的供养？

萨特：不。我想我会拒绝。不过对我来说，钱和我们挣取和花掉的东西不是一回事，钱是如此抽象，以至于被人供养几年的这种想法不会让我十分反感。

波伏瓦：要注意，被人供养几年，这件事要分情况讲。如果一个人为了创造作品而真的需要……没有人会指责凡·高多少要被弟弟供养。因为他要作画，因为他真的有理由接受供养。如果是为了很积极的事情，比如说一个大学生让人资助他的学业，我是完全同意的。但那是一些安心于这种生活模式的人……至少，我可以想象，您和我一样都会接受别人这样说："好了，拿着，给您五年求学的费用，您去求学吧，就这样。"没有必要为了人性尊严或自尊心的问题而糟蹋自己的前程。但您会不会觉得，这扭曲了您和别人的关系？无休止地给他们钱，完全没有互惠性？

萨特：我常常问自己这个问题，不，这没什么不正常的。因为他们就是这样。他们需要钱。看到他们，和他们交朋友，却不给他们钱，那会是一件有点儿微妙的事情。而他们没有办法赚到钱，也许因为自身的问题，管它呢。如果我不给他们钱，他们会张大嘴饿死。我认为，友谊事实上要比平常所说的东西更加意味深长。有一个问题我没有说到：我二十岁、二十五岁、三十岁，一直到战争期间对金钱的朴素观念，到头来被我在战后的人生彻底证伪了。我有了很多钱；我们所探讨的主要是战前的状况，但后来我有了很多钱。

波伏瓦：有很多钱，这对您有什么影响？

萨特：这是很奇怪的。它跟我没有什么关系。我的作品跟我有关系，但为它付给我的金钱却跟我无关。这一点我在《境况种种》里写到了一些：一本书、写这本书所花的时间，以及金钱，两者之间的关系是很微弱的。我的意思不仅仅是写书所花的小时数，还包括写作必需的那种氛围——无时无刻不在构思，写完去看朋友，和正在写作的状态是一样的——任何时间都在想着要写的书。这件事本身就是自给自足的。书写完了，有人将它出版，这是顺理成章的事。可我出书不是为了钱。我出书是为了知道别人对我的努力和我的工作如何评价。在这方面，有时我会在年末收到一大笔钱。好了，这让我很惊讶，而且在我看来，这和写作本身好像也没什么关系。同样，当我收到国外寄来的钱时，就已经不是写书带来的收益了。这是一本由一个法国人用法语写出来的书。对此，我能理解的是，它被五千个人阅读和被十万个人阅读，会带给我不同数目的钱。而两年后，我收到从罗马、伦敦或东京寄来的钱，那是译本的收入，而我甚至不确定译本是否优秀——这是我真正无法理解的。这时得到钱真是一件奇怪的事。某种意义上说，别人不再当我们是作家，而是一块肥皂。

波伏瓦：是的，好像成了一件商品。不过，我的意思是这样：战后，当您真的有很多钱以后，会不会良心不安？就我而言，我记得有一段时间自己是良心不安的。我第一次买一件有点儿贵的连衣裙，就说："这是我的第一次让步啊……"

萨特：啊！我记得。

波伏瓦：我认为，大家本该正视钱的问题，并以一种博爱的胸怀管理金钱，总之，应该对金钱有所规划。同时，我又清楚地意识到，我们俩——尤其是您——都不是善做规划的人。

萨特：当然不是。我们每年能拿到的钱数目不一样，这让规划变得更加困难。我们出书的那一年，就会有很多收入。第二年，我们只出了几篇文章，就赚不了多少。但我们头一年已经赚到了够活两年的钱。

波伏瓦：但您不时会有一些小梦想。比如您说："对，我们应该为那些有需要的学生每年存一笔钱。"

萨特：是的。

波伏瓦："我们应该拿出一笔钱给这个、给那个。"不过，事实上您的确帮助过很多人，但您帮助的对象多少是有随机性的。

萨特：对，有时会这样。

波伏瓦：随机，或者取决于谁向您要钱。

萨特：我想，如果为学生设置一笔基金，一方面我们会有一个需要填满的账户，另一方面我们还会遇到一些人向我们要钱，他们有同样的诉求和需要……所以，不会有太大改变，只会让我们的情形更难维持。

波伏瓦：请继续说。

萨特：实际上，我的后半辈子——从一九四五年到现在——一直有很多钱。我给出去不少。但我为自己没有花得太多。钱像流水一样，主要是花在别人身上了，您承认吗？

波伏瓦：一点儿不错。从个人角度讲，我们唯一对自己奢侈的地方……

萨特：是旅行。

波伏瓦：是旅行。但旅行的花销也不是很大。许多旅行是别人出钱的，比如去古巴、去塞尔瓦多……

萨特：去埃及……

波伏瓦：去日本。这些旅行我们都没花钱。我们花费最大的旅行，比如说去罗马度假。

萨特：是的。

波伏瓦：我们的生活中没有什么穷奢极欲的事情了。我们活得很舒服，住好的旅馆，吃好的饭店，但我们生活得并不奢侈。在巴黎我们的生活花费不多。有一件事您从未花钱干过，就是去做投机生意。

萨特：从没有。甚至不该用"投机"这个词。我甚至没有拿钱投资过。

波伏瓦：是的。

萨特：我赚的钱两三个月，或者 个月就花光了。

波伏瓦：有时您会有很大一笔钱放在伽利玛出版社，一两年都不动。

萨特：因为一下子花不完。

波伏瓦：对，因为您不是马上花完。但您从没有干过用钱生钱的事。

萨特：从来没有。

波伏瓦：比如说买股票、做买卖。

萨特：从没有过。

波伏瓦：对您来说，钱并不是赚到更多钱的一种手段。

萨特：钱生钱这种事我觉得坏透了。不过，这对会干这种事的人来说是一种生存手段。

波伏瓦：的确，应该深入研究一下为什么您觉得坏透了的原因。而且我也和您有生活上的同感。这样一来，我们就可以避免那种成为资本家的感觉。不过，不管怎么说，我们是从别人那里获得利益的，因为有人读书，有人去看戏，有人买我们的作品，是他们让我们得以过活。

萨特：正是这样。他们读最新出版的书，所以他们读的是我们俩刚出版的书。我们没有一个自己希望中的精准读者群。

波伏瓦：是的，当然。

萨特：我希望有广泛的读者，没那么多资产阶级，没那么多富人，一个由无产阶级和小资产阶级组成的读者群。我所拥有的读者群大都是严格意义上的资产阶级。这是一个困境，我深感苦恼。

波伏瓦：所有了解一点儿萨特哲学的人都知道自由的概念在您作品中的分量。但我希望您以较为个人的方式跟我谈谈您是怎样将自由的思想建立起来，并赋予重要意义的？

萨特：从童年开始，我就一直觉得自己是自由的。自由的思想在我心中发展起来，不像一般人一开始在心中建构的自由观念那样模糊、自相矛盾、难以索解。它在我这儿是越来越清晰的，我之将死，就像我之问世，都带有深刻的自由感。小时候，我是自由的——这句话是在这个意义上说的：可以说所有谈论到各自之"我"的人——我要这个，我是那样的——都是自由的，或者说感到自己是自由的。并不是说他们真的自由，而是说他们相信自己是自由的。"我"成了一个真实的客体——这是我，这是您，同时又是自由的源头。人一开始就能感觉到这个矛盾，而这个矛盾带着一种真理。"我"同时又是使每一刻依靠自身力量而绽放开来的意识生活方式。一个人在类似的情况下也能看到同样倾向的不断回归，他可以描述他的"我"。后来在自己的哲学中，我试图通过把"我"看作一个在某些情况下伴随着我们表象的准客体而将这一点呈现出来。

波伏瓦：您在《自我的超越性》中解释过这个，是不是？

萨特：是的，对我来说，这个矛盾本身是自由的主要来源。我感兴趣的不是自己身上作为准客体的"我"——我在这上面的思考很少，而是在所谓的体验层次上由自我之我所构建的创造氛围。每时每刻都是这样：一方面，有对客体——即人所在的房间、城市——的意识，另一方面，有这些客体被看见、被欣赏的形式——这种形式并非客体与生俱来的东西，它源于自身，却不是事先预定的；它即时呈现，具有某种脆弱性，稍纵即逝。自由正是在这个层次上表现出来的，大体上是这种意识的本身状态，也是它自我获得的方式——后者不被任何事物给出，也不为前一瞬间所决定；它与前一瞬间或许有关系，但两者的关联相当自由。在我看来，这种意识从一开始就意味着自由。我和外公住在一起，我认为他显然是自由的，因为我是自由的。不过，他的自由我不能很好地理解，因为它主要以格言、文字游戏和诗的形式表现出来，而这在我看来并没有精确传递出自由的真谛。

波伏瓦：您的意思是，从童年起您就有了这种自由的感觉？

萨特：是的。我感觉自己是自由的，这源于意识状态中的本性。

波伏瓦：受教育的方式是否有助于您形成这种关于自由的看法呢？

萨特：是的。我认为自由的概念是每一个人都有的，但根据每个人受教育方式的不同被赋予了不同的重要性。就我来说——我在《词语》中谈过这一点，我被看成是史怀哲家孕育出来的小王子、一个定义不明确但超出自身一切外在的表现形式的富贵之人。作为小王子，我感觉我和自己认识的所有人相比是自由的。我有一种因自由而生的优越感，这种感受在我认识到"所有人都是自由的"之后就失去了。但在当时，我的认识是模糊的。我"是"我的自由，我觉得别人并不像我这样能感受到自由。

波伏瓦：但您同时没有一种强烈的依赖感吗？别人选择您的日常活动、您放假时去的地方，等等。毕竟，一切都是别人选择的。

萨特：是的，但我认为这并不很重要。我觉得很正常。我服从，就像我坐在一张椅子上、我呼吸、我睡觉一样。我的自由体现在一些小型选择上，比如吃饭的时候选择这种或那种食物；去散步还是去商店，这对我来说已经够了。我认为这就是我自由的证据。那时，自由主要是一种状态、一种感受、一种意识状态——一个决定不时从这种意识状态中生发出来：买一件东西或者向妈妈要。家人和他们强加给我的规定代表着这个世界的法则，只要行为得法，人就是自由的。

波伏瓦：您从来没有过被欺负的感觉吗？您不觉得一个自由意志和您的意志是背道而驰的吗？

萨特：后来我感受到了。那是在拉罗谢尔，我面对一群外省的学生，他们对一个巴黎人是心怀恶意的。他们都是大孩子，而我身材矮小，他们联合起来欺负我。不过，直到五年级结束，也就是大约十一岁的时候，我才感受到这一点。他人在那里是为了帮助我，让我摆脱困境，给我建议，他们不会违逆我。也许有那么一两次，我发火了——这火气中有些形而上学的意味。但在多数情况下我是被宠的。我没有因为小而被压迫，反而感受到一种让我绽放开来的理智关怀。正是在遇到同龄男孩子的时候我理解到敌意——后者在某种程度上构成了男人与男人的关系。

波伏瓦：您被欺负的时候还有这种自由的感受吗？

萨特：还有。但它变得更加内在化了。有一段时间，我想对别人的欺负进行反抗，或者通过搏斗——但结果是无法预料的；或者说，结果太可预料了，但对我来说是无法预料的，或者通过把别人引诱到一些计划之中。不过，我显然能够不断感受到阻碍。然而，在他人和我之间仍然存在着友谊。欺负我不是他们对待我的唯一方式。他们可以跟我说话、和我交朋友、跟我去散步。我成为同学群中的一分子，从这个角度讲我是自由的。更让我感到难过的，是这段时间我开始生妈妈的气了，继父肯定是其中的根本原因。我缺失了某种东西，这种东西不仅和她有关，也和自由的观念有关。在过去的年份中，我在妈妈的生活里扮演者享有特权的角色，但现在这个角色被剥夺了，因为这个男人和她住在一起并攫取了主要角色。过去，对妈妈来说我就是王子，现在却变成了二等王子。

波伏瓦：通过所有这些体验——同学、继父，还有您来到巴黎，您对自由的感受有什么发展？

萨特：我说过，在这期间我感受到自己的自由，但我并没有对自己说"我是自由的"。这种感受还没有确切的名称，或者说有各种各样的名称。在巴黎亨利四世中学的二年级，也就是哲学班时代，我学到了"自由"这个词，至少学到了它的哲学意义。当时，我迷上了自由，成为自由强有力的捍卫者。那时候，尼赞为唯物主义而着迷，这使他后来加入了共产党。第二年，我上了路易大帝中学的文科预备班。我是一个半寄宿生，课间休息时我和尼赞常沿着一个阳台散步，讨论自由和历史唯物主义。我们的观点是对立的，他立足于理性而具体的论据，我则为某种关于人的观念辩护——但我没有为自己描述的人提出过任何论据。其实我们没有得到任何结论。我们辩论，却没有赢家。交谈原地踏步。有一天，归顺于历史唯物主义的尼赞干了件能够证明自由的事——他所完成的行为，我也不知其来龙去脉，也找不到它和过去的联系。有一天，他离开了学校，从周五到周一都没回来。等他回来，我问他去哪儿了。他回答说去动了割包皮的手术。我大吃了一惊。尼赞是天主教徒，他母亲也是虔诚的天主教徒，我不明白他为什么要这样做。我问他原因，他只说这样要干净一些，并没有进一步解释。这件事在我看来是毫无道理的。他决定去切割包皮——这是一个愚蠢的决定，因为没有任何好处。他去找了一位医生，割了包皮，然后在旅馆住了两三天，阴茎头用绷带包扎着。

波伏瓦：那时，在某种程度上您把自由和无缘无故的行动放在了一起，是不是？

萨特：很大程度上是这样。像纪德在《伪币制造者》中定义和描写的那种无缘无故的行动并不使我着迷。我读这书时没有发现自己心目中的那种自由。不过，在我看来，尼赞割包皮的行为的确是无缘无故的，而事实上他肯定向我隐瞒了自己的动机。

波伏瓦：您的自由观念实际上是斯多葛意义上的自由：不取决于我们的事情不重要，取决于我们的事情就等于自由。因此，我们在任何情形、任何环境下都是自由的。

萨特：肯定是这样。不过，来自我的行动并不总是自由的行动，尽管我总能感受到自己的自由……对我来说，自由和意识是一回事。理解自由和实现自由是一回事。因为自由不是事先给出的，通过体验自由，我创造了实在。但我的行动不都是自由的。

波伏瓦：会不会有这种危险——即您会采取十分保守的态度？如果所有人都自由，那当然很完美，不再需要关心任何人了，每个人只要过自己的日子就好了。结果是，大家被禁锢在自己的内心生活之中。怎么才能不产生这种结果呢？

萨特：这种情况从来没出现过。我的思想后来让我在与人、事以及我自己的关系中遇到了困难，这些困难使我更加厘清了自己的思想，并追加了其他意义。我明白，自由会遭遇阻碍，这时，偶然性在我看来便构成了自由的对立面，而它也成为一种事物的自由——这些事物不一定是前一刻所必然导致的。

波伏瓦：但是，您没有意识到人们受到的束缚吗？

萨特：有一段时间是没有的。

波伏瓦：的确，您写《存在与虚无》时我们讨论过这个。您说，一个人在任何境况中都可能是自由的。您从什么时候起就不这么认为了呢？

萨特：很早。关于自由，有一个过于简单的理论：一个人是自由的，他总可以选择自己要干的事，一个人面对他人是自由的，他人面对您也是自由的。这种理论可以在一些很简单的哲学著作中找到，我把它记下来，算是为我所谓的自由下定义的一种方便的模式，但它跟我真正想表达的东西并不完全相符。我想说的是：一个人，即使他的行为是外部因素导致的，也要对自己负责……所有的行为都包含着一部分习惯、既定的思想、象征性成分。另外，还有一些东西来自我们心灵的最深处，它们和我们最原始的自由是有关系的。

波伏瓦：回到自由在政治和社会方面的问题上吧，您曾经有一种十分个人化、十分理想主义的理论，而现在您的思想是应该介入到社会和政治斗争之中，您是怎样从前者过渡到后者的？

萨特：介入思想我是很晚才有的。不要忘记，直到一九三七年和一九三八年，我都给自己所谓的"孤独的人"赋予极大的重要性。也就是说，事实上，人是自由的，个中含义在于——他生活在他者之外，因为他是自由的，因为他从自己的自由出发使种种事情依次发生。

波伏瓦：是的，但这并不妨碍您——即使在那个时代——对社会问题感兴趣，并鲜明地——至少在思想上——采取立场。比如说，您为什么会旗帜鲜明地反对佛朗哥，而支持人民阵线？

萨特：因为我认为，自由的人就应作为如实的人而采取立场，反对任何企图取而代之的人，反对别人制造的形象，包括法西斯主义者制造的形象，甚至社会主义者制造的形象。对我来说，自由人与那些组织起来的表象是截然对立的。

波伏瓦：我觉得您的回答非常理想化。法西斯主义者不只给人制造了法西斯主义者的形象，他们还把人投入监狱，拷打他，强迫他做某些事。

萨特：当然是这样。但我谈的是当时的想法。例如拷打，在我看来是丑恶的，是法西斯主义者强迫人们成为法西斯主义者的这种意志造成的后果，它从属于法西斯主义学说导致的原则。

波伏瓦：这种学说为什么让您反感？

萨特：因为它否定自由。在我看来，一个人应该独自作决定——他可以和别人发生关系，但要独自决定，却置身于法西斯主义的氛围中，由一群凌驾于他之上的人操控。我向来讨厌等级，我在当今某些反等级的观念中找到了自由的某种意义。没有任何东西能超乎自由之上。所以，我独自作决定，没有人能够强迫我的决定。

波伏瓦：这也可以在总体上解释您和社会主义的关系，对不对？

萨特：是的。社会主义是我相当满意的一种学说，但在我看来，它没有提出真正的问题。比如说，在社会主义条件下，人是什么。应该把需要的满足置换为一种关于人类本性的唯物主义概念。这正是社会主义在战前让我感到为难的地方。一个坚定的社会主义者，首先要是一个唯物主义者，而我不是唯物主义者。为了自由的缘故，我不是唯物主义者。只要我还没找到将自由唯物主义化的方式——此后我三十年的生命一直在做这件事。他们有时候用到"自由"这个词，但那是一种团体的自由，毫无形而上的意味。战争期间和抵抗运动中我仍然停留在这种水平上。当时我对自己是满意的。被俘的时候，我晚上在营房里给同伴讲故事、说笑话。大约八点半熄灯。大家把蜡烛放在小盒子上听我讲故事。我是唯一坐着和没脱衣服的人，而他们都躺在床架上。我成为某种具有一定分量的人。我是那个说笑话、让人高兴的小伙子。

波伏瓦：这和自由有什么关系？

萨特：是我让听故事的人、大笑的人、兴致勃勃的人融为一个整体。这是一个综合的统一体，而我是创造了别的统一体、创造了社会统一体的统一体，在这个统一体中我确保了我的自由。我看到我在自身自由的基础上创造了一个小小的社会。

波伏瓦：这是您第一次感到自己体现了某种社会性的效能。当您尝试建立抵抗组织时，把它定名为"社会主义与自由"。所以，您开始认为两者可以相互和解了？

萨特：对。但我还是将两个概念区别开来。我不知道社会主义是不是能把自由包容进去。

波伏瓦：后来，您花了三十年的时间来定义您所谓的自由究竟是什么，对吧？

萨特：我的《存在与虚无》和《辩证理性批判》都致力于这个问题。

波伏瓦：还有《圣热内》。这部书的惊人之处是，自由和人之间几乎连一点关系都没有了。您为个人的培养和个人的全部调控赋予了特别的重要性。您提到了一群人，不光是热内，几乎没有一个人是作为自由的主体显现的。

萨特：毕竟，这个曾受年轻的鸡奸者殴打、强奸和操控，曾被他周围的强盗像玩物一样对待的同性恋儿童，还是变成了作家让·热内。这儿有因自由而产生的过渡。自由，就是让·热内的变形，从一个不幸的同性恋儿童变成了作家让·热内，一个自己选择做鸡奸者的大作家，他即使不幸福，也至少很自信。这种变形很可能不会发生。让·热内的变形真的要归功于他运用了自由。自由给了他另一种价值，从而改变了世界的含义。这种颠覆的根源正是自由，而不是别的，是自我选择的自由成就了这场变形。

波伏瓦：您似乎是把自由定义为一个人在某些时刻可能会有的自我创造。在您的一生中有哪些时刻发生了自由选择——或者毋宁说是创造？

萨特：我觉得有一件事很重要，那就是我离开拉罗谢尔、进亨利四世中学读一年级。我完全不再被欺负了，他们甚至还给了我很光荣的岗位。

波伏瓦：是的，但并不是您自己决定去亨利四世中学的，也不是您自己决定不再受同学欺负的。

萨特：去亨利四世中学不是我决定的，但同学不再欺负我——这事在一定程度上却是我决定的。他们不欺负我了，因为我不再是那个能被欺负的人了。我有了变化。

波伏瓦：您选择了某种态度？

萨特：是的。我彰显出我的个性，而接触到的其他男孩完全接受了我的个性，因为他们也彰显了自己的个性。我上一年级、哲学班和文科预备班的那几年是十分愉快的，我感到自己完全被人接受了。

波伏瓦：这算是您一生中诸多这样的时刻之一：回头来看，您觉得有一种选择，一种自由的东西。还有其他时刻吗？

萨特：有，巴黎高师是这种时刻的一个顶点。它就是自由。我行动的自由正是学校的规章制度本身赋予我的。学生可以在校外一直呆到半夜。从午夜开始，回学校就得翻墙。三四个人呆在一个破宿舍里，后来是两个，到最后，尼赞去了亚丁，宿舍里就剩我一个人住。大家在学校或附近的一个小饭店吃午饭。我们还在另外一个小饭店里一呆就是几小时，在那里认识附近的姑娘和小伙子。我们每天晚上都出去。在宿舍里学习时，大家都很安静。我每周有两次回父母家吃午饭，吃完再回校。我和家里的关系缓和了许多。

波伏瓦：您感受到某些选择造就了您的命运吗？

萨特：一个生死攸关的时刻便是战争。

波伏瓦：但有件事您没有谈到。指引着您的生活的是写作，不是吗？

萨特：八岁以后，它就开始指引我的生活了。

波伏瓦：对，但是有没有一个时刻，您以一种特别的方式着手写作？八岁时，写作的还是一个孩子。写作有可能中止。

萨特：会变化，也会重新着手，每次都不一样。

波伏瓦：但这是一个一直存在的根本性选择。

萨特：是的。

波伏瓦：我们回到这个问题上来，您也有可能感到不自由的时候，但回过头看，却恰恰在这样的时刻作出了重要的选择。

萨特：战争，上前线。我反对一切战争，但我不得不经受这场战争。我心中有一种反纳粹主义的思想，我认为纳粹主义在必要的时候会表现为军事行动，这为我提供了和前线战友交流思想的可能性。

波伏瓦：您认为哪方面是重要的？

萨特：因为这不再是一种以国外旅行为点缀的教师生活。我投身于一个广大的社会境况之中。

波伏瓦：您不是自己选择投身其中，而是被征集入伍。

萨特：我没有选择它，但我必须以某种方式作出反应。自从踏入这条不归路，所有人都选择了自己度过这场战争的方式。这是很重要的。我一直希望在这场战争中承担起自己的职责。我的职责就是发射气球。要理解将红气球发射到空中和我们周围整个这场看不见的战争之间的关系，需要立足于自身采取行动。另外，还有我和战友之间的关系——我的战友通常是反战的，理由有多种。还有我和您的关系以及我和其他人的关系。

波伏瓦：您的意思是，您本可以在内心中作出另一种选择？比如说，一种和平主义的选择？

萨特：对，我可以自由地作出任何选择。

波伏瓦：甚至一种与敌合作的亲纳粹的选择。

萨特：不，不会是这种选择，因为我是反对纳粹的。

波伏瓦：但和平主义本应对您形成一种诱惑。我们谈到过这一点。我和阿兰比较像，比您更接近一种和平主义。您完全明白到，如果法西斯主义赢了，将会发生什么。您的选择概括了您的总体态度。

萨特：后来，这种选择使我走得更远——从战俘营回来之后是抵抗运动，再后面是社会主义。这一切都来源于第一次选择。我想这是至关重要的。我和我的战友是参加过一九四〇年战争的人。五年来，我们作战、被俘、和我们的征服者呆在一起——这是非常重要的。和一个把我们打败的德国人生活在一起，而他又是一个不认识我们的普通士兵，不会说法语——这是我首先作为战俘、其次作为被占领国家的自由人所体验到的。我开始更加清楚地懂得什么是反抗当局。战前的我并不反抗。我有点儿鄙视那些把权力加在我身上的当局,也就是政府和行政机关。但自从我被俘,当局就成了纳粹,或在某种情形下是贝当分子。当时您和我一样,都很鄙视这两种人,我们尽可能不服从他们对我们下达的命令。比如说,他们不让我们进入自由地带,而我们进去过两次,在某些时辰不许我们进入的某些街区……

波伏瓦:是不是从那时起,您就试图让一种现存的内心自由和所有人对自由的要求调和一致?从那时起,您的自由遇到了别人的自由,是吧?

萨特:是的。在占领区,我们是纳粹的俘虏。总之,我的自由大受压抑,因为它无法在我希望的任何一种形式中得到表达。特别是,除非纳粹离开法国,否则我写小说就是没有意义的,因为它们无论如何都不能发表。想起来,这简直是一件怪事,我花精力去写一些除非纳粹消失就永远不可能发表的作品。我选择"社会主义与自由"这个名词就清楚地表明,抵抗运动便包含了如下思想:我倾向于社会主义,但我不知道自由在社会主义当中是否有它的地位。

波伏瓦:您有一种综合性的思想。

萨特:对,肯定有。开始是作为一种希望,后来成了一种必然的东西,但到了最后才变成这样。

波伏瓦:现在想来,还有另一些对您来说非常重要的选择时刻吗?

萨特:一九五二年至一九五六年期间,我和共产党人保持关系,匈牙利事件以后,关系破裂了。这使我得以构思和既反对政府、又能在社会上立足的政治人物之间的关系。

波伏瓦:在您看来,您从个人自由向社会自由的观念过渡是怎样发生的?

萨特：我认为这个过渡很重要。那时我正在写《存在与虚无》。大约是在一九四三年。《存在与虚无》是一部关于自由的书。当时，我跟老斯多葛主义者一样，相信一个人总是自由的，哪怕在通向死亡的令人非常不快的环境中。在这一点上，我有了很大的改变。我认为，的确，在有些境况下人是不可能自由的。我在《魔鬼与上帝》中解释过这种思想……教士海因里希是一个从来都没自由过的人，因为他属于教会，同时又与公众有联系——而公众与他受到的教士教育完全没有关系。公众和教会相互对抗。他本人便成为这些力量相互冲突的场地，因此从不会自由。他将死去，因为他的个性从未彰显过。我的这种改变发生在一九四二年到一九四三年，甚至还要稍后一点儿。我从"一个人总是自由的"斯多葛派思想——这对我来说是一个非常重要的观念，因为我总是感到自由，从未体验过无法感到自由的严酷境遇——过渡到后来"在一些环境下自由是被束缚的"想法。这些环境来自他者的自由。换言之，一种自由被另一种或另一些自由束缚住了，这是我一直在思考的问题。

波伏瓦：抵抗运动是不是也包含这样的思想：以死为出路，这种可能性总是存在的？

萨特：肯定是。这种因素是很大的。结束自己的生命，不是通过自杀，而是用一种以死亡为结局、以自我摧毁为果实的行为——这种思想是抵抗运动的应有之义，也是我十分欣赏的。我认为，人类的完美结局是自由地死去，这比让病痛慢慢折磨致死、老死、功能衰退而死，或者干脆就是脑死亡——眼看着自己的自由在临死之前消失殆尽——要好得多。我倾向于这样的观念：完全的牺牲、情愿的牺牲，因此不会对存在的自由（自由即存在的本质）有所限制。所以，我认为自己在任何境遇下都是自由的。后来，我在海因里希的案例中指出，在一些境遇下人是不自由的。

波伏瓦：您是怎样完成从"人在所有境遇下都是自由的"到"死不是使人自由的出路，相反却限制了自由"的思想过渡的？

萨特：我仍然认为自由同样体现在可以死亡这件事上。也就是说，如果明天某种威胁危及我的自由，死亡是解救它的一种方式。

波伏瓦：许多人都不希望死。在生产线上工作的工人感觉自己不自由，但他不会以选择死亡的方式来获取自由。

萨特：是的，他感受不到自由。他没有给自己存余下来的自由以任何价值。人类关于本身自由的困窘境地使事情在政治上变得如此复杂。

波伏瓦：我们回到您个人的问题上来，您是怎样完成"您的自由是自给自足的"到"他人自由，您才自由"这种思想过渡的？这是您的最终观点，对吧？

萨特：对。一个人自由而他人不自由，这件事不可接受、无法想象。如果自由拒绝他人，那么自由就不再是自由。如果有人不尊重别人的自由，那他身上的自由会稍纵即逝。

波伏瓦：您是什么时候完成观念上的过渡的？

萨特：我记得，这跟我转向社会主义政治形态的时期是相同的。并不是社会主义导致了自由思想；相反，众所周知，社会主义在形式上是排斥自由的，它的基础是某种从必然中产生的团结。比如说，工人阶级的阶级意识不是一种自由的意识。这是一个被另一个阶级——即资产阶级——压迫和强制的阶级的意识。因此，它看起来并不自由。它看起来是绝望境况的产物。我在很多笔记中对自由做了一些思考——这些笔记已经遗失了，里面记载了我关于道德、哲学和政治的大段思考。正是在那时，我用一种崭新的视角研究自由。我把自由理解为可能在某些境况下化为乌有、同时能让人与人彼此相连的东西。在这个意义上，每个希望自由的人都需要所有人的自由来成就。这种思想过渡大概是在一九四五年到一九四六年。

波伏瓦：现在您怎样看待自由？我指的是您的自由和泛泛而言的自由？

萨特：就我的自由来说，我没有改变。我认为我是自由的。跟许多人一样，我在很多方面被异化了。战争期间我被压迫过。我是一个战俘。作为战俘，我是不自由的。不过，我经历战俘生活的方式中带有某种自由。我不知道为什么，但我认为我对自己身上发生的事负有责任。当然，负有责任，指的是在既定的境况下。但总体上讲，我在自己做过的所有事情中认识了自己，我不认为自己是被外部原因决定了的。

波伏瓦：这跟您的特别情况有关，因为您并未遭受束缚，您是个幸运儿，几乎可以随意支配自己的生活。但说到生产线上的工人，您说：他们感到自己不自由。您认为他们是"感到"自己不自由，还是说他们"是"不自由的？

萨特：我说过，让他们受到限制的，是别人作用于他们的行为，这种行为导致了约束、义务和虚假的契约，后者误导了他们。总之，这是一种奴役，思想和行动的自由都在奴役中被误导了。这种行为是存在的，要不然他们为什么要反抗？不过，它被集体的表象、每天强迫完成的重复性行为、被未经自己思考而仅是教育习得的观点，以及知识的贫乏蒙蔽了。有时，自由以自由之外的名义对他们显现出来，如一九六八年事件。然而，当他们为了找到一种可以为自己和社会负责的国家而打倒、排斥，或者也许是消灭整个压迫者阶级时，他们是自由的。我认为，一九六八年是他们开始意识到自由的时刻，只是后来又失去了这种意识。这个时间很重要、很美好、很虚幻又很真实。这是一次由技术人员、工人和诸多活跃力量所主导的行动，他们开始意识到集体的自由和所有个人自由的集合不是一回事。这就是一九六八年所体现的东西。我认为当时每个人都能理解他自己的自由和他所属集体的自由。在大写的历史中，这种时刻时常出现。巴黎公社也属此类。

波伏瓦：您和自由的关系，还有什么要补充的吗？

萨特：需要重申的是，自由意味着某种虽不存在，却渐渐形成、在我身上一如既往、至死不渝的某种东西。而且，我认为所有其他人都和我一样，只不过自由的意识程度、清晰度因大家的境况、出身、自身发展和知识程度而有所区别。我关于自由的思想是被我和历史的关系所修改的。我身处于历史之中，无论是否愿意，我都被卷入了某些社会变革的大潮中，无论我对这些改变采取什么立场，它们都是必然发生的事。这是我在那个特别时期领悟到的东西：一种有益而有时显得可怕的低调。后来直至现在都是这样，我领悟到一个人生命的核心——因此也是我自己的生命核心——便在于相互对立的概念之间的关系，比如说存在与虚无、当前的存在与未来的存在；自由和外部世界的思想和我关于自由的思想在一定程度上是对立的。自由和处境。

波伏瓦：您开始意识到，您的自由和历史与世界所构成的压力是对立的。

萨特：对。为了让我的自由大行其道，应该对历史、世界有所作为，并在人和历史、世界之间建立与众不同的关系。这是最初的出发点。战前，我首先发现了个人的自由，或者说，我自以为发现了它。这种状况持续得相当久，而且经历了不同的形式，但总体上，这是一种个人的自由，它试图自我表达并战胜外部力量。战争期间，我体验到一件在我看来与自由截然相反的事情——首先是一定得去打仗，这是一个我不太明白原因的职责，尽管我完全是反纳粹的；我不太明白为什么几百万人必须面对生与死的对峙。我第一次理解到自己的矛盾：我希望自己对战争的介入是自由的，但这种介入却至死都在向我强加一些并非我真正自由地渴望的东西。然后，是抵抗运动的自由，它促使我用群众的自由对峙专制社会的暴力，而群众与专制社会针锋相对，我认为群众既然是自由的，并能自由地看待自己的所作所为，就一定能取得胜利。解放以后，我感觉群众的暴力和纳粹的暴力在本质上是一样的。不是因为两者有着共同的目标，一个用手段杀死了几百万俄国人，一个用手段杀死了几百万犹太人。而是说，集体的暴力，即对命令的服从，其性质是一样的。在包括我在内的很多人看来，到达法国的美军十分残暴。

有人是戴高乐派，我不是，但我能感受到别人的感受，即有必要存在一种力量、一种法兰西国家权力，由此也就应该存在包括类似于戴高乐的那种权力的合法性。对此我不敢苟同，但我能感受到这个观点中蕴含的力量。解放后很快出现了一个十分强大的共产党，它包括三分之一的法国人，比战前任何时候都强大得多。这时，对统治我们的团体采取立场就成为当务之急。我个人置身事外，和梅洛-庞蒂一样——他是出于其他原因。我创办了《现代》，我们是左翼，但不是共产党。

波伏瓦：您创办《现代》的部分原因是为了立场清晰地参加政治斗争吧？

萨特：确切地说不是。我的目的是为了说明：和集体生活——包括外交的、政治的和经济的——一样，日常生活中各种层次的世界都具有重要意义。也就是说，所有的事件都有不同的层级，每个层级都构成该事件的一种意义，层级与层级之间的同一个意思会仅仅因为与该层级有关的事物而发生变化。主要思想是，指出社会中的一切事件都会呈现出多个小平面，每个小平面都别致而彻底地表达了一种意义——它也是该事件的意义。我们可以用完全不同、发展程度各异的形式挖掘到在每个层级中的意义,由此拓宽深度。

波伏瓦:不过,我觉得所有这一切之中有很多一致的地方。刚才您说了矛盾的问题,不过,您从此过上了文人的生活,您的文学找到了一种自我定义的方式,它是介入的。您领导的《现代》也呈现出同样的倾向,这让我看起来非常协同一致。刚才您为什么谈到矛盾,而且说您战后的生活是在某种矛盾中度过的?

萨特:因为一致性合乎一个人在生活中的愿望,但它只适用于正题或反题。正题是思想和习惯的集合,它最好在大体上是一致的,即使它本身包含了一些细微的矛盾。同样,反题也应该包含一致性。正题和反题,它们之中的每一样都可以解释为对方的对立物。然而,我来为您展开可以被称为正题的东西。剩下的事就是为您解释什么是反题。在生命的第一阶段,我以一种仍然有点儿模糊的形式看到了我的自由和世界之间的对立。战争和战后这些年也只不过是这种对立的继续发展,这是我选择"社会主义与自由"作为我们抵抗运动的名称时希望指出的东西。一方面,存在一个有组织的集体,每个人都按照各自的原则自我发展,另一方面,存在一种自由,也就是说,个人和全体都能自由发展——这两种思想我当时觉得是相互对立的——即使到了现在,它们也各守一隅。我在战后发现的道理是:我的矛盾和这个世界的矛盾体现于自由思想,也体现于个人的充分发展和彻底绽放——后者需面对一个集体同样程度的充分发展,而个人又从属于这个集体,两者一开始看上去就是矛盾的。一个公民的充分发展未必是社会充分发展的前奏。正是在这个层次上,我的历史、我战后清晰的历史和我战前模糊的历史才能得到解释。也就是说,我的自由包含了他人的自由。只有在他人自由的前提下我才能感到自己是自由的。我的自由包含了他者的自由，它是无可限量的。另外，我知道存在着体制、国家和法律，简单讲，存在着诸多约束的总和，它们强加在个人身上，让他无法自由地做他希望做的事情。正是在这儿我看到了矛盾之处，因为一个社会必须要有某种形式，而我的自由又必须是彻底的。这个矛盾在占领期也显露出来。抵抗意味着许多非常重要、非常严格的准则，例如，秘密工作或特殊而危险的任务，但深层次的意义是另立门户，建设一个理应自由的社会。在这种情况下，个人自由的理想是他为之奋斗的自由的社会。

波伏瓦：您最强烈地体验到这种矛盾是在什么时期？您是怎样在每一境况中给出解决方案的？

萨特：解决方案必定是临时性的。首先是共和左翼联盟，同胡赛和《解放报》主编奥特曼那样的人在一起……

波伏瓦：当时的《解放报》……

萨特：当时的《解放报》，是一份激进的社会主义报纸，后来变成了亲共，继而成为共产主义报纸，最后又变回了亲共。这次运动希望不同于共产党，但又是革命性的，力图通过革命的手段实现社会主义。其实这些都是唱高调，没有任何实质意义。首先是改革/革命的问题：是怎样的革命？仅仅以支持和导致改革为目的的革命吗？如果是这样，就应该反对：这与战前的改良社会主义没什么区别。或者，它是一种真正的革命运动？在我看来，尽管有几个带有这种倾向的人，革命民主联盟的举措中改良主义成分也要远大于革命性。特别是胡赛，一个曾经的托洛茨基分子，除了有一张唱高调的大嘴，完全没有革命性。就我而言，我是被吸收进革命民主联盟的，而不是坚决而自愿的加入者。我一加入，他们就想给我一个重要职务，我接受了。不过，我和胡赛之间有着十分严重的对立。我看到胡赛正在转向改良主义，他想为共和左翼联盟向美国工人联合会募集资金，这在我看来近乎发疯，因为这意味着让一个法国团体在财政上依附于这个美国大工会——美国的大工会和我们的工会以及我们执行的左派政策都大异其趣。我反对胡赛的这种倾向。

这个矛盾在胡赛去美国后爆发出来，他在那儿募集了一点儿钱。胡赛（尤其是奥特曼）在法国为那些可能对共和左翼联盟感兴趣的人组织了一次大集会，还请了那些美国人。

波伏瓦：您已经谈过这一点。我感兴趣的是：您认为一时可行的解决方案从长远看并没有什么价值。

萨特：没有什么价值，因为它很快就看起来是一次改良主义运动，不具革命性，它所采取的形式也不可行。在那个时候，在共产党之外建立一股迥然相异的革命力量是不可能的。在对立于共产党的自由和革命——这场革命排斥自由思想，从这个角度讲，它是一场群众运动——之间存在着矛盾。这样，经历了诸多犹豫之后，有了一个新的矛盾时期：李奇微的行动时期。李奇微到了巴黎，共产党举行示威活动反对他，声势浩大，几小时以后，杜克洛坐着小汽车经过，连排车座上有两只鸽子。他被逮捕了，理由是身边带着信鸽。这种指控简直是笑话，结果是我写了一篇文章为共产党人辩护，在《现代》上分几期连载，共产党因此改变了对我的态度。

波伏瓦：什么使您写了这篇文章？

萨特：说来奇怪，这完全是亨利·吉耶曼的缘故。他关于拿破仑三世掌权的书《十二月二日政变》给了我触动。在这书中他摘录了报纸、私人日记和拥护拿破仑三世上台的作家写的书，这使得我把杜克洛的被捕看得十分严重。

波伏瓦：于是您决定支持共产党。当然，您没有加入共产党。

萨特：我写《共产党人与和平》时和这个党没有任何交往，甚至是它的敌人。这篇文章的目的是说逮捕杜克洛是可耻的。后来，文章渐渐变成对共产党的半颂扬性文章，甚至开始赞颂共产党，反对当时法国的各大派系。结果是，共产党派克洛德·卢瓦和另一个人来找我——克洛德·卢瓦是共产党同非党知识分子打交道的代表，问我可不可以参加抗议逮捕亨利·马丁的知识分子的集会。我同意了，参加了这些知识分子的集会。我建议写一本要求释放亨利·马丁的书，并为里面的几篇文章做了评论。事儿做成了，书名叫做《亨利·马丁事件》。可惜，由于出版中遇到一些困难，书在亨利·马丁被释放十五天后才问世，就是说事实上出版时他已经获得了自由。

波伏瓦：然后您参加了和平大会。

萨特：那时，共产党对我的态度有了改变，我对它的态度也有了改变。我们成为同盟者。其余的左翼不存在了。社会党人继续站在右翼一边，和共产党作对，对它大肆诋毁。在我看来，当左派唯一的出路就是依附共产党。尽管有许多保留，《现代》在和共产党人联手实现一种有利于共产党的政策。

波伏瓦：这在多大程度上解决了您的矛盾？

萨特：从根本上说，这不算什么解决。持续的时间从来都不会长，而且我一生中有过那么几次曾短暂地为了团体的理念而放弃自由。

波伏瓦：当时您是否认为共产党是走向社会主义的一个阶段？

萨特：是的。我不认为我们的目标是一致的，但和他们携手前进并不困难。

波伏瓦：这延续到什么时候？

萨特：从一九五二年一直到一九五六年……

波伏瓦：一九五四年您去了苏联。当时您和他们的关系还不错。

萨特：是的，但在苏联看到的东西没有让我如何兴奋。他们当然只会给我看他们认为可以展示的东西，而我有许多保留。

波伏瓦：但您在《解放报》上写了一篇相当有颂扬性的文章。

萨特：那是科奥写的。

波伏瓦：应该说当时您很累。

萨特：我给了他一些指示，后来就跟您一起去旅行了。

波伏瓦：是的，去休息了一阵。然后是赫尔辛基，这是另一次和平大会，我也跟您去了。这是一九五五年。

萨特：对，我们见到了一些阿尔及利亚人，他们呼吁大家关注阿尔及利亚的局势。

波伏瓦：是的，然后是一九五六年，您和共产党决裂了。

萨特：这次决裂再也没有真的修复过。不过，一九六二年开始，它在某种程度上得到过修复，那时我又去了苏联。

波伏瓦：一九六二年我们一起去的，甚至去过两次。然后是在一九六三年、一九六四年、一九六五年。

萨特：不过，我和共产党人的关系不是很好。

波伏瓦：但我们有一些朋友是竭力反对斯大林主义的。您有另一次十分重要的介入——反对阿尔及利亚战争。

萨特：是的。

波伏瓦：您在战争中有过很重要的行动。一九六八年以后，您和毛主义者有了关系。您渴望个人自由，而集体行为意味着纪律和命令，您是如何把两者协调起来的呢？

萨特：我以这样或那样的方式介入政治或采取行动时，从未放弃过自由的思想。相反，每当行动时，我都会感受到自己是自由的。我从未属于某个政党。我可能会在某一段时间对某一个政党有好感——现在我对有毛主义倾向的人有好感，他们目前在法国已作鸟兽散状，但并未消亡，这些好感是有持续性的。因此，我会和一些团体有联系，尽管并不从属于他们。他们请我做些事情：我有回答好或不好的自由，我向来能够通过接受或拒绝感受到自由。比如说我在阿尔及利亚战争中的态度吧。那时我已经和共产党拉开了距离，因为共产党和我们其他人，大家希望的不完全是同一回事。共产党只是把阿尔及利亚的独立看作诸多可能性之一，而我们和民族解放阵线明确要求即刻独立。我们和共产党试图建立一个反秘密军队组织的团体，大家也因此有多少有点儿靠拢的迹象。不过，这件事并没有什么结果，因为共产党人想抹杀我们的努力。我向来把殖民主义看作一种纯粹的强盗行为，是一个国家对另一个国家粗暴的征服和剥削，是可忍孰不可忍。我认为所有的被殖民国家迟早会摆脱它们的殖民者。在阿尔及利亚战争中，我完全赞同阿尔及利亚反对法国政府；我说的就是政府，尽管很多法国人赞同维持一个法国的阿尔及利亚。我和一些法国人持续地抗争，和赞成恢复阿尔及利亚解放的人发展友谊，结合得更为密切。我甚至走得更远，和让松一起去跟民族解放阵线接触，为他们的秘密报纸写稿——我讲述这些事只是为了说明，自由是怎样包含在这个事件之中的。当然，这是一种原始的自由，让我在十六岁时就把殖民主义看成一种反人类的兽行、一种为了物质利益而毁灭人的行动。自由让我成人，让殖民主义成为卑劣之物；自由以让我成人的方式毁坏了别人，因此，使我成人就意味着反对殖民主义。这是我十六岁时思考的东西，后来可能思考得更为深入，一直思考到阿尔及利亚战争开始，甚至现在仍在思考它。一九六〇年我在巴西的里约热内卢，接到巴黎的朋友打来的电话，说了让松和他的朋友、合作者们审判的日期，还请我写一个证词让他们在法庭宣读——因为我不能在他们给我的期限内赶回去。显然，我无法口述这个证词。电话非常糟糕，我听不清他们说什么，他们也听不清我说的话。我只能跟我们的朋友们重申了几个核心观点，希望证词以此为基础。他们总算弄懂了我的意思，我知道他们会干得很漂亮。我让他们写出了这个证词。后来读到时，觉得他们写得准确极了。

波伏瓦：您在一九六〇年以前也写过许多文章。

萨特：我当然写了！我写了一些文章反对阿尔及利亚战争，反对严刑拷打。

波伏瓦：在哪儿发表的？

萨特：在《现代》和《信使报》上，还有让松的小报《真理为了》——这份报纸多少带有地下性质。

波伏瓦：还干过别的事儿吗？

萨特：在巴西，阿尔及利亚的代表要见我。我去和他见了面，谈到支持阿尔及利亚人的宣传工作；我们是完全一致的。此外，我在圣保罗就阿尔及利亚战争作了一个演讲。我记得这次演讲听者如云，人们大批地拥来，主要是大学生。他们撞开大门，大厅里挤满了听众。我阐述了自己对阿尔及利亚战争的看法，这也是民族解放阵线的看法。有个法国人试图驳斥我，他这样做是需要一定勇气的，因为听众总体上是站在阿尔及利亚人一边的。他被喝了倒彩，讲话就更不容易听到了。我回答了他。他消失了，演讲变成了一场声援阿尔及利亚人的示威活动。整个过程当中，我感到自己十分自由。我本可以拒绝作这个关于阿尔及利亚战争的演讲，用一个文学的题目来取而代之。但我希望将置自由于危险境地的事实清晰地描述出来，我内心深处的感觉是自己在演讲时非常自由，同时，演讲的题目是"阿尔及利亚人民的自由"。在这个层次上，我发现我的自由和作为目的的自由以及反对任何可能妨碍自由的自由的操练——也就是他人的活动——之间的联系又一次清楚地表现出来。

因此，需要把阿尔及利亚人民的自由作为最高的、绝对的目的，而把战争看成是妨碍人类解放的罪魁祸首。

波伏瓦：您列举了一些事实，但还是忘了一个事实，它可以证明您刚才说的情况，即《一二一声明》。它是非常重要的。我们在这份声明上签了字，结果回到法国时被威胁有牢狱之灾。让松的审判很大程度上也围绕着这份声明。

萨特：对，当时在香榭丽舍大街上有一些支持阿尔加利亚战争的游行队伍，他们嘴里高喊着："萨特去死！"法国政府想以在声明书上签字为罪名起诉我，就像起诉其他一百二十位签名者那样。这些也都是当时的背景，而在这种情况下，我仍然是自由的。我从不属于任何亲阿尔及利亚的组织，但我对它们都很同情，它们也都很接纳我。我想指出的是，这次不那么重要的小行动，以及我为了让阿尔及利亚的事业为众所知的所有行为，都源自我的自由。我不受任何人的调控，我根据自己的理论、政治信仰而采取行动。我介入得很彻底。后来，我们去了古巴，然后取道西班牙回家。入境时我们和海关人员争吵了一番，最后总算放我们通过了，但肯定上报了我们返回巴黎的消息。一些朋友本来劝我们坐飞机回来，因为如果被逮捕，就一定是在大庭广众之下，但我们觉得没必要张扬，更谨慎的做法是悄然无声地返回巴黎。普庸、朗茨曼和博斯特在巴塞罗那迎接我们，并把我们一直送到巴黎。警察开始搜集我们的证词，并让我们一星期以后去见指定的地方法官。预定见面的前一天，我们从报上得知可怜的法官生病了。又过了一周，他还病着，这场闹剧才算结束。以后再没有听说过我们会因为签署了《一二一声明》而被指控的消息。在数以百计的事件中我只谈到了这件小事。我想指出的是，自由如何使我在特定的时刻发现了阿尔及利亚人相对于法国人，或者法国人相对于阿尔及利亚人的真实关系——即压迫，我必然要以自由的名义来反对这种压迫，自由对我来说是每一个人生存的基础。作为人，我必须在每一个适当的时候采取行动，尽其所能地捍卫自由。我使用的手段取决于一些必要的动因和关系，后者和自由的主张不挂钩。不过，我使用的手段都渗透着自由的精神，这些手段对于在这个世界上伸张自由是不可或缺的。

波伏瓦：您试图和东方的作家、知识分子共同从事某种工作，这也是热爱自由导致的吧？我指的是一九六二年到一九六六年的苏联之旅，您的目的是不是试图帮助自由派知识分子实现自我解放？

萨特：自由派是一个很卑劣的词。

波伏瓦：但他们是自诩为自由派的，对吧？

萨特：是的。我想去看看是否能通过谈话使他们对这个世界、对现行权力、对当前行为的看法发生小小的改变。不过，我去苏联的主要目的是会见一些和我有共同想法的人，即那些已经自己在做这项工作的知识分子。有那么两三个人。

波伏瓦：苏联当局对希尼亚夫斯基和达尼埃尔进行审判后，您就在一九六六年停止了对苏联的访问。您认为所谓自由派知识分子的事业多少已经不复存在了。但发生了一件更加意义重大的事情，就是对捷克斯洛伐克的入侵。

萨特：对，以前有过对匈牙利的入侵。

波伏瓦：这导致了您和共产党人的决裂。一九六二年，您毕竟多少恢复了和苏联的关系，这一点刚才已经说了。不过，这次决裂是决定性的。怎样解释您在捷克斯洛伐克事件期间的立场？

萨特：我认为对捷克斯洛伐克的干涉特别令人反感，因为它清楚地表明了苏联对被称作苏维埃缓冲地区的社会主义国家的态度。这是一个强行用武力阻止政体变革的问题。我曾经受到捷克斯洛伐克朋友的邀请，那是一个有些奇特但很快就结束的时期：苏维埃军队开到那儿，捷克斯洛伐克人组织了一个知识分子的抵抗运动，特别是在布拉格。他们同时演出我的两个戏剧：《苍蝇》和《肮脏的手》，反苏动机十分明显。我去看了两场。我和观众交流，没有掩饰我对苏维埃入侵的感受。我也在电视里讲了话，措辞比较低调。总之，他们用我来帮助他们和敌人作斗争——真实存在却无法见到的敌人。我在那儿呆了几天，见到一些捷克和斯洛伐克的知识分子，我和他们谈话，他们对这次入侵愤慨不已，立意反抗到底。我离开时心情当然很沉重，但我确信事情不会那么容易解决，捷克斯洛伐克人民和苏维埃压迫者的斗争肯定会持续下去。不久我便就这个主题写了一篇文章，作为利姆一本书的序言。

波伏瓦：是的，书中汇集了一些证据……

萨特：证据来自大部分捷克斯洛伐克的著名知识分子，他们都反对苏联的干涉。

波伏瓦：捷克斯洛伐克事件之后，您有什么行动？您和一九六八年五月的事件有关系吗？

萨特：有关系，那是事件发生以后的事。在《现代》中我们注意到了大学问题，特别对教师主讲课和教授主讲课做了论述。克拉维茨写了一些文章。后来，我们跟所有法国人一样，因一九六八年五月事件而大跌眼镜。当时青年还挺看得起我。

波伏瓦：您在卢森堡广播电台作了一个支持学生的声明，这个声明甚至以传单形式在拉丁区散发开来。

萨特：没错。一九六八年五月的一天，我受邀在索邦大学大讲堂做了一次演讲。我去了，在挤得满满的大厅里讲话。索邦大学处于一种奇怪的状态中，学生占领了大学，这是一种奇景。后来，我又去了大学城讲话。总之，我和一九六八年五月的事件是有某种联系的。后来的事情有点儿模糊了。我记得被一群大学生朋友召到索邦大学讲话，讨论一个具体的问题：他们是否应在第二天游行示威？这件事我可管不着，我只能在泛泛的层面上讲些话。结果有人把一张纸条递到桌子上，写着："萨特，讲短些。"这表明他们并不特别希望听我讲什么，而实际上我对他们也没有什么可说的，我很久以来就不是学生了，而且也不是教师。我本来是没有资格讲话的。但我还是说了一点儿。上讲台时他们十分热烈地鼓掌，下来时掌声就稀稀拉拉了，因为我说的不是他们期待的。他们希望有人说："出于这样或那样的原因，应该举行一次示威，应该在这样或那样的条件下举行示威，等等。"一九七〇年，我起了一些作用。《人民事业报》接连有两位主编勒布里斯和勒当泰克被关进监狱。我不认识毛主义者，他们头一天还在《人民事业报》上攻击我，第二天却请我去当这家报纸的主编。

波伏瓦：那时是"无产阶级左派"。

萨特：是的。无产阶级左派是一个毛主义党，领导者是一个自称皮埃尔·维克多的人。这是我的又一次自由行动：没有任何因素强迫我接受，尤其毛主义者对我不是那么友善；也没有任何因素强迫我拒绝，因为他们是在一九六八年五月事件及以后付出行动的革命左派。问题一提出来，我就接受了，我接受去当主编。接受的动机，我现在只能影影绰绰地回忆起来。促使我的，是所有动机错综复杂的交叉组合。一天上午，一个毛主义者——我不记得是哪位了——来找我谈话，我说好吧，我接受，我从现在开始主编这份报纸。后来，我到了圆顶酒店，维克多及其他人等我和他们共进午餐。我是在那儿认识他的，他跟同事们说自己很高兴和大家共度那个下午。

波伏瓦：您和他们的关系怎么样？

萨特：我同意当一个挂名的头头，因为我对他们的倾向和原则并不怎么了解。我也不想真的当主编,他们其实也没有这个意思,我想的只是把自己的名字交给他们,一旦需要就可以和他们一起行动,让他们安心,不让他们作为一家报纸或一个社团遭到镇压。后来让事情变得有点儿复杂的变故是,不久之后,勒布里斯和勒当泰克的审判开庭,我作为《人民事业报》的第三任主编需出庭作证,并表明我和他们的立场一致。那天,内政部作出了镇压"无产阶级左派"的决议,这个党被取缔了。同时勒布里斯和勒当泰克被判入狱,刑期相当重。不久,热斯马尔也被追捕。他躲起来,但还是被人发现,带去受审。我也要去为他作证。就我而言,我不为自己担心,我不会被捕,他们认为我不是《人民事业报》真正的主编。某种程度上这是实情,我和报上写的那些东西没有关系。每一个人都知道让我当主编的目的是为了避免主编接二连三地被捕。可以肯定的是,换了一个比我年轻的毛主义者当主编,他早就该被捕了。我不会被逮捕,是因为他们怕造成太大的影响。这样,《人民事业报》便有了一种奇特的生命形态,一方面它是合法的,因为正式出版而我又是它的主编,而另一方面它又是遭禁的。一旦发现有人在卖《人民事业报》,就会立刻抓起来关上几星期。他们在印刷厂搜查到的报纸很少,因为大部分报纸都在前一天用卡车成批运走,发送到外省和巴黎。我们有过两次不同的行动,即把一部分报纸送到勒克莱尔将军大街,一部分送到普瓦索尼埃尔大道。我被关进警车看守起来。这些行为使我同编报的毛主义者的关系亲近起来。他们开始愿意和我对话了。我们相互见面,维克多、热斯马尔和别人与我探讨某种立场或某种姿态。虽然在第一阶段我没有成为真正的主编,但我开始感受到无产阶级左派的价值。我开始在他们身上发现一种战士的自由,这种自由在社会和政治方面影响着我。我在他们的行为中看到了设想一种自由战士形象的可能性,尽乍看起来是矛盾的。这的确和跟一个共产党战士在一起的情况有所不同。虽然从未参加过"无产阶级左派"——我说过，它被解散了，但以另一种形式继续存在着，但我渐渐接近毛主义者的某些立场。我和他们进行越来越短兵相接的讨论，通常是和维克多单独在一起。我看到了无产阶级左派对我来说可能具有的价值，我开始和编辑们讨论《人民事业报》的不同期数和各色文章，最后，我自己主编了一两期，集中了不同意见的撰稿人。大佬们不反对这样做，他们愿意看看会出现怎样的结果。显然，我采纳了毛主义者的思想倾向，前提是……他们的思想吸引我。这样我搞了两期，然后我多少就隐退了，尽管我的名字仍然出现在封面上。最后，《人民事业报》终于停刊了。但毛主义的精神仍然存在，而且，我认为自己是它的一个代表，尽管毛泽东的名字已经没有多大意义。我和维克多、加维在出版的《造反有理》中表达了一点儿我们的思想。我从一九七〇年到一九七三年在"无产阶级左派"中的政治历程就是这样的。

波伏瓦：后来呢？有另一份报吗？

萨特：有《解放报》！我当《解放报》的主编看起来是很自然的事——《解放报》不是毛主义者的报纸，但它是毛主义者和其他一些左翼团体的代表共同创办的。他们让我当主编，因为我曾经是《人民事业报》的主编。我同意了，因为我认为有一份纯粹的左翼报纸——极左翼，并立场鲜明地对每一个事件发表观点，这或许是一个真正的进步。在这个报社中，我有点儿像一个挂名主编。起初是因为主编的职责不明确。后来很简单，我生病了，没法在《解放报》中起到真正的作用。现在我不再是主编了，因为生病，不得不辞职，但我还是新编委会的成员，能够决定报纸的大政方针。您知道，我仍然十分虚弱，不能读又不能写。某种程度上讲，写还可以，但已经没法读自己写的东西了。不过，毕竟可以用各种手段让我的观点得以表达。从这个角度讲,自由仍然是最主要的部分,我用理性作出选择。新的《解放报》在这个夏天改版了,新的版面形式是我、维克多、加维和其他人共同研究决定的。新《解放报》过几天就会出版,这回它也许会有一个良好的开端。

波伏瓦:在我们的谈话中,您似乎很愿意谈及您和政治的关系。在和维克多、加维的谈话中,您谈到了政治,而现在您仍然坚持要和我谈谈这个问题。为什么?毕竟,您首先和主要是一个作家,一个哲学家。

萨特:因为政治生活代表了某种无法逃避的东西,我曾经卷入其中。我不是政治人物,但我面对诸多的政治事件作出了政治上的应对。因此,人在广义上的政治境况——即人被政治所波及、所浸透,是某种构成我的个性的东西。比如说,毛主义者在某些时间里认为我和维克多的友谊仅仅是一种政治关系。

波伏瓦:毛主义者的观点不是普遍永恒的观点。后人不会把您当作政治家,而只会认为您根本上是一个作家、哲学家,尽管您和所有知识分子一样有自己的政治态度。您为什么对自己生活中的政治维度给予如此特别的重要意义?

萨特:二十岁的时候我是不关心政治的——这也许只是另一种政治态度,而我最终成为一个社会主义/共产主义者,直面人类的某种政治命运。我想,从不关心政治到成为纯粹的政治主义者,两者之间的过渡体现了一种生活。政治占据了我一生中的很多时间,包括共和左翼联盟,还有我和共产党人、毛主义者的关系,等等。这构成了一个整体。

波伏瓦:那么,愿意回顾一下您的政治历程吗?

萨特:应该先解释一下什么叫做没有政治性,它是从何而来的，为什么我刚与您结识时不关心政治，然后，政治是怎样越来越紧密地围绕着某人，最终使他以这种或那种方式接受了政治。我觉得这个问题是有根本意义的。

波伏瓦：好吧，咱们谈谈这个。

萨特：好的！我小时候，政治是一种属于每个人的活动。每个人都应该履行一定的职责，比如说投票。所有人都投票，国家才可称为共和国，而不是第二帝国或君主国。

波伏瓦：您的意思是，您寄居在外公外婆家里，那儿有一种政治气氛？

萨特：对，我外公采取的是第三共和国的政治原则。我想他投了中间派的票，他没有多谈他为之投票的那些人。他认为应该保守这个秘密。这在家庭内部显得十分可笑——家里有一位不关心政治的妻子、一个什么都不懂的小女儿，还有我，因为太小而无从了解这一切。不过，他还是希望和大家保持距离。这是投票人的秘密，这是他在投票时所行使的政治权力。不过，他还是跟我们说过他将把票投给庞加莱。

波伏瓦：这么说，您很小的时候大家就在谈论政治？

萨特：啊，很少。只是谈一点点。

波伏瓦：我想当时最重要的问题还是民族主义，是吧？

萨特：是的。阿尔萨斯，还有战争。

波伏瓦：这么说，打童年起您身上就有了作为公民的一面。

萨特：对，阿尔萨斯对外公来说是至关重要的。德国人夺去了阿尔萨斯。因此，我怀揣着可以在教科书里找到的政治思想，直到战争爆发。战争中，有胆识过人的法国小孩和英勇善战的法国兵，他们和德国坏蛋竭力周旋——这是学校灌输的一种简单的爱国主义，我完全相信它。当时，我甚至写了一篇惊险故事，那是在巴黎上六年级时的事。故事的主人公是一个士兵,他俘虏了德国皇太子。他比皇太子强壮,在一群高声大笑的士兵面前把皇太子揍倒在地。

波伏瓦:那么,您觉得自己是一个公民。好,您具有作为公民的一面。而且,您在外公写的爱国主义戏剧中扮演了角色。

萨特:是的。

波伏瓦:您的台词是:"永别了,永别了,我亲爱的阿尔萨斯",诸如此类的话。

萨特:正是这样。那是放假的时候,我们和旅馆里的同志们一起演的。这要归因于战争;而在战前,要归因于我家里资产阶级共和国的气氛。我很快就接受了这个理念,即一个人的生命应这样度过:一开始不问政治,到了五十岁则逐渐变得有政治性,例如左拉,他在德雷福斯事件中从事了政治活动。

波伏瓦:您的这种思想是从哪里来的?

萨特:因为我把自己和作家们的生活等同起来了。作家的一生包括青年时代、作品问世的中年时代,下一个阶段就是作为作家介入政治、参与国家大事的时代。

波伏瓦:但这并不是所有作家的履历。有很多作家没搞过政治。为什么这种履历会打动您?为什么您觉得它比——比如说司汤达的履历更值得效仿——司汤达您很喜欢,他却从未在这个意义上搞过政治。

萨特:司汤达用另一种方式搞政治。

波伏瓦:但他完全不是在您说的那种意义上搞。那种履历为什么能特别打动您?

萨特:我听说过的作家几乎都从事过政治活动。

波伏瓦:是的。要知道,事物只有在我们处于被影响的状态下才有可能影响我们。所以，如果说那种履历特别打动您，而您又把自己的履历相与等同，那是因为在您身上有些因素使您把类似的经历看成值得效仿的对象了。

萨特：是的。我知道，政治也是可以自我书写的。政治不仅仅通过选举或战争实现，它也会自我书写。有些文字就是针对某一个特定政治事件的讽刺或讨论，在我看来，它就是文学的一个附属品。我想自己应该在晚年干不动文学的时候从事这项工作。毕竟，我认为我的人生——我说的是人生，而不是作品。我不大想我的作品——我认为我的人生就该这样：以政治告终。纪德在晚年也是这样，他去了苏联，去了乍得，战后和政治保持着诸多联系。

波伏瓦：是的，您刚刚用了一个很怪的词。您说："在我看来，它就是文学的一个附属品。"您是不是认为，搞政治是一个作家几乎无话可说的时候仅存的能干的事情？或者您认为这是一种辉煌，可以让作家赢得更广泛的听众，并从写作过渡到行动？

萨特：作家老了，不能那样子行动了。他可以为年轻人提供建议，或介入一件特殊的事件之中，比如德雷福斯事件，或维克多·雨果把自己流放到那个岛上，以此谴责第二帝国。事实上，两方面都有价值。我把政治看成是作家忧患对象中的一个附属品。它不可能是一部具有长诗或小说那样价值的作品，但它也是作家的一部分。政治的写作层面理应成为一个老去作家的分内之事，也应该是他辉煌的顶峰。和作家从前所干之事相比，搞政治是次要一点儿的事情，但它同时又是作家辉煌的顶峰。

波伏瓦：既是衰退又是顶峰？

萨特：既是衰退又是顶峰。我体验这种想法很久了，直到成为中年人。

波伏瓦：我们仍在谈您的童年。后来您回到巴黎，进了巴黎高师,和尼赞和别人交了朋友,我觉得他们在政治上是颇为介入的……

萨特:是的。

波伏瓦:当时,您是最不过问政治的人,那时的您对他们怎么看?

萨特:是的,我当时不过问政治。某种程度上我有点儿笑话他们。我认为,他们该在巴黎高师干正事,而政治是正业外的一种游戏。另一方面,我又挺佩服他们,因为自己没有能力和他们一起支持某些论点或定义一些目标。不过,我对政治不感兴趣。比如说社会主义,很多高师的同学为之着迷,我却无动于衷。

波伏瓦:比如说阿隆。

萨特:阿隆最初是社会主义者,但没有持续很长时间。所有人都被所谓的社会主义——即某种形态的社会——吸引了。我不反对社会主义,但也谈不上支持。我同样不支持资本主义,但严格讲也谈不上反对。总之,我认为大家和社会都保持着同样的关系。那是一些国家体制,里面的公务人员将它们稍作变更,但相对于所有的体制,大家尚需自己搞定自己的事。我不认为自己能影响到这些体制。除非我真的进入政治领域,加入某一政党,而这个政党又在选举中获胜。我甚至连想都不想。

波伏瓦:我刚认识您时,您有一种您所谓的逆反性审美。您认为,世界很大程度上是可憎的,有资产阶级,有……总之是一个让人讨厌的世界,但这样挺好。

萨特:是的。

波伏瓦:而作家的职责,恰恰在于直面这个世界,揭示它、讨厌它,却并不一定想去改变它。如果世界变了,变成安居乐业之地,就再也不能用同样的方式讨厌它了。对您而言,这几乎带有一种审美的态度。不过，您对社会原貌本身是抱有一定信念的。

萨特：我记得最初的政治反应是在十五岁，关于殖民地。我认为殖民地就是对一个国家无耻的占领。这意味着战争，非正义的战争，意味着征服、占领一个国家，进而奴役这个国家的人民。我认为这种行为是绝对丢脸的。

波伏瓦：为什么呢？是您的生活圈子给您灌输了这种想法吧？

萨特：肯定不是。我这么想，可能是通过阅读。在拉罗谢尔，当时是十四岁时，其他孩子对这件事完全不感兴趣。

波伏瓦：后来呢？相反，我们有一整套关于白种人文明的神话。您与文化的关系很是密切。这样，您有可能陷入这些神话之中吗？

萨特：但我没有陷进去。

波伏瓦：为什么呢？试图找找原因吧。

萨特：我读一年级和文科预备班时有一个神人——哲学教师费利西安·夏莱，他经常发表反殖民言论，学生们很是信服。我很快就听说了这个人，开始是尼赞告诉我的——尼赞当然是一个反殖民主义者，虽然不是那么激进。他感兴趣的是民族问题。

波伏瓦：很有趣的是，我们发现您在很年轻的时候就对种族、文化、文明的相对优越性毫无概念。

萨特：毫无概念。

波伏瓦：而这是很重要的。您有文化，从小受到精英主义教育，而这些事实对您却没有任何形式的影响，怎么会这样呢？

萨特：我最初接受的是真正平等的思想。我认为人们和我一样是平等的。我想，是外公给了我这种思想，他在形式上告诉我这个道理。对他来说，民主就意味着人人平等。如果把一个和你平等的人当成一个没你重要的人，我从直觉上就会认为这是一种不公。我还记得,从十四岁起就拿阿尔及利亚做例子。很久以后,当我想到阿尔及利亚时,当法国和它打仗时,我的思想并无变化。

波伏瓦:这是您第一次鲜明的政治反应。这很重要。对工人的剥削,您很年轻的时候就感受到了吧?

萨特:这很难说。我记不很清楚了。我继父是拉罗谢尔一个造船厂的厂长,手下有很多工人。我现在不记得当时是怎样看他们的了。肯定有一部分会受继父视角的影响,把工人看作未成年人——我的意思是二十岁以下的人。

波伏瓦:是的,当他们是孩子。

萨特:是孩子。后来,这让他深受伤害,因为这种思想等于否定了他的整个人生。在一九三九年战争以前,我没支持过任何一种社会主义社会。

波伏瓦:是没有。

萨特:我还记得,在奇怪的战争期间,我在笔记本上写道:社会不应该是社会主义的。

波伏瓦:您认为社会主义社会对您来说是无法生活的。

萨特:是的,从当时所有关于苏联的描述来看,我无法生活在这种国家里。

波伏瓦:然而,在资产阶级社会里,您生活得也很不舒服,对不对?

萨特:是的。所以我就虚构了神话的社会:适合生活的美好社会。"不务实"成为我的政治特征,我就是这样进入政治领域的。

波伏瓦:我们还是再说点儿您进入政治领域前的事儿吧。无论怎么说,您对阶级划分是很排斥的。我记得有一件事让那位女士和盖耶很恼火,那时我们正一起周游西班牙,到了隆达的时候,您用一种厌恶的口气说:"这都是些贵族之家。"您大发雷霆,感到很恼火。

萨特：这是难以索解的。无产阶级被强迫的生活方式，我肯定是旗帜鲜明地反对的。我觉得他们活得太苦，我站在他们一边。然而，不管怎么说，我仍然有一丝怀疑，这肯定是因为我毕竟是一个造船厂厂长的继子。

波伏瓦：您是说在您很年轻的时候吗？

萨特：对，十四岁的时候。

波伏瓦：记得在伦敦时，您对失业问题很感兴趣，想去看看失业者的生活区，而我宁可去参观博物馆。您人格中的社会维度比我强大。

萨特：是的。

波伏瓦：在文科预备班、文科预备班二年级和巴黎高师，您有一些心怀政治信念的同学，交的朋友也多少都是左翼。您谈到阿兰的学生，他们是不同程度上的左翼，用当时的话来说都属于激进分子。尼赞是左派，您的其他同学也是。

萨特：他们全是左翼，不是社会主义者就是共产主义者。当时，做一个共产主义者，需要比现在大得多的勇气。

波伏瓦：但在巴黎高师也有一股很强的右翼倾向。您是非常反感的。

萨特：是的，非常反感。

波伏瓦：为什么呢？我想，这可以说是一套与习俗相对的态度。

萨特：是的，对于习俗而言，我是明显的左翼。比如说我明显是反基督的。您知道，我十二岁就认定上帝并不存在，这个观点从未变过。于是我重新审视什么是宗教。中学对于宗教的教育——包括古代宗教、天主教和信教——使我把宗教看成一整套戒律、圣训和道德的集合体，它们因国家的不同而存在着差异，却和上帝毫无关系。上帝不存在。因此，我不是教徒，我没有信仰。信徒所有的乐观倾向都让我厌恶。我认为他们都搞错了。

波伏瓦：原则上，您是支持习俗中的最广泛自由的？

萨特：对。

波伏瓦：也支持言论自由？

萨特：也支持言论自由。

波伏瓦：可不可以把您的形而上学或宗教的观念、您关于习俗或道德的思想整体解释为一种左翼的个人主义？

萨特：没错，这是一种左翼的个人主义。个人在当时对我来说比后来重要得多。而且我生活在一个个人主义的世界里。外公是个人主义者，我习得了他的个人主义观念。尼赞是个人主义者……

波伏瓦：是的，尼赞，无论他参加……他是什么时候参加共产党的？

萨特：他参加了两次。一次是在文科预备班，后来他有点儿退回到右翼。他在巴黎高师二年级时又参加了一次共产党。

波伏瓦：他没有试图给您施压，让您追随他吗？

萨特：没有，完全没有。

波伏瓦：您的其他同学，比如说那些社会主义者，他们没有试图向您灌输思想吗？

萨特：没有，如果我问他们，他们会解释他们正在干的事情以及他们的感受。加不加入是我的自由。他们把我看作一个将来迟早会接近社会主义的人，但不应由他们来强迫我。

波伏瓦：您第一次读马克思是在什么时候？

萨特：在巴黎高师上三年级时。三年级和四年级。

波伏瓦：这对您有什么影响？

萨特：我觉得这是一种深思熟虑的社会主义学说，有一定影响。我和您说过，我自以为理解了，而实际上什么都没有理解：我看不到这种学说在当时的意义。那些词语我明白，那些思想我明白，但社会主义学说可以应用于当前的世界，剩余价值的理念具有当下性，这是我在当时没能理解的。

波伏瓦：它没有触动您吗？

萨特：没有。那不是我读过的第一个社会主义体系……

波伏瓦：是的，只不过其他的社会主义理论都有乌托邦性质，而这个体系中有一种对现实的分析。

萨特：是的，但我缺乏区别空想和非空想的尺度。

波伏瓦：这么说它没有十分打动您？就我来说，我没有很好地理解马克思，但剩余价值的观念仍给我很大的冲击，那时我十八九岁的样子。我真的理解了剥削、不公——以前只是有一些模模糊糊的想法，因为我看到世上有富人、穷人和被剥削的人，等等。这些在马克思那里变得体系化。这让我受到很大触动。

萨特：我读懂了，但没有感受。我认为它很重要，我读的这些文章很有意义。但谈不上思想上的冲击。当时可以读的东西太多了。

波伏瓦：您的意思，各种各样的哲学冲击太多了？

萨特：是的。

波伏瓦：您记忆中最早参与政治是什么……

萨特：很模糊。直到一九三九年我生活中的政治观都是很模糊的。

波伏瓦：但您总有某种政治情绪吧？

萨特：是的，从杜梅格时期起就有了。

波伏瓦：我们第一次去意大利时，您的政治感受是很不愉快的。您到柏林去,这对您很重要,此行的目的是研究哲学,但您同时也强烈地意识到大街上冲锋队的存在。

萨特:对,我是反纳粹的,我厌恶法西斯主义者。我记得在锡耶纳看到法西斯主义游行:那是一群法西斯主义者,头头是个圆滚滚的家伙,穿着黑衫,我觉得他讨厌至极。

波伏瓦:后来有西班牙内战,对您有影响。

萨特:它对我们都有影响,包括您。热拉西应征入伍,这件事更把我们和战争联系起来了。

波伏瓦:那是第一次与莫莱尔夫人、热拉西不和。热拉西作为一个西班牙共和派去参加战斗,我们认为干得好——即使他不怎么会打仗。盖耶和那位女士说:"他应该想想他的妻子和孩子。"这是一种右翼的反应。当然,他们是拥护共和国的,但条件是这个共和国施行的是严厉镇压工人的自由主义民主。一旦超越这个雷池,他们就完全不喜欢它了。意大利和德国——尤其是意大利,为西班牙提供了大量武器,而布鲁姆却没为西班牙提供什么,我们觉得十分愤懑。我们是主张进行干涉的。

萨特:对。

波伏瓦:后来是人民阵线。

萨特:是的,人民阵线。那些年我们的处境很奇怪。我们感觉不是在和人民阵线这个政治团体合作,而是在它旁边前进。

波伏瓦:请说清楚些。

萨特:当时有人民阵线,后来有一些和人民阵线有关的人。我们不在他们之列。人民阵线获胜会让我们很高兴。在情感上,我们和这些团体紧密相连,但不为它们做任何事。我们毋宁是旁观者。

波伏瓦:有一件事让我们同盖耶和那位女士决裂。当工人开始罢工时,盖耶说:"不行,这会妨碍布鲁姆的行动。"他可以接受布鲁姆，只要他能稳定秩序，但就是不允许工人很自由地作决定。而我们当时十分极端和激进，唯"苏维埃政权"马首是瞻。工人攻陷厂房，成立工人委员会，我们觉得干得很好。理论上，我们是要多极端就有多极端的。

萨特：我们是极端主义者，但我们什么都没有做……别的人，像科莱特·奥德里就投身于左翼政治。他们没做出什么大事，因为没人能做出什么事来，但他们行动了，我们没有。

波伏瓦：那时您还是个无名之辈，名字没有分量，您不属于哪个政党，也不愿意以个人名义参加哪个政党。您的《恶心》还没有出版。所以，您还是个无名之辈。而且，我们觉得介入派知识分子的主张是十分搞笑的。当然，我们带着极大的兴趣关注事件的发展。您同盖耶、阿隆、科莱特·奥德里的谈话往往是政治性的。您完全不是那种封闭在象牙塔里、两耳不闻窗外事的人。

萨特：我完全不是那种人。日常生活以及自己身上发生的事，我是十分关注的。

波伏瓦：您对一九二八年巨大的战争威胁和以后的慕尼黑会议有什么反应？

萨特：我支持捷克斯洛伐克的抵抗，反对强大的盟国抛弃它。不过，慕尼黑会议之后倒是松了一口气，因为战争的威胁暂时消除了。但是，您和我还是挺悲观的，认为战争不会太远。

波伏瓦：我比您更如释重负，更无能为力，比您更怕战争。我们之间有过讨论，我采用的是阿兰的和平主义论调。我跟您说朗德的神甫才不会在意希特勒，而您答道：这不是真的，他会在乎，如果希特勒赢了，对他关系太大。您不希望尼赞的眼睛被小汤匙挖出，也不喜欢别人强迫您烧掉手稿。您是强烈主张打仗的，我不知道慕尼黑会议期间怎样，但至少从第二年开始您很支持战争。您认为不该任由希特勒成事，不该袖手旁观地等他成事。是什么使您得以避免落入和平主义的窠臼呢？——比如说阿兰的许多学生就都陷了进去，我也差一点儿落入这种不负责的态度。

萨特：我想，那是因为我当时没有政治态度。一个人如果排斥或主张战争宣言，如果他是决定打仗、决定抵抗或决定不打的群体中的一员，那他就是在搞政治，就有了一条明确的行为路线。我没有明确的路线。希特勒一上台我就深恶痛绝，他对犹太人的态度在我看来无法容忍。我不能想象他将无限期地做一个邻国的首脑。因此，格但斯克事件发生后——甚至更早一些，大概那年的三月份，我就开始反对希特勒。慕尼黑会议后，我像大家一样也松了口气，没有意识到这次缓解意味着一种恒定拥护希特勒所作所为的政策。松气是一种应该拒绝的态度。这口气我没有松太久。我的松气里面包含了一些自相矛盾的地方：一定程度上，我是反对慕尼黑会议的，同时我又为慕尼黑会议的召开而松了口气。战争缓和了一段时间。然后，在这一年里，波兰成为希特勒计划的中心。而且根据以后的了解，以及现在通过阅读 J·费斯特的书所得知的情况来看，希特勒自己并没有决意挑起战争，他也不知道什么时候开战。对波兰采取行动时，他确信能将英国——因此也能将法国——排斥在外。而我们则认定应该挽救波兰危机，反对希特勒的兼并企图，否则一切都会彻底完蛋。

波伏瓦：以什么名义抵抗？以道德的名义，这是不正义的吧？

萨特：以一种我当时有的模模糊糊的政治观念，它不是社会主义的，但属于共和派。外公有知的话也会反对。他反对是因为这是一种强占、一种侵略。

波伏瓦：这是纯粹的道德态度吗？或者说毋宁是一种政治态度，隐隐预感到如果希特勒得势，世界将会怎样？

萨特：是这样的：希特勒的势力日益强大，如果由其发展，他最终会变成世界——至少是欧洲——的主人。这是我们不能容忍的。我反对他的动机很简单，即我的自由观——所有法国人都有一样的感觉，那是一种政治的自由。尽管当时我从未投过票（别忘了我是不投票的。我在战争结束前不投票）。在这个问题上，我们坚持共和制，因为我们认为投票行为意味着人的自由。

波伏瓦：既然不投票，您为什么还坚持共和制？

萨特：我希望别人投票。我认为如果事情看起来非同小可，我是会投票的。我没有规定自己不能投票。我只是对事儿不感兴趣。而且两次大战之间的执政议会在我看来是稀奇古怪的。

波伏瓦：您希望那些议会继续存在吗？

萨特：当时我认为它们应该继续存在。我并不反对宪法。事情就是这样：我看到的政治世界是一个稀奇古怪的世界。

波伏瓦：一个稀奇古怪的世界、一个阶级的世界、一个统治者保护特权阶级的世界。

萨特：我认为选举和议会并不是一种必然的条件。我想可以设计一种真正符合民众需求的选举。您知道，我当时对阶级斗争并没有什么思考。直到战争爆发及战后，我才对阶级斗争有所理解。

波伏瓦：您多少对它还是有些理解的，毕竟有人民阵线在。得知工人取得了胜利，我们很高兴，还给了罢工者一些钱。

萨特：是的。但我没有将它看成一场两个阶级——资产阶级和无产阶级——相互对立的运动，而在历史上两者的关系必然是对立的。

波伏瓦：说您对阶级斗争没有概念，这是有点儿言之过早了。

萨特：我出身于一个资产阶级的环境，所以甚至没有听说过阶级斗争。我母亲，甚至我外公，都不知道它是什么。因此我把周围的人——无论他是无产者还是资产者——都看成是一个和我一样的人。当时,我完全看不到后来看起来至关重要的差别。

波伏瓦:总的来说,您对资产阶级是极其厌恶的,是不是?

萨特:厌恶是厌恶,但我不是作为一个阶级厌恶它。在二三十年代,自认为是资产者的人并不把自己视为一个阶级。他们自视为精英,而我厌恶的就是这帮有资产的精英,还有他们的道德。但我不把他们看作一个阶级,一个占有人民、压迫人民的阶级。我认为他们是因为某些禀赋而变成了既成事实的精英,可以统治他人。我们当时没有阶级的概念,而且您也没有。

波伏瓦:我觉得您说得不太对。比如说,西班牙内战,我们很清楚这是一场阶级斗争。

萨特:对,我们知道。这些词语我们并不陌生。尼赞是共产党员,常说到阶级。不过,作为一种观念,可以说我们没有充分吸收它。我是在战争期间和战后才关注阶级斗争的。

波伏瓦:但我们在读饶勒斯的《法国大革命史》时……

萨特:那是后来的事,在一九三七年、一九三八年。

波伏瓦:那时,我们已经从阶级斗争的意义上了解大革命了。

萨特:是的,但当时没有无产阶级。大革命是资产阶级的胜利。这是不同的。这也是它在学校教学中被过分渲染的原因。

波伏瓦:我谈到饶勒斯的《法国大革命史》,是因为他特别强调大革命的资产阶级性,没有走入极端,并在这场资产阶级的胜利中将所谓的人民放在了一边。我认为您有所夸张,而且简单化了。您还是了解阶级斗争的,是吧?

萨特:我了解它,但我没有运用这种观念。我没有把一个历史事件理解为阶级之间的对立。

波伏瓦:我们读利沙加勒的《巴黎公社史》时,清楚地知道这是一个阶级斗争的问题。

萨特：我们的确知道，但那只是一种某些情况下有效、某些情况下无效的诠释方式。我们本不该把历史简化为阶级斗争。您并不认为希腊罗马史或古代社会制度应该用相互斗争的阶级来解释。

波伏瓦：我们仍然不太知道应该在多大程度上只用阶级斗争的观点来分析历史事件。比如说，以色列和阿拉伯之间的战争就是完全不同的东西。

萨特：我正要跟您谈这个。一九四五年以后，即战争期间和战后，阶级斗争才在我们心目中变成至关重要的东西。我们把阶级斗争看作历史事件中最关键的动因之一，但其他动因也是存在的。

波伏瓦：最初您具有阶级斗争的某种观念，您了解却并不运用。后来，阶级斗争的观念对您来说变成了对世界的一种根本性解释，您是怎样完成两者之间的过渡的？

萨特：一切都是因为战争才发生变化的。当时，我和其他人接触（他们因在同一个军团而与我发生联系），并看到他们怎样看待世界（这可以导致两种假设：或者希特勒胜，或者希特勒败）。而我参加了持续了三个月、六个月的战争，我和所有法国人一样开始思考什么是历史、什么叫做成为时时刻刻都由集体事件所决定的历史的一部分。这让我意识到历史对我们每个人来说意味着什么，每个人都是一部历史。那肯定就是奇怪的战争，两军对峙，却毫无行动，真让我大开眼界。

波伏瓦：我不明白这怎么会为您提供了阶级斗争层面上的意义。

萨特：我不是说阶级斗争。我说的是历史。

波伏瓦：啊，是的！是历史。

萨特：事实是，从一九三九年起，我就不属于自己了。在这之前，我一直以为自己过着完全自由的个人生活；我选择自己的衣服、自己的事物，我写东西；我自认为是一个生活在社会内部的自由人，完全不觉得这种生活会被希特勒的存在或面前的希特勒军队所左右。后来我明白了这一点，并试图在我的小说里表达过（《自由之路》第一卷，第二卷里也有一点儿）。于是，我到了那里，穿着极不合身的军服，站在穿着同样军服的别人之间；我们之间存在着某种关系，既非家人也非朋友，却十分重要。我们肩负着外界加给我们的职责。我发射气球，用双筒望远镜观察它们。我从没想过会干这个，但服役期间他们就是教会我干了这个。于是我就在那儿，干着我的行当，在干着相同事情的陌生的他者之间。他们帮我干，我也帮他们干。他们看我的气球在云间越飘越远。在离德军几公里的地方，有一群和我们一样的人做着同样的事，还有一些他者正在准备一场袭击。那里，正发生着一桩绝对的历史事件。我突然掉进了人群之中，被派定了一个具体而愚蠢的角色。我扮演着这个角色，在一群和我一样穿着军装的他者对面，后者的职责在于破坏我们正在干的事，最终来袭击我们。

其次，更为重要的醒悟是战败和被俘。从某一天起，我和同事们被打发到其他阵地去。我们坐卡车到了一个镇上，在那里落脚，睡在当地人家里，我们不得不和思维方式变化无定的阿尔萨斯人打交道。我记得有一个农民，他是站在德国人一边的，和我们辩论起来，坚持着亲德理论。我们在这儿睡下，后来离开，但不知道能不能躲过德国军队。我们在那儿呆了三四天。德国人逼近了。一天晚上我们听见炮弹击中了一个村庄，大约十公里远——顺着平坦的道路可以清楚地看到。我们知道德国军队第二天白天就会开到。这件事给了我非常深刻的印象，尽管从一个历史学家的角度看是微不足道的，任何教科书或战争史都不会提到它。一个小村庄被炸，另一个小村庄等待着下一轮被炸。一些人被困，等待德国人来对付他们。我来这里睡觉，我们被长官遗弃了——长官正举着白旗在森林里逃亡，和我们一样做了俘虏，只不过时间不同。士兵和军士在一起，我们睡了，第二天早晨听到了人声、枪炮声和哭喊声。我迅速穿上衣服，心里明白自己马上要被俘了。我出了门，我睡的地方是广场中的农民家。我出了门，我记得当时有一种看电影似的奇异感受，似乎自己在演一个电影角色，一切都不是真的。有一枚炮弹击中了教堂——那儿可能有一些头一天到的抵抗者。他们确实和我们不一样，因为我们根本不想抵抗，而且也没有抵抗的手段。我在德国人步枪的监视下穿过广场到达他们指定的地方。他们把我带到一大群要转移到德国去的青年之中。我在《痛心疾首》中叙述了这个场景，只是把故事转嫁到了布吕内身上。我们走着，不知道他们会怎样对待我们。有人指望他们会在一两个星期以后放了我们。事实上，当时是六月二十一日，是我的生日，也是停战的一天。我们是在停战前几个小时被俘的。我们被带到了一个宪兵队营地，在那儿我又一次得知历史的真相是什么。我知道自己是一个生活在面临各种危险的国家里的人，这个人自己也正面临着各种危险。在所有在场的人之间存在一种统一的思想——战败、被俘，这在当时显得比任何事都重要得多。我从前学到的东西、写过的文章，以及过去那些年在我看来都毫无价值，甚至显得毫无内容。必须呆在那儿，吃他们喂给你的食物——其实他们很少来喂东西吃。有些天我们什么都没吃，因为他们没想到要为这么多囚犯供给食物。我们就睡在这个营地的地板上。

波伏瓦：这个营地是在巴卡拉吧？

萨特：对。我们睡在不同营房的地板上。我和一大群同伴挤在阁楼里，席地而睡。有那么两三天，我和同伴一样饿得要命。因为没有吃的，大家躺在地板上说胡话。说几小时胡话，再冷静几小时，视情况而定。没有德国人来管我们，他们只是把我们放在这儿。终于有一天，他们给了我们一些面包，我们的感觉好了一些。后来，我们坐火车来到德国。这是一个打击，因为大家本来是模模糊糊怀着希望的。我认为我们会继续留在法国，等德国人入驻，就会来放人，让我们各自回家。他们根本没有打算这样做，因为我们来到了特里尔的一个战俘营。战俘营的对面是一条路，路的另一边是德国人的营地。我们有许多人在德国营地里干活。我一直是战俘，没被派做什么事。我什么活都没干，只是去见别的战俘，和一些教士还有一个记者交上了朋友。

波伏瓦：这个我们那天谈过了。我想知道的是，这一切在多大程度上向您揭示了阶级斗争？您在战争中发现了一种历史尺度，这点我同意。

萨特：请等一下。

波伏瓦：好吧。

萨特：我在德国一直呆到三月份。在那里，我以一种奇怪却印象深刻的方式了解到这样一个社会，那里有阶级、有等级，有些人属于这个群体，有些人属于那个群体。这是一个战败者的社会，被俘虏他们的军队所喂养。不过，这个社会是一个整体。没有军官，我们都是普通士兵。我是个二等兵，我开始学会服从心怀恶意的命令，开始懂得什么叫做敌军。和别人一样，我和德国人打交道，有时是为了服从他们的命令，有时是为了听他们那些愚蠢自负的谈话。我呆在那儿，直到有一天他们终于把我当成一个疯疯癫癫的人放掉。我被人用火车运到德朗西，关在一个机动保安队的营地里，那里很宽敞，有些建筑修得像摩天大楼一样。大概有三四个营地，里面全是战俘。两周以后我被释放了。

波伏瓦：那时您已经给我写信说："我要搞政治了。"您写下这话是什么意思？

萨特：这意味着我发现了一个社会性的世界，我发现自己是被这个社会锻造而成的。至少，从某种角度上说，我的文化、我的某些需求和生活方式都是被这个社会锻造的。某种程度上，我被集中营重新赋予了形式。大家群居在一起，时时刻刻相互触碰，我还记得自己写过这样的话：第一次得到自由返回巴黎时，我惊讶地看到人们坐在咖啡馆里与我保持着距离。在我看来，这是一段丢失的空间。就这样，我回到了法国，带着这样的想法：别的法国人意识不到这一点；有些人能意识到，即从前线回来、被释放的人，但没有人能让他们立意抵抗。我回到巴黎，认为这才是第一要务——建立抵抗团体。试图一点点争取多数人加入抵抗行动，并由此实现一个驱逐德国人的暴力运动。我并不认为他们一定会被赶走，但总有八成希望——我总是这么乐观，另外两成可能性是他们获胜。而即使他们获胜，我也认为应该抵抗，因为他们总会以这种或那种形式耗尽精力。就像罗马一样，它征服了一些国家，同时也摧毁了自己。

波伏瓦：但您没有设想任何一种具体的抵抗运动，对不对？您发起的运动叫做"社会主义与自由"。对您来说，社会主义者和抵抗者之间的关系如何？您和右翼抵抗者接触。您也同左翼抵抗者接触，或者说派人和他们接触。在您心目中，抵抗运动和社会主义是什么关系？

萨特：法西斯主义最先以反共的姿态出现，因此，做一个共产主义者——或至少是社会主义者——便成了一种抵抗的形式。也就是说，要采取一种和民族社会主义针锋相对的立场。反对纳粹的最好方式就是坚持自己对于建设一种社会主义社会的欲望。因此，我们创立了这个运动，我，还有您，几乎可以被看成是运动的创始人。

波伏瓦：请谈谈抵抗运动期间您和共产主义的关系。《苏德互不侵犯条约》和尼赞的反应都对您触动颇深。

萨特：尼赞脱离了共产党。战争期间，他被害之前给我写了封信——那时我还没有被俘，信中说他深思熟虑以后，已经不再是共产党员了。他决定认真思考一段时间再采取一种确定的政治态度。对我们来说，跟大多数人一样，《苏德互不侵犯条约》是一个让人目瞪口呆的事件。

波伏瓦：您为什么创立了一种个人的运动？为什么不马上和共产党人一起工作？

萨特：我建议过。我让和共产党有密切交往的朋友转达了我的建议，但得到的答复是："萨特是被德国人送回来的，他在抵抗的外表下在法国人之中进行纳粹宣传。我们决不和萨特一起干任何事。"

波伏瓦：共产党人为什么对您有这种敌意？

萨特：我不知道。他们不希望和那些战前没有与他们在一起的人结成联盟……他们很清楚我不是一个他们说的卖国贼，但他们不知道我是不是他们的同路人。直到两年后他们才确定我是跟他们在一起的。

波伏瓦：就是说，您回来了，共产党人不想同您一起干，于是您创立了一个运动。

萨特：我们创立了"社会主义与自由"。名字是我起的，因为我设想了一个有自由存在的社会主义。那时，我成了一个社会主义者。之所以有这种转变，部分原因是——总的来说，我们的被俘生活就是一种悲惨的社会主义，但那也算是集体生活，算是公社。没有钱，食物要别人分发，受制于征服者制定的条条框框。可以说，这是一种公社性生活，而我们可以想象，如果有一种公社性生活，却又不是囚犯，那还是很美好的。不过，我设想的社会主义不是所有人在同一张桌上吃饭或诸如此类的东西。您肯定也没有这样想。

波伏瓦：肯定没有。

萨特：而且，社会主义思想对您的触动不大。

波伏瓦：我不知道。在这个问题上我一直模模糊糊的。其实我多少还是被社会主义思想触动了。在占领期间，贫困中体现出来的平等我很喜欢。我认为真正的社会主义应该是积极的、有建设性的，那样的话就的确是个好东西。不过，我们还是回到您个人的发展轨迹中来。就是说，您回来时的想法是：社会主义是可行的。

萨特：是的。但我还没有完全确信它。我记得自己为战后的秩序拟定过整整一部宪法。

波伏瓦：是谁请您拟定宪法的？

萨特：我记不得了。好像是戴高乐在阿尔及尔的时候。

波伏瓦：事实上您是被邀请去拟一个宪法草案。

萨特：对。它有两份副本，一份寄给了戴高乐，另一份丢了，我不知道丢在哪儿，后来又被卡纳帕找到了。

波伏瓦：卡纳帕是您以前的学生，他已经是共产党员了吧？

萨特：是的，当然。在写这个宪法草案的过程中，我适应了社会主义，并在社会主义思想上做文章，使它变得更为协同一致，而我也更好地理解了它的意义。

波伏瓦：您还记得里面有哪些内容吗？它的指导方针是怎样的？

萨特：有一大段话是关于犹太人的。

波伏瓦：这个我记得，因为我们讨论过。顺便说一下，当时您是对的——我当时认为，犹太人应该像所有公民一样享有权利，既不多也不少，而您希望给他们非常确定的权利：说自己语言的权利、有自己的宗教信仰、有自己的文化，等等。

萨特：对，战前我就有这种想法。写《恶心》时，我认识了一个叫门德尔的犹太人，后来我们常谈到他。我希望犹太人像基督徒一样有公民权，而他说服我犹太人的情况是有特殊性的，应该给犹太人特别的权利。回到我皈依社会主义的问题上来，这肯定是我接受共产党提议的一个因素——尽管这个提议令人惊讶，但它和共产党的发展是相关联的。这种转变的引渡人是一个在特里尔当战俘时认识的一个共产党主义者，叫比耶。

波伏瓦：啊，对，我记得。我见过他。

萨特：他是共产主义者，当时正在创建一个和共产党人有联系的抵抗者组织，还建议我参加。有一年的时间我什么事都没干，我们的团体分崩离析了。

波伏瓦：就是说，共产党开始对您置之不理，拒绝和您共事，还造谣说您是法奸，最后却决定和您合作。这是怎么发生的？

萨特：我不知道。有一天，我见到一位被俘的难友，他问我："你为什么不和我们一起参加抵抗活动呢？你为什么不加入我们这个从事艺术和文学的组织呢？"我十分吃惊，说我求之不得啊。于是我们定了一个约会，几天后我就成了国家作协的成员。国家作协包括各种形形色色的人，有克洛德·摩根、莱里斯、加缪、德比-布里戴尔，还有其他一些人。

波伏瓦：您在里面干什么？

萨特：我参加了这个协会。显然，这意味着有事发生，发生了一种改变……

波伏瓦：里面不光是共产党，因为您说到有莱里斯。

萨特：对，莱里斯或德比-布里戴尔绝对不是共产党。但我认为共产党吸收新成员的指导原则有了改变。他们肯定认为应该表现得更开放些。无论如何,事实上是,一九四三年,我成为国家作协成员,和他们一起搞文字工作,出版秘密刊物,特别是《法兰西信报》,我在上面写了一篇反对德里乌·拉罗谢尔的文章。后来,在解放期间,我们被指派保管武器——一把公用的手枪,我们和法兰西剧院的演员都可以用。我们就这样各司其职,有时搞搞这个,有时搞搞那个。我还一度担任了法兰西剧院的院长。一天,我在院长办公室里席地而睡地过了一夜,很不舒服。第二天,我禁止巴罗进门。我说他不能进来。后来,解放那天,街上有人打仗,法兰西剧院里也发生了小型的械斗。我们搭起一道街垒,我还记得在法兰西剧院大街看到一个人押送一群被俘的德国兵向着审计法院走去。我不得不和萨拉克鲁一起睡了一夜。我们睡在一个房间,总之,当时多少有些动荡。

波伏瓦:战后您的政治态度怎样?

萨特:战后,戴高乐一回来,《法兰西信报》的第一批官方期号就问世了,我记得在第一期上就占领期和抵抗运动的战斗历程发表了一篇文章。

波伏瓦:您开始为《法兰西信报》撰稿了?

萨特:是的。反正,我写了那篇文章。我不记得写过别的东西。从一开始,从共产党变成合法政党那天起,我们就合不来了。显然,共产党不希望我变成一位有名的作家。事情是突然发生的。从英国或美国来的人,把我当成一位名作家。而我也去了美国又回来。我是受《战斗报》指派的,美国人要求有法国记者过去。

波伏瓦:是的。是《费加罗报》和《战斗报》派您过去的。

萨特:一回来,我就发现自己要面对《法兰西信报》,面对共产党,还要面对《法兰西信报》的作者……

波伏瓦:还有《行动周刊》。

萨特：对，还有《行动周刊》，这是一家亲共的刊物，一段时期里由蓬热和埃尔韦编辑。我也为《行动周刊》撰稿。

波伏瓦：您不仅是一个名作家。您在一九四五年自己创办了一个评论刊物，动员起许多人、许多知识分子，但它不是共产主义刊物。因此，您代表了一种非共产主义左翼作家的可能性。您和共产主义左翼作家是什么关系？

萨特：好的！我和共产党人看待共产主义的形式是不一样的——后者以一种苏维埃的形式看待共产主义，而我认为，人类的命运在于对某种共产主义的运用。

波伏瓦：您认为有可能和他们对话吗？他们很恼火，因为您提出了一种他们所谓的"备用意识形态"，他们甚至借助所有右翼的攻击来反对您。您对此有什么感受？

萨特：这儿有几种不同的观点。一种是我关于自己和共产党之间的个人观点：我觉得他们对我糟透了，我也反对他们。这种观点后来有所改变。

波伏瓦：是的，那是在一九五二年。

萨特：这样，我个人很厌恶这里的共产党人。他们对我一点儿也不友好，只管发号施令，却无情无义。也就是克洛德·卢瓦的情况有些不同，他可能对我有一种模糊的好感。

波伏瓦：我想知道的是政治纷争对您来说有什么重要性。就革命民主联盟而言，您在多大程度上是介入的，又在多大程度上有所怀疑。

萨特：我是有疑虑的。我没有介入得很深。

波伏瓦：共产党人借《肮脏的手》来抹黑您，这对您有什么影响？

萨特：啊，在我看来这是很自然的事。他们反对革命民主联盟。这正好是他们攻击别人的方式。

波伏瓦：就是说，在您看来这是很自然的，问题不在于这个剧的内容如何，而在于无论怎样他们都必须对您采取某种政治态度？

萨特：是的。这让我有点儿不舒服，尤其里面有些人我很喜欢，比如玛格丽特·杜拉斯，她当时是共产主义者，在《法兰西信报》上写过一篇背信弃义的文章。您还记得吗？

波伏瓦：我记得，总的来说，所有的共产党人都反对您。在政治上您怎样给自己定位？因为，您虽然对共和左翼联盟缺乏信心，同时又根本不想不惜一切代价地同共产党合作，对它表示同情，是吧？您不是这种人。至于我，如果别人对我背后捅刀子，我是可以欣然接受的。

萨特：嗯！我没有立场。当时，在一九五〇年，大家以战争威胁的角度看问题。苏维埃不看好我。如果他们像大家假设的那样入侵欧洲，我不想离开。我打算留在法国。在这种情况下，我不知道自己还能跟谁站在一起。

波伏瓦：对您来说，政治在您生活中占有多大的分量？毕竟，写作才是您的主业。

萨特：对，写作对我是至关重要的。

波伏瓦：您开始从事介入文学，您发现为世界命名、揭示它，也就等于改造它了。您认为，归根到底，作为作家，您的个人行为是否有分量，有未来？

萨特：是的，我认为是这样。

波伏瓦：而且我相信您是对的。

萨特：我是这样想的。我以前也总是这样想。

波伏瓦：那么您为什么执意依附于一种政治运动，比如共和左翼联盟？

萨特：我没有执意依附于它。他们向我推荐，我觉得应该接受。我希望共和左翼联盟是一个和共产主义有关联的运动，类似于南尼在意大利搞的社会主义。

波伏瓦：法国共产党不愿意这么搞。意大利共产党比他们随和得多，愿意和南尼的左翼社会主义党结成联盟。

萨特：是的。

波伏瓦：就是说，这就是您的想法了。但在法国是不可能的。还有一件事。您很了解劳动行政条例，这是一部苏维埃模式的条例，据此，我们可以仅凭行政上的一个简单决定就把人们拘留起来。您发表了这个条例。

萨特：是的。

波伏瓦：当时您是怎么想的？您什么时候知道集中营确实存在，而且有相当多的人遭到流放？

萨特：我认为这不能容忍。

波伏瓦：对。您同梅洛-庞蒂就这个主题写了一篇文章。

萨特：是梅洛-庞蒂写的。

波伏瓦：但署了你们两人的名。总之，和共和左翼联盟决裂后，您经历了一个很长的政治孤独期，是不是？

萨特：一个完全孤独的时期。

波伏瓦：可以说您再也没有从事政治了。

萨特：总体上讲不再搞政治了，直到一九六八年……

波伏瓦：等一等。您在一九五二年开始接近共产党人。您还记得和共和左翼联盟破裂之后、与共产党靠近之前的事情吗？

萨特：我写书，这占用了我全部的时间。

波伏瓦：但不再依附于任何政治组织，这是否意味着一种缺失，一种空虚？

萨特：不。我还没有被政治化，我不认为政治是至关重要的。我在书中说，政治是人之为人的一个维度。不过，它不怎么算是我的维度。也许它实际上存在，但我不了解它。我是和共产党联合以后——即四年以后——才意识到这一点的。那些年里，我有一种政治唯美主义。在很长的时间里，尼克·卡特和水牛比尔时期的美国对我来说是一个梦幻之国。后来，这成为我愿意生活在其中的国家，这个国家在某些方面吸引着我，又在某些方面令我厌恶。总之，我不愿意看到美国在一次和苏联的战争中被毁掉。至于苏联，它仍然以社会主义国家的面貌出现，我认为它的毁灭也是很可怕的。在这种情况下，我把苏美战争看作一种双重灾难。我保持这种想法有很长时间了，但不知道应该做些什么。如果有战争，我肯定不会离开，而会留在法国。我想，我应该为某种社会主义而不是为美国人进行抵抗运动；应该做一个隐性的抵抗者。

波伏瓦：我们谈谈印度支那战争吧。

萨特：在《现代》上，我们是第一批谴责印度支那战争的人。我们和一些越南人有联系，尤其是我比较了解的一个——阮清。他为我们提供了一些情况。

波伏瓦：他不是哲学家，而是政治家。

萨特：他也是教师。

波伏瓦：他常常请我们在越南饭店吃午饭，但除了在《现代》上发文章，我们几乎没有其他的行动方式。

萨特：正是这样。我们出了一期关于印度支那的《现代》特刊，阮清帮忙提供了关于印度支那的文献。

波伏瓦：对。这场战争在我们政治生活视野中构成了一个重要的维度。

萨特：总之，我们跟共产党人的立场是相同的。

波伏瓦：是的，在这方面我们非常接近。

波伏瓦：在昨天的谈话中，您说有一个问题还没有充分展开过，即您总是希望在社会主义与自由之间建立一种关系。

萨特：是的。对许多人来说，社会主义意味着一种更大的自由，包括经济的自由、文化的自由、行动的自由、日常生活的自由、多重选择的自由。他们希望自己自由，也就是说，不被社会所调控，而是根据自己的选择形成他们自己。马克思本人是有自由观的，他展望遥远的共产主义时代，设想那时的社会应该由自由的人组成。确切地讲，马克思设想的自由并不是我设想的自由，但两者是相似的。只不过，法国的马克思主义者却不再给自由任何地位了。对他们来说，最重要的是即将建立怎样的社会类型，但在未来的社会结构中，人像机器一样被安置其内。这种社会主义承认某种价值，比如说正义，也就是一个人付出和收获之间的平衡，但在社会主义之外，自由的人理应存在——我说的是在社会主义之外，即时时刻刻超越社会主义的规章制度，而非在社会主义之后的某一时代——这种思想是苏联人向来不具备的。苏联的社会主义——如果它还可以称为一种社会主义的话——并不表现为允许一个人在自己选择的方式中充分发展。这就是我为一九四〇年、一九四一年的可怜小团体命名为"社会主义与自由"的时候想要表达的东西。尽管在社会主义语境下，社会主义/自由这两者的关系很难实现，它却代表了我的政治倾向。这是我的政治倾向，从未变过。甚至现在，在同加维和维克多的谈话中，我还在努力地维护社会主义与自由。

波伏瓦：对，但那是现在的情况。我们还是回到昨天谈的问题上。您希望把社会主义与自由连接在一起，这使您在共产党、组成共和左翼联盟、孤独、和共产党恢复关系等选择之间摇摆。我们不必逐一回顾一九六二年以前您的全部政治生涯,因为我在《时势的力量》中写过它——部分是您自己口述的。但我希望知道您是怎样看待自己走过的道路的——我们只说到阿尔及利亚战争为止。

萨特:好的!我是沿着自己的路线走的,这条路充满了艰难险阻,我经常成为少数派,经常孤军奋战,但值得庆幸的是我一以贯之的希望未变,即社会主义与自由。很久以来我就相信自由,这一点我已经在《存在与虚无》中讲过,自由是这本书的主题。从童年起一直到现在,我觉得自己在自由地生活,当然,同时也在历史大势中随波逐流。但我生活得很自由,如今的我仍然怀有同样的信念,即社会主义与自由是密不可分的。

波伏瓦:您一向梦想着两者的融合,却一直没有找到这种融合。您有没有过以为实现融合的错觉?比如在古巴?

萨特:古巴,是的。那儿有多种相互对立的倾向;我在那儿时,卡斯特罗没有真正的文化原则,他不想将某种确定的文化强加于人。后来他变了。

波伏瓦:那是在一九六〇年,即他夺权后不久。

萨特:那时他甚至不希望别人谈论社会主义。他请我在法国写关于他的文章时不要提及社会主义。

波伏瓦:事实上,大家谈论的是卡斯特罗主义。

萨特:说真的,这是一个未完成的革命。我记得我总在问他们:"如果面临恐怖,你们会怎么办?"

波伏瓦:没错,后来他们的确需要面对一种恐怖。

萨特:他们有预感,已经在考虑这个问题了,但他们没有回答我,或者说,他们回答我说,将来不会有恐怖。

波伏瓦:回到我的问题上来,您还记得曾经有过的感受和想法吗?在今天看来,您走过的这段历程对您有什么影响?您认为自己犯过很多错误吗？您做过哪些无法回避、不得不做的事情？您的行为一向正确吗？总之，您怎样看待这一切？

萨特：我肯定犯过很多错误，但没犯过原则性错误。我有的是方法上的错误，在就特定事件发表观点时也会犯错误。但总的来说，我对自己的过去是认可的。我完全认可。我认为自己是被带到曾经的所到之处的，而透过曾经的所到之处，我带着欣慰的眼光看到了自己的过去。

波伏瓦：您认为自己犯了些什么错误？

萨特：在本该全心全意地介入、和某些人并肩作战的年龄，我没有这样做。

波伏瓦：您说的是战前？

萨特：战前和战后。

波伏瓦：您可以和谁并肩作战呢？

萨特：毕竟，当时有一个非共产党的马克思主义左派。

波伏瓦：您已经尽可能地去接近他们了。

萨特：可能做得还不够。当时有一个比共产党更左的团体，他们反对正统的共产主义——这些人在很多问题上有时候是正确的，我却没有做任何事情去了解他们。在一九六六年以前，我对比共产党更左的势力视而不见。我认为政治就是在社会主义者和共产主义者之间找一个点，此外就没有了。和所有周围的人一样，我仍然被一九三九年战争前的旧人民阵线深刻影响着。后来我发现，自己本应与之结盟的人是年轻的左翼分子。

波伏瓦：也有一些时刻您作出了决定。现在回想起来，哪些选择是让您感到庆幸的？比如说，您不会对自己在阿尔及利亚战争期间的态度而不满吧？

萨特：不会。我想我的态度是理所应当的。

波伏瓦：您为阿尔及利亚独立而战的意志超越了共产党人，您走得比他们远得多。

萨特：是的。他们所希望的只是独立的可能性，而我同阿尔及利亚人一起，希望他们获得严格意义上的独立。事实上，我不理解共产党人的谨慎。

波伏瓦：共产党人还做过更严重的事：他们投票支持授予全权。

萨特：是的。我不理解共产党人的态度。这表明——正像我常说的那样——他们并不希望革命。

波伏瓦：当然。当时我们认为：他们希望成为一个取悦于民、强有力的大党，所以必须体现民族主义精神。他们不愿别人说他们把殖民地廉价卖掉。

萨特：但民族主义并不等于殖民主义。

波伏瓦：在当时……

萨特：一个民族主义者，意味着要和自己诞生和生活的国家建立紧密的关系，但并不意味着必须接受这个国家的某些政策，比如说殖民主义政策。

波伏瓦：但您不认为他们的态度是有煽动性的吗？他们不愿意别人说他们是反法分子。

萨特：是的，这是肯定的。

波伏瓦：我们在阿尔及利亚战争期间有时和他们合作。我记得我们和他们一起组织过好多示威活动。最后，在与秘密军队组织的斗争中，我们建立了一个同盟，其中有共产党人参加，您当时说："和他们在一起，我们什么都做不了；没有他们，我们也什么都做不了。"关于这种共同作战的努力您还记得些什么吗？

萨特：有一个时期进行得还不错……

波伏瓦：但您和他们之间从来没有过友谊，对吧？

萨特：是的。

波伏瓦：《死无葬身之地》上演后，爱伦堡对您说，您这样谈抵抗战士是可耻的。在《肮脏的手》上演后，他是那些说您为一份浓汤而出卖自己灵魂的人中的一个。后来，突然有人发现您和他微笑着在一起。一九五五年在赫尔辛基，我看到爱伦堡和您在一起，你们都在微笑。直到他去世，我们和他的关系都还不错。这是怎么回事？您不觉得为难吗，一想到他曾经……

萨特：我不为难，是他主动对我表示友好的。我第二次去莫斯科时，他带着极大的热忱接待了我，我去了他和妻子、姊妹们住的乡间别墅。我去看他时——我们可能曾经在一个会议上见过面，但只是握了一下手，我是很高兴见到他的。我和他之间有些东西已经缓和了，我们觉得大家一直非常要好。而且，我挺喜欢爱伦堡的。

波伏瓦：但总的来说，共产党在利用您——比如说关于亨利·马丁的那本书，而您却无法与共产党建立真正人道、私密、友好、互信的关系，您不觉得为难吗？

萨特：是的，是很为难。和共产党建立关系甚至是不可能的事，所以我把自己和他们完全切割开来——我做得很好。相反，在我认识的毛主义者那里，令人动容的是他们把人当人看。

波伏瓦：您在《现代》上谴责劳动营的存在，后来，您写了文章，表示苏联是具有道成肉身意味的社会主义。您为什么这样说？

萨特：这话是我弄错了。事实上，苏联不再是社会主义了。苏维埃夺取政权后，社会主义就消失不见了。当时，苏联本来有一个发展的机会，但后来它的味道变了。

波伏瓦：您不再认为共产党是革命的，但您认为共产党人是维护无产阶级利益的。我相信这是您认为重要的东西。

萨特：对，肯定是这样。不过，后来我看到，和共产党有关的罢工、工会政策、法国总工会和工人政策中包含着大量常常由别人揭发出来的错误。

我想解释一下我对自己认识的共产党人的看法。他们仿佛都戴着面具，笑着、说着、回答着我的问题；而事实上，作答的并不是"他们"——"他们"已经消失了，变成了一个人物：我们了解他们的原则，他们的答案是《人道报》本着这些原则也可以自动作答的东西。

波伏瓦：像一台有既定程序的计算机。

萨特：我和他们之间从未达成过一致——只是在一起解决某个特定问题时有过稍纵即逝的团结。

波伏瓦：但您仍和他们呆在一起？

萨特：因为再没有别的我可以与之发生政治关系的人了。实际上，共产党人有个人生活，有时候，他们之间多多少少会拿掉自己的假面具，但也仅限于他们自己人之间。他们和外人之间的关系是不包含友爱模式的。

波伏瓦：是不是有个时期您接近过他们中的一些人——他们在布达佩斯事件之后采取了多少和您相似的立场，结果这些人或被开除出党，或与党拉开了距离？

萨特：大约在是一九五七年，有维吉埃、维克多·勒杜克和其他一些人，他们并不想在党外另立门户，而是试图用另一种方式领导这个党。事实上，他们的工作方向和我是一致的。在阿尔及利亚战争的问题上，他们和我有同样的立场。

波伏瓦：韦尔科用一种挺搞笑的口气说，他觉得自己对于共产党来说就像个花瓶。您有同样的感觉吗？

萨特：不完全有。这跟韦尔科的时期完全不同。

波伏瓦：而且，韦尔科比您更驯服一些。他更像一个花瓶。

萨特：我常常在会议上看到他，他发言表述观点——那往往就是党的观点，然后就一言不发了。至于我，共产党让我做的都是实际工作。我们共同决定某种活动，以此组织公开集会，每人都有比较确定的任务，我也必须参与其中——这些事情顺理成章，并不是我指责共产党的原因。我指责的是他们排斥所有的主体性，缺乏人情味。

波伏瓦：您是否认为试图和共产党一起工作是浪费时间？

萨特：不，不是浪费时间。这让我了解到共产党员是怎么回事。后来我和毛主义者接触，他们和共产党的关系也不怎么样，而我发现自己同他们倒合得来——大家在和共产党打交道的过程中有相同的感受。

波伏瓦：如果您没有打算和共产党人共事，如果您有较多的时间去写作和搞哲学，如果您离政治背景较远一些，那么，您和毛主义者的关系会有不同吧？

萨特：是的。因为我是通过政治接近毛主义者的，因为有了对一九六八年事件的反思，同时必须介入，我就站在了毛主义者一边——确切地讲，这也意味着在占领期间和解放时期的介入，和他们共事的不是一个不问政治的人，他们也明白这一点。不，到了现在的年纪，我不认为如果不搞政治的话，自己现在会和毛主义者站在一起；我会继续不搞政治。在一个运动中工作，必然会有进有退，也会有很多时间被浪费。但什么叫浪费的时间？有些时间被浪费了，也有些时间用来认识别人，学习——或与他们保持距离，或与他们并肩作战。

波伏瓦：现在，您的政治规划是怎样的？

萨特：我老了。六十九岁了，我不认为自己从事的任何事情都能看到结果。

波伏瓦：怎么会呢？

萨特：好吧，我参加的运动，在它取得明确的形式和达到一定的目标之前，我已经不在了。我会停留在事情的初始阶段——这已经是最好的情况，如果没有失败的话。目前，我处于初始阶段，而我看不到什么格局更大、更明朗的趋势：出现了一些因素，出现了一些人，他们不愿意参加共产党，但愿意行动。

波伏瓦：共产党有没有希望焕发青春或发生改变？或者您认为，这是完全不可能的？

萨特：无论如何，这会是异乎寻常地艰难。所有的成年人——几乎所有的——都戴着面具，脑子里都有一台计算机。如果年轻人有所不同，事情大概要好一些，但我认为不太可能。

波伏瓦：问题在于，年轻的一代会不会为共产党提供新鲜血液，还是正相反，使之更加僵化。

萨特：正是这样。

波伏瓦：今天我想谈一个重要的主题——您和时间的关系。我不太知道该怎样提问题，我想最好还是您自己就和时间的关系谈谈您认为比较重要的东西。

萨特：这很难谈，因为时间有客观时间和主观时间。我在等八点五十五分开出的火车，这是一种时间；我在家里工作，这又是另一种时间。很难说清楚。我想两种时间都说一点，但就不真的以哲学为背景了。我认为，直到八九岁，我的时间都很少被划分。有大块的主观时间，这种时间被外部事物——它们真的是客观事物——不时地划分开来。到了十岁——您会看到，在很长时间内，我的时间有了精确的划分：每年有九个月工作，三个月放假。

波伏瓦：这就是您所说的客观划分吗？

萨特：这种划分是客观的，同时也被主观地体验着。最初，它是客观的：在校的九个月是强加给我的生活程序；三个月的假期，却是我主观体验到的。早上带着文具盒上学、在乡下某地一觉醒来发现头顶上的太阳——这两件事是不同的。这会导致我对时间的预期发生变化。头九个月我预期的是单调：被打分的作业、可能第一也可能倒数第一的考试、在父母的客厅里做的强加于人的练习。后来的三个月，我预期的是美妙，也就是说，会在乡下、在国外、在度假地发生一些学校常规事务之外的东西，和前九个月的循规蹈矩完全不同，却是一种若即若离的陌生实在，美极了。这就是我关于假期的想法，乡下、海边；而在与乡下或海边亲密接触的时间里，非常美妙的事情相继发生，那甚至是大海或乡下的存在本身。在远方水上出现的小船可能是一个美妙的因素，林中的一条小溪也可能十分美妙。这是另一种实在，我从没有对它做过更多的定义，但它与世界的其余部分形成鲜明的对照。有毫无惊喜可言的日常的实在，也有存在某些惊喜的假期的实在，后者让我们变得丰富。一直到进了巴黎高师，甚至在进高师之后，我都是这样体验时间的。后来，我去服兵役。我的兵役期是延后的，二十四岁才开始，搞气象工作。我住在图尔附近的一座小房子里，在那里记录湿度和天气，还学习无线电知识。我认识摩尔斯电码并接收各地的气象情报。夜间，我有时会去房子附近的一个小工棚中用仪器检查气温、湿度等等。总之，我过着一种非常程序化的生活，那时，三个月放假和九个月工作的分割模式已经不存在了。服完兵役后，我成为老师，恢复了九个月/三个月的生活节奏，尽管身份不再是学生而是老师，但在某种程度上恢复了同样的东西。每年有九个月，我备课、讲课。我有自己的个人生活——这时间是很可观的，因为我每周只教十五六个小时的课，备课的时间大致相当，这样每周花的时间是三十二三个小时。我花了很多时间从事文学写作。后来，我又在鲁昂和您生活了一些时日，我没有课时我们常去巴黎呆上两天。我过着一种非常有规律的生活，而主观时间扮演了非常重要的角色：在勒阿弗尔，我主要的事情就是思考、感受，发展我的哲学思想，或者写作《恶心》。在巴黎和鲁昂有事情做，有聚会、有访友。勒阿弗尔代表了一种主观性——当然不是排他的，但在很大程度上代表了主观性。未来是它的根本尺度。我的主观时间朝着未来发展。我以工作的方式活着，工作的目的是为了产生一部作品。显然，作品是属于未来的。直到在勒阿弗尔的最后几年，我都一直在写《恶心》，地点与书之间形成了一种持久、稳固的联系，其客观性可等同于在中学教哲学的时光，或等同于与朋友、与您之间的关系。

假期我离开了法国。我们两个到处漫游，去西班牙、意大利、希腊，这是一段独辟蹊径的时光。我只有在这样的月份里才能想象见到西班牙或希腊。美妙的事情重新浮现，因为我见到了从未见过的东西：一个希腊农民、一片希腊风景、雅典卫城。这正是假期的美妙，它和九个月在中学老调重弹的教书生活形成鲜明对照，这三个月永远是新鲜的，一年和一年绝无重复，属于发现新事物的时光。

这种状态一直持续到开战。从打仗直到从战俘营回来，我对时间的早期划分早已荡然无存。一切都是相同的，至少就我的工作而言。无论冬天还是夏天，士兵干的都是同样的事。我是气象兵，过着气象兵的生活。然后，我进了战俘营，相似的日子一天又一天地划过去。后来，我逃离了，回到法国，恢复了从前的时间划分，即九个月在巴黎巴斯德中学，二个月度假——假期一般会在自由区度过，它代表着国外，甚至是比国外更有意味的东西，因为要去那里就不得不找人偷渡。战争末期，德国人走了，我离开了中学——开始是请假，后来请假变成了辞职，成为不务他业的作家，仅仅靠我写的书过活。然而，这一年我仍然划分为九个月和三个月，这种划分一直保持了整个人生。甚至现在，我仍然休三个月的假。我去同样的地方，结果，美妙的事情更加有限，也更被期待。我去罗马度假，这期间的生活更有弹性、更自由，我和您一起散步，谈天谈地。就是说，某种程度上讲，这是一种不同的时间，不会带来多少新鲜事物，因为我很了解意大利和我将看到的东西，我做的只是重新看一遍。然而，时间的划分模式没有变。我十月份回来，仿佛还在上课；我七月份出发，仿佛课程结束了。可以说，九个月/三个月的节奏从八岁起一直延续到我现在的七十岁。这是我的时间划分模式。我文学创作的真正时间是在巴黎的那九个月；一般来说，假期的三个月我通常继续工作，但工作得较少，世界以毫无既定秩序的姿态在我周围展开。而另外的九个月是有既定秩序的，这期间依赖于我写书的进程。在假期，我更加依赖于我所处的地方。这时，便恢复了主观的时间。我主观地被自己深爱的巴黎——这里是我的主要居住地——所影响，或者主观地被巴西、日本的时间影响——那是一种不同的时间，我可以看到不同的人，跋山涉水，去当地人告诉我们不可错过的景点游玩。这是一种奇异而混乱的时间，常给我异乎寻常的体验。这三个月是我体验世界的时间。在假期中，有一些把握飞逝的时间的不同方式。一年之中，时日匆匆流过。白天被用来睡觉的黑夜隔开，但实际上它们是彼此相连的，而黑夜意味着休顿。在我的记忆里，九个月的日子是慢慢消逝的，最后只相当于过了一天。第二年，九个月变成了一天。我的时间总是这样划分的，在这方面，它跟放二十天假的工人的时间并不一样——如果他有假期的话——对工人来说，一年中其余的时间就等于一天又一天的重复劳动。

波伏瓦：不过，您的生活——至少是战后的生活——不完全像您说的那样有条理、有规律。有时您并没有在巴黎呆上九个月。有一年您在美国呆了四个月。第二年，在并非所谓假期的时间，您又回美国呆了一阵子。您去古巴是在二月。一九五〇年，我们先去了阿尔及利亚，后来去非洲南部，大约是四月份。而这一年夏天我们没有度很长时间的假。我们的生活节奏比您说的更有弹性、更任性一些。而且我们在复活节假期还出去玩过。

萨特：是这样的。但九个月/三个月的框架大致还在。在那九个月里，还会发生一些不可预料的事，但我仍然保留了九个月/三个月的划分。如果我一整年都在旅行，那和暑假之旅的意义完全不同。

波伏瓦：您说在您的记忆中九个月被缩成一天。而您在巴黎的生活是多姿多彩的。它同时又是程序化的。

萨特：它是一天一天程序化的，每天都有同样的程序：我大概八点半起床，九点半开工直到一点半——有人来看我时就工作到十二点半；然后吃午饭，通常是在圆顶酒店；吃完午饭大约三点；三点到五点我去看望朋友；五点到九点，我在家工作。至少，直到最近几年，我一直这样工作——这几年我变瞎了，或者说不怎么看得见了，不能读也不能写。甚至现在，我也常在书桌旁的椅子上一坐就是几个小时，也不怎么写东西。有时会做做笔记，但我自己再也看不清楚，是您读给我听的。九点，我和您或另外一个人——通常是您——一起吃晚饭。最近，我们都是在您的住所吃饭。以前，我们常去餐馆吃，但现在我们在您的住所吃一块馅饼或管他什么东西；我们用一晚上的时间聊天、听音乐。到了午夜，我睡了。一天的日程就这么过去，日复一日，每日有些许不同。这些天见您的时间多一点儿，过些天见您的时间少一点儿。

波伏瓦：您并不总是和同一个人吃午饭或度过一个晚上，但有一个固定的程序：星期一，和一个人；星期二，和另一个人；星期三，和第三个人，等等。这样一星期的程序多少是不变的。这很重要，因为这意味着除了九个月/三个月的这种划分，您对每天和每星期的生活也有一个非常详细的程序。这是一个很有规律的生活方式。为什么是这样一种程序？

萨特：我不知道。不要忘记，这个时间表首先是一种形式，它的内容却是我一个人决定。例如，如果我下午工作三个小时，但每天的工作内容是不一样的。

波伏瓦：当然。就约会而言，人们想来看您，想知道您什么时候来合适。如果您每一次都必须安排一个约会，那就太复杂了。人们可能会不再信任您。我觉得您有些让自己和他人的惰性交际给牵制住了，我的意思是您从不改变您要去看的人的时间。每个人都差不多，但我和他们的关系却有弹性得多。就您而言，这尤其是一种妨碍。

萨特：是的，但在这种妨碍中强制性因素是为聚会而固定安排的时间。聚会的内容是常变的。

波伏瓦：这倒是，我们晚上有时聊天，有时我读东西给您听，有时听音乐。

萨特：有些人让我觉得时间十分单调重复，一小时又一小时。

波伏瓦：回到主观时间这个问题来吧。时间有没有让您觉得太短或太长？

萨特：大部分时间太长了，有时也会觉得太短。

波伏瓦：也就是说，您常感到厌倦吗？

萨特：确切地说不是，但我认为事情本可以安排得更紧凑些。人们的生活可以少点儿重复的东西。我感到厌倦的不是这个。把同样的人说的同样的话听两遍，我觉得挺好玩。这个我不厌倦。但事实是时间往往太长。有时候又太短。也就是说,给定的时间不足以准备和完成待做的事情。时间不够,或者因为有人反对,或者因为遇到了困难。而有时候,我觉得愉快的时间却不得不在十点钟结束,因为必须去工作。这样一来,时间就太短了。确切地说,时间绝不是它应该是的那个样子,也就是说,时间不会刚刚好,对应某件事,既不多余,也不浪费。

波伏瓦:有一段时间您常说"倒计时的奔跑"。这是在您手头有非常沉重的工作时——比如写《福楼拜》或以前写《辩证理性批判》的时候——说的话。您觉得时间匮乏,没法完成,必须用几乎是神经质的方式与时间作斗争。这也是您服用"科利德兰"的原因。

萨特:写《福楼拜》时好得多,写《辩证理性批判》时这种感受比较强烈。最后我还是没能完成《辩证理性批判》。我留了长长的一部分,既没发表也没写完,但可以作为这部书的另一卷。事实上,我和时间的关系呈现出的特点之一就是那些没能完成的书:我的小说,《存在与虚无》《辩证理性批判》《福楼拜》,等等。这些书没完成也不是什么很坏的事,因为对它们感兴趣的人可以完成它们或者写出同样的作品来。但有一个事实是:常有一种恐慌或动摇使我突然决定——这是令人不快的决定——就此停止,不再完成正在写的书。这很奇怪,因为我常常认为自己是十分传统、十分沉着的,我有点儿把自己的书看成是外公写的那些东西——作为阅读材料的书。从开头写起,至末尾结束。从头到尾精确无误。大概十岁的时候,我认为自己写的所有作品都应该有一个开始和一个结局,都应该严格书写,把想说的话都写进去。而现在,在七十岁的年纪回顾自己,我发现许多书是没有完成的。

波伏瓦:是不是因为您的写作计划跨越了太广阔的未来?当未来变成当下,就有别的东西吸引了您,让您发生兴趣,占据了您的时间，于是您就放弃了前面的计划，是吗?

萨特：我想是这样的。我终止了长篇小说的写作，肯定是因为写战争期间巴黎抵抗运动的最后一章已经不再符合第四共和国下法国的政治生活。我没法一面生活在一九五〇年的政治中，一面又试图通过想象复原我们在一九四二年和一九四三年度过的生活。我面临的困难历史学家也许能克服，小说家却无能为力。

波伏瓦：我想其他一些未完成的书的情况也大致相同。您的写作计划跨越了太广的时间，在制订计划时没有考虑到也许会被其他具体的事物吸引，最终喧宾夺主，取代了当前的兴趣。

萨特：《辩证理性批判》和《家庭白痴》的某些部分是同一时间写的。写《家庭白痴》开头的时候，《辩证理性批判》正在收尾；这两部书当时是有点儿相互妨碍的。

波伏瓦：您说了时间从来不会刚刚好，不是太短就是太长。有没有这样的时刻——您是放松的，只是在闲逛、沉思或娱乐，您和时间的关系是完全不紧张的?

萨特：这样的时刻很多，每天都有。伏案写作时我是紧张的。这是一个紧张的时间，它抵抗着我。我感到自己超过三个小时就无法做想做的工作了。另外，有一些时间被我称为私人生活——尽管事实上也和其他时间一样具有集体性和社会性。和您在一起时，会有这种情况，即我们有很具体的事情要做，时间重新变得很紧张。但像昨晚那样，我们没有任何压力的时候，时间就那么流走了。

波伏瓦：是的。不应给人这样的印象，即您对待时间像您对待身体那样紧张。您不能接受身体上的放纵，但您可以在时间、在拖延中放纵，这件事您做得特别好。

萨特：特别好。

波伏瓦：可以说您做得比我好。旅行时，我总是贪婪地什么都看，到处跑，而您更愿意静静地呆着，沉思，一副从容不迫的姿态。您吸烟斗，这也许是一种将时间似填充又未填充的方式。

萨特：是的。吸烟斗就要呆在一个地方，比如在咖啡馆的桌子旁，一边吸一边看周遭的人。烟斗是一个固定的要素。自从吸香烟以来，情况就不同了。可以肯定的是，放假的时候我比一年中的那九个月更喜欢"从容地生活"。不过，在那九个月中，我也有希望"从容生活"的私人时间。我左顾右盼，谈论看到的东西、周遭的物事、还有经过的人。

波伏瓦：我觉得您这一生中虽然工作起来比我勤奋，但也比我更懂得怎样呆在那里什么都不做。

萨特：对，现在还是这样。昨天上午，我在这张扶手椅上坐了三个小时，什么也不看，因为也看不见什么了。由于罢工，我也不能听音乐，只能坐在那里，沉思着、梦想着，也没有过多地沉溺于过去，因为我不是很喜欢过去——不是说我的过去要比别人的更难看，但过去毕竟是过去。对我来说，过去只能在这种情景下存在，即有人问我一九二四年在干什么，我解释说我当时在高师。但如果说让我的青春、童年、成年的生活场景重来一遍，结果它没有重来——从这个意义上讲，我的过去是不存在的。您好像不是这样的。

波伏瓦：不是，完全不是。您从来不讲述自己经历过的旅行。

萨特：是的。我的记忆是瞬间即逝的。例如我记得科尔德：斜刺向上的街道，一片飞燕草丛沿墙播种。不知道是什么原因，我有时会记起科尔德的一条街。

波伏瓦：当您生活在当下，这些东西会不会勾起您对往事的记忆？现在会不会被往事包抄。

萨特：不，当下总是新鲜的。所以，我在《恶心》中强调：生活的经验是不存在的。

波伏瓦：我想的不完全是这个。我想到的是过去与现代的叠加——至少在我这里经常会这样，这使得当下获得了一种特别诗意的维度。一幅雪景可以让我想起与您滑雪时的雪天场面，结果眼前的景象显得更加弥足珍贵。收割的青草味马上让我想起利穆赞的草地。

萨特：是的，当然是这样，某些气味可以让人想到另一些气味。但由雪景想起滑雪的情景——也就是说，想起另一时间的相同风景，我不会这样。对我来说，过去的生活只会在沉思的状态下重现，但绝不会寄居在当前的记忆中。当然，每分每秒我都会有记忆，它们在当下即往即逝，却不是让我回顾过去的确切之物。它们是过去，是流入现在的过去。

波伏瓦：比如说，早上您在阳台上看罗马，这是您看过无数次的罗马，但您会在当下把握它。

萨特：对，总是这样的。我不会主动地把过去和当下凑在一起——不过，过去会自动向现在靠拢。

波伏瓦：对，因为正像您解释的，世间万物都是由我们赋予它的全部价值所决定的，但它并不像在时间中有明确定位的某事那样被直接给出。

萨特：我小时候有另一种时间：从十五岁直到死亡的时间。不过，当我对荣誉和天才发生兴趣——也就是三四十岁的时候，我把时间分成一个不确定的真实生命期和死了以后另一个无限长的时期；在后一个时期，我的作品将对人们施加影响。

波伏瓦：无论如何，真实的时间会以死亡为终结，对吧？

萨特：是的，不过，在某种意义上，它不会终结。生命不会终结。人死了，伴随着大量尚未实现的计划。但我死以后，我将以自己的书的形式继续活着,人们可以在书中找到我,这是不朽的生命。真实的生命无需身体、无需意识,却继续提供事实,提供依照外部世界随机应变的意义。

波伏瓦:您意识到自己生命中的不同阶段吗?

萨特:可以说意识到了,也可以说没有意识到,我搞不太清。例如,十四岁时,我只写了十行,就觉得这真是天才之作。那实在是些没什么分量的句子,但我认为很了不起。同时,这又是将自己看作成年人的方式。我不认为自己十六岁时写的东西都是习作。每一次我都认为自己写的是传世之作,读者会很喜欢。

波伏瓦:您有过见习期的想法吗?

萨特:后来才有。开始没有。我在写长篇小说中经历了见习期。《恶心》是一个真正的见习期。我不得不学习怎样去讲一个故事,学习怎样让叙述承载思想。这是跟别人一样的学徒期。

波伏瓦:有一种想法对您是非常重要的,即"进步"。

萨特:对。我认为我的早期作品不会有后期作品那么好。我认为我的巨著将在五十岁左右完成,然后就会死掉。显然,"进步"的思想是在总要强调"进步"的课堂上学到的,还有外公,他也相信"进步"的力量。

波伏瓦:您对未来的选择也是这样。您认为明天将比今天更好。您一向有"进步"的想法,同时又拒绝经验,您是怎样把两者调和起来的呢?

萨特:我想,对我来说,进步体现在形式上。这意味着学会写得更好,形成一种风格,依照某种模式来写书。但这不是知识上的进步。

波伏瓦:不过在我看来,从哲学的角度讲,进步就意味着越来越丰富的知识和越来越深刻的思考。

萨特：对，但我并不真的这样认为。

波伏瓦：您认为过去并不能使您变得丰富。您认为有一种应该变得更加鲜明的形式，认为向着未来的运动才是有价值的东西，是吧？

萨特：实际上，我相信孔德的话："进步是一种在隐秘秩序中的发展。"我认为他说得对。

波伏瓦：这是一种十分乐观的看法，相反，很多人认为——比如菲茨杰拉德，生命是一个瓦解的过程，整个人生就是一场败仗，一次陨落。

萨特：我也这样想，我认为生命就是这样。事情有善始，本应有善终，却戛然而止。一个人终归是失败的。

波伏瓦：失败和瓦解、解体并不相同。

萨特：我从不认为生命是解体。我总是认为，生命至死都在进步——它应该是一种进步。

波伏瓦：您现在的看法是怎样的？

萨特：我的看法没变。在某一个时间，进步止于死亡，因为疲劳，因为垂垂老矣，或者因为私人的事情。但理论上讲，进步应该持续很久。五十岁比三十五岁好。当然，进步会受到阻断，一个人会突然背离他开始选择的方向。

波伏瓦：另一方面，有一些作品既不能看作进步也不能看作退步，因为它们是一个整体。不能说《恶心》没有《词语》好。另一方面，可以说《辩证理性批判》相对于《存在与虚无》有所进步，正像在某种程度上，《福楼拜》相对于《批判》有所进步一样，因为在某些方面它走得更远。在这方面，可以说进步。然而，对于所谓的艺术作品来说，进步是不可能的，因为作品一旦完成，那就是完成了。

萨特：但比如说，凡·高最后的作品和他在荷兰时画的东西相比，进步是巨大的。

波伏瓦：画家的最后作品远胜前作，这是常有的事，因为个中的行业技巧比写作要复杂得多。

萨特：在我看来，时间本身就是进步。它是当下并向着未来蔓延，同时将可怜、可悲、可鄙、可否定的过去远远甩在后面。这让我很容易承认错误或失误，认为它们是另一个人犯下的。

波伏瓦：在您的一生中，无论是工作还是感情，您总是很恒定的，但您和自己的过去却没有亲密无间的关系。然而人们今天仍可以看到二十五岁时的萨特。

萨特：和自己的过去是否亲密无间，这是次要的。待做的工作是一样的。过去在一定程度上丰富了现在，同时也被现在改变着形象。但这从来都不是我的问题。

波伏瓦：我想知道的是，在不同的年龄段，您怎样看待自己的年龄？

萨特：我没有什么看法。在哪个年龄都没有。

波伏瓦：不是。您小时候会不会感觉自己是个孩子？

萨特：会，但从十三四岁起，大家就避免让我感到自己是个孩子。我开始认为自己是个年轻人，因为年轻人有着特殊的匮乏。

波伏瓦：您说的匮乏是什么意思？

萨特：他完全不自由，要依赖自己的父母，会遇到对立、遇到冲突。上高师以后，我开始完全自由了。从此以后，是的，我可以说：我二十岁了，我二十五岁了，这对应着某些被年龄赋予的很确切的能力，但我不会感觉到年龄本身。

波伏瓦：您感受不到自己和一种非常开放的未来有某种关系吗？

萨特：我感到自己投身于一种我并不太理解的历史之中，但这对我来说并不意味着年龄：我需要投入工作，我需要做点儿事情。

波伏瓦：我的意思是，那时，一切仍然在您面前。

萨特：对，但我并不认为这是一种年龄。这好像是得花两三年时间写的一本书有了个开头。这是一个将会持续一段时间、甚至会永远存在下去的进程。衰老，也就是说，动脉疲劳、眼睛受损，等等，所有这些老年病带来的困扰都丝毫不会影响到我。

波伏瓦：当然是这样。但您无法正面感受到自己很年轻吧？您不会和同龄人出去了吧？您和四五十岁，却和您所处阶级不同的人没有关系吧？

萨特：会的，有的，但我不认为自己有朝一日会成为他们当中的一员。

波伏瓦：这么说，您并没有"我很年轻"这种感受？

萨特：没有。这是我很少有感觉的事情之一。当然，这并不意味着我完全没有感觉，但可以说，这是一种影影绰绰的感觉。我有一点点自己还年轻的感觉，但影影绰绰。我从来没有感到自己很年轻。

波伏瓦：是否有这样的时间，您觉得自己上了年纪？

萨特：没有，确切地讲没有。最近几年……

波伏瓦：不是说最近几年。在这之前。有没有这样的时刻，您感到自己达到了成年人的年龄？

萨特：没有。

波伏瓦：但我记得您有过。您有过一种神经官能症，有一种如影随形的虾刺感，等等。在某种程度上，这是因为您已进入了成年。总之这是我记得的情况，您没有否认它：您当时二十六七岁，您开始感到自己的生命就要完结。

萨特：是的，但这不是年龄的问题。我感到年轻……

波伏瓦：某种程度上，您是年轻的。

萨特：而且，正是这个让我目前的生活和等待我的生活——即具有切实存在感的教师——形成了鲜明对比。写作则是超乎一切的事情。不过，不能说当时我感受到了自己的年龄，也不能说我把年龄同许多东西——交往、关系、职业、友谊——挂钩，使之成为一种活生生的实在。不，我对一切都满不在乎。

波伏瓦：但您和博斯特、帕尔和奥尔嘉接触时，不觉得面前的人显然比您年轻得多吗？

萨特：是的，多少有点儿这种感觉。但和奥尔嘉在一起时没有。和女人相处时，情况是不一样的。和博斯特和帕尔在一起时有这种感觉。不过，我、博斯特和帕尔之间有一种超越年龄的亲密关系，他们也是我的同志。他们也会对您这么说，他们从未感受到我的年龄。

波伏瓦：对，正像您说的那样，年龄是无法意识到的，一个人不可能意识到自己的年龄。对我们来说，年龄总是缺席的。不过，三十岁、四十岁、五十岁或六十岁——不同的年龄是否会造成您和未来、过去，以及许多事物的关系上的变化？

萨特：只要有未来，年龄就是同样的。三十岁有一个未来，五十岁也有一个未来。也许五十岁比三十岁要差一些，这不是我来断定的。但从六十五六岁开始，就再也没有什么未来了。当然，有随即而至的未来，有接下来的五年，但我已经差不多把想说的东西都说完了。总之，我知道我不会再写很多东西了，十年以后，一切都会结束。我回想起外公可悲的老年时代。他八十五岁的时候，人已经不行了。虽还苟延残喘，但大家已经不明白他为什么还要活着。而我，有好几次，我想我可不愿意这样子老去，但别的时候又想，做人不能太自负，要活到应有的年纪，然后在被告知大限将至的时候消失。

波伏瓦：关于和年龄的关系，您只谈了未来。您和过去的关系也发生了变化吧？是否有这样的时刻，由于写过一些东西，您有了一定的经验、一定的成见。有没有这样的时刻，您觉得上了年纪是件挺愉快的事？比如说三十五岁、四十岁？

萨特：我不记得了。我从不相信经验，这一点在《恶心》里说过了。三十五岁的我是个假装已经成人的男孩。我从来没有经验，也没有形成什么推动我的成见。没有。

波伏瓦：尽管没有经验，您总有记忆吧？

萨特：您知道，记忆是非常少的。现在，跟您说话时，我有一些记忆，我把它们阐述出来，但那是因为我们正在谈论过去。

波伏瓦：总之，您从没体验过记忆的快乐？

萨特：没有。谈到过去时我记起了一些东西，但这些记忆已经被庸俗化了，而且有四分之三是被重建的。当我一个人思考时，我思想的方向不会是记忆式的。

波伏瓦：但您仍有一些经验。例如，如果我和您谈到巴西或哈瓦那，您对它们的感觉跟您从未去过巴西或哈瓦那的感觉是不同的。

萨特：是的，但就我对巴西或哈瓦那的看法而言，那是一些当下的事物，我可以被引导着想到它们。

波伏瓦：您的意思是，从十三岁直到今天，您和未来、现在或过去的关系都没有什么不同。确切地说，这些关系都没什么变化，是吗？

萨特：是的。

波伏瓦：我认为这不可能。

萨特：严格讲不可能，但大致来说是这样。

波伏瓦：这是极其反常的，您认为个中原因是什么？一般来讲，人通常会意识到自己二十岁了，而且多多少少因此感到愉快；还有一些人意识到自己五十岁了。有些时候，人们会认为自己上了年纪，比如说我，我显然上了年纪。而您没有这种感觉，这如何解释？

萨特：我不知道。我只知道就是这样的。我觉得自己就像一个年轻人，被一个年轻人所具有的可能性所包围。很清楚的是，我不愿意去想我的力量减弱了，我和三十岁的我已经判若两人了。

波伏瓦：所有人都是这样，过了一定年纪，就不得不这样想，却又不愿意这样想。

萨特：比如说，我发现自己六十九岁了——在心中我把它看成是七十岁，这让我很是不快。我第一次时常想到我的年龄——我七十岁了，也就是说，我完了。然后是随身体状况——因此也是随年龄——而来的东西，但我没有把眼睛坏了、不再能写作和年龄联系起来。我再也不能写和读了，因为我看不见，实际上所有这些事情都和年龄有关……

波伏瓦：您更像是一个遭遇事故的五十岁的人，而不是一个因年龄而身体感到不适的七十岁的人，是不是？

萨特：是的，我更像前者。

波伏瓦：目前，您能感觉到自己的年龄吗？

萨特：有时候会。昨天我想到了年龄，上星期、半个月前也想到过。显然，这是一个现实，我经常想到它，但总的来说，我仍然感到自己是年轻的。

波伏瓦：某种程度上，永恒的？

萨特：对，就是年轻。也许应该说，我心目中的自己是年轻的；我也许能感觉到自己的年轻。总之，我保持着青春。

波伏瓦：您怎么解释这个事实——这毕竟是很奇特的事实——总的来说，您从未感到自己上了年纪。这是否因为您总是孤注一掷地生活在当下，一个伸向未来和行动的当下？

萨特：是的。我没有很多空闲时间回顾过去——它们自有其审美和情感价值，但我没有很多时间想这个。

波伏瓦：或者是因为您一点儿也不自恋？实际上，您几乎不在意自己，不在意自己的形象。

萨特：我对过去的记忆肯定和我的形象无关。哦，对了，正好想起来，我有一个十分鲜明和清楚的记忆，就是我吃了"麦司卡林"的那天。我坐火车回来，您挨着我坐，有一个粗汉把头伸出窗外，我看得很清楚。我看到您，也看到那个粗汉头朝下对着窗口。

波伏瓦：您是有记忆的，《词语》就是很好的证明。当我们谈论记忆时，记忆就来了。但我想说的是，您的意识在总体上是倾向于这个世界的，而不是您在这个世界上的处境、地位，也不是您的形象。

萨特：是这样的。

波伏瓦：大概正是这个缘故，您要比别人年轻。

萨特：主观上肯定是这样。我跟别人同样经历了这个时代，我去适应它，我和别人有一样、也有不一样，但那都是在可预见的范围内；其次，我思考得不一样，在思考时我仿佛不会改变。

波伏瓦：这和您对死亡的极其漠不关心也有关系吧？您在《词语》中说到，小时候您很害怕死亡。但那之后，在我看来死亡在让您忧虑的事情之中变得无足轻重了，是吧？您不会这样想：现在，我四十岁了……

萨特：不会。十年来，我会想到这个，但想得很客观，完全不会构成什么烦恼。两三天前我还想过：现在，我到了生命将要完结的年龄。七十岁,我相信对法国人来说……

波伏瓦:不,像您这样一个得天独厚的法国人可以活到八十岁或八十五岁。但这仍然是一段有限的时日,我自己是能感受到它的。我们再不敢说这样的话了:"二十年后我要做这个,二十年后我要去那里。"这个时限,真的毫不在意吗?可以说,这就是一堵墙,对吧?

萨特:年龄一点点形成,也因为这个时限而成形。我自己却不一样。当我精神饱满的时候,感觉和三十年前没有区别。但我知道,十五年后,我就八十五岁了。如果我还活着的话。

波伏瓦:但这是一种来自外界的认识。您已经解释五十次了。自我不在意识中,因此意识总是当下的、新鲜的、不变的。但您同别人的关系怎样呢?别人会让您感到自己上了年纪吗?

萨特:在我看来,他们也没怎么变老。看看《现代》的小伙子们,我指的是博斯特和普庸,他们总是那个样子。

波伏瓦:您看不到他们变老吗?

萨特:看不到,我看到的是一些年轻人,我过去或现在教授他们哲学。

波伏瓦:您和年轻人的关系怎样?例如和维克多的关系:让您感动的事情之一,是您还可以教给他一些东西,还可以帮助他。在这个时候,就涉及经验问题,至少是和为数不多的老年优势有关的东西。

萨特:对,需要看一下这是什么意思。今天,需要考察一些事情,依据的不是经验,而是我目前的年龄。是的,我很喜欢和维克多见面,但见面不久,我们之间就会发生对话——是一个人对一个人的对话,而不是一个年轻人来看望一个老年人。我们相互讨论,我们对某一个迫在眉睫的现实——或是政治的,或是非政治的——

有不同的观点。在这个时候,他和我的年龄是一样大的。

波伏瓦:是的,这个我明白。关于和时间的关系,还有一些事情可以讲,它也许能解释您为什么缺乏对年龄的感受。首先,您总是喜欢现在而不愿意提过去。我是说,如果喝威士忌,您就会说:"啊!这杯威士忌真不错,比昨大的好。"总的来说,您总是喜欢现在。

萨特:现在是具体而真实的。昨天已经模糊,明天,我还不怎么想它。对我来说,当下胜过以往。有些人更喜欢过去,因为他们赋予了它一种审美或文化的价值。我不会。当下在向过去的摆渡途中死去。它失去了在生命中拓展的价值。过去是生活的一部分,我会以过去为参照,只不过它失去了拓展价值——当我体验当下,这种价值便会生成,而当我不再体验,过去也就失去了意义。

波伏瓦:也许正因为如此,您和朋友们断起交情来显得那么轻松。

萨特:是的,没有他们,我就开启了一种新的生活。

波伏瓦:这是因为一旦事情属于过去,对您来说它就真正被消灭了?

萨特:是的。对于剩下的、活着的朋友来说,他们应该有一种新鲜的当下,而不要总是不断体验一成不变的目前。他们在我们面前一如昨日、一如昨日的昨日,同样的烦恼、想法、说法方式,这是不好的,他们应该有些变化。

波伏瓦:是的,因为根据您对自己和时间的关系所做的定义,您应该是一个朝三暮四的人,很容易丢弃过去,投入到新的冒险之中。实际上您完全不是这样的。您是一个从一而终的人。我们一起过了四十五年,您有类似于和博斯特这样保持了很长时间的友谊。您和《现代》的同事们也保持了很长久的友谊。您专一、忠诚,同时又活在当下——您如何解释这样的混合状态?

萨特:当下意义上的生活正是由各种各样的专一组成的。生活在当下不等于追求莫名其妙的东西或某个新的人物,而是说——要和别人一起生活,同时给予他们一种他们实际上具有的当下的维度。比如说您。我从没有想象过去的您,我想象的总是当下的您。就这样,我设法将当下和所有的过去联系起来了。

波伏瓦:您和工作的关系也是这样的吧? 您一直认为最后的作品是最好的吗? 或者说,您会不会对自己的早期作品有一些钟爱?

萨特:我挺钟爱早期作品的。比如说《恶心》。我按照日期顺序来考察自己的作品。有些作品产生于某一个时代,既不在那之前,也不在那之后,而是应运而生。

波伏瓦:但从理智上说,您有走得更远或取得进步的感觉吗?或者说,有些作品在您看来已经登峰造极,在某种程度上您自己也无法超越了?

萨特:我会有一种进步的感觉。不能说《词语》比《恶心》要好,但无论如何,前进意味着做出更有价值的东西,因为我从早期作品中得到过教益。

波伏瓦:另外,是不是应该区分一下——我们得再说说您的作品——文学作品和哲学作品? 因为,虽然不能说《词语》比《恶心》好,但您心甘情愿地愿意承认——显然,《辩证理性批判》要好于《存在与虚无》。

萨特:我想是这样的,但我承认得并不心甘情愿,因为在某种程度上说,过去的作品上面有我在创作时加盖的满意章。对我来说,很难真正去想象《辩证理性批判》要比《存在与虚无》更好。

波伏瓦:您不认为它走得更远一点儿吗?

萨特：对，的确走得更远了。

波伏瓦：《辩证理性批判》解决了更多的难题，对社会的描写也更准确。只不过，我同时也认为，如果没有《存在与虚无》，这本书是无法完成的。这是事实。

萨特：在哲学和个人生活中，我总是与未来对照着定义作为充分时间的现在，使之包含未来的特点，而过去——在现在、将来、过去的三段式中——相对于现在总是缺乏行动的要素。不过，我知道，从某种方面来说，过去比未来更重要，它会带给我们一些东西。

波伏瓦：您常说，过去定义了一个人所超越的处境。面向未来时，现在是过去的重新开始。不过，比起重新开始的过去，您——从个人角度讲——更感兴趣的是趋向未来的运动。

萨特：如果考察我生命本身的意义，那就是写作！它意味着从正在变成过去的当下出发——过去我没有写，过渡到一个我在写作、作品酝酿并即将在将来完成的现在。写作的时刻包含了未来与现在——相对于未来，现在是被确定了的。我们写一章小说，写第十一章之后、第十四章之前的第十二章。就这样，时间就好像是未来对现在的呼唤。

波伏瓦：过去或现在，您一生之中有过这样的时刻吗，即真正为当下而活着？就像是一种凝思、一种享受，而不仅仅是一个计划、活动或工作？

萨特：有这种情况，现在还有。比如说，今天早上，在这里①，我醒来的时候您不在，我就去阳台的摇椅上坐了一会儿，凝望天空。

---

① 指罗马。

波伏瓦：在您一生中像这样的时刻多吗？

萨特：有很多。我认为这样的时刻比其他时间更重要、更有趣。

波伏瓦：因为您是一个非常积极的人，勤奋地工作，却仍然会有放纵的时刻，会沉浸在当下之中，是吧？

萨特：是的。有许多这样的时刻。

波伏瓦：您想的主要是什么事情？

萨特：想十分愉快的事情。

波伏瓦：我知道，我的意思是，是什么让您沉浸在这种即时状态之中的？

萨特：无论什么。比如说早晨美丽的天空：我看天空下的万物，这是十分惬意的时刻：天空下，万物尽收眼底，我仅仅是一个看着早晨的天空的人。

波伏瓦：音乐——您非常喜爱音乐——有时也会让您进入这种状态吗？

萨特：是的，只要不是我在演奏。在音乐会上或者听磁带时，我有时有这种感受。可以说是一种幸福——确切地说，这不是幸福本身，因为这是行将消失的时刻，但它们是构成幸福的要素。

波伏瓦：如果说未来是一种实践，那您就生活在未来。但您是否会将未来当成一种愉快的预期呢？比如说在您马上要去美国旅行的时候？

萨特：是的，我想象着自己在美国的情形。

波伏瓦：您甚至会想得很多。

萨特：是的。

波伏瓦：您把东西收拾得一应俱全，准备了很长一段时间，但同时您已经想象自己在美国了。这样的情况在您身上经常发生吗？

有没有什么东西是您特别渴望、想象、思慕、期待的吗？

萨特：肯定有。

波伏瓦：如果梦想、想象的未来和现在之间在随后发生冲突，您会有大家所谓的沮丧的感觉吗？或者相反，现实带给您比想象更多的东西？

萨特：现实给我的东西多一些，而且给的和想象中不同。一般来讲是这样，因为在当下，每个物事都包含着无限的成分，我们可以在崭新的当下找到一切，所以会比您能想象到的东西多。我能想到的，无非是方向、性质和界限，但不会是真实的物事，而现实与期待不同，因为一个人无论如何也不可能想象到未来的真相。尼克·卡特的纽约不是我去那个城市以后发现的纽约。

波伏瓦：有些人不断因遭遇期待中的东西而备感失望，您不是这样的人吧？

萨特：纽约没有让我失望，不，正好相反。我知道自己想象的东西会跟实际的不一样。的确，那样会导致失望。也许真的会有些小小的失望，但很快就消失了。

波伏瓦：您写的小说《午夜的太阳》在某种程度上是一个关于失望的故事吧？

萨特：是的，那个小姑娘在一种魔幻的形式下想象午夜的太阳，面对真实的物事时，她却失望了。

波伏瓦：不过，这在您的一生中是很少发生的吧？

萨特：事实上，小说本身把失望看成一个错误：透过小女孩的失望，我应该让读者感到白色的夜是很美的。

波伏瓦：您在一生中后悔过吗？"啊，我本应该做这个，我错过了那个，我浪费了时间"——这样的话您对自己说过吗？

萨特：这种情况不太多。事出紧迫时会这样——当我需要作出一个关乎一生的决定、同时又事出紧迫的时候——有时第二天就得决定。作决定是非同小可的事情，决定这样一件事，方方面面都要照顾到，这时我可能会后悔。

波伏瓦：一旦作出决定以后就会后悔？

萨特：是的，因为我不能什么都考虑到。

波伏瓦：您的意思是，您不得不以太快的速度作决定，却作了一个坏决定。

萨特：不，不是坏决定，而是一个不完美的决定。

波伏瓦：关于这种情况您可以举出一个例子吗？

萨特：我没有很确切的例子给您。

波伏瓦：您这一生中需要作决定的时候——这样的决定不是很多——是感觉很愉快的。您决定去德国，决定第一学期就去勒阿弗尔，决定违背家庭意愿，拒绝在里昂上文科预备班，而是在劳恩找一个职位。您对这些决定是很满意的，是吧？

萨特：是的，我很满意。

波伏瓦：就我所知，您后悔的时候，总是因为别人拒绝了您某件事。例如，您为没有去日本而后悔。

萨特：我并没有十分后悔。这件事，有些人会比我更后悔。一般来说，我一生后悔的情况并不多，我有一些后悔事。有些书我开始写了，但一直没有完成，一直没有出版。

波伏瓦：对，但这种悔意不可能是强烈的，因为是您自己决定不写的，而且您有更喜欢的事要做。

波伏瓦：我想请您在非常广泛的意义上谈谈您如何看待自己的一生。

萨特：我一向把每个人的一生看成是某种贴近和围绕他的东

西。可以说，从宽泛的意义上讲，不光是我的人生，对于所有人的人生我都大致这样看：起步时瘦骨嶙峋，却会随着知识的习得和最初的经验慢慢拓展。这个过程延续到二三十岁，伴随着经验、冒险和诸多情感的发展壮大。然后，从某一个因人而异的年龄开始，或因他本人，或因他们的身体，或因他们的经验，生命走向终结。如果说出生是开幕，死亡就是最后的闭幕。不过，我认为这场闭幕伴随着普遍的不断拓展。一个五六十岁的人正走向死亡，同时，他也在和别人、和社会日益广阔的关系中学到东西、获得体验。他学到了社会性，学会了思考别人的人生和自己的人生。他的自我变得丰富，只不过人之将死。某种形式即将走向终结，但人在同时获得了具有普世性、向着普世性发展的知识或轮廓。他的行为作用于某一个社会——或者为了维护社会，或者相反，为了创造另一个社会。这个社会也许在他死后才会出现，无论如何，社会的发展将发生在他死亡以后。同样，如果一个人晚年从事的大部分事业在他死后仍在延续，比如说将亲手建起的店铺留给子嗣，便会获得成功；如果在他死前就结束了——比如说破产了，什么都没留给孩子，那这些事业就会完结。换句话说，存在一个超越死亡的未来，它将死亡变成生命中的一个偶然事件，这个事件在他湮没后仍将继续存在。对许多人来说并不是这样：比如说贫民院里的老人，他们曾经是工人，或从事过一些地位卑微的行业，这些人就没有未来。他们活在当下，他们的生活接近死亡，除了转瞬即至的下一刻外并没有其他意义上的未来。

波伏瓦：我相信您描述的肯定适用于您的情况，也适用于得天独厚的人，尤其适用于还保持了生活兴趣的知识分子。然而，别说贫民院，就算是绝大部分老年人，一旦退休就和他们的职业及整个世界断了联系。老年人身上极少会发生您说的那种拓展。不过，由于我们谈的是您，您刚才说的话仍然很有意思。我希望您能详细解释一下，您个人认为生活在怎样的程度上是一种拓展？从这个角度讲，您认为自己生命的至高点是从什么时候开始的？我的意思是，您和世界、他人及知识之间关系最为密切是在什么时候？

萨特：真实的关系即使在我死后的未来也不会终止，这种关系的至高点，我认为是在四十五岁到六十岁之间。

波伏瓦：总体上讲，您认为您的生活在六十岁之前一直在拓展和丰富？

萨特：差不多是这样。那时我写了哲学著作。但我的生命总有一个不受死亡羁绊的未来。永恒不死的观念，我相信了很长时间；后来，我不再相信了。无论如何，作家总还有这样的想法：他不在以后，人们还会继续读他的书。这就是他的未来。他被阅读的时间会有多长？五十年、一百年、五百年？这要依作家而定。我能指望的是五十年。大家读得多或读得少，这无所谓，重要的是我的书将在五十年内存在。同样，对于年轻人来说，安德烈·纪德的书也会存在——尽管读的人会越来越少，但他死后会被读五十年，甚至更久。

波伏瓦：六十岁以后，您认为有拓展，也有退步，是吧？具体讲，您如何看待这两种运动？

萨特：我们先谈谈退步：我不再有兴趣写一本描述我可能经历的另一种生活的小说了。马提厄和安东纳·罗冈丹的生活跟我的不同，但十分接近，它解释了我认为自己生活中更深层次的东西。这种东西，我不会再写了。我经常惦记着写一篇小说，但从来没着手过。就是说，我的行当本身有一些被抑制、被切割、被删除的因素——生活中的一整个浪漫蒂克方面，徒劳并因徒劳而有价值的希望。这个方面——和未来的关系、和希望的关系、在真实社会中和真实人生的关系——呼应着我的欲望，但一切都已结束。接下来是彻底的普世观念——这是我在二十世纪生命的意义——我试图把这个问题想清楚，它让我远离二十世纪。只有到了二十一世纪才有可能去评判、定位二十世纪的生活。我这样设想肯定是有些不对头，但无论如何，我尝试着以二十一世纪为出发点投射自己的观点。有这个，还有成百上千个别的东西：经济学知识和人文科学的知识也进入了我的生活；它们在某种程度上改变了我的人生——因此有和我的生命一同消亡的危险，同样也是作用于任何生命的法则，而从这个角度来说，它们体现了普世性。随着二十一、二十二世纪的到来，这些法则将会发生改变。但它们有助于认识我们自己。这一切都是我感受到的普世性，我部分地抓住了它，我或以未来，或以自己的当下为出发点想象它。这些知识在整体上是经久不灭的。它在我头脑中，因为我在这儿，在二十世纪。它在我头脑中，也是因为它是存在的——这是一些法则，必然会被发现，正像一个人在黑暗中撞上了石头就必然会发现石头一样。

波伏瓦：您的意思是，六十岁以后，您学到了东西，是吧？

萨特：从一岁起就开始学了。

波伏瓦：好的。但我问的是，您说的六十岁以后的拓展是怎么回事？

萨特：我当然会继续获取知识。我通过书籍获取知识，同时也通过头脑，因为我将知识发展起来，试图将它们和已有的知识打通。这些知识是具有普世性的，也就是说，它们不仅适用于无穷无尽的个案，而且超越了时间。它们是有未来的，在下个世纪的其他情境下也会被人发现。因此，在某种程度上，它们也给了我它们的未来——在形式上给了我。我所拥有的知识构成了我的特点，它们同样属于未来，并在未来构成我的特点。我是这样，将来也是这样，哪怕丧失意识。

波伏瓦：可以较为详细地描述一下这种知识吗？

萨特：很难，因为这是一个关于所有知识的问题。例如，我和维克多、加维合作写的最后一本小书谈的就是这个。我们谈到现在，也谈到未来，革命的未来和形成革命的条件。这个未来是我的客体，同时它又是我自己。

波伏瓦：换句话说，时至今日，您觉得自己关于世界的想法、理解这个世界的视角比过去任何时候都更宽广、更有价值，是吗？

萨特：是的，但不能说这个想法是从六十岁开始的。它无时无刻不在开始，它总是在拓展。

波伏瓦：就是说，退步是某些计划的退步，比如说不再写小说了。

萨特：是的，或者不再进行长途旅行，因为这会让我很累。确切地说，这是衰老造成的退步，还有人人无可以避的疾病。走向死亡的缓慢过程只会在普世性知识的打点虚线中显现出来，而后者给了我一个死后的未来。因此，我在生命临近终结时将它描述成一系列平行的直线。我的知识、行动和归属切实体现了一个宇宙，在那里未来是在场的，它和当下一样给予我特性。因此，我用打点虚线的方式在下方勾画出每一刻发生的事——其间只有生命的了断，而无多少未来，包括每一瞬间的真实生命、损害我内脏的疾病、我一生拥有的知识的缺席如今更加孤陋寡闻，等等。了断即死亡，但我用虚线将它勾画出来。在死亡之上，我放置了包含着未来的知识与行动。

波伏瓦：我理解您的意思。但我们从另一个角度来看您的一生。我希望您能像我在《了断一切》的开头那样审视自己的生活。也就是说，您一生中有什么运气、偶然性、自由时间和对自由的阻碍？首先，我们假设——我也认为这是真实的，您在总体上对自己很满意，包括您的人生、您做过的事情、您曾经是谁。您认为，有哪些运气使您成为如今的您？

萨特：在我看来，最大的运气无疑是我生于一个大学之家，也就是说，一个对工作、休假和日常生活有着某种观念的知识分子家庭，这可以为我的写作提供一个良好的开端。显然，从学会观察周围的那天起，我就没把家庭状况——因此也就是我的状况——看成诸多社会状况中的一种，而是看成社会状况本身。生活，就等于在社会中生活。在社会中生活，就等于像外公外婆或母亲那样生活。因此，正如《词语》中描述的那样，我最初生活在这样一位外公家，他的工作是和书打交道，有一些学生——这件事是非常重要的。另外一件很重要的事，我没有父亲。如果我有父亲，他会从事一种明确得多、艰苦得多的职业。我出生时，外公处于退休或半退休状态。他有自己的学校。他在高等社会学校上德语课。所以，他有一个职业，但这个职业很遥远。在学院的聚会或外公在默东的家里，我认识了他的一些学生。总之，他的职业生活对我来说仅仅是休息，他在工作上和学生的关系仅限于请他们吃晚饭。

波伏瓦：您并没有这样的意识，即一个职业对于维持生存是十分必要的，这件事对您来说很重要吗？

萨特：非常重要，因为这完全屏蔽了一个人的工作和他因工作而赚到的钱之间的关系。外公和学生的关系仅限于聚会，他们之间像是伙伴或友谊——我看不到这种生活和他每个月领到的钱之间存在什么关系。后来，我从来看不清自己干的工作和赚的钱之间有什么关系，即使在有了教职以后。而且，我从来看不清自己写的书和每年年末在出版社领到的钱之间有什么关系。

波伏瓦：既然我们谈到自由、选择之类的东西，那么，干教师这一行,是您的自由选择,还是出于家庭强迫?

萨特:这有些复杂。我想,外公认为当教师是很自然的事。他的大儿子没当教师,而是一个工程师;他的小儿子当了教师,现在也还是教师。这样,外公认为我这么有天分,自然应该和他一样当教师。但如果我对另一种职业有一个十分明显的倾向——比如,当一名巴黎综合工科学校毕业的工程师或海军工程师——我想他是会同意的。但我自己自然而然地当了老师,因为我在知识分子的氛围下看到了我希望当的小说家、作家的根源。我认为,教师这一行能给出关于人类生活的大量知识,而写一本书,也需要大量的知识。一个文科教师在当教师的过程中形成自己的风格并改变他的学生的风格,而同样是这个教师,他用自己钻研的风格写出一本让自己不朽的书——我看到了这两件事之间的关系。

波伏瓦:就是说,您的家庭氛围使您接近教师行业,而您自己也有志于此,两方面因素是相得益彰的,是吧?

萨特:对,如果这可以称作相得益彰的话,因为一个人可以当掏粪工,也可以当作家。一个人是教师,他也在写作——这两件事之间的关系并不是太重要。但我选择让它们相得益彰。也就是说,我透过外公的职业和我自己的写作欲望来审视这个世界。它们之间是有关系的,因为外公对我说过:你以后会写作。他说的不是真心话,因为他才不在乎。叫我却当了真,结果,当教师的外公——他当然比所有老师都强——对我这么说,就好像他自己也写作一样。

波伏瓦:那么,教书可以看作是一种自由的选择了,同时它也符合别人对您的期望。在您童年或青年时代,是否有时候会感到您的自由是特立独行的?在您生命的第一阶段,是否感到自己有过纯属个人的主动性行为?

萨特:这很难说。

波伏瓦：比如说写作这件事。

萨特：八岁的时候，写作不完全是个人行为。正像《词语》里说的那样，当时我还模仿和重写了那些别人已经写过的文章。不过，有些东西还是出于我自己的内心的。我希望自己成为写出这些书的那个人。五年级以后，我和母亲、继父去了拉罗谢尔，在那儿没有什么能够解释我对写作的选择了。在巴黎，我有了一些小伙伴，他们作出了和我一样的选择，而在拉罗谢尔，没有一个人想当作家。

波伏瓦：尽管如此，您还是写作了？

萨特：我写作，但没有读者，除了一些同学——我会给他们念几页，但他们无动于衷。

波伏瓦：您在家中也没有受到鼓励吗？

萨特：完全没有。

波伏瓦：总之，对您来说，写作是一种孤独和自由的实习期。

萨特：我在四年级时继续写作，在三年级和二年级就写得很少，或者完全不写了。我当时觉得作家是不幸的，他的东西没人读，也得不到左邻右舍的承认。他的荣誉在死后才会来。我写作的时候能感觉到同学们现实或潜在的敌意。那时，我认为作家是一个可怜的家伙，运气不好，倒霉透顶。我在搞浪漫主义。

波伏瓦：说到底，您对死是很达观的。

萨特：走向死亡毕竟看起来像是一系列被剥夺的过程。比如说，您知道，我曾是很能喝酒的，我人生的一大乐趣就是痛快地喝它一个晚上，即使在我为一些客观原因感到烦恼时也是这样。现在我不喝了。我不喝是因为医生不让我喝了。我对医生的意见是有质疑的，但我还是遵从了。所以说，存在着剥夺，有一些东西被拿走了，在死亡拿走我的所有东西之前。这种消散就是老之将至。也就是说，我尚未对应该具有独立人格的自己形成十分清晰的综合概念，消散已经发生在一大堆活动和微不足道的小事中。自我综合已经开始，但永远不会完成。我能感受到这一切，因此现在的我远不如十年前那么轻松如意。不过，死亡也是一样，这件严肃的事情将适时而至，我等着它来，我不怕它，在我看来死是很自然的。所谓"自然的"，相对于"文化的"——后者是我一生的总体特征。死亡说到底是向着自然的回归，并确认我自己本来就是"自然的"。即使以这种新观点看来，即使带着我秉承多年的错误的不朽观，我所能回忆起的一生看起来也是不错的。这是一种预演死亡，不是完全的死亡，而是在真正死亡之前的观点。我对自己做过的事没有什么后悔的。即使是我犯过的最严重错误都与我本人息息相关，它们让我投入生命，而我往往采取一些相反的做法来弥补这些过失。

波伏瓦：这是另一个问题了，但我很想知道您犯过最严重的错误是什么。

萨特：啊！目前没有什么特别的。但我想以前肯定犯过。

波伏瓦：错误，无论如何，肯定是犯过的。

萨特：是的，是有一些错误。简单说，我认为这是一个走向瓦解的生命。一个人的一生决不会通过一个一劳永逸的句号怎么开始就怎么结束。倒不如说它……

波伏瓦：倒不如说它在被耗干。

萨特：它在消逝，在耗干。如果略去这个耗干期——我并不因此而伤心，因为这是人们共同的命运，我在三十到六十五岁之间度过了一些好时光，那时的我能把握住自己，从始至终变化不大。这段时间甚至存在着一种连贯性，我能得体地用我的自由去做我想做的事。我可以服务于人，协助散播某些思想。我干了我想干的事：我写作，这是我生命中的核心。七八岁就志在必得的东西，我成功得到了。在多大程度上得到了呢？我不知道，但我做了我想做的事，我写出了被人聆听、被人阅读的书籍。因此，当我死时，我不会和很多人一样说这样的话："啊！如果生命可以再来一次，我会活得不一样。我错过了生命，我失败了。"不。我完全接受自己，我切实地感到自己成为曾经希望成为的那个人。当然，回顾过去、回顾童年或青年时代，我做过的事情要多过自己的期望。那时的我对荣誉的看法是不同的。我想象自己只有很少一群读者，一群精英，而实际上我几乎影响到了所有人。所以，大限到来之日，我会死得心满意足。我会因死在那一天而不高兴，因为我更愿意死在十年以后，但我会心满意足。直到现在，死还没有成为我生活的负担，以后可能也不会。这就是我的看法，我想就以此结束这个话题吧。

波伏瓦：好的，但还有一个问题：您头脑中有没有闪现过来世、灵魂、精神起源的念头，比如说基督徒所设想的那种来世的东西？

萨特：我想是有的，但我把它想象成一个具有自然性的事实。由于意识结构本身的缺陷，我很难想象一个我不再存在的时间。一个人在意识中想象出的一切未来都毕竟是意识的产物。我们没法想象一个当意识不再存在的时刻会是什么样，我们能够想象当身体不在时世界会是什么样，而想象这件事本身不仅意味着当下的意识，也意味着未来的意识。因此，我认为思考死亡的困难之一恰恰在于无法摆脱意识。比如说，如果我想象自己的葬礼，想象葬礼那个人就是我自己。我躲在街角处，看着大家为我出殡。就是说，从我年轻时开始，在我十五岁时，就有一种模糊的倾向，把生命看成一个能永远延续的东西，原因很简单——我想象未来时，自己一定是处于未来之中并能看到它的。事实上，作为无神论者，我一向认为人死后什么都没了，除了被我视为几乎等同于来世的不朽。

波伏瓦：我想知道，您的无神论是怎样产生和发展的。

萨特：我在《词语》中说过，早在八九岁时，我和上帝之间就只有好邻居一样的关系，既不存在隶属，也不关乎理解。上帝就在那儿，有时会显示自己的存在，就像有一天，我好像点燃了房子。这是一个时常注视着我的眼光。

波伏瓦：您点燃了房子，这是什么意思？

萨特：我在《词语》中讲过自己怎样摸到火柴，怎样划出火来，当然是偷偷摸摸的。事实上，上帝时常注视着我；我想象有一个眼光包抄着我。但这个感觉很模糊，和基督教理书上讲的没什么关系——教理书将直觉理论化，而这种直觉本身就是错误的。有那么一天，大概十二岁的时候，父母在城外租了一座别墅，早上我常和邻家女孩们坐电车去上学——她们是巴西人，姓玛莎多，上的是女子中学。我漫步到她们家门口，等她们准备就绪，大概会等几分钟。不知是哪里来的念头一下子击中了我，我突然对自己说："上帝不存在！"可以肯定的是，我应该已经有了关于上帝的新思想，已经开始为自己寻找问题的答案。总之，那天，我记得，闪念般的直觉让我对自己说："上帝并不存在。"我在十一岁就这样想，回想起来，这是令人吃惊的。而从那以来直到今天，六十年来，我再也没有对自己提出过这个问题。

波伏瓦：可以具体回溯一下产生那个直觉前曾经历过的状况吗？

萨特：完全不能。我特别记得的是，十二岁时，我把这个发现看作一个确凿无疑的真理，没有任何预备性思想。显然不可能真的是这样，但我总是这样看待这件事：一个突然来临的思想，一个突然出现、并影响了我一生的直觉。我记得当时玛莎多姑娘们出来了，而这个思想沉入我的心中。我第二天、第三天似乎又想起它，我依然宣称上帝是不存在的。

波伏瓦：这一启示对您产生了什么后果吗？

萨特：当时没有什么了不起、有决定性的后果：我的行为和其他原则、其他欲望相联系，我主要想和学校里的同学交朋友。还有一个姑娘我希望能见到，她是女校的。我完全没有依附于天主教，从前不去教堂，以后也不会去。这和我当时的生活没有任何确切的关系。我记得我并不因为上帝不存在而抱怨或惊讶。我认为，这是一个别人讲给我听的玩笑，别人信以为真，我却知道故事是假的。当然，我并不知道无神论者的存在，因为我生活在一个体面、正派、有信仰的家庭。

波伏瓦：在这么重大的问题上和您的家庭搞对立，而这个家庭又是您非常尊敬、喜爱的，您不感到为难吗？

萨特：说真的，不会。《词语》里试图解释过，我是如何形成一整套和家庭观念相对的个人思想小宝库的。我是一个只为自己思考的人。真理，就是在我看来真实的东西。外公把别人的思想、观念讲给我听，我却不怎么相信。我认为一个人应该去找出自己的思想。这一点他也跟我说过，但他理解得没有我深刻。

波伏瓦：长大后到了巴黎，您的无神论有改变吗？有过动摇吗？还是更加牢固？

萨特：可以说越来越牢固。尤其是，我认为它由唯心主义无神论变成了唯物主义无神论，这主要发生在我和尼赞谈话期间。唯心主义无神论是很难解释的。但当我说"上帝不存在"的时候，我好像摆脱了某种世界上的既有思想，并将一种精神上的虚无、一种等闲不得与见的思想放进了我全部思想的框架中。结果是，它和大街、树木、人们坐的长凳没有什么直接联系。这是一个伟大的综合性思想，还没有影响到一部分人就已经消失。经过与尼赞的交谈和个人思考，我渐渐走向别的地方，走向另外一种关于世界的思想，这种思想不是那种把我与天堂——我在那儿能见到上帝——联系起来的会消亡的东西，而是唯一的实在。上帝的缺席在任何地方都能得到解读。万物是孤独的，人尤其孤独。孤独是一种绝对。人是一种古怪之物。这种思想是慢慢显现出来的。它既是一个失落于这个世界的存在，也因此被这个世界所全方位包围，由于被囚于此。同时，这也是能够将这个世界综合概括起来、并将它视为客体的一个存在——而它自己身处于世界的对面，也在世界之外。它不再置身于世界内部，而是在外部。外在和内在的结合构成了人。您明白我的意思吗？

波伏瓦：明白，完全明白。

萨特：我是用了几年的工夫才使自己确信这一点。把存在仅仅看成是内在的或仅仅是外在的，这显然要容易得多。两者并存，又相互矛盾，困难之处就在于这个深刻而首要的矛盾。比如说，我在图尔，坐在咖啡馆桌子旁。我并不在图尔之外，但尽管身在图尔，我却有能力一动不动就置身于城外，条件是拒绝变成被我的存在简单定义的客体，我可以将世界看成一个综合体，也就是说，看成包裹着我的万物的总体。通过其他的客体，我像海德格尔说的那样拥有了诸多视野。总而言之，把这个世界理解成诸多视野的总和，而后者也是由客体构成的。

波伏瓦：您在哲学班、文科预备班、文科预备班二年级以及在巴黎高师直到教师资格会考时都一直在搞哲学，这和您的无神论有什么关系吗？这是不是更加坚定了您的无神论，或者，至少为无神论提供了论据？

萨特：我在文科预备班二年级、甚至在刚上文科预备班时就决定搞哲学。那时我已完全确信上帝是不存在的，我想从事一种能够呈现"我的"客体的哲学——我是在"人的"意义上讲"我的",也就是说,这也是"您的"客体,即"人的"客体。也就是说,我的哲学研究的是存在本身,既在这个世界内,又在这个世界外,一个没有上帝的世界。而且,在我看来,这是一项全新的事业,因为我对无神论者的工作所知寥寥。况且无神论者很少搞哲学,所有大哲学家多少都是有信仰的。这对不同的时代来说意味着不同的事情。斯宾诺莎对上帝的信仰不同于笛卡儿或康德对上帝的信仰。但在我看来,一种伟大的无神论哲学——真正的无神论——在哲学界还是空白。我们现在正需要在这个方向上努力经营。

波伏瓦:也就是说,简而言之,您希望创造一种人的哲学。

萨特:对,在一个物质世界中创造人的哲学。

波伏瓦:您是否有一些朋友——咱们还是继续说您的青年时代吧,您有没有过一些并不是无神论者的朋友?您和他们的关系怎样?这会让您为难吗?会让他们为难吗?

萨特:为难这个词不恰当。我和拉鲁蒂斯的关系非常非常好,他挺可爱的,我很喜欢他,我不知道他现在怎么样了。不过,在上帝这件事上我们之间显然有距离。我们讨论同样的事情,但会感觉到彼此的谈话方式并不相同。拉鲁蒂斯喝酒的方式跟我是那样相似,几乎难分彼此,但谈起上帝来却是不同的。

波伏瓦:朋友当中有没有人试图说服您——不见得是使您皈依,但会试图说服您相信上帝的存在?

萨特:没有,从没有人这样做。总之,我遇到的人,或者我不知道他们是无神论者还是基督徒,或者即使我知道,但他们都非常谨慎,因为都是高师的人,都是知识分子。他们认为跟自己打交道的人或者信得很糟糕、或者信得很少、或者根本不信。如何应对,那是每个人自己的事。他们需要做的,就是呆在那儿什么都不做,什么都不说，免得招人烦。所以，我一直落得耳根清净。

波伏瓦：在战俘营时您和一些基督徒的关系十分亲密。您最好的朋友是一个神甫。

萨特：对，我结交的多数人都是神甫。但当时，在战俘营，他们是我认识的唯一的知识分子。不都是，但我的朋友耶稣会会士费勒尔和那个后来丢弃教会结了婚的神甫是知识分子……

波伏瓦：您说的是勒鲁瓦神甫？

萨特：是勒鲁瓦神甫。他们是知识分子，一群和我思考同样事情的人——虽然我们想的东西并不总是一样，但对同样的东西进行拷问已经能让我们结合起来。我同勒鲁瓦神甫、佩兰神甫或耶稣会会士费勒尔谈话要比同农民战俘谈话容易多了。

波伏瓦：您的无神论他们不介意吗？

萨特：好像不介意。勒鲁瓦神甫非常自然地对我说，如果我被拒之于天堂门外，那么他也不在那儿呆。实际上，他认为我不会被拒之门外，在我有生之年或死后我都会懂得去认识上帝。这样，他把这事看成一个可以消除的界限。我们之间的隔阂将会消除。

波伏瓦：您写《存在与虚无》时，是否尝试过，或者说，您是否无意中对自己的不信上帝做了哲学上的辩护？

萨特：是的，当然会。辩护是应该的。我试图表明，上帝不应是"自为的自在"，也就是说，被无限的自为占据着的无限的自在，而"自为的自在"这个观念本身是矛盾的，不可能作为上帝存在的一个证据。

波伏瓦：相反地，这倒是上帝不存在的一个证据。

萨特：它提供了上帝不存在的证据。

波伏瓦：是的。

萨特：这一切都围绕着神这个核心观念。我在《存在与虚无》

中提出，我否定上帝存在的理由不是真正的理由。真正的理由要比"由于这种或那种理由上帝不可能存在"的论题直接得多，也孩子气得多——因为我那时才十二岁。

波伏瓦：您在某个地方说过，无神论是一个长期的工作，您一直坚持到底，尽管不是没有困难的。确切地说，这是什么意思？

萨特：确切地讲，从唯心主义无神论到唯物主义无神论之间的过渡是困难的。这意味着长期的工作。我对您说过唯心主义无神论是什么意思。这是一种思想的缺席，一种被拒绝、被屏蔽的关于上帝的思想。唯物主义无神论，则意味着看到一个没有上帝的世界，显然，从一种思想的缺席到这种全新的存在观——存在被搁置于万物之中，而非超然物外且带着神性意识审视万物并使其存在，这种过渡是一个长期的工作。

波伏瓦：您的意思是，即使一个人不相信上帝，也仍然有一种看待世界的方式……

萨特：即使不相信上帝，关于上帝的思想因素仍然会残留在我们身上，使我们以某种神学的方式去看待世界。

波伏瓦：比如说？

萨特：这是因人而异的。

波伏瓦：那您自己的情况呢？

萨特：我觉得自己不是出现在世界上的一撮尘埃，而是一个被期待、被诱导、被预示的存在。总之，是一个似乎来自创造者的存在。有一只创造之手创造了我——这个想法使我回归到上帝。当然，想到自己时，不见得每次都会启动这么清晰、明确的思想，它和我的许多别的思想相矛盾。但它在那儿，模模糊糊地在那儿。每次想到自己，都常常会走进这种模式，因为我也缺乏其他的思维模式。因为每个人的意识都为他的存在方式而辩护，它并非作为一种循序渐进或由一系列偶然构成的形式而存在，相反，它是一件东西，一个始终现存的实在，没有成形、未被创造，但看起来就像是完完整整地一直在那儿。而且，所谓意识，是对世界的意识，因此，我们并不太清楚这意味着意识还是世界，因此，我们处于实在之中。

波伏瓦：存在并非一个偶然——除了这种感受外，其他方面您还有上帝思想的残留吗，比如说道德领域？

萨特：有。在道德领域我保留了关于上帝存在的唯一一件东西，就是把善和恶看成是绝对之物。无神论的一般性结论就是善与恶的消失，这是某种相对主义——比如说，把道德看成在世界上不同地方应该用不同方式审视的东西。

波伏瓦：或者正像陀思妥耶夫斯基所说："如果没有上帝，一切都是被允许的。"您不这么看吗？

萨特：在某种程度上我清楚地知道他说的是什么意思，抽象地讲，他说得对。但另一方面，我也看到杀人是不好的。对一个人来说不好——完全、绝对地不好——的事情，对一只鹰或一头狮子来说未必不好，但对一个人来说是不好的。我认为，人类的道德和道德的行为可以说是一种相对中的绝对。相对，指的不是泛泛的所有人，而是在这个世界上带着这个世界内部的各自问题的人。绝对，指的是他针对这些问题做的关乎其他人的决定是绝对的，它发乎于人，因为他所提出的问题是相对的。因此，我认为绝对是相对的一个产物——这和一般人的看法相反。这个看法也和刚才所说的"外部/内部"的观念有关系。

波伏瓦：概括地说，您怎样定义您的善和恶——也就是您所谓的善和您所谓的恶？

萨特：从根本上说，善是有利于人类自由的东西，让自由得以展示被它实现的客体。恶是有害于人类自由的东西，它把人看成是不自由的，比如，创立一种某个时代的社会学的决定论。

波伏瓦：这么说您的道德是建立在人的基础之上，和上帝没有什么关系了。

萨特：现在是没有任何关系了。但绝对的善和恶的观念来自我学过的教理书。

波伏瓦：可不可以说没有上帝的道德对人的要求更高？因为如果信仰上帝，您总是可以原谅自己的过失，至少在天主教是这样的。但如果您不信仰上帝，对别人干的坏事就是一个绝对不可挽救的东西。

萨特：完全是这样。我认为一切过错本身都是不可挽回的，这不仅因为它发生了，它是件坏事，而且因为它还造成了严重的后果，即敌意、反抗和以牙还牙的恶——哪怕也存在着较好的结局。总之，恶就在那儿深刻地存在着。

波伏瓦：在您年轻时对文学创作的信仰中，在您为了艺术工作而牺牲一切的信念中，是否有上帝信仰的残留？

萨特：啊，是的，我说过这事，在《词语》的最后一页。我说，艺术作品在我看来就是基督教中的不朽，它等于在绝对中创造一种被人忽略、却能被上帝的眼光解读的东西。艺术创造具有绝对的、超人类的价值，因为它在本质上是为造物主而生的。因此，艺术作品和上帝之间的关系是被我最初的艺术观念提供的。我创造了一件作品，而上帝凌驾于芸芸众生之上注视着它。这是一种已经消失的观念，尽管写作时人们还会将所写之物赋予一种超人类的价值。美似乎是一种被人们赞赏的东西，但这种赞赏超出了人类赞赏所能达到的范围。人类的赞赏是一种象征，即"物"具有一种超人类的价值。这当然是一种错觉，毫无真实可言，但人在写作的时候就会这样想。因为你正在写的作品，如果是成功的，就应该超越当下的、活着的、现存的读者，而针对一个未来的读者群。它会受到两三代人的评判，被传下去，被后代略作改变但保存下来。结果是，作品之上仿佛有一种眼光，这实际上是很多人的眼睛，成倍叠加、略加渐变的眼睛。比如说，如果伏尔泰进入二十世纪的意识，那就是一个被一道将伏尔泰视为伏尔泰的光芒照亮的伏尔泰，一个我们觉得像是非人类的伏尔泰。我们感到这道光芒来自伏尔泰，同时也可以成为另一个照亮伏尔泰的意识。也就是说，一种类似于上帝的东西。这类观念非常模糊，非常古怪，非常不可理解，而神性思想的因素便游弋其中——我想这些因素将随着世界的发展而逐渐失去它们的力量。

波伏瓦：您说过，以唯物主义的方式来认识没有上帝的世界，通过客体、事物和人来感受世界，这是很困难的。这是怎样的？您是怎样有这种想法的？是否有思想上的演变？如果您愿意的话，我想回到您从唯心主义无神论到唯物主义无神论的过渡问题上。这种过渡包含了什么？

萨特：它首先包含了这样一种思想，即"物是没有意识的"——这是一种往往被人忽略的根本思想。大家在说到物事的时候，似乎认为它们具备一种模模糊糊的思想。我们生存在这个世界上，生存在人群之中，常用这种方式看待物事。我们需要消灭的正是这种意识。一个人应该为自身设想一种事物的存在模式，一种唯物的、不透明的存在，并没有一种意识将它们照亮，除了我们自己的意识——但无论如何，后者和事物内部的意识毫无关系。

波伏瓦：您的意思是，我们把意识赋予"物"，是因为我们假定它们身上存在正在关照着它们的上帝的意识。

萨特：完全是这样。是上帝在关照着它们，是上帝将自己的意识赋予了它们。我们所理解到的相反，"物"就是我们看到的那样子，也就是说，意识存在于我们身上，而"物"本身是完全没有意识的。物处于"自在"的层面上。这件事很复杂，必须仔细研究才能宣布我们已经确信一件物体是没有意识的。在把这个世界上各门各类没有意识的"物"汇总之前，需要作出很多努力，因为我刚说过，披着某种外衣的神性意识会不时跳出来附着在它们身上。这是需要竭力避免的，因为不正确。

波伏瓦：您谈到物的"自在"状态，但您的意思并不是说物具有一种完全被定义、被确认、独立于人的意识的存在性。它是自在，而非自为，但这是不是意味着在您的意识之外存在着一种强加给意识的实在，而这种实在恰恰可能是上帝创造的？

萨特：这正是我想说的。我认为，我在这里见到的物事真切地存在于我之外。让它得以存在的不是我的意识，它们并不是为了且仅为了我的意识而存在，它们也不是为了且仅为了全体人类的意识而存在。它们首先是没有意识的存在。

波伏瓦：它们在与您的意识的关系中存在，而非存在于一种极端的客体性之中——后者取决于它们如何被上帝用某种方式看到。

萨特：它们没有被上帝以某种方式看到，因为上帝不存在。它们是被意识所看到，但意识并不能创造自己看到的东西，意识领会到的是一个外在的、真实的物体。

波伏瓦：是的。总之，照您所说，不同的意识关照到的物体呈现出千姿百态，每种姿态各有其价值。

萨特：是的。

波伏瓦：没有哪一种姿态是特殊的，是上帝领会到的。

萨特：完全是这样。"物"是非常错综复杂的，它对人展示出千姿百态。而且，除了人的意识，还有其他意识，例如动物的意识、昆虫的意识。这样，"物"因领会到它的不同意识而呈现出不同的姿态。然而，物是置身于所有意识之外的，它自身没有意识，它是自在的。尽管"自在"、"自为"显然是相互联系的，但它们并非像大家想象的那样因上帝而连接，而几乎是类似于斯宾诺莎的那两种属性：自在是有意识的东西，而意识仅仅作为对于自在的意识而存在。意识或许也可以是自为的意识，自为是会自我呈现的。但自为有意识的唯一前提是自在有意识。因此，将上帝的存在理解为"自为的自在"是不可能的，那仅仅是没有实在性的理性观念。另一方面，自在和自为、意识与物之间存在联系，它是"自为的自在"的另一种形式，每一刻都存在着。目前这一刻，我意识到面前的一堆事物，它们真实存在着，我甚至能在它们的存在状态本身中领会到它们。我领会到一张桌子、一把椅子或者一块岩石的自在。

波伏瓦：对您来说，无神论是一个不言自明的事实，是您生活的基础。那么您怎样看待那些自称是有信仰的人？他们当中有些人您认识，有些人您还挺欣赏，有些人您可能不那么欣赏。还有些人，我想他们自称有信仰，其实是不信的。但总的来说，您认为当一个人达到了一定的文化程度以后，信仰这件事本身意味着什么，比如说像梅洛-庞蒂那样的人——梅洛-庞蒂已经不信了，他说他信上帝，或者您当神甫以及耶稣会会士的朋友们说他们信仰上帝时，您怎么看？总的来说，从一个人的处事方式上看，您认为摆出信上帝的姿态意味着什么？

萨特：在我看来这是一种残存的东西，我认为有一个时期信上帝是正常的，比如说十七世纪。时至今日，考虑到人们的生活方式，考虑到人们如何意识到自己的意识并察觉到上帝不见了，神的直觉便即消失。我认为，目前上帝的观念是由来已久的。那些跟我谈论上帝的信仰者，我总是觉得他们身上带有某种过时的、陈旧的东西。

波伏瓦：您认为他们为什么会墨守这种过时、陈旧的观念？

萨特：正像我们也会墨守其他陈旧过时的观念和体系一样，因为——比如说——他们保留了十七世纪神学综论中的一些要素，而这些要素在今天的另一种综论中是找不到位置的。脱离了这种属于过去几百年的已死的综论，他们就无法生存。他们一出现，便显得过时、陈旧，与时代脱离。尽管他们是出色的数学家或物理学家。他们的世界观是属于旧时代的。

波伏瓦：您认为他们是在哪儿得到这种世界观的？

萨特：这来自他们的选择，来自他们自身，来自他们的自由，再就是来自各种影响。他们受到仍持有十七世纪观点的人的影响，比如说，教士或者基督教的嬷嬷。嬷嬷和宗教的关系比男人更紧密，至少在早前是这样。在我看来，这些人代表了年轻人不感兴趣的某种东西——年轻人应该成就自我，散发着旧气息、陈腐的旧气息。相信上帝的年轻人想必和传统有着联系……他们的传统跟我们的不同。

波伏瓦：您说到某种世界观的选择。您是不是认为这种选择给他们带来了好处，他们是为了这个原因才作出这个选择的？

萨特：它肯定确实给他们带来了好处。一种想法是：世界是封闭的，世界的综论并非来自我们，而是来自一个全知全能的存在，这个世界是为我们当中的每个人创造的，所有的苦难都出于最高神明的意愿，是一种理应承受的考验；另一种想法是，实事求是地理解各种事物，也就是说，苦难不值得承受，它并非出于任何人的意愿，承受苦难的人不会得到任何好处——两者相比，第一种想法要令人愉快得多。恩惠也是一样，它不是某人的恩惠，它同样意味着某种给定的东西——没有任何人是给定的主体。为了重建上帝这种陈旧观念——他能意识到一切，能看到一切事物之间的关系，并能根据自己的意愿建立它们的关系及由此产生的后果，必须对科学视而不见，包括人文科学也包括自然科学，返回到与我们已确立的世界完全相对立的那个世界。也就是说，保存一种早已被自然科学和人文科学在声色不动之间尽数损毁的观念。

波伏瓦：另一方面，您认为当一个无神论者是不是可以给一个人带来——我不说是好处——某种道德和心理上的丰富？

萨特：是可以，但需要较长时间。因为他需要从上帝善恶原则的一切残余中解脱出来，需要尝试重新思考和建立一个从所有神性观念中解放出来、以广袤的自在姿态存在的世界。这是很困难的。连那些认为自己是有意识的、深思熟虑的无神论者的人，脑子里肯定都渗满了神性的观念、神性思想的要素，因此多少有点儿事与愿违。他们把越来越多的无神论引进自己的思想中，但还不能说世界是无神的，人的世界是无神论的。世界上还有那么多人信上帝。

波伏瓦：对于一个特定的个体——比如说，简单讲以您为例子吧，您不信上帝，除了可以认为这是一个真理，有什么……直接说吧，有什么好处呢？

萨特：它会让我的自由更牢靠、更健全。现在，这种自由不是为了把上帝向我要的东西给他，而是为了创造自我，把自己向自己要的东西给自己。这是最根本的。而且，我和别人的关系是直接的，不再以一个全能的上帝为中介，我不再需要通过上帝来爱周围的人。这是人与人之间的直接关系，我完全不需要通过无限来实现。此外，我的行动构成了一个人生，那是我的人生，它即将完结，它已经快要完结了，我可以在不出太大差错的情况下评判自己的生命。这场人生不欠上帝任何东西，它就是我希望的那个样子，也有一部分是我无意中过成了那个样子。现在我审视它，觉得很满意；做这一切，我完全不需要通过上帝。我只需通过人类，也就是说，通过别人和我自己。我认为，就我们都或多或少地在无上帝的情况下构建一种有自己的原则、意愿和同一性的人类这一点来说，我们每一个人——即使不是每时每刻，但确实在我们的生命之中——都是无神论者，至少我们秉承了一种正在形成、并越来越好的无神论。

波伏瓦：您认为人要消除异化，首先要不相信上帝。

萨特：当然。

波伏瓦：就是说，只以人为尺度来衡量人的未来。

萨特：上帝是一种预制的人的形象，是化身为无限的人。面对这个形象，人却要尽其所能地满足它。这里面包含着一个自我的关系，这是一种荒谬的自我关系，无比宏大又强加于人。应当消灭这种关系，因为这不是真正的自我关系。真正的自我关系是"我们是什么"，而不是"我们模糊建立起来的与我们相似的自我是什么"。

波伏瓦：您觉得还有什么要说的吗？

萨特：可以说有，也可以说没有了。和本身不信上帝的人一起亲密地生活，这件事尤其能够彻底消灭横亘于人和自身之间这个别名上帝的无限的中介。比如说您和我，我们在生活中不怎么关注上帝问题。我记得我们很少谈到这个问题。

波伏瓦：对，从来没谈过。

萨特：但我们还是活过，我们觉得自己对这个世界发生过兴趣，并试图看过这个世界。

图书在版编目(CIP)数据

告别的仪式/(法)西蒙娜·德·波伏瓦著；
孙凯译. —上海：上海译文出版社，2019.9（2024.1重印）
ISBN 978-7-5327-7849-2

Ⅰ.①告… Ⅱ.①西… ②孙… Ⅲ.①萨特(Sartre, Jean-Paul 1905-1980)—生平事迹 Ⅳ.①B565.53

中国版本图书馆CIP数据核字(2018)第086379号

SIMONE DE BEAUVOIR
La cérémonie des adieux suivi de *Entretiens avec Jean-Paul Sartre août-septembre 1974*
本书根据伽里玛出版社1981年法文版译出
© Gallimard, 1981
All rights reserved
All adaptations are forbidden.

图字：09-2006-482号

告别的仪式
[法]西蒙娜·德·波伏瓦 著
La cérémonie des adieux suivi de
Entretiens avec Jean-Paul Sartre
août-septembre 1974
孙凯 译

出版统筹 赵武平
责任编辑 缪伶超
装帧设计 董茹嘉

上海译文出版社有限公司出版、发行
网址：www.yiwen.com.cn
201101 上海市闵行区号景路159弄B座
昆山市亭林印刷有限责任公司印刷

开本 890×1240 1/32 印张 17 插页 2 字数 329,000
2019年9月第1版 2024年1月第6次印刷

ISBN 978-7-5327-7849-2/I·4829
定价：75.00元

本书版权为本社独家所有，未经本社同意不得转载、摘编或复制
如有质量问题，请与承印厂质量科联系，T：0512-57751097